智慧城市实践系列丛书

# 智慧城市实践总论

吴红辉 ◎ 编著

人民邮电出版社
北京

图书在版编目（CIP）数据

智慧城市实践总论 / 吴红辉编著. -- 北京：人民邮电出版社，2017.6（2022.1重印）
（智慧城市实践系列丛书）
ISBN 978-7-115-42528-7

Ⅰ. ①智… Ⅱ. ①吴… Ⅲ. ①现代化城市－城市建设－研究－中国 Ⅳ. ①F299.2

中国版本图书馆CIP数据核字(2016)第112581号

## 内 容 提 要

作者依托扎实的理论基础及丰富的工作经验，从智慧城市为什么会成为城市发展的必然结果入手，通过简洁的语言讲解了智慧城市的概念和内涵；接着，探讨了智慧城市的建设路径，并对未来智慧城市发展进行了展望，让读者全面了解智慧城市可操作性；最后，以中兴网信为案例，通过分析该公司成功实施智慧城市的"合川模式""秦皇岛模式""济宁模式"项目，给智慧城市的建设者们以启迪。

政府管理者通过阅读本书，能从全局角度把控智慧城市建设；企业管理者通过阅读本书，能系统了解如何参与智慧城市建设；相关院系学生通过阅读本书，可以系统地了解智慧城市的知识体系。

◆ 编　著　吴红辉
　　责任编辑　李　静
　　责任印制　彭志环

◆ 人民邮电出版社出版发行　北京市丰台区成寿寺路 11 号
　　邮编　100164　电子邮件　315@ptpress.com.cn
　　网址　http://www.ptpress.com.cn
　　北京天宇星印刷厂印刷

◆ 开本：700×1000　1/16
　　印张：26.75　　　　　2017 年 6 月第 1 版
　　字数：399 千字　　　　2022 年 1 月北京第 8 次印刷

定价：128.00 元

读者服务热线：(010)81055488　印装质量热线：(010)81055316
反盗版热线：(010)81055315
广告经营许可证：京东市监广登字 20170147 号

第四次工业革命正在向我们走近,推动人类的生产力及生产关系悄然发生变化,而作为城市里的人,正在感受这些变化带来的温度,体验这种温度的政府、企业、市民都在努力适应新变化,并且克服原有的旧习惯,努力重构基于城市的新经济发展模式和新生活方式……这个伟大的变革就是如火如荼的智慧城市。

经济全球化、社会信息化的生态文明新时代,
呼唤"智慧城市"
——献给中国城市执政者、管理者、建设者及生活在城市中的人们

# 智慧城市实践系列丛书

# 编委会

总 顾 问：徐冠华（中国科学院院士、科技部原部长）

高 级 顾 问：刘燕华（国务院参事、科技部原副部长）
　　　　　　　石定寰（国务院原参事、科技部原秘书长、党组成员）
　　　　　　　邬贺铨（中国工程院院士）
　　　　　　　孙 玉（中国工程院院士）
　　　　　　　赵玉芬（中国科学院院士）
　　　　　　　刘玉兰（中国生产力促进中心协会理事长）
　　　　　　　耿战修（中国生产力促进中心协会常务副理事长）
　　　　　　　刘维汉（中国生产力促进中心协会秘书长）
　　　　　　　徐芳芳（中国生产力促进中心协会秘书长助理）
　　　　　　　毛明轩（中国生产力促进中心协会理事长助理）

策 划 单 位：中国生产力促进中心协会国际智慧城市研究院
　　　　　　　世界城市智慧工程技术（北京）研究院

总 策 划 人：刘玉兰（中国生产力促进中心协会理事长）

总 出 品 人：隆 晨（中国生产力促进中心协会副理事长）

丛 书 总 主 编：吴红辉（中国生产力促进中心协会国际智慧城市研究院、
　　　　　　　世界城市智慧工程技术（北京）研究院院长）

丛 书 副 主 编：王利忠　孙齐炜

**编委会主任**：吴红辉

**编委会副主任**：张燕林　廖光煊　孙久文　陈安国　苏秉华　郑永来
　　　　　　　　严　鸣　李剑锋　王成善　郑　耀　党　志　姚仰平
　　　　　　　　蔡文海　汪利兵　陈　平　董　杰　白长虹　高裕江
　　　　　　　　王　宁　穆献中　陈源泉　赵金洲　吕　斌　江思珉
　　　　　　　　林　江　陆正刚　喻常森　张宏斌　何新发　刘　杰
　　　　　　　　任孟山　贾承造　常　青　田会娟　葛中全　薛宏建
　　　　　　　　王锦雷　张晋中　廖正钢　李　焱　李　伟　王明宽
　　　　　　　　王东军　张云逢　罗为淑　花　香　李旭成　滕宝红
　　　　　　　　匡仲潇

**编委会委员**：于　千　刘立华　陈晓玲

# 序

中国生产力促进中心协会策划、组织了《智慧城市实践》系列丛书的出版，且该丛书被国家新闻出版广电总局纳入了《"十三五"国家重点图书、音像、电子出版物出版规划》，这是一件很有价值和意义的好事情。

智慧城市的建设和发展是我国的国家战略。中央十三五规划强调"要发展一批中心城市，强化区域服务功能，支持绿色城市、智慧城市、森林城市建设和城际基础设施互联互通"。党中央、国务院发布的《国家新型城镇化规划（2014—2020）》"推进智慧城市建设"的规划以及科技部等八部委印发的《关于促进智慧城市健康发展的指导意见》均体现出中国政府对智慧城市建设和发展政策层面的顶层设计以及战略安排。

《智慧城市实践》丛书，聚合了国内外大量的智慧城市建设与智慧产业案例资源，由中国生产力促进中心协会等机构组织国内外近300名来自高校、研究机构、企业的专家共同编撰，丛书一共38册，这本身就是一项浩大的"聚智"工程。该套丛书注重智慧城市与智慧产业的顶层设计研究，注重实践案例的剖析和应用分析，注重国内外智慧城市建设与智慧产业发展成果的比较和应用参考，丛书还通过吸收相关领域新的管理经验编制了前沿性的分类评价体系，这是一次大胆的尝试和有益的探索。据我所知，该丛书是目前为止中国乃至全球第一套比较全面、系统诠释智慧城市建设与产业发展的书籍。我期望这套丛书的出版，可以为推进中国智慧城市建设和智慧产业发展、促进智慧城市领域的国际交流、切实推进行业研究及指导实践带来积极的影响。

同时，中国生产力促进中心协会以本丛书的编撰为基础，专门建了"智

慧城市研究院"平台，将智慧城市建设与产业发展的专家资源聚集在平台上，持续推动智慧城市建设与智慧产业领域的研究，为社会不断贡献成果，这也是一件十分值得鼓励的好事情，我期望协会不断努力，将该平台建设成中国具有广泛影响力的智慧城市研究和实践的智库平台。

"城市让生活更美好，智慧让城市更幸福"，期望丛书编著者"不忘初心，以人为本"，坚守严谨、求实、高效和前瞻的原则，在智慧城市规划建设实践中，不断总结经验、坚持真理、修正错误，进一步完善丛书，努力扩大其影响力，为中国智慧城市建设及产业发展贡献力量，也为中国梦增添一抹亮丽的色彩。

中国科学院院士
中国科学技术部原部长

徐冠华
2016年10月

# 序

"智慧城市"概念自2010年问世以来,已经在世界范围内获得空前反响。世界各地开始如火如荼地打造智慧城市,我国也顺应形势,结合目前国内城镇化改革的契机,助力智慧城市建设。自2012年政府公布第一批试点城市以来,时至2015年,全国智慧城市试点已有310个。"智慧"是智慧城市区别于普通城市的本质特征。但是,时至2016年,国家主管部门认为"从实际建设和理论研讨方面看,人们对这一本质特征并没有真正理解和落实;调查显示,群众强调对已建成的智慧城市并没有感受到智慧性"。什么样的城市才可以被称为智慧城市?智慧城市到底该如何打造?这两个问题已经是政府与社会共同关注的课题。

无论如何,关于智慧城市,国内外已经进行了很长时间的实践,取得了众所周知的进展。目前,需要阶段性总结这些实践,以求更加健康有序地发展智慧城市,这也正是出版本丛书的基础和目标。在众说纷纭之中,以下两点可能值得考虑,其一,"智慧城市"的主体是城市,信息化是主要手段。城市有城市的发展规律,信息化有信息化的发展规律。不应当把信息化的特征当作智慧城市的特征;其二,"智慧"是智慧城市的属性,"智慧"是相对的。人们对于智慧的体会总是与时俱进的。因此,人们对于"智慧城市"的感受,未必反映"智慧城市"的实际发展程度。

目前,市场上已有多个版本的智慧城市书籍,但是,多数偏向技术,缺少实践性、可操作性、人文性与科普性。而《智慧城市实践总论》这本书的写作布局比较巧妙,从理论篇到路径篇,再到实践篇,篇幅与篇幅之间互相

呼应。从城市的起源讲起，结合国外发达国家对智慧城市的建设思路，最后落脚到我国目前的智慧城市建设实例当中。叙述上环环相扣、既有理论高度，又兼具科普性与可读性。相信专业人士阅读起来不会感到缺乏专业度，而普通读者阅读起来也不会感到缺乏趣味性和知识性。

目前，通过政府的政策引导，民间的资本注入，以及物联网、大数据分析、云计算服务、移动互联网、地理信息系统等科技手段的支持，智慧城市在中国已经取得了长足进步发展本书的出版恰逢其时。本丛书除总论外，还有针对其他38个行业的智慧城市实践论述，考虑到了智慧城市涉及的各个层面。

期待《智慧城市实践》丛书的出版能为中国智慧城市发展提供一些借鉴。

中国工程院院士

# Foreword

China is now poised to become a technological and ecological leader in the world economy. Chinese leaders are laying out global development strategies with their extremely wise vision and thinking. The series of books "Smart City Practice" is published as the key research achievement of the Chinese national 13$^{th}$ Five-Year Plan. The project fills the gap in systematical research of smart city worldwide. It is also the leading action to explore and guide the operation of smart cities and industrial practice. The publication of the series of books proves that the vision of the author as nell as the leadership of CAPPC and the International Smart City Research Institute is very strong and focused.

In order to maintain China's ability to thrive and compete in the international marketplace, China must keep pace with a movement that is sweeping the globe. That movement is the evolution of what is being referred to as a Smart City. Chinese government, as well as the technology researchers and developers, hake already started city innovation to avoid failing behind other countries.

The purpose of developing China's Smart City's is to promote economic development, to improve environmental conditions and the quality of life of the citizens in China. The goal of becoming a Smart Country can only be achieved by laying the proper foundation in which to build upon. The foundation will improve interoperability, security and communication across all segments of the China communities. Establishing the foundation will result in an "Embrace and Replace"

solution. The current aging infrastructures will become more efficient and China will be able to realize a lower Total Cost of Ownership (TCO) across all segments.

Once implemented, China will realize a significant increase in discretionary budget. The savings created by improved efficiencies in current infrastructures means leaping economic development can occur without the need for additional funds to the general budgets.

An essential element of China's ascension to become a Smart Country will be the cooperation between the public and the private sectors. Each must share the common objective to reduce the carbon footprint of China. Teamwork will be valued and community pride is instilled. Once this is accomplished, the end result will be an enhancement of the lives of China's citizens.

I commend the authors and leadership who produced this book, Mr. Wu Honghui, the President of International Smart City Research Institute, Mr. Long Chen and Mr. Wang Dian-Ping of the Ministry CAPPC. They promote the general guidelines needed to establish China as the first Smart Country. By release of this books all cities Can have a foundation to look to that will work in unison and achieve the goals of lower carbon emissions and footprint, cleaner environment, lower overall costs on infrastructure, reduced energy consumption and a richer more sustainable life for all China's Citizens. Most importantly, the book will be the reference for the smarty city industrial and technology development, as well as the model template for practitioners.

Setting a smart city vision and effectively moving towards it with a foundation based strategy is essential. A systems-based approach is critical to ensuring resource efficiency and security while maintaining socially and environmentally inclusive growth. With the Cooperation between the Government and Private Sectors throughout China, the rewards for China's initiative to transform into a

Smart Country will span economic, environmental and social bounds.

The aforementioned efforts allow China to join and even supersede cities such as: Barcelona the 'Global Smart City 2015', New York (USA), London (UK), Nice (France) and Singapore. The ultimate benefit being the increased health and standard of living for all of China's citizens in which to prosper. China will be the Beacon the world looks to when they too want a better life for all.

Michael Holdmann

IEEE/ISO/IEC - 21541 - Member Working Group

UPnP+ - IOT, Cloud and Data Model Task Force

SRII - Global Leadership Board

IPC-2-17 - Data Connect Factory Committee Member

Founder, Chairman & CEO of CYTIOT, INC.

# 译 文

  中国现在正成为世界经济技术和生态的领导者。中国的领导人也以极其睿智的目光和思想布局着全球发展战略。《智慧城市实践》系列丛书的出版体现了中国国家"十三五"规划的重点研究成果。该项目填补了世界范围内智慧城市系统性研究的空白,也是探索和指导智慧城市与产业实践的先导行动。这套丛书的出版也体现了编著者们的广阔视野,以及中国生产力促进中心协会和国际智慧城市研究院领导力的专注和强大。

  为了保持中国在国际市场的蓬勃发展和竞争力,中国必须跟上这场席卷全球的运动的步伐。这项运动便是智慧城市的演进运动。中国政府和技术研发人员已经开始了城市的革新,以免落后于其他国家。

  发展中国智慧城市的目的是促进经济发展,改善中国的环境条件和人民的生活质量。只有建立适当的基础,才能在此基础上达成智慧国家的目标。这一基础将改善中国社会各部分的互动操作性、安全性和通信。此基础的建立将带来一个"拥抱和替代"的解决方案。目前老化的基础设施将变得更为有效,中国将能够在各个环节实现更低的总体拥有成本(TCO)。

  一旦实施,中国将实现可自由支配预算的大幅提升。由当前基础设施效率提高所带来的节余,意味着在无需向预算投入额外资金的情况下,经济发展仍可能会实现飞跃。

  中国提升成为智慧国家的一个重要因素是加大公共与私营部门之间的合作。它们都须有减少中国的碳排放这一共同的目标。团队合作将会被高度重

视,社会荣誉将逐步深入人心。一旦成功,中国人民的生活质量将得到很大的提升。

我对本书的作者和相关领导极为赞赏,包括国际智慧城市研究院院长吴红辉先生及其团队,中国生产力促进中心协会的领导和隆晨先生等。他们的努力推动了使中国成为第一个智慧国家的通用标准的制订。通过本书的发行,所有的城市都有了一套协同工作的范本,可实现更低的碳排放量,更清洁的环境,更低的基础设施整体成本,更低的能源消耗,以及所有中国人民更可持续的生活的目标。最重要的是,本书将成为智慧城市产业及技术发展的系统依据,以及从业者学习的范本。

设立一个智慧城市的愿景,并基于基础战略有效推进,是必不可少的。要确保资源效率和安全性,同时保持社会及环境的共同提升,一个基于系统的方法是至关重要的。随着中国政府和各私营部门的合作,中国向智慧国家的转型将跨越经济、环境和社会的界限。

上述努力会让中国加入甚至取代这些城市,如:巴塞罗那的"全球智慧城市 2015"、美国纽约、英国伦敦、法国尼斯和新加坡。最终,国家会不断繁荣,而所有中国人民的健康和生活水平也会得到提高。中国将成为世界上所有追求更美好生活的国家人民所仰望的灯塔。

IEEE/ISO/IEC - 21451 - 工作组成员

UPnP+ - IOT、云和数据模型特别工作组成员

SRII - 全球领导力董事会成员

IPC-2-17- 数据连接工厂委员会成员

CYTIOT 公司创始人兼首席执行官

迈克尔·侯德曼

# 前　言

智慧城市　美好生活
——为什么要出版《智慧城市实践》系列图书

19世纪是帝国的世纪，20世纪是国家的世纪，21世纪将成为城市的世纪。
——Wellington E. Webb，美国科罗拉多州丹佛市前市长

站在21世纪的坐标上，回想一个世纪以前，全球超过百万人口的城市不足20个，而今天，这个数字已经上升到450个，在可预见的未来，这个数字将持续上升。随着全球城市数量和城市人口的不断增多，城市的发展已经成为主要问题。从经济意义上讲，围绕着城市发展，正在形成一个个全球经济一体化的、以服务为基础的社会中心；在政治上，城市的职能也在发生变化，其有着更大的影响，同时也承担了更大的责任；从科技的角度来看，先进的生产力正在为城市的运营和发展提供更好的指导能力和管控能力。

目前，全球许多城市都在进行智慧城市的实验，我国也已有293个城市提出了建设智慧城市的目标，智慧城市相关市场的规模超过1500亿元。大量新城区的建设以及城市信息化发展的新趋势，驱动智慧城市相关的配套设施与技术市场快速发展，国内众多企业及跨国公司均转向这块市场。随着智慧城市建设在中国的不断升温，各地政府结合本地情况，都在选择相应的模式开展智慧城市工作。

2013年，党的《十八大报告》提出："坚持走中国特色新型工业化、信息化、城镇化、农业现代化道路，推动信息化和工业化深度融合、工业化和城镇化良性互动、城镇化和农业现代化相互协调，促进工业化、信息化、城镇化、农业现代化同步发展。""新四化"成为中国经济转型的方向。建设符合"新四化"要求的智慧城市，无疑是中国城市健康发展的必经之路。同时，在互联网技术发展的基础上所进行的智慧城市建设在中国未来经济发展中的作用至关重要。智慧城市发展，将迎来新一轮的大好机遇。

21世纪的前十年，以云计算、大数据、5G技术、物联网等为代表的高新技术以惊人的速度飞速发展。基于新兴技术的智慧城市的发展，是人类技术的集成创新和生产模式、生活模式的创新。这些创新将使人类社会发展到数据化、智能化、统筹化、整体化的高级阶段。中国目前在产业及高新技术上均有较多的积累，国内智慧城市建设时机逐渐成熟。然而，在中国进行智慧城市建设，面临诸多困难。

为了见证中国智慧城市建设与发展的历程，推动中国智慧城市实践落地，中国智慧城市研究院全体同仁汇集国内外从事智慧城市研究和实践的产、学、研各方优质资源，共同打造、汇编《中国智慧城市实践》系列丛书。本丛书从中国的人居哲学、城市的渊源、智慧城市发展的历史责任与发展路径等方面，高屋建瓴地展现了建设中国特色智慧城市的人文思想、哲学理念、智慧城市的规划建设、商业化发展的运作模式，力求给国内相关政府职能部门、企业及广大业内人士提供中国智慧城市发展的历史渊源及发展路径，帮助其更好地解决在智慧城市发展实践中面临的疑惑和难题。

此外，本套丛书的另一个亮点，是对智慧政务、智慧交通、智慧家居、智慧电力、智慧医疗、智慧农业、智慧社区等38个行业进行深入探究与全面解析，由人民邮电出版社出版。

《智慧城市实践》系列丛书架构宏大、体系完整、内容精湛、案例经典，行业指导性和可操作性极强，是国内智慧城市建设方面兼具理论性、实践性、指导性的大型丛书，是对中国智慧城市建设和发展的巨大推动，是国内智慧城市建设划时代的成果，其学术价值、收藏价值和在国内外宣传推广的价值极高。《智慧城市实践总论》是全书的开篇之作，重点在于帮助政府、企业工作人员及智慧城市爱好者们了解智慧城市的历史、理念和行业趋势，该书结合国内的政治、经济形势和现有技术的发展状况，讲解智慧城市在中国有效落地的核心要点。

一个城市发展的终极目标，是为它的居民提供可持续发展的繁荣生活。如今，城市的发展拥有新的力量和新的经济、政治、科学技术方面的责任，城市的可持续发展面临着巨大的挑战和威胁。城市必须依靠新的科学技术，促进城市系统更加智慧。智慧城市将引领我们优化利用有限的地球资源，生活得更好、更久、更和谐。

随着智慧城市技术应用的不断深化，中国智慧城市建设一定能走出一条自己的道路，也许经过5至10年，中国智慧城市建设会总结出一套自己的方法论及标准。借此东风，《智慧城市实践》系列丛书将不遗余力，和广大读者一起学习、探索、总结、参与中国智慧城市建设的伟大实践，让我们的城市更加充满智慧，让我们的生活更美好！

《智慧城市实践总论》作为丛书的开篇之作，具有"科普性、前瞻性、权威性、实操性、人文性"五大特征，力保"专业人看了不外行，非专业人看比较专业"。本书在章节的设计上分为三篇：理论篇、路径篇和案例篇。第一篇分3章，第一章"智慧城市的前世今生"，主要阐述城市发展历史脉络，从而得出智慧城市为什么会成为城市发展的必然结果。第二章"解析智慧城市"，通过通俗易懂的方式，讲解一些智慧城市的概念，把智慧城市抽象的概念具体化，让更多读者了解智慧城市。第三章"体验智慧城市生活"，列举了全球15个有代表性的智慧城市案例，通过这些案例，拉近智慧生活与我们的距离。第二篇分两章，探讨如何建设智慧城市。其中，第四章"智慧城市建设的总体思路"，从政府建设智慧城市前期遇到的问题展开，讲解政府运营，讲解政府如何从职能型向服务型转型，从而参与智慧城市建设，也从企业视角剖析企业如何参与智慧城市建设，并对未来智慧城市发展进行了

展望。第五章"智慧城市如何有效落地",讲解了智慧城市建设成功的四要素——人、机制、商业模式、体验,并且重点探讨四要素中所包含的"商业模式五要素"——规划、技术、资本、集成、运营,让读者全面了解智慧城市的可操作性。第三篇讲解了"合川模式""秦皇岛模式""济宁模式"的成功实施,给予读者启发!

- 非技术人员通过阅读本书,能感性了解智慧城市。
- 企业管理者通过阅读本书,能系统了解如何参与智慧城市建设。
- 政府管理者通过阅读本书,能从全局角度把控智慧城市建设。
- 大学生通过阅读本书,可以系统地了解智慧城市的知识体系。

总之,每个读者都能从中获益。本书依托作者扎实的理论基础及丰富的工作经验,从系统工程的角度剖析智慧城市,历经两年之久。不可否认,书的用词及细节方面还存在不足,恳求读者提出宝贵意见及建议。

在成书的两年时间里,我要特别感谢我的妻子、儿子、父母及同事朋友,是你们不断地给我灵感,让我克服前行中的诸多困难,完成《智慧城市实践总论》的写作,并完成智慧城市丛书体系规划!再次谢谢我的朋友们!

作者于深圳南山,虚拟大学园

2016 年 1 月

768615636@qq.com

# 目 录

## 第一篇 理论篇

### 第一章 智慧城市的前世今生 //2

**1.1 城市：人类文明的放大器和加速器 //3**

    1.1.1 城市 1.0：蒸汽时代的城市发展状况与构想 //3

        1.1.1.1 城市规模空前增长 //4

        1.1.1.2 城市形态发生巨大改变 //6

        1.1.1.3 "田园城市"的设想 //8

    1.1.2 城市 2.0：电气时代的城市发展状况与构想 //11

        1.1.2.1 城市基础设施极大完善 //13

        1.1.2.2 城市美化运动使城市环境得到改善 //14

    1.1.3 城市 3.0：信息时代的城市发展状况与构想 //17

        1.1.3.1 原子能的和平利用开启新的能源革命 //17

        1.1.3.2 电子计算机技术推动信息时代的到来 //18

        1.1.3.3 信息时代城市的发展 //25

**1.2 中国城市化发展的进程和特点 //28**

    1.2.1 近代中国的城市化水平和特点 //28

    1.2.2 1949～1978 年的城市化水平和特点 //29

    1.2.3 1978 年以来的城市化水平和特点 //30

**1.3 智慧城市：崛起在第四次工业革命的大幕之下** //33
    1.3.1 工业领域将发生根本性变革 //34
    1.3.2 社会生活将出现巨大变化 //36
    1.3.3 工业4.0构筑智慧城市建设的基础 //36

**1.4 容易混淆的几个概念** //37
    1.4.1 智慧城市 //37
    1.4.2 智能城市 //38
    1.4.3 信息化城市 //38
    1.4.4 无线城市 //39
    1.4.5 数字城市 //39

## 第二章 解析智慧城市 //40

**2.1 智慧城市的内涵** //41
    2.1.1 一个中心：城市数据的融合 //42
        2.1.1.1 云计算VS智慧城市 //43
        2.1.1.2 大数据VS智慧城市 //48
        2.1.1.3 城市数据融合案例 //52
    2.1.2 两个基本点 //58
        2.1.2.1 以经济建设为基本点 //58
        2.1.2.2 以民生服务为基本点 //59
    2.1.3 三大应用 //62
        2.1.3.1 决策服务应用 //62
        2.1.3.2 产业发展应用 //64
        2.1.3.3 民生服务应用 //65

**2.2 智慧城市理念对未来城市发展的五个影响** //66
    2.2.1 有利于提升城市运行效率 //66
    2.2.2 有利于催生大规模新兴产业 //66

         2.2.3 有利于引发新一轮的科技创新 //67
         2.2.4 有利于促进商业模式的变革 //67
         2.2.5 有利于创造更美好的城市生活及生活环境 //67
   2.3 智慧城市的技术基础和研究重点 //68
      2.3.1 感知技术的发展 //68
         2.3.1.1 传感器技术 //68
         2.3.1.2 无线传感网技术 //72
      2.3.2 网络能力的增强 //73
         2.3.2.1 物联网网关技术的进一步发展 //74
         2.3.2.2 IPv6的进一步普及 //77
      2.3.3 信息安全技术的进一步发展 //79
         2.3.3.1 智慧城市的五大信息安全挑战 //80
         2.3.3.2 感知平面的安全技术 //80
         2.3.3.3 网络平面的安全技术 //82
         2.3.3.4 信息平面的安全技术 //84
      2.3.4 基于云计算的智慧城市公共服务平台打造 //86
         2.3.4.1 云计算的工作原理 //87
         2.3.4.2 云计算的关键技术 //88
         2.3.4.3 云计算目前存在的主要问题 //89
      2.3.5 大数据应用发展 //90
         2.3.5.1 大数据解决方案逻辑层和架构 //90
         2.3.5.2 大数据处理基本流程 //91
         2.3.5.3 大数据分析的五个基本方面 //92
         2.3.5.4 大数据应用发展的七个趋势 //93

# 第三章 体验智慧城市生活 //95
   3.1 国外智慧城市发展现状 //96

3.1.1 诗意的智慧之都——维也纳 //96
3.1.2 北美智慧城市的杰出代表——多伦多 //101
3.1.3 浪漫之都的智慧生活——巴黎 //105
3.1.4 美国第一大都市的智慧转型——纽约 //110
3.1.5 英伦雾都的华丽转身——伦敦 //114
3.1.6 安心且充满活力的数字化社会——东京 //121
3.1.7 政企合作，多方出资的智慧城市建设模式——德国 //125
    3.1.7.1 柏林 //126
    3.1.7.2 汉堡 //127
    3.1.7.3 法兰克福 //131
    3.1.7.4 弗里德里希哈芬市 //134
3.1.8 探寻千年古城的智慧——巴塞罗那 //136
3.1.9 北欧智慧城市的典范与代表——斯德哥尔摩 //139
3.1.10 用大数据解决市民的小烦恼——首尔 //140
3.1.11 全球首个智慧国——新加坡 //149
3.1.12 战火中的卓越与智慧——以色列 //156

**3.2 畅想未来智慧城市生活 //163**

3.2.1 花更盛树更绿，以更加智慧的方式发展绿色未来 //164
3.2.2 人工智能的全面覆盖 //167
3.2.3 智慧连接，全面引爆万物互联 //169
3.2.4 2020年的计算机和人类社会 //171

# 第二篇 路径篇

## 第四章 智慧城市建设的总体思路 //176

**4.1 智慧城市建设面临的挑战 //177**

4.1.1　统筹规划缺陷的挑战　//177
4.1.2　信息孤岛的挑战　//178
4.1.3　建设空心化的挑战　//180
4.1.4　网络安全的挑战　//181

## 4.2　智慧城市落脚到民生才具可持续发展空间　//182

4.2.1　智慧城市应该要惠民　//183
　　4.2.1.1　智慧城市和信息惠民之间的关系　//184
　　4.2.1.2　智慧民生的概念及其建设目标　//185
　　4.2.1.3　智慧民生的总体架构　//186
　　4.2.1.4　智慧民生建设的重点　//187
4.2.2　智慧城市需要一个超级应用　//188
　　4.2.2.1　超级应用与垂直应用的概念与特点对比　//189
　　4.2.2.2　超级应用崛起与市民卡模式并驾齐驱　//189
　　4.2.2.3　互联网公司纷纷抢占"城市服务"平台入口　//191
　　4.2.2.4　智慧城市的超级应用打造四部曲　//196

## 4.3　服务转型是建设智慧城市的关键（企业视角）　//196

4.3.1　IBM的华丽转身：从产品到服务　//197
4.3.2　中国企业的可持续发展之路：向服务企业转型　//201
　　4.3.2.1　向服务企业转型需要牢固树立以客户为中心的理念　//202
　　4.3.2.2　中国企业转型服务的关键瓶颈　//203
　　4.3.2.3　服务创新的模型　//205
　　4.3.2.4　向服务转型的八种创新模式　//207

## 4.4　服务转型是建设智慧城市的关键（政府视角）　//216

4.4.1　地方政府机构及其改革　//217
　　4.4.1.1　改革的历程　//217
　　4.4.1.2　地方政府机构改革的特征　//220
　　4.4.1.3　新一轮政府改革的走向与挑战　//222

4.4.2 转变政府职能海外镜鉴之一：如何处理好政府与市场关系 //225

4.4.2.1 "为与不为"——政府与市场边界动态调整 //225

4.4.2.2 "有法可依"——明晰政府权限和职能 //226

4.4.2.3 "不缺位不越位"——政府对市场监督求实效 //227

4.4.3 转变政府职能海外镜鉴之二：发达国家如何打造服务型政府 //228

4.4.3.1 以信息公开为抓手打造"政府3.0" //228

4.4.3.2 根据"生命周期"为民众提供定制公共服务 //229

4.4.3.3 政民互动推动网络问政 //229

4.4.3.4 整合电子政务打造"一站式"服务 //230

4.4.3.5 强化公务员约束与激励机制 //230

4.4.4 地方服务型政府建设过程中组织结构的矛盾 //231

4.4.5 智慧城市时代，地方政府由职能型走向流程型大畅想 //233

4.4.5.1 五种不同类型的组织结构 //234

4.4.5.2 流程型组织定义及特点 //238

4.4.5.3 流程型组织的组织要素 //241

4.4.5.4 基于流程的政府组织结构调整 //243

4.4.5.5 流程型地方政府与服务型政府建设的关系 //247

**4.5 智慧城市建设的评价指标 //249**

4.5.1 智慧城市评价指标的构建原则 //250

4.5.2 智慧城市评价指标的几个维度 //252

4.5.2.1 城市信息化视角 //252

4.5.2.2 绿色环境视角 //253

4.5.2.3 城市基础设施视角 //253

4.5.2.4 城市人文环境视角 //254

**4.6 中国智慧城市未来五年发展趋势 //256**

# 第五章 智慧城市如何有效落地 //259

## 5.1 智慧城市建设：落地成功四要素 //260

### 5.1.1 政府机构是主导 //261
5.1.1.1 领导支持及团队 //262
5.1.1.2 智慧城市人才建设 //264

### 5.1.2 流程机制是保障 //267
5.1.2.1 传统政府组织 //268
5.1.2.2 流程化政府构建逻辑 //269
5.1.2.3 政府流程化模式 //272

### 5.1.3 用户体验是根本 //274
5.1.3.1 用户类型 //274
5.1.3.2 用户体验分类 //274
5.1.3.3 信息交互设计对提升体验的意义 //276
5.1.3.4 智慧城市中的信息交互设计 //277

### 5.1.4 商业模式是内驱 //280
5.1.4.1 智慧城市商业模式概述 //280
5.1.4.2 规划——智慧城市顶层设计 //282
5.1.4.3 技术——智慧城市实施产品 //289
5.1.4.4 集成——智慧城市整体解决方案 //289
5.1.4.5 资本——智慧城市四种融资方式 //290
5.1.4.6 运营——智慧城市闭环营运系统 //303

## 5.2 智慧城市运营与推进 //303

### 5.2.1 以"互联网+"为核心的运营体系 //303
5.2.1.1 智慧城市运营体系概述 //303
5.2.1.2 智慧城市组织机构与流程 //304
5.2.1.3 运营效果评估 //305

  5.2.2　智慧城市运营模式　//307

    5.2.2.1　政府独资（官办官营）　//307

    5.2.2.2　官管民营　//308

    5.2.2.3　官办民营　//309

    5.2.2.4　联合建设　//309

    5.2.2.5　联合公司化　//310

5.3　基于PPP管理模式的智慧城市建设　//310

  5.3.1　PPP模式概述　//311

    5.3.1.1　PPP模式内涵　//311

    5.3.1.2　PPP模式优缺点　//312

  5.3.2　PPP模式发展现状及发展空间　//314

    5.3.2.1　PPP项目发展现状　//314

    5.3.2.2　PPP项目发展空间　//314

  5.3.3　PPP运作方式分类　//315

    5.3.3.1　外包类　//315

    5.3.3.2　特许经营类　//316

    5.3.3.3　私有化类　//319

  5.3.4　PPP项目适用性　//320

    5.3.4.1　私有化类大部分公共产品或公共服务领域项目　//320

    5.3.4.2　合作期限相对较长　//321

    5.3.4.3　项目具有一定的专业要求，且存在足够多的潜在社会合作主体　//321

    5.3.4.4　综合评价PPP项目的交易成本　//322

    5.3.4.5　PPP项目不限于收费机制完善的项目　//322

  5.3.5　PPP模式存在的风险　//323

    5.3.5.1　政策风险　//323

    5.3.5.2　项目建设风险　//324

       5.3.5.3  项目经营管理风险  //324

       5.3.5.4  增信措施落实风险  //324

       5.3.5.5  财政可承受能力风险  //324

       5.3.5.6  信用风险、财务风险  //325

       5.3.5.7  国有股权转让的法律风险  //325

   5.3.6  PPP 成功的关键要素  //325

   5.3.7  PPP 模式实施要点  //326

   5.3.8  PPP 法制体系建设遵循四原则  //329

# 第三篇  案例篇

## 第六章  智慧城市解决方案  //332

### 6.1  中兴网信公司概况  //333

### 6.2  智慧城市方案简介  //334

   6.2.1  前言  //334

   6.2.2  智慧城市方案综述  //335

   6.2.3  中兴网信智慧城市方案整体构架  //337

       6.2.3.1  两大平台  //339

       6.2.3.2  四层构架  //340

       6.2.3.3  六大体系  //341

### 6.3  智慧城市系统应用场景  //343

   6.3.1  平台先行之城市运营中心  //343

   6.3.2  维稳定之应急指挥  //344

   6.3.3  维稳定之平安城市  //344

   6.3.4  维稳定之数字城管  //344

   6.3.5  维稳定之智慧政务  //345

6.3.6　促发展之智慧园区　//345

6.3.7　促发展之智慧交通　//346

6.3.8　促发展之智慧物流　//346

6.3.9　促发展之智慧环保　//347

6.3.10　促发展之企业互联　//348

6.3.11　保民生之智慧教育　//348

6.3.12　保民生之智慧医疗　//348

6.3.13　保民生之智慧旅游　//349

6.3.14　保民生之智慧社区　//349

6.3.15　保民生之市民卡　//350

## 6.4　智慧城市应用实例　//350

6.4.1　合川模式（BOO模式）　//350

　　6.4.1.1　构建合川区智慧城市　//350

　　6.4.1.2　项目分析　//351

　　6.4.1.3　项目总结　//366

6.4.2　秦皇岛模式　//368

　　6.4.2.1　项目背景　//368

　　6.4.2.2　项目分析　//368

　　6.4.2.3　项目总结　//377

6.4.3　济宁模式　//378

　　6.4.3.1　项目背景　//378

　　6.4.3.2　项目分析　//379

　　6.4.3.3　项目总结　//386

**参考文献**　//389

**后　　记**　//393

**致读者**　//395

# 01

## 第一篇
## 理 论 篇

- 第一章　智慧城市的前世今生
- 第二章　解析智慧城市
- 第三章　体验智慧城市生活

# 第一章　智慧城市的前世今生

法国经济史学者保罗·贝洛赫（Paul Bairoch）在《城市与经济发展》一书的开篇中写道："这世界没什么事情比城市的兴起更加令人着迷了……没有城市，人类的文明就无从谈起。"从城郭到集市，从集市到城市，城市的演进展现了人类从草莽未辟的蒙昧状态繁衍扩张到全世界的历程。

回顾整个人类文明发生、发展的历程，我们会看到，大多数文明因素的最终形成，都离不开城市这个平台。如果说村落时代为人类留下了值得珍惜的第一章，那么城市的发展则为人类带来了无数新篇章。

最近几年，在移动互联网、物联网、云计算浪潮的推动下，智慧城市的建设如火如荼。当"智慧"这个原本用于形容生命体的词汇，与现代人心目中钢筋铁骨的"城市""碰撞"时，你是如何理解，如何看待它的呢？

## 1.1 城市：人类文明的放大器和加速器

城市是人类文明的结晶。在我国汗牛充栋的历史文献中，不难找到对于城市的记载和解释。"城，郭也，都邑之地，筑此以资保障者也。"城，多指四面围以围墙、扼守交通要冲、具有防卫意义的据点。"市，买卖之所也。""贸、贾，市也。"市，代表的是经济。在当时，有城并不一定有市，而市场也并不见得一定要围筑墙垣。在人类生生不息的繁衍、迁徙与融合中，城和市这对原本并没有必然内在联系的事物，逐渐交会融合，并以其结合后的神奇力量，推动、承载、见证着人类文明的不断发展。

在18世纪中期开始的工业革命之前，建立在传统农业基础上的传统手工业和商业难以支撑较大规模的城镇人口，城市化的进程非常缓慢。除古罗马、古巴比伦、长安、巴格达等少有的几个能掌控帝国的大城市外，城市数量和规模都相当有限。在数千年的时光中，人类城镇化水平仅提高了3%。到1750年，世界城镇人口总量只有约250万人。因此，我们接下来所讨论的城市及其发展的不同阶段，是指工业革命以来，以集中的现代化大规模机器生产代替手工劳动的小商品生产后，城市从数量、规模、布局、形态上发生的根本性变化。

### 1.1.1 城市1.0：蒸汽时代的城市发展状况与构想

18世纪中叶，英国人瓦特改良了蒸汽机后，一系列技术革命引起了从手工劳动向动力机器生产转变的重大飞跃，这种变革随后逐步席卷欧洲大陆和世界其他地区。

蒸汽机的出现和改良极大地促进了社会经济的发展，其被应用于采矿、冶炼、纺织、机器制造、船舶、工厂、机车甚至电站等各个领域中，直到20

世纪初,蒸汽机仍然是世界上最重要的原动机,后来才逐步出现了内燃机和汽轮机等。作为以机器生产取代人工生产,以大规模工厂化生产取代个体工场手工生产的技术革命,历史学家称这个时代为"蒸汽时代"(The Age of Steam)或"机器时代"(The Age of Machines)。

工业革命带来了一系列持久、不可逆、相互支持且影响深远的转变。这场革命不仅是技术和经济上的革命,也是复杂的政治、社会、文化的革命。城市化和城市发展方面,这场革命带来的影响:促进城市化进程加快,一批真正意义上的现代城市开始出现。

#### 1.1.1.1 城市规模空前增长

在工业革命前的数千年间,城市的规模取决于周边地区所能够生产的粮食数量。因此,人口最稠密的城市基本上都存在于河流附近,如尼罗河地区和黄河地区。自欧洲文明挣脱了中世纪的混乱以来,国家不断增长的财富主要集中于繁荣的首都城市(权力所在地)。到工业革命爆发后,机器成为城市的象征。例如,以"工业革命的摇篮"著称的格拉斯哥(Glasgow),到19世纪初已经成为英国最大的工业城市,那里的机会和工资水平几乎与伦敦势均力敌。大发明家詹姆斯·瓦特(James Watt)的好朋友、格拉斯哥大学(University of Glasgow)的逻辑学及道德哲学教授亚当·斯密(Adam Smith)的划时代巨著《国富论》(The Wealth of Nations)正是在这样的背景下完成的。

---

**链接:国富论**

《国富论》全称《国民财富的性质和原因的研究》(An Inquiry into the Nature and Causes of the Wealth of Nations),被视为现代经济学的开山之作,奠定了资本主义自由经济的理论基础。

---

整个维多利亚时期(Victorian Era,1837~1901年)都是格拉斯哥的黄

金年代。1888年和1901年两次工业博览会的成功举办，使它获得了"最壮观的维多利亚城"的美名，如今其是苏格兰的最大城市与最大商港，也是英国的第三大城市。虽然到了19世纪中叶，格拉斯哥"世界工厂"的名号被曼彻斯特（Manchester）夺走，但其作为"造船中心、钢铁重镇"的地位则一直保持到20世纪中叶。

"像伦敦这样的城市，就是逛上几个钟头也看不到它的尽头，而且也看不到些许表明快接近开阔的田野的征兆——这样的城市是一个非常特别的东西。这种大规模的集中，250万人这样聚集在一个地方。他们把伦敦变成了全世界的商业首都，建造了巨大的船坞，并聚集了经常布满泰晤士河的成千的船只。从海面向伦敦桥溯流而上时看到的泰晤士河的景色，是再动人不过的了。在两边，特别是在乌里治以上的许多房屋、造船厂，沿着两岸停泊的无数船只，这些船只越来越密集，最后只在河当中留下一条狭窄的空间，成百的轮船就在这条狭窄的空间中不断地来来去去——这一切是这样雄伟，这样壮丽，简直令人陶醉，使人在还没有踏上英国的土地之前就不能不对英国的伟大感到惊奇。"[1]

而在这一时期，其他的英国城市中心——如伯明翰（Birmingham）、曼彻斯特（Manchester）、利物浦（Liverpool）和贝尔法斯特（Belfast）等也在不断发展。尽管没有一个城市能在规模上接近伦敦（1841年伦敦的人口为200多万，并且在继续增长），但它们的扩展速度之快却是让世人惊叹的。1801～1871年间，英国以纺织业为主的城市人口增长了299%，港口城市增长214%，纺织以外的其他制造业城市增长186%，伦敦增长146%，各县城及旅游城市增长139%，全国平均增长148%。

究其原因，是工业革命使人口前所未有的增加成为可能。科技进步和知识密集型工业组织形式带动了生产力的普遍提高、实际收入的增加、更高的教育和技能回报率以及由此产生的专业化生产和贸易。尽管在17世纪

---

[1] 中央编译局. 马克思恩格斯全集（第二卷）[M]. 北京：人民出版社，2005.

的荷兰黄金时代也出现过类似的局部现象,但世界平均实际收入的连续和剧烈增长发生在 19 世纪工业革命兴起并扩展开来以后。

同时,工业革命极大地促进了生产的专业化和协作化,加深了地域分工,促进经济和人口在地域上集中,并促使工业与城市发展的良性互动。工业化的发展扩大了人们利用自然资源的深度和广度,因此出现了一大批新兴的工业城市,越来越多的人口开始在城市定居。

### 1.1.1.2 城市形态发生巨大改变

伴随工业革命的持续推进,工业化和城市化相互促进,近现代的城市规模和形态相比较以前发生了根本性的变化。城市的迅速增长导致原有的市中心发生了变化,其周围出现了新的居民区,即所谓的市郊区。

在当时,市中心普遍延续于中世纪所形成的结构,建有全城最重要、最高的建筑物,如教堂、宫殿及其他纪念性的建筑。在大多数的情况下,整个城市的轮廓线就是由这些建筑所决定的。但是,这样的市中心并不能够成为更为庞大的城市机体的核心:街道过于狭窄,不能满足迅速增长的交通需要;住宅过于狭小、紧张,难以容纳不断增加的居民人数。在这个时期,位于古城中心的许多纪念性建筑(如贵族府邸、修道院等)由于社会变革而被废弃,并被分隔成为许多小型的临时住房,而绿化设施(联排式住宅的后庭院、统治阶级住宅周围的花园以及小公园等)被改造成为住宅或工厂的车间。

这种变化所产生的结果随着时间的推移而逐步积累并发酵,到 19 世纪中期,已经非常严重。恩格斯在 1844 ~ 1845 年写成的《英国工人阶级状况》[1]一书中这样描述曼彻斯特旧城的情况。

++++++++++++++++++++++++++++++++++++++++++++++++++++++++

(曼彻斯特旧城)位于商业区北边和艾尔克河之间。这里的街道,即使像托德街、郎 - 密尔盖特街、威色 - 格罗弗街和修德希尔街这些比较好的

---

[1] 中央编译局. 马克思恩格斯全集(第二卷)[M]. 北京:人民出版社,2005.

街道,也都是又狭窄又弯曲的,房屋又肮脏又破旧。如果从老教堂顺着朗-密尔盖特街走去,就会看到右边有一排老式房屋,这些房屋的门面没有一间不是东倒西歪的——这是旧曼彻斯特,工业时代以前的曼彻斯特的残迹,以前住在这里的居民和他们的子孙都搬到本城建筑得较好的区域去了,而把这些房屋留给工业居民。这里才真正是一个几乎毫不掩饰的工人区,甚至大街上的商店和酒馆也没有人想把它们的外表弄得稍微干净一些。但是这一切和后面那些只有经过狭窄得甚至不能同时走两个人的过道才能进去的胡同和大杂院比起来简直就算不了什么。现在,在任何地方,只要那里的建筑方式因为比较古老还保留下那么一点点空隙,人们就在这里补盖起房子,把这个空隙填起来,直到房子和房子之间连一小块可以再建筑一些东西的空地也没有为止。我现在从曼彻斯特的平面图上描下一小块来证实我的话,如图 1-1 所示。这远不是最坏的一块地方,而且占地还不到整个旧城的十分之一。

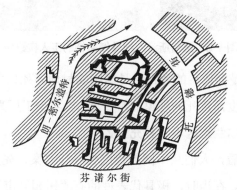

**图 1-1　芬诺尔街的布局**

图 1-1 展示了全区尤其是艾尔克河附近的建筑方式。河的南岸很陡,在这个陡坡上,大部分的地方都有三排房屋,最下面一排紧靠水边,而最上面一排却已经是屋檐齐及山顶,面临着朗-密尔盖特街。此外,河岸上还有工厂。大街左右有很多有顶的过道通到许多大杂院里面去,向

艾尔克河倾斜下去的那些大杂院尤其如此。

++++++++++++++++++++++++++++++++++++++++++++++++

　　城市功能的发展，以及新型交通和通信工具的运用，使得城市发展的速度一时间超过了人们的预期，并且超出人们运用常规手段可以驾驭的能力。城市居住、就业、环境等问题接踵而来。在没有适当排污设施和新鲜用水的地方，霍乱、伤寒、结核病等成为了人类天然的"杀手"，这些地方还弥漫着从工厂、铁路和民用烟囱里冒出的烟雾，如图1-2所示，恩格斯深入到曼彻斯特的工人实践中。

**图1-2　恩格斯深入到曼彻斯特的工人实践中**

　　19世纪早期，曼彻斯特的死亡率是周围农村地区死亡率的3倍。因疾病、营养不良和工作过度而致死的现象非常普遍，以至于工厂为了保持正常运转，不得不从农村和爱尔兰地区不断补充工人。

　　为解决这些矛盾，人们从不同的角度去寻找答案，先后提出了种种城市规划的思想、理论。在当时，极具代表性的有"田园城市"学说。

### 1.1.1.3 "田园城市"的设想

　　19世纪，为应对和解决快速发展的城市化过程中所出现的交通拥堵、环境恶化以及农民大量涌入大城市所造成的城市病，英国社会活动家埃比尼泽·霍华德（Ebenezer Howard）提出了"田园城市"理论，希望通过建设新型城市解决城市问题。"田园城市"理论对近现代世界各国的城市规划产生了重大影响,被称为"现代城市规划的开端"。

> **链接:埃比尼泽·霍华德**
>
> 埃比尼泽·霍华德(1850—1928)是英国著名社会活动家、城市学家、风景与规划师,英国"田园城市"运动创始人,被尊称为"田园城市"之父。他1850年生于伦敦,1928年卒于韦林。当过职员、速记员、记者,曾在美国经营农场。他了解、同情贫苦市民的生活状况,针对当时大批农民流入城市,造成城市膨胀和生活条件恶化的情况,于1898年出版了《明日:一条通往真正改革的和平之路》(*Tomorrow: A Peaceful Path to Real Reform*)一书,提出建设新型城市的方案。1902年该书修订再版,更名为《明日的田园城市》(*Garden Cities of Tomorrow*)。

1898年,霍华德在他的著作《明日:一条通往真正改革的和平之路》中,指出城市膨胀导致了城市环境的恶化,城市无限扩展和土地投机更是引发城市灾难的根源;城市人口过于集中是由于城市具有吸引人口聚集的"磁性"。他建议限制城市的自发膨胀,并使城市土地归属于城市的统一机构;同时,他建议应当有意识地控制和移植城市的"磁性",从而限制城市的盲目膨胀。因此,他提出了一种城市和乡村相结合的方式,即"田园城市"(Garden City),如图1-3所示。

霍华德设想的田园城市包括城市和乡村两个部分。城市四周被农业用地所围绕;城市居民经常就近得到新鲜农产品的供应;农产品有最近的市场,但市场不只限于当地;田园城市的居民生活于此、工作于此。所有的土地归全体居民集体所有,使用土地必须缴付租金;在土地上进行建设、聚居而获得的增值仍归集体所有;城市的规模必须加以限制,使每户居民都能极为方便地接近乡村的自然空间。

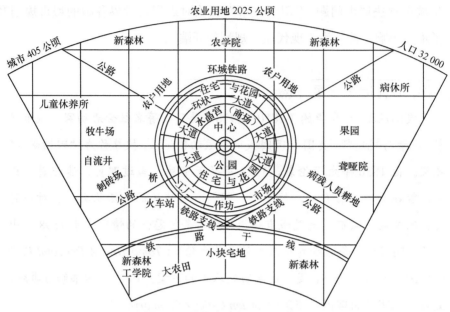

**图 1-3 霍华德的田园城市蓝图**

　　霍华德对他的理想城市进行了具体的规划，并绘成简图。他建议田园城市占地为2430公顷，城市居中，占地405公顷，四周的农业用地占2025公顷，除耕地、牧场、果园、森林外，还包括农业学院、疗养院等。农业用地是保留的绿带，永远不得改作他用。在这2430公顷的土地上，居住32000人，其中30000人住在城市，2000人散居在乡间。当城市人口超过了规定数量时，则应建设另一个新的城市。田园城市的平面为圆形，半径约1133.856米。中央是一个面积约58.725公顷的公园，有6条主干道路从中心向外辐射，把城市分成6个区。城市的最外圈地区建设各类工厂、仓库、市场，一面对着最外层的环形道路，另一面是环状的铁路支线，交通运输十分方便。他提出，为减少城市的烟尘污染，必须以电为动力源，将城市垃圾应用于农业。

　　他还设想了田园城市的群体组合模式：6个单体田园城市围绕中心城市，构成城市组群，他称之为"无贫民窟、无烟尘的城市群"，其地理分布呈现行星体系特征。中心城市的规模较大，建议人口为58000人，面积也相应增大。城市之间以快速交通和即时迅捷的通信相连。各城市经济上独立、政治上联盟、文化上密切联系。霍华德田园城市的群体组合把城市和乡村统一成一个相互渗透的区域综合体，形成一个多中心、整体化运作的城市系统。

霍华德提出田园城市的设想后，又为实现他的设想进行了细致的考虑。对资金来源、土地规划、城市收支、经营管理等问题都提出了具体的建议。他认为工业和商业不能由公营垄断，要给私营企业以发展的条件。霍华德于1899年组织了田园城市协会，宣传他的主张。1903年他组建了"田园城市有限公司"，筹措资金，在距伦敦56千米的地方购置土地，建立了第一座田园城市——莱奇沃思（Letchworth）。1920年，他又开始在距伦敦西北约36千米的韦林（Welwyn）建设第二座田园城市。田园城市的建设引起了社会的重视，欧洲各地纷纷效仿，但多数只是袭取"田园城市"的名称，实质建设的是城郊的居住区。

作为早期的现代城市规划模型，霍华德的"田园城市"理论是一个比较完整的城市规划思想体系，对现代城市的规划思想起到了重要的启蒙作用，对后来出现的一些城市规划理论，如"有机疏散"理论、卫星城镇理论颇有影响，直到今日，在"智慧城市"建设的大背景下，其仍常被人提及。

## 1.1.2 城市2.0：电气时代的城市发展状况与构想

工业革命之后，社会生产力有了很大的发展，生产力的发展对生产手段和生产关系提出了新的要求；同时，自然科学的研究工作呈现出欣欣向荣的景象并取得重大突破，一些科学发明使得技术的发展成为可能。

19世纪末到20世纪初，世界上掀起了第二次工业革命的浪潮。当时，除英国、美国北部和法国已完成第一次工业革命外，其他国家有的正处于第一次工业革命的高潮期，如美国的南部、德国和俄国；有的则刚刚起步，如日本。第二次工业革命的中心主要在美国和德国。电力的应用及由此而引起的一系列生产技术及产业结构的变革，不仅推动了社会生产力的迅猛发展和资本主义工业化的基本完成，而且加速了从"自由"资本主义向垄断资本主义的过渡，社会生产关系和社会生活产生了巨大变革。

19世纪60～70年代开始涌现出一系列的重大发明。1866年，德国人西门子制造了发电机，到19世纪70年代，实际可用的发电机问世。1882年9月4日，美国著名发明家托马斯·阿尔瓦·爱迪生（Thomas Alva Edison）在纽约珍珠街建立起第一座火力发电站，6台"巨象"发电机向85个单位、2300盏电灯供电，此举开创了美国第一个电力照明系统，如图1-4所示。到1917年，美国仅公用电站就有4364座，发电量438亿度，美国电力工业跃居世界第一位。大型火力发电站不但为照明提供了光源，也为工业生产和社会生活提供了强大的动力和能源。

图1-4　1882年，爱迪生在美国纽约珍珠街建立拥有6台发电机的火力发电站

作为当时社会的一种新能源，电力具备干净、方便、安全、传输速度快、传输损失小、能远距离输送、能按户按需分配电量等优势和特征，这些是蒸汽机无可比拟的，因此，电力在生产、生活中迅速、广泛地被应用。1914～1927年，电力在制造业中的使用比例从占动力总量的39%上升到78%，人类至此进入了崭新的"电气时代"。

在第二次工业革命中，出现了一系列的重工业部门，如化学工业、石油工业、汽车工业等，其他老的工业部门也得到技术改造，第二次工业革命使经济结构和社会结构发生了巨大变化。以无机化学工业为例，19世纪60～70年代以氨为媒介生产纯碱和利用氧化氮为催化剂生产硫酸的新方法被发明，使利用这两种化学工业的基本原料的综合利用得到迅速发展。有机化学工业也随着煤焦油的综合利用得到迅速发展。利用化学合成的办法，美国人发明了塑料、法国人发明了人造纤维。人们的生活得到了极大的丰富和改变。

### 1.1.2.1 城市基础设施极大完善

在前面的章节中，我们已经提到，第一次工业革命之后，伴随人口从乡村向城市大规模流动，社会处于从乡村到城市、从传统到现代的激烈转型、碰撞时期。如何应对个人与家庭生活所面临的种种挑战，如何解决城市恶劣的卫生、交通状况，都是当时社会治理的难题。但是在第二次工业革命期间，城市的基础设施得到了极大完善，城市问题得到适当解决。让我们以美国为例来看看这一切是如何实现的。

19世纪初，美国的交通仍然十分落后，并呈现畸形发展的局面：同英国经济密切相关的海运业极为发达，而殖民地内部各地区和各城镇间的交通运输则十分原始，甚至在如新英格兰这样当时经济相对发达的地区，能够行驶马车的道路寥寥无几，河面上没有建造必要的桥梁，过河时不是用船渡，就是骑马涉水。从全国范围来看，美国仍然属于农业国家，大多数人属于农业人口。

从19世纪初到内战这段时间，虽然工业化进程已经开始，但由于程度和范围不一，这一时期美国城市总体上发展较为缓慢。1800年，美国共有33个城市，城市人口占全国人口总数的比例为5.1%，人口数超25000人的城市只有两个——纽约和费城。1840年开始，由于交通运输技术的发展，美国的城市化进程大为加快。1860年，美国已拥有392个城市，城市人口占总人口数的19.8%。人口数为2500～25000人的城市共有356个，为25000～250000人的城市有32个，250000人以上的城市有3个。第二次工业革命带来的新技术和新发明为中西部的城市化奠定了良好的基础，中西部城市的城市化建立在更高的生产力水平基础上，进入了一个大机器工业迅速发展的时期。

内战后，伴随第二次工业革命的兴起，美国工业化、城市化迎来高峰期，从 1859 年到 1899 年，美国的工业产值增值 114.07 亿美元，钢产量从 1860 年的 1.2 万吨猛增加到 1900 年的 1035 万吨，煤开采量从 1860 年的 1820 万吨增加到 1900 年的 2.4 亿吨。同时，农业劳动人口的比例不断下降，1850 年美国农业劳动人口的比例为 63.7%，到了 1870 年下降为 53%，1920 年为 27%。

受到淘金热和城市大建设的影响和刺激美国西海岸的城市，出现了一大批大小各异的采矿营地、采矿业城镇以及铁路沿线市镇。由采矿业发展起来的著名城市包括丹佛（Denver）、洛杉矶（Los Angeles）、圣弗朗西斯科（San Francisco）和盐湖城（Salt Lake City，S.L.C.）等。靠铁路而发展起来的著名城市有西雅图（Seattle）、圣塔菲（Santa Fe）等。城市经济的迅速发展、贸易往来的日益密切对交通运输技术提出了更高的要求，铁路逐渐成为影响经济发展最为重要的因素之一。铁路的发展加强了美国中西部地区与东部地区的联系，铁路成为中西部矿业、农业、畜牧业产品向外运输最为主要的途径。到 1900 年美国的铁路长度已经超过了 323000 千米。

铁路的快速发展对原来的城市空间结构带来了重大的影响。铁路沿线城镇人口迅速集中和增长，西部荒野上涌现出一座座大型城市。1860 年到 1910 年，城市总人口从 621.6 万上升到 4464 万，占全国总人口的比重从 19.8% 上升到 45.5%，城市数目从 392 个增加到 2262 个，10 万人以上的大城市增加到 50 个，纽约、芝加哥和费城的人口都超过了 100 万。1920 年，美国联邦人口普查局的数据显示，美国城市人口已占全国人口总数的 51.2%，美国成为一个以城市居民为主的国家。

#### 1.1.2.2 城市美化运动使城市环境得到改善

第二次工业革命之后，欧美许多城市为了顺应当时日益加速的郊区化趋势，同时为了恢复城市中心的良好环境和吸引力，开展了一场声势浩大的"景观改造运动"，即"城市美化运动"（City Beautiful Movement）。

在新航路开辟之后，英国和其他欧洲国家的大量移民来到美国寻求新的生活，他们主要聚集在港口城市纽约。这些移民当中，一些人的居住环境非常差。

汽车的普及缩短了距离上的时间成本，使居住区与工作区的分离成为可能。在当时，大量的城市富人和中产阶级外迁城郊，城市开始了郊区化的蔓延，内城开始衰败，这样的现象几乎存在于当时所有的大中城市当中。

种种问题驱使中产阶层开始积极地为解决这些问题提出对策。他们认为，政府应大力应对城市发展过程中的这些问题。因此，美国的许多城市的政府开始向贫民窟的居民提供娱乐和受教育的机会。同时，人们开始把目光投向了改善城市环境方面。1871年，芝加哥在经历了毁灭性的大火之后进行了重建，开始实施城市改良工程。在以后的30年间，伴随着第二次工业革命的发展，芝加哥的城市面貌得到了极大改善，城市中修建了图书馆、艺术学院、菲尔德哥伦比亚博物馆，并扩建了芝加哥大学。

但"城市美化"（City Beautiful）作为一个专用词，则出现在1903年，其发明者是专栏作家查尔斯·马尔福德·鲁宾森（Charles Mulford Robinson）。他借助1893年芝加哥因举办世博会而对城市形象带来的巨大的提升，呼吁城市应进行美化与形象改进，并倡导以此来解决当时美国城市的脏乱差问题。他自己也开始学习景观设计与城市规划。后来，人们便将在他倡导下的所有城市改造活动称为"城市美化运动"。

"城市美化运动"强调规则、几何、古典和唯美主义，在20世纪初的前十年中，这场运动不同程度地影响了几乎所有美国和加拿大的主要城市，促进了城市设计专业和学科的发展，改善了城市形象，促进了景观设计师和城市规划设计师队伍的形成。

### 链接：城市美化运动的主要内容

从倡导者的愿望来说，城市美化应包括至少以下几方面的内容。

第一是城市艺术（Civic art）：即通过增加公共艺术品，包括建筑、灯光、壁画、街道的装饰来美化城市。

第二是城市设计（Civic Design）：即将城市作为一个整体，为社会公共目标，而不是个体的利益进行统一的设计。城市设计强调纪念性和

整体形象及商业和社会功能。因此,城市应特别重视户外公共空间的设计,把空间当作建筑实体来塑造,并试图通过户外空间的设计来烘托建筑及整体城市形象。

第三是城市改革(Civic Reform):即将社会改革与政治改革相结合。城市的腐败极大地动摇了人们对城市的信赖。同样严重的问题是城市的贫民窟。随着城市工业化的发展,贫民窟无论从人口还是面积上都不断扩大,伴随而来的问题使城市变得不适宜居住。因此,城市改革包括制止城市腐败、解决城市贫民的就业和住房问题以维护社会的安定。

第四是城市修葺(Civic Improvement):通过清洁、粉饰、修补来创造城市之美。尽管这些往往被人们所忽略,但它却是"城市美化运动"对城市改进最有贡献的方面,包括步行道的修缮、广场的修建等。

## 链接:城市美化运动的十大目标

① 通过集中服务功能及其他相关的土地利用的设计,形成一个有序的土地利用格局。

② 形成方便高效的商业和市政核心区。

③ 创建利用良好的城市环境,尤其是在居住区。

④ 景观资源,创造城镇风貌和个性。

⑤ 将建筑的群体作为比建筑单体更为重要的美学因素来对待。

⑥ 在街道景观中创造聚焦点来统一城市。

⑦ 将区域交通组成一个等级清晰的系统。

⑧ 将城市的开放空间作为城市的关键组成。

⑨ 保护一些城市的历史成分。

⑩ 创造一种统一的系统,将现代城市形态,如工业设施和摩天大楼结合到现有城市之中。

由于吸取了英国工业革命的经验和教训,并开展了"城市美化运动",

美国的工业化和城市化异军突起,迅速成为世界城市文明的先锋。尤其是美国首都纽约,到 1900 年,其已经享有明显的经济和文化优势,人口是芝加哥的两倍,并控制着全国所有银行超 60% 的结算额,而纽约港的进出口贸易也占到美国进出口贸易的 40% 以上。

## 1.1.3 城市 3.0:信息时代的城市发展状况与构想

第三次科技革命是继蒸汽技术革命和电力技术革命后,人类历史上的又一次重大飞跃。本次革命从原子能、电子计算机和空间技术开始,而后汇入了信息技术、新能源技术、新材料技术、生物技术、空间技术、海洋技术等一批新技术,形成了一个宏大的技术群。它极大地推动了人类社会经济、政治、文化领域的变革,影响了人类的生活方式和思维方式,使得人类的衣食住行等日常生活的方方面面都发生了重大的变革。

同前两次的工业革命相比,第三次科技革命有以下特点。首先,科学技术在推动生产力的发展方面起着越来越重要的作用。其次,科学技术转化为生产力的速度大大加快,科学和技术密切结合,相互促进,随着科学实验手段的不断进步,科研探索的领域也不断开阔。各国政府对科技领域尤其是对航天工业和核工业领域的重视和投入,给第三次科技革命注入了极大的动力与生机。就拿原子能、电子计算机和空间计算这三项第三次科技革命期间的代表性技术来说,它们的发源均可追溯到第二次世界大战时期。在人们开始使用核能技术提供能源之前,核能主要应用于核武器。而世界上最早的电子计算机,以及相当一部分与电子计算机相关的早期理论研究,都是基于军事用途而开展的。

### 1.1.3.1 原子能的和平利用开启新的能源革命

以原子能技术为例,早在 1939 年,物理学领域内的原子分裂实验就已经在德国取得成功。而后很长时间,原子能的研发都与军事有着千丝万缕的联系。

1952年~1964年,核能的利用开始被延伸到非军事领域。1954年6月,苏联建成世界上第一座装机容量为5兆瓦(电)的奥布宁斯克(Obninsk)核电站;1957年,美国建成电功率为9万千瓦(电)的希平港(Shippinport)核电站,如图1-5所示。这些成就证明了利用核能发电的技术可行性。

图1-5 世界上第一座商用核电站——美国Shippinport核电站

20世纪60年代后期,在实验性和原型核电机组的基础上,世界各国陆续建成了电功率在30万千瓦以上的压水堆、沸水堆、重水堆等核电机组,它们在进一步证明核发电技术可行性的同时,也证明了核电的经济性,证明其完全可与水电、火电相竞争。20世纪70年代,核电极速发展,目前世界上商业运行的400多座核电机组绝大部分是在这一时期建成的。

1977年,世界上有22个国家和地区共拥有229座核电站反应堆。作为一种清洁能源,核能可从根本上缓解能源紧张、减轻经济负担以及改善生态环境,正为越来越多的国家所接受用于发电。

### 1.1.3.2 电子计算机技术推动信息时代的到来

1942年,第二次世界大战期间为了要精确地计算弹道,当时任职宾夕法尼亚大学摩尔电机工程学院的约翰·莫希利(John Mauchly)提出了"高速电子管计算装置"的设想,期望用电子管代替继电器以提高机算机的计算速度。时任弹道研究所顾问的数学家冯·诺依曼（John Vou Neumann）对解决电子计算机研制过程中的许多关键性问题作出了重要贡献。

1946年，世界上第一台电子计算机ENIAC——中文音译为"埃尼阿克"诞生于美国宾夕法尼亚大学（University of Pennsylvania），如图1-6所示。

图1-6 世界上第一台电子计算机ENIAC

ENIAC长30.48米，宽1米，占地面积170平方米，体积5181.6立方米，约相当于10个普通房间的大小！其包含了17468个真空管、7200个二极管、70000个电阻器、10000个电容器、1500多个继电器、6000多个开关，重达30吨，耗电量150千瓦。它每秒能够执行5000条指令，与当时已有的计算装置相比，速度要快上1000倍，而且还有按照事先编好的程序自动执行算术运算、逻辑运算和数据存储的功能。

虽然在今天看来，ENIAC很庞大、笨重，但它让科学家们从庞杂的计算中解脱出来，并宣告了一个新时代的开始。

1947年，贝尔实验室（Bell Laboratory）的约翰·巴丁（John Bardeen）、威廉·肖克利（William Shockley）和沃尔特·布兰坦（Walter Brattain）研制了晶体管，如图1-7所示。1950年，肖克利研发出了双极性结型晶体管（Bipolar Junction Transistor），也就是现在俗称的晶体管。

图 1-7　1948 年的巴丁、肖克利及布兰坦

晶体管具有传导、放大和开关电流的功能。它具备三个电极，通过三根导线将其引出管外。三个电极中有一个电极能够起控制作用，如果给这个电极通上电流，晶体管内部的电子开关就接通，另外两个电极就会有电流通过；反之，开关断开，另外两个电极就没有电流。由于没有玻璃管壳，不需要真空，晶体管的体积很小，生产成本和使用寿命相比于传统的电子管来说也有明显的优势，因此，晶体管问世后，迅速发展并代替了电子管的位置。1953 年，第一款采用晶体管技术的商业化装置成功面市，它是一款助听器。

1956 年，美国首先研制成功了军用小型晶体管计算机。1958 年年底至 1959 年年初，第一批量产的民用晶体管计算机投入运行，这就是 IBM 1401，如图 1-8 所示。它采用了晶体管线路、磁心存储器、印制线路等先进技术，使得主机体积相比 ENIAC 大大减小。推出这款计算机之后的 5 个星期，IBM 就接到了惊人的 5200 份订单——比他们所预计的整个机器寿命内的销量还要高。到了 20 世纪 60 年代中期，1401 的装机量超过 10000 台，这极大地奠定了 IBM 在计算机行业的领先地位。美国加州山景市的计算机历史博物馆馆长戴格·施派舍（Dag Spicer）表示，1401 的软件在易用性方面有巨大的改进，这激发了当时市场上被压制的数据处理的需求，并使企业高管和政府官员重新思考计算业务——计算机不一定是精英集团的专属机器，它可以很好地应用于中型企业和实验室环境。在全球的顶级企业中，不同的部门都可以拥有自己的计算机。1401 使各种规模的企业相信计算机的强大，甚至认为其不可或缺。

图 1-8　1962 年的 IBM 1401 广告[1]

差不多与 1401 计算机同一时间，IBM 推出了 1403 打印机。该打印机采用了旋转的链条，当要打印的字符移入到合适的位置时，就会触发锤子击打链条将纸张移入到字符所对应的位置。这种链条和打印机的控制带可以被单独安装。当时，1403 打印机可以实现每分钟 27.94cm×35.56cm 的纸张。所有的打印作业、打印格式和打印操作都由 1403 打印机内置的系统处理单元来控制。借助 IBM 1403 打印机，企业和政府机构可实现内部和客户记录的保留，大大提高了工作效率，并节约了大量成本。

1964 年，IBM 的 1401 系统成为尼日利亚第一个政府计算机系统，用于加快工资表制作、组织全国的教育资源，并跟踪尼日利亚铁路公司的运货车。

1971 年 4 月的《思想》（*Think*）杂志展示了 1401 在全球各地的应用场景，如图 1-9～图 1-13 所示，并如此描述，"从因斯布鲁克的斜坡到塞内加尔的铁路，它像风暴一样席卷全球，将数据处理的怀疑者变成了坚定的支持者。"

---

[1] 来源：IBM 官网。

图 1-9　罗马圆形大剧场的数据移动处理机，1960 年 6 月[1]

图 1-10　哥本哈根的数据移动处理机，1960 年[2]

图 1-11　苏黎世的数据移动处理机，1960 年 9 月[3]

---

1　来源：《思想》（*Think*）杂志，1971 年 4 月。
2　来源：《思想》（*Think*）杂志，1971 年 4 月。
3　来源：《思想》（*Think*）杂志，1971 年 4 月。

图 1-12　布鲁塞尔艺术之丘的数据移动处理机，1960 年 9 月[1]

图 1-13　1960 年，巴黎旺多姆广场的 IBM Lorries[2]

为了纪念这部机器，冰岛艺人约翰·约翰逊（Jóhann Jóhannsson）在 2006 年与一支多达 60 人的弦乐队合作，推出一部名叫《IBM 1401：一本用户手册》（*IBM 1401: A User's Manual*）的音乐歌舞剧，其在全球 40 多个国家播出，引起了强烈反响。2011 年的一部好莱坞大片《洛杉矶之战》（*Battle: Los Angeles*）就引用这张专辑中的 *Part 5: The Sun's Gone Dim and the Sky's Turned Black* 作为预告片的配乐。

如果把采用真空管作为主要电子元器件的计算机称为"第一代"；采用晶体管的计算机称为"第二代"；那么"第三代"电子计算机就是在 20 世纪 60 年代中期，伴随半导体工艺的发展，采用中小规模的集成电路（MSI，SSI）为主要电子元器件电子计算机。"第三代"电子计算机逐步向小型化发展。

这个时期的计算机，性能比上一代的计算机有了很大的提高，其每秒运

---

1 来源：*Think* 杂志，1971 年 4 月。

2 来源：*Think* 杂志，1971 年 4 月。

算已经可以达到上千万次，能够适应一般的数据处理和工业控制的需要，应用领域日益扩大。

20 世纪 70 年代，计算机进入到"第四代"。"第四代"电子计算机采用大规模集成电路（LSI），即单片硅片上集成 1000～2000 个以上晶体管的集成电路作为主要电子元器件。1977 年，苹果 Ⅱ 型微电脑诞生。1978 年，计算机每秒运算已达 1.5 亿次。

伴随微型计算机（微机）的诞生和发展，计算机在经济和社会的各个领域得到了普遍的应用，从而带动了一个崭新的行业——信息产业的出现，并推动人类进入到继蒸汽时代、电气时代后的又一个重要时代——信息时代。

1964 年，《电子学》（*Electronics Weekly*）杂志邀请日后成为英特尔联合创始人的戈登·摩尔（Gordon Moore）为他们 1965 年的 4 月刊写一篇文章，讨论集成电路的未来。摩尔发现了半导体制造业中晶体管逐渐小型化的趋势，发现每隔一段固定的时间，集成电路上的晶体管数量就能加倍。他找了张坐标纸，画了一条线代表每个芯片上晶体管的数量，这条线表示数量在至少 10 年内每年都能翻番，如图 1-14 所示，这就是著名的"摩尔定律"。在文章中他写道，"集成电路会带来一系列的奇迹：家用计算机（或者是连接到中央计算机的终端）、汽车自动控制系统以及便携的通信设备。"

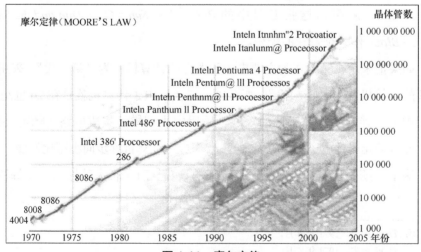

图 1-14　摩尔定律

50 多年过去了，人们深刻地感受到了"摩尔定律"的巨大能量，以及其给生活所带来的影响。回望当年，当"摩尔定律"提出时，计算机比冰箱还要笨重，其不但传递信息缓慢，而且非常昂贵。但今天，我们能够"任性"地把智能手机放在口袋或者钱包里，智能手机的性能比 1965 ~ 1995 年中最大的计算机还要强劲。越来越轻薄的笔记本式计算机走进了我们的生活，甚至出现了足以绘制整个基因组或是设计复杂药物的高性能计算机，还有流媒体视频、社交媒体、搜索功能、云等。我们所处的现在，恰是过去人们所憧憬并有无数产学研人士为之努力探索、打拼的未来。

### 1.1.3.3　信息时代城市的发展

以资源、能源的大量投入为主要特征的几次工业革命，促进了城市工业经济的发展和人口的快速集聚，加速推进了城市化发展进程，但同时也带来资源短缺、环境污染、生态破坏、交通拥堵、公共安全等"城市病"，影响城市化发展的质量。为了应对城市化快速发展过程中出现的"城市病"问题，人们不断提出新的城市规划和发展理念。

在前两次工业革命中，我们看到了"田园城市"和"城市美化运动"。而第三次科技革命给城市带来的显著影响和改变则是：数字城市、信息化城市的发展，以及"智慧城市"概念的提出[1]。

1990 年，以"智慧城市（Smart Cities），快速系统（Fast Systems），全球网络（Global Networks）"为主题的国际会议在美国圣弗朗西斯科召开。会议探讨总结了城市通过信息技术聚合"智慧"，从而形成可持续的城市竞争力的成功经验。会后正式出版的论文集"*The Techno polis Phenomenon: Smart Cities, Fast Systems, Global Networks*"，是关于智慧城市研究的最早记录。

伴随城市化的发展，信息通信技术（Information Communication Technology，ICT）开始应用于城市的各个领域，推动城市全面发展转型。城市各个方面的

---

[1] 关于数字城市、信息化城市、智慧城市等容易混淆的概念之区别，详见本章"1.4 容易混淆的几个概念"之解释。

主要设施正在被定位，城市的物理设施都可以利用信息通信技术被感知和集合。2006年，新加坡推行了"智慧国2015"（Intelligent Nation 2015，iN2015）的计划，目标是将新加坡建设成为经济、社会发展先进的国际化大都市。2006年，欧盟委员会成立了欧洲Living Lab，该组织使用先进的信息和通信技术来调动各方"集体的智慧和创造力"，为城市发展过程中遇到的问题提供解决办法。2009年，欧盟和日本也都相继提出了建设智慧城市的计划。

---

**链接：新加坡"智慧国2015"计划**

1. 智慧国2015四大战略如下。

- 建设超高速、普适性、智能化的可信赖的资讯通信基础设施。
- 开发具有全球竞争力的资讯通信产业。
- 发展精通资讯通信的劳动力，培养具有全球竞争力的资讯通信人力资源。
- 通过创新熟练应用资讯通信技术，推动关键经济领域、政府部门及社会转型。

2. 智慧国2015三大预期成果如下。

- 通过资讯通信技术，丰富公民生活。
- 利用资讯通信技术，提高经济竞争力及创新能力。
- 促进资讯通信产业的增长并提高其竞争力。

3. 智慧国2015将实现以下几大目标。

- 利用资讯通信为经济和社会创造的增值居全球之首。
- 资讯通信产业实现的增值提高两倍，达260亿新元。
- 资讯通信产业的出口收入提高三倍，达600亿新元。
- 创造8万个新工作岗位。
- 至少90%的家庭使用宽带网络。
- 学龄儿童家庭电脑拥有率达100%。

# 第一章 智慧城市的前世今生

智慧城市成为全球关注热点的标志性事件发生在 2008 年。在全球性金融危机的影响下，IBM 提出了智慧地球（Smart Planet）的概念；希望能够"互联地球的人、机器和数据"，并在全球范围内对"智慧地球"进行了宣传推广。所谓智慧，是指利用传感器来进行更好的资产管理和物流配置，帮助用户制订出更好的运行方案。"把感应器嵌入和装备到电网、铁路、桥梁、隧道、公路、建筑、供水系统、大坝、油气管道等各种物体中，并且使各种物体被普遍连接，形成'物联网'，通过超级计算机和云计算将'物联网'整合起来，实现人类社会与物理系统的整合。"

尔后，IBM 又提出了"智慧城市"发展愿景。IBM 认为，智慧城市能够充分运用信息和通信技术手段感测、分析、整合城市运行核心系统的各项关键信息，以保证能够对包括民生、环保、公共服务、城市建设、工商业活动、社会安全在内的各种需求作出智能的响应，让城市中的各种需求功能协调运作，为人类创造更加美好的城市生活。城市是地球未来发展的重点，智慧地球的实现离不开智慧城市的支撑。智慧城市的建设，不仅可以提供未来城市发展新模式，而且可以带动新兴产业的发展。

自 2009 年开始，北京、上海、广东、南京、宁波等十几个省市相继提出了智慧城市的建设目标。2010 年，国家科技部和湖北省政府在武汉联合主办了以"发展更科学、管理更高效、社会更和谐、生活更美好"为主题的"2010 中国智慧城市论坛"。

新华网报道，2015 年 4 月，住房和城乡建设部和科技部公布了第三批国家智慧城市试点名单，确定北京市门头沟区等 84 个城市(区、县、镇)为国家智慧城市 2014 年度新增试点，河北省石家庄市正定县等 13 个城市(区、县)为扩大范围试点，加上 2013 年 8 月 5 日对外公布的 2013 年度国家智慧城市试点名单所确定的 103 个城市（区、县、镇），以及住房和城乡建设部此前公布的首批 90 个国家智慧城市试点，截至 2015 年 9 月，国家智慧城市试点已达 290 个。

人类为了活着而聚集到城市，为了生活得更美好而留居于城市。"智慧城市"的提出，给城市的未来发展带来了无穷的想象空间。

## 1.2 中国城市化发展的进程和特点

### 1.2.1 近代中国的城市化水平和特点

（1）近代中国城市化发展情况

近代中国城市化发展模式与西方模式相去甚远，它是在自然经济占主导地位的经济结构中展开的。中国近代的城市化发展是在"刚刚开始工业化"的基础上展开的。不可否认的历史事实是，中国近代的城市化始终与被动的开埠通商联系在一起。中国近代的城市化走过了一条不同于西方城市化的、具有自身历史特征的发展道路，它既没有形成城市工业化的强劲拉力，也没有形成农业资本主义化的巨大推力。已为人们熟知的事实是：中国近代制造工业主要集中于沿海省份特别是通商口岸城市，外资工厂在制造业部门占有主要份额，工厂工业主要是消费品工业，工厂平均规模很小，华资比外资更小。

近代中国的城市化是在一种特殊的历史条件下展开的社会变迁过程。以被迫开埠通商为契机，城市商业化和工业化的初步发展固然显示了城市化文明和进步的一面；而自然经济基础之上的农业衰败和工业化的低度发展又凸显了城市化过程中传统和落后的另一面。

（2）近代我国城市化发展特点

早在宋朝时期，我国就有了较为发达的商品经济，在宋代经济发展的基础上，至明朝我国已经出现了以私人手工作坊、手工工场为代表的资本主义萌芽。

进入近代以后，真正意义上的城市化开始在中国出现，但受社会政治、经济、文化等多种因素的影响,我国的城市化呈现出与其他国家截然不同的模式。其特点主要有:①中国的城市化根植于半殖民半封建的特殊历史背景下;②商业化先于工业化导致城市工业难以吸收过剩劳动力,城市对农业人口的吸引力有限;③在自然灾害和传统"小农经济"瓦解的夹击下,农民被迫涌入城市谋生,带来消极的城市化效应。[1]

## 1.2.2　1949～1978年的城市化水平和特点

中国真正的城市化进程开始于新中国成立后。改革开放以后,中国城市化进程明显加快。

(1)1949～1978年的城市化水平

从1949年新中国成立到1978年"十一届三中全会"以前,中国内地的城市化进程相当缓慢,在1950～1980年的30年中,全世界城市人口的比重由28.4%上升到41.3%,其中发展中国家由16.2%上升到30.5%,但是中国大陆仅由11.2%上升到19.4%。这种城市化的缓慢并不是建立在工业发展停滞或缓慢的基础上,正相反,改革开放前的29年,中国大陆的工业和国民经济增长速度并不算慢,1978年的工业总产值比1949年增长了38.18倍;工业总产值在工农业总产值中的比重,由1949年的30%提高到1978年的72.2%;社会总产值增长12.44倍,其中非农产业在全社会总产值中的比重,则由1949年的41.4%上升到1978年的77.1%;国民收入总额则从1949年的358亿元增长到1978年的3010亿元(按当年价格计算),提高了7.41倍;非农产业在国民收入构成中的比重,也由1949年的31.6%上升到1978年的64.6%。从1950年到1973年,世界GDP总量年均增长4.9%,人均GDP增长2.9%,其中中国大陆GDP年均增长5.1%,人均增长2.9%,高于或等于世界平均水平,高于同期发展中国家平均水平。

---

1 行龙. 近代中国城市化特征 [J]. 清史研究,1999,4.

（2）1949～1978年我国城市化的特点

在这段时间内，中国的城市化呈现出以下几个特点：①政府是城市化动力机制的主体；②城市化对非农劳动力的吸纳能力非常有限；③城市化的区域发展受高度集中的计划经济体制的制约；④劳动力的职业转换优先于地域转换；⑤城市运行机制具有非商品经济的特征。

这种城市化的结果，导致城乡之间相互隔离和相互封闭的"二元社会"的形成。由财产制度、户籍制度、住宅制度、粮食供给制度、副食品和燃料供给制度、教育制度、医疗制度、就业制度、养老制度、劳动保险制度、劳动保护制度，甚至婚姻制度等具体制度所造成的城乡之间的巨大差异，构成了城乡之间的壁垒，阻止了农村人口向城市的自由流动。

## 1.2.3　1978年以来的城市化水平和特点

（1）1978年以来我国城市化的发展水平

改革开放以来，随着发展战略的调整与改革的深入，我国城市化发展进入了迅速推进的阶段。特别是20世纪80年代，乡镇企业的迅速崛起、城市数量的增加和户籍制度改革的推进，使得城市化进程急剧加快。1978年我国各级规模城市数量192个，城镇人口17245万人，占总人口的比重为17.92%。截至2001年年底，城市数量增加到662个，城镇人口增加到48064万人，占总人口的37.66%。从城市化发展水平增速来看，20世纪80年代快于20世纪90年代，21世纪初快于20世纪80年代。

① 20世纪80年代：城市化补偿性发展时期。改革开放以后，我国社会经济进入到前所未有的高速发展时期，特别是从20世纪80年代中期开始，我国乡镇企业迅速崛起，吸引了大批农村劳动力向城镇流动，出现了人户分离现象，促进了城市化的补偿性发展。1980～1989年，我国城市化率从19.4%上升到26.2%，年均提高0.76个百分点，补偿了1960～1978年城市化发展的倒退。补偿性发展是改革初期城市化水平很低和社会经济高速发展

推动作用的结果。

② 20世纪90年代：城市化平稳发展时期。从90年代开始，随着工业化发展加速，全国县改市和乡改镇的数目增多，城市人口增加。90年代，全国新设了200多个城市和8000多个建制镇，这些城镇的设立大大促进了工业化的发展。1990～1999年，工业化水平和城市化水平与80年代相比都呈现出逐年上升的趋势，其中城市化水平从1990年的26.4%上升到1999年的30.9%，年均提高0.5个百分点，90年代城市化水平比80年代上升幅度低2.3个百分点。1991～1995年城镇人口年平均增长997万人，而进入90年代中期以后年均仅增长923万人，比前5年的平均数低74万人。这期间乡村人口也出现较低速的增长，而且比城镇人口的增长低得多，因此，城镇人口增长占总人口增长的比重才表现出不断提高的态势，我国城市化进入平稳发展时期。

③ 21世纪初：城市化加速发展时期。国民经济第十个五年计划纲要中明确指出，随着农业生产力水平的提高和工业化进程的加快，我国推进城镇化的条件已经成熟，要不失时机地实施城镇化战略。一些地区根据地方经济发展的客观要求，遵循城市化发展的客观规律，从实际出发，积极推进户籍制度改革，促进了城市化水平的提高。第五次全国人口普查资料显示，2000年我国的城镇居住人口为45594万人，占总人口的36.09%，比1978年提高了18.17个百分点，比1999年提高了5.19个百分点。截至2001年年底，全国城市数量达到662个，建制镇数量达到20358个，城镇人口已超过48000万人，城镇化率达到37.66%。可见，进入21世纪，我国城市化发展进入加速期。

(2) 1978年以来我国城市化的特点

我国城市化起步较晚，而新中国成立到改革开放以前的城市化进程曲折起伏。到20世纪80年代，随着改革开放和经济的迅速发展，城市化才进入一个健康、持续、快速发展的新时期。总体上，我国城市化发展取得了举世瞩目的成就，但与世界城市化水平相比还有差距。

我国城市化发展的现状具有地区发展不平衡、发展水平非典型、城市管理水平低的特点。

① 地区发展不平衡。我国城市化水平地区发展不平衡主要表现为东、中和西部地区的差异以及省际之间的不平衡两个方面。如果将城镇非农业人口占总人口的比重作为城市化水平指标，1998年东部地区城市化水平为33.8%，中部地区为26.6%，西部地区为20.7%，东西相差13.1%。2001年，东部地区有293座城市，城市非农业人口占全国非农业人口的44.3%；中部地区有247座城市，城市非农业人口占全国非农业人口的37.3%；西部地区有122座城市，城市非农业人口占全国非农业人口的18.4%。通过对东部、中部、西部城市化发展水平之间的比较，可以得出：目前，我国城市化的发展速度呈现东部快于中部，中部快于西部，沿海快于内陆的特点。而我国各省区经济社会发展的差异也造成了城市化发展水平的不平衡。将1998年城市化水平的高低作为参考，可以把我国31个省区划分为五类地区：城市化水平在50%以上的，包括北京、上海和天津；城市化水平在40%～50%之间的，包括辽宁、吉林、黑龙江和广东4省；城市化水平在30%～40%之间的，包括内蒙古、江苏、湖北、海南、宁夏和新疆6省（区）；城市化水平在20%～30%之间的，包括河北、山西、浙江、福建、江西、山东、湖南、广西、四川、重庆、陕西和青海12个省（市、区）；城市化水平低于20%的，包括安徽、河南、贵州、云南、甘肃和西藏6省（区）。城市化水平最高的上海市与最低的西藏自治区之间相差30%。

② 发展水平非典型。美国经济学家钱纳里通过"典型事实"统计方法揭示了，随着收入水平提高，工业化与城市化同步发展是工业化阶段经济实现稳态增长的重要条件。一般来说，一个国家的城市化水平，是该国经济发展水平的结果，或者说随着人均收入水平的提高，城市化水平也应该得到提高。2001年，我国人均GDP（7651元人民币）约1000美元，根据钱纳里的"标准模式"，城市化水平应为63.4%，而我国实际城市化水平仅为37.66%。根据世界银行对133个国家和地区由高到低的统计排位，1997年中国的人均国

内生产总值排名第 53 位，而城市人口占总人口比重却排第 110 位。

以上分析表明，我国城市化发展水平与一般国家的发展轨迹不同，具有非典型特征。

③ 城市管理水平低。城市是一个人口、产业、技术和服务高度聚集的空间区域，各种构成要素通过有效配置才能产生规模效应、聚集效应和乘数效应。城市管理水平的高低决定着城市能否实现高效、协调和各项功能的正常运转。我国在城市管理方面还存在欠缺，给城市化发展过程带来一定消极影响。

## 1.3 智慧城市：崛起在第四次工业革命的大幕之下

在 2013 年的汉诺威工业博览会上，由"产官学"组成的德国"工业 4.0 工作组"发表了"德国工业 4.0 战略计划实施建议"，其中提到：在一个"智能、网络化的世界"里，物联网（the Internet of Things）和服务网（the Internet of Services）将渗透到所有的关键领域。智能电网将与能源供应领域、可持续移动通信战略领域（智能移动、智能物流），以及医疗智能健康领域融合。在整个制造领域中，信息化、自动化、数字化将贯穿整个产品生命周期、端到端工程、横向集成（协调各部门间的关系），制造领域将成为工业化第四阶段的引领者。

在德国信息技术、通信、新媒体协会工业 4.0 部部长多尔斯特（Wolfgang Dorst）看来，工业 4.0 是一个愿景，或是一盏指路明灯，代表的是第四次工业革命，是产品生命周期中整个组织、管理的飞跃。"这样的生命周期以不断增加个体消费需求为导向。它横跨产品最初的设计、生产、发展、配送，再到最后的回收，并包括所有相关的服务。"[1] 这一项目分为以下三大主题。

一是"智能工厂"，重点研究智能化生产系统及过程，以及网络化分布

---

[1] 王心馨. 第四次工业革命：机器在思考 [N]. 东方早报, 2014-09-17.

式生产设施的实现。

二是"智能生产",主要涉及整个企业的生产物流管理、人机互动以及3D技术在工业生产过程中的应用等。

三是"智能物流",主要通过互联网、物联网和物流网,整合物流资源,充分提高现有物流资源供应方的效率,且让需求方能够快速获得服务匹配,得到物流支持。

从第一次工业革命到现在,人类一直追求的是投入更少的成本,产出更多的产品。未来,这一原则依旧不会改变。

### 1.3.1　工业领域将发生根本性变革

在第四次工业革命到来前,数字化工厂强调的首先是生产计划数字化和大量使用各种计算机辅助技术:CAD(计算机辅助设计)、CAM(计算机辅助制造)、CIM(计算机集成制造)、PPS(生产计划控制系统)、PDM(产品数据管理)、DMU(数字试验模型)、PLM(产品生命周期管理)等,这些辅助技术较多的是基于一个相对固定、自上而下的生产集中控制系统。

而工业4.0是从嵌入式系统向信息物理系统(CPS)发展的技术进化。第四次工业革命的目标是建立一个高度灵活的个性化和数字化的产品与服务的生产模式;强调分散,降低集中控制度,增加生产设备的自主控制,把分散、自主、智能化的制造设备,通过网络的形式紧密地联系在一起。**物联网和服务网将渗透到工业的各个环节,形成高度灵活、个性化、智能化的生产模式,推动生产方式向大规模定制、服务型制造、创新驱动转变。**

工业4.0下的生产过程将实现以下两点。

首先,基于物联网的发展,数量庞大的机器和嵌入式系统可实现全面无缝的连接,达到机器向控制中心反馈,或者机器对机器(M2M)交换数据的目的。这样一来,机器(亦可称为机器人)之间就可以直接传达命令甚至通过多级别命令来自相控制;曾经的中间媒介——人,就可以脱离接收一台机器信息、分析决策，然后为下一台机器进行相关操作的劳动环节，人的工作将更多地以远程化、分散化监控的形式存在。

然后，设备运行状态数据将以经验的形式存储于中枢系统（Cyber）中，而云端则拥有更多同类设备的历史记录。通过大数据分析，中枢系统可以建立设备装置的经验运行模型，从而完成过程模拟以及更为高级的设备行为预测。相较于一般意义上的问题实时通报，中枢系统还可以做到根据细微变化自行完成设备的健康监测，包括对于老化、零件磨蚀等维护和经验问题的预判。中枢系统还可以向人类或向其自身进行经验学习。

可以预见，工业 4.0 时代下的生产过程，将实现极大的自由度与灵活性，通过在各个环节植入用户参与界面，新的生产体系能够针对不同客户及产品进行不同的设计、采购、生产计划、加工以及物流配送，极端情况下，新的生产体系还可以进行个性化的单件制造，并且保证单件产品的设计、制造、配送等环节都能够实现盈利。在这一过程中，客户由部分参与转变为全程参与，他们不仅会出现在生产流程的两端，还将广泛、实时地参与到生产和价值创造的全过程。

在工业 4.0 时代，过去以廉价劳动力、大规模资本投入等传统要素为驱动的发展模式将难以为继，移动互联网、云计算、物联网、大数据等新一代信息技术在制造业的集成应用，将带来产业链的协同、开放、创新，带来客户的参与式创新，带来制造业技术、产品、工艺、服务的全方位创新，同时这些新技术的应用也将不断催生和孕育出其他新技术、新业态和新模式。

不同环节的企业间将可以很方便地进行信息共享，在全球范围内迅速发展和动态调整合作对象，整合企业间的优势资源，在研发、制造、物流等各产业链环节实现全球分散化生产。这也促进了传统企业和互联网企业之间的相互融合——互联网企业将有更多机会参与到制造业当中，而传统的制造企业则向跨界融合转变。企业生产从以传统的产品制造为核心转向提供具有丰富内涵的产品和服务，直至为顾客提供整体解决方案，互联网企业与制造企业、生产企业与服务企业之间的边界日益模糊。

## 1.3.2 社会生活将出现巨大变化

以往的工业革命都发生在资本集中的领域，如工厂、铁路、电话网等。科技史博士赵洋预言，第四次工业革命"可能使曾经集中的技术权力分散到每个人、每个家庭中"。[1]

## 1.3.3 工业4.0构筑智慧城市建设的基础

在前面的章节中我们已经看到，伴随第三次科技革命的持续扩散和传播，"智慧地球"的概念已经被提出。但"智慧城市"的真正建设和实现，将真正依赖于第四次工业革命中的成果。

在第四次工业革命中，以工业4.0（物联网、云计算、大数据）为代表的智能技术的蓬勃发展，将加快城市的网络化和信息化。通信网络、计算机网络和信息资源网络形成的信息高速公路构成了城市的大型信息平台和城市信息化的硬件。建设信息高速公路以及城市内部各个系统的网络，使计算机网络、卫星通信、电视、电话等系统集合起来，加强城市与全国及全世界的全面交流，促进城市生产、流通、管理、服务等各个环节的一体化和资源共享，提高城市中每个单元（包括个人、家庭、单位）的电话、电视、计算机拥有量及入网率，在为人们的生活提供更大的便捷的同时，也将信息打造成为最重要的资源和经济发展的重要产业。

智能技术的发展将促进产业的轻型化和高新技术化，使城市的产业结构特征和产业的形成、发展方式发生重大变化。伴随电子信息、生物工程技术、新材料、海洋工程、航天技术和机电一体化等高科技产业的不断发展，服务业将成为城市的主体产业。智能技术还通过对传统工业和农业等进行产业改造，推动经济增长方式由过去的以消耗自然资源和劳动力为主转移到依靠技术进步，城市作为知识产品的研究开发中心、生产中心、流动中心和消费中

---

1 赵洋. 工业革命新转机：以人力为主导的自愿生产 [EB/OL]. 中国网，2015-01-04.

心的地位和作用将进一步增强。

同时，智能技术还将不断推进市民的智慧化和高智力化。智能技术的普遍使用和快速发展促进城市中专门从事科研开发和管理的科学家、工程师及其他技术人员、高级管理人员的比重不断增加；同时，其也将促进研究开发项目数量、成果发表数量、申请专利数量等科研成果的数量指标和规模不断提高，城市将成为新的思想、经营理念及各种创意的形成中心和发现中心，成为各种发明创造的集散中心。

智能技术的发展，可以为城市的经营决策提供科学的依据。以互联网为平台，以计算机硬件、信息分析和决策支持及功能实现为目的的软件构成的智能网络，将政府及各类组织的决策活动纳入科学化、规范化、民主化的过程之中，智囊团、思想库、参谋部等策划咨询机成为智力体系中的重要团体。借助电子信息技术、管理手段和方式，各种主体的利益可以方便地被协调，从而实现不同思想理念、科学方法的高度综合，实现对城市交通、供排水、电力等的智能管理与控制，提高对城市资源的监测与可持续利用水平，加强城市应急反应和对灾难的预防治理，减少管理成本。

丰富的传感设备与技术构成的物联网，可以对城市运行的核心系统进行测量、监控和分析，随时随地进行全面感测。数据整合为城市核心系统的运行提供智慧的基础设施。基于智慧的基础设施，城市里的各个关键系统和参与者能够进行和谐高效的协作，使城市运行达到最佳状态。

## 1.4 容易混淆的几个概念

### 1.4.1 智慧城市

对于"智慧城市"的概念和内涵，不同领域的人士给出了不同的回答。

有人侧重于强调政策引导城市集约、紧凑、高效发展，同时强调知识创新是城市发展的动力，尤其是信息和通信技术对城市经济和社会文化的智慧化影响。有人侧重强调信息技术在城市系统建设、城市功能提升方面的重大作用。本书综合上述观点，将"智慧城市"界定为：以技术创新、资源节约和可持续发展为目标，将智能技术及产生的数据与城市设施建设、居民活动、城市空间相结合，形成满足居民生产、生活的智能基础设施、智慧公共服务和智慧产业等智慧应用功能，加之融入智慧发展理念的城市空间结构，或以8个字总结：**低碳、安全、便利、友好**。

### 1.4.2 智能城市

"智能城市"的内涵相比于"智慧城市"来说，更加偏重于信息化领域。智能城市的研究始于智能建筑。智能建筑由单体向区域化发展，并逐步发展成为大范围建筑群和建筑区的综合智能社区。在此基础上，通过智能建筑、智能小区与广域通信网络、通信管理中心的连接，整个城市发展成为智能城市。智能城市是把基于感应器的物联网和现有互联网整合起来，快速计算、分析、处理，以及对网内人员、设备和基础设施，特别是交通、能源、商业、安全、医疗等公共行业进行实时管理和控制的城市发展类型。

### 1.4.3 信息化城市

信息化的概念最早由日本学者梅棹忠夫于1963年从产业结构演进的角度提出。1967年，日本科学技术和经济研究团体首次给信息化下了定义：信息化是指在整个社会经济结构中，信息产业获得长足发展并逐步取得支配地位的一种社会变革的历史进程。随着全球范围内信息化实践的不断演进与深入，人们对信息化这一概念的认识也在不断的发展和丰富。2005年年底，我国在《2006—2020年国家信息化发展战略》中明确指出：信息化是充分利用信息技术，开发利用信息资源，促进信息交流和知识共享，提高经济增长质量，推动经济社会发展转型的历史进程。

信息化城市定义较为普遍的定义是：城市中占主导地位的产业是信息产业，城市中主要的生活和生产方式都是基于信息技术和设备的支持，即这样的城市可被称为信息化城市，信息化城市的核心是信息产业的发展。

### 1.4.4 无线城市

"无线"指的是无线宽带网络。"无线城市"是指在整个城市范围内实现无线网络的覆盖和服务，整个城市可提供随时随地的速度更快的无线网络接入，以方便居民随时随地享受上网冲浪的乐趣。作为继水、电、气、交通之后的城市"第五项公用基础设施"，"无线"已经成为衡量城市整体运行效率、信息化程度以及竞争水平的重要标志，也被视为未来信息化发展的重要方向。

### 1.4.5 数字城市

广义的"数字城市"的内涵基本等同于"信息化城市"。

狭义的"数字城市"，是指以计算机技术、多媒体技术和大规模存储技术为基础，以宽带网络为纽带，运用遥感、全球定位系统、地理信息系统、遥测、仿真-虚拟等技术，对城市进行多分辨率、多尺度、多时空和多种类的三维描述，即利用信息技术手段把城市的过去、现在和未来的全部内容在网络上进行数字化虚拟呈现。

# 第二章　解析智慧城市

全球城市的快速发展，带来了人口膨胀、交通拥堵、环境保护、安全等诸多问题。这些问题是每个城市管理者必须面对，并需要统筹规划的问题。

作为新一轮信息技术变革和知识经济发展的产物，智慧城市是工业化、城市化与信息化深度融合并向更高阶段迈进的表现。

智慧城市不是城市信息化、"数字城市""无线城市"等概念的简单升级，而是通过构建以政府、企业、市民为主题的交互与共享信息平台，为城市治理与运营提供更加"便捷、高效、灵活"的决策支持与行动工具，从而实现"低碳、安全、便利、友好"的城市发展目标。

随着城市变革的深入，以及城市基础设施建设的完备，全球物联网、新一代移动宽带网络、下一代互联网、云计算等信息技术得以迅速发展，信息领域正孕育着重大变革和新的突破，向更高阶段的智慧化发展成为信息领域发展必然趋势。即将到来的第四次工业革命，将为智慧城市注入崭新的活力与智慧。而智慧城市的蓬勃建设，将为第四次工业革命提供广阔的应用和展示平台。

## 2.1 智慧城市的内涵

智慧城市引起人们关注的标志性事件是2008年、2009年IBM"智慧地球"（Smart Planet）愿景以及"智慧城市"（Smart City）愿景的相继提出。IBM认为所谓智慧，即运用智能传感器来进行更好的资产管理与物流配置，帮助用户制订出更好的运营方案。据此，地球将被更加透彻地感应和度量，实现更深入的智能洞察。

IBM提出，中国的城市发展经历了"数字城市""无线城市"再到"智慧城市"的演变历程，"智慧城市"并不是城市信息化、"数字城市""无线城市"等概念的简单升级。智慧城市阶段，需要更加突出城市的"智慧"特征：一方面，管理者通过运用各类新型技术手段来满足城市内日益丰富的应用类型；另一方面，城市内不同业务部门之间乃至各城市之间将被有效贯通，通过数据的智慧化分析、信息整合和数据挖掘，产业发展、民生保障以及政府服务等各方面的业务需求能够更好地被满足。

时任中国信息协会常务副会长、高级工程师胡小明综合以上观点，认为，IBM的"智慧城市"（Smart City）只是信息技术在局部领域（如供水、供电系统）的应用。"有着悠久历史的都市都是积累了大量智慧的城市，智慧城市的宣传不能排斥历史上的城市智慧，不能只把应用信息技术的城市视为智慧城市，这对城市的健康发展是不利的，应该给出前后都能接受的智慧城市概念。

在综合上述不同观点的基础上，在本书的第一章中，我们已经给出了对于"智慧城市"的定义：以技术创新、资源节约和可持续发展为目标，将智能技术与城市设施建设、居民活动、城市空间相结合，形成满足居民生产、生活的智能基础设施、智慧公共服务和智慧产业等智慧应用功能，加之融入智慧发展理念的城市空间结构，或以八个字总结：低碳、安全、便利、友好。

如何更进一步、更通俗易懂地来理解智慧城市与其他相关联概念的异同？我们通过图2-1来表述。

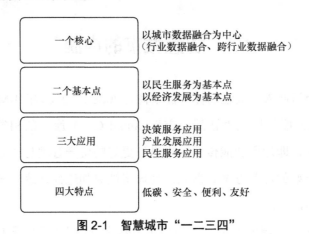

图2-1 智慧城市"一二三四"

## 2.1.1 一个中心：城市数据的融合

一个人，如何才能被称得上是"聪明""敏捷"乃至"智慧"的人？人能够通过眼睛看、耳朵听、嘴巴尝、皮肤感觉等多种方式来广泛地获取信息，这些信息几乎都是在瞬间传递到人的大脑的。大脑会对这些信息进行综合处理，迅速地从以前存储的信息中找出所需要的信息，并根据情况使用不同的策略对信息进行判断和处理。把这种"信息"引申到城市的建设和管理方面，道理其实也是类似的。

城市的智慧化水平，很大程度上取决于人们对于信息使用和处理的效率。一个城市在日常运作当中，必然会产生大量的信息。在过去，这些信息可能难以或根本无法采集，或者采集后就被遗弃、遗忘，未被有效地鉴定与管理。很多信息可能以很慢的速度传递，或者没有被有效地组织，因此难以为城市的运作管理与决策发挥更大的作用。虽然，信息对接、交换、传输和存储，但这些过程的开发利用并不充分。这些现象使得城市难以实现高效性、预见性的资源共享和科学决策，因此智慧化程度较低。

作为以物联网、云计算、移动网络、大数据等为代表的信息技术与城市化发展碰撞的产物，"智慧城市"的概念必须建立在海量的、精确的、动态的信息数据基础上。它要求城市的管理者和运营者把城市本身看成一个生命体，不是若干功能的简单叠加，而是一个完整系统。城市中的人、交通、能源、商业、通信、水这些过去被分别考虑、分别建设的领域，实际上是普遍联系、相互促进、彼此影响的整体。只不过在过去，由于科技手段的不足，这些领域之间隐形存在的联系一直未被充分发现。在未来，借助新一代的物联网、云计算、决策分析优化等信息技术，通过感知化、互联网、智能化的方式，城市中的物理基础设施、信息基础设施、社会基础设施和商业基础设施将被联结起来，成为新一代的"智慧化基础设施"，城市中各领域、子系统之间的关系也将显性化、互动化。而其中的关键与核心，正在于不同领域、子系统间的数据交汇和融合。

### 2.1.1.1 云计算 VS 智慧城市

云计算（Cloud Computing）是一种基于互联网的计算方式，通常涉及通过互联网来提供动态易扩展，且经常是虚拟化的资源；其是分布式计算（Distributed Computing）、并行计算（Parallel Computing）、效用计算（Utility Computing）、网络存储（Network Storage Technologies）、虚拟化（Virtualization）、负载均衡（Load Balance）、热备份冗余（High Available）等传统计算机和网络技术发展融合的产物。

云计算成为近些年IT行业的主旋律。私有云、公有云、个人云、城市云、行业云、社区云、电子商务云、科教云等众多与"云"挂钩的词汇层出不穷。每个人眼里的云都各不相同，因为每个人所处的角度、目的与兴趣点都不尽相

同。这些定义中较为权威的是美国国家标准与技术研究院（National Institute of Standards and Technology，NIST）的定义。

NIST 认为，云计算是一种能够通过网络以便捷的、随需的方式进入可配置的计算资源共享池（资源包括网络、服务器、存储、应用和服务等）并提高其可用性的模式。资源能够以最省力和无人干预的方式快速被供应和释放，从而使管理的工作量和与服务供应商的交互减小到最低限度，如图 2-2 所示。云计算由 1 种模式、2 个平台、3 种服务模型、4 种部署模式和 5 个基本特征构成，见表 2-1。

表 2-1 云计算的基本特征、服务模式及部署模式（简称：云计算"12345"）

| | | |
|---|---|---|
| 1 种模式 | 一种商业模式 | 抛开技术层面，云计算是最有价值的商业模式：按需取用、按需付费。从产生至今，其对信息产业带来的巨大震撼必将延伸至 IT 之外的产业，甚至是影响企业经营思维 |
| 2 个平台 | 硬件平台 | 借助硬件重构思想，让计算、存储、网络等资源融合到一起，形成全新计算形态的硬件计算设备平台 |
| | 软件平台 | 通过软件定义表现出计算、存储、网络、安全等功能，支撑科学计算、存储、大数据和人机交互等多种业务，满足不同的应用场景需求 |
| 3 种服务模型 | 软件即服务（SaaS） | 该模式的云服务，是在云基础设施上运行的、由提供者提供的应用程序。这些应用程序可以被不同的客户端设备，通过像 Web 浏览器（例如，基于 Web 的电子邮件）这样的瘦客户端界面所访问。消费者不直接管理或控制底层云基础设施，包括网络、服务器、操作系统、存储，甚至单个应用的功能，但有限的、特定于用户的应用程序配置的设置则是个例外 |
| | 平台即服务（PaaS） | 该模式的云服务，是将消费者创建或获取的应用程序，利用资源提供者指定的编程语言和工具部署到云的基础设施上。消费者不直接管理或控制包括网络、服务器、运行系统、存储，甚至单个应用的功能在内的底层云基础设施，但可以控制部署的应用程序，也可以配置应用的托管环境 |
| | 基础设施即服务（IaaS） | 该模式的云服务，是租用处理、存储、网络和其他基本计算资源的服务，消费者能够在上面部署和运行任意软件，包括操作系统和应用程序。消费者不管理或控制底层的云计算基础设施，但可以控制操作系统、存储、部署的应用，也可以选择网络构件（例如，主机防火墙） |

（续表）

| | | |
|---|---|---|
| 4种部署模式 | 私有云（Private Cloud） | 私有云是为一个用户/机构单独使用而构建的，其可以被该用户/机构或第三方管理，其存在预置（on premise）和外置（off premise）两个状态 |
| | 社区云（Community Cloud） | 社区云是指一些由有着共同利益（如任务、安全需求、政策、遵约考虑等）并打算共享基础设施的组织共同创立的云，其可以被该用户/机构或第三方管理，存在预置（on premise）和处置（off premise）两个状态 |
| | 公共云（Public Cloud） | 公共云对一般公众或一个大型的行业组织公开可用，由销售云服务的组织机构所有 |
| | 混合云（Hybrid Cloud） | 混合云由两个或两个以上的云（私有云、社区云或公共云）组成，它们各自独立，但通过标准化技术或专有技术绑定在一起，云之间实现了数据和应用程序的可移植性（例如，解决云之间负载均衡的云爆发（cloud bursting） |
| 5个基本特征 | 随需应变的自助服务 | 消费者可以单方面按需自动获取计算能力，如，服务器时间和网络存储大小，从而免去与每个服务提供者进行交互的过程 |
| | 无处不在的网络访问 | 网络中提供许多可用功能，可通过各种统一的标准机制从多样化的瘦客户端或者胖客户端平台（例如，移动电话、笔记本式计算机或掌上电脑）获取服务 |
| | 资源池化 | 服务提供者将计算资源汇集到资源池中，通过多租户模式共享给多个消费者，根据消费者的需求对不同的物理资源和虚拟资源进行动态分配或重分配。资源的所在地具有保密性，消费者通常不知道资源的确切位置，也无力控制资源的分配，但是可以指定较精确的概要位置（如，国家、省、或数据中心）。资源类型包括存储、处理、内存、带宽和虚拟机等 |
| | 快速而灵活 | 能够快速而灵活地提供各种功能以实现扩展，并且可以快速释放资源来实现收缩。对消费者来说，可取用的功能是应有尽有的，消费者可以在任何时间进行任意数量的购买 |
| | 方便度量的服务 | 云系统利用一种计量功能（通常是通过一个付费使用的业务模式）来自动调控和优化资源利用，根据不同的服务类型按照合适的度量指标对其进行计量（如，存储、处理、带宽和活跃用户账户）。云系统监控、控制和报告资源使用情况，提升服务提供者和服务消费者的透明度 |

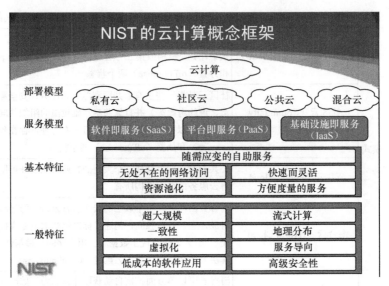

图 2-2　NIST 的云计算概念框架[1]

2009 年 9 月，美国总统奥巴马宣布开始执行影响深远的长期性云计算政策，希望借此来压缩政府经济支出，随后，美联邦政府启动 Apps.gov，展示并提供政府认可的云计算应用，帮助机构接受云计算的理念。

美国政府认为云计算的好处有以下几方面：①可以有效降低运作成本，极大提高组织运行效率；②刺激 IT 服务厂商的创新力，有利于营造一个透明、公平的竞争环境；③用户不必花费大量精力与成本，加快 IT 可实现快速部署；④云计算平台本身的"一站式云服务"是一种好的模式。

如互联网诞生后被大力推广一样，目前各国政府机构也在大力推行采用或自建云服务的计划，而云计算可以将服务提供商、应用开发商、平台提供商、系统集成商和最终用户紧密地联系在一起，从而构建起一个崭新的平台型生态环境，如图 2-3 所示。

---

[1] 来自 NIST，中国智慧城市研究院译。

图 2-3　云计算生态环境

++++++++++++++++++++++++++++++++++++++++++++++++++++++

2010 年 10 月 18 日，国务院出台《国务院关于加快培育和发展战略性新兴产业的决定》，确定七大战略性新兴产业将成为未来一段时间内中国经济发展的引导力量，七大产业之一便是以云计算等为主的新一代信息技术。

为了配合与落实国务院决定，同日，工信部与国家发改委联合下发《关于做好云计算服务创新发展试点示范工作的通知》，确定北京、上海、杭州、深圳、和无锡 5 个城市先行开展云计算服务创新发展试点示范工作，以推进我国云计算产业建设。国务院于 2015 年 1 月发布了《关于促进云计算创新发展培育信息产业新业态的意见》，高度重视云计算的发展工作。

++++++++++++++++++++++++++++++++++++++++++++++++++++++

作为一个由多应用、多行业、复杂系统组成的综合体，智慧城市的多个应用系统之间存在信息共享、交互的需求，各不同的应用系统需要共同抽取数据综合计算并呈现综合结果。要从根本上支撑智慧城市庞大系统的安全运行，就必须考虑基于云计算的网络架构。

第一，云计算将进一步推动现代服务业的发展。云计算构建了更大规模的生态系统，基于此，新的业态和新的商业模式将层出不穷，各种融合式创

新将不断涌现。云计算使得计算与信息服务走向社会化、集约化、专业化，让更多的人能够以更低的成本享受到信息技术和信息资源服务，其可为工业、农业、传统服务业提供计算服务，形成行业间的相互支撑关系。

第二，云计算将进一步推动社会和经济的发展。经过多年的建设，传统的"数字城市""无线城市"在电子政府和电子商务方面已经搭建了多个应用平台，积累了大量的数据。但是，这些平台犹如一个个的"数据孤岛"，相互独立、利用率低、管理成本却非常高。基于资源共享池的云计算，能够提供更为强大的应用支撑能力，使我们能有效地整合计算资源和数据。其还可以支撑更大规模的应用，处理更大规模的数据，并且能够对数据进行深度挖掘，从而为政府决策、企业发展和公众服务提供更好的平台。

第三，云计算能够提供可靠的基础软硬件、丰富的网络资源、低成本的构建和管理能力，能有效加速信息基础设施建设，解决政府、大型企事业单位目前面临的IT机房建设和信息系统运维难、人工成本和能源消耗巨大等问题。通过资源整合、统一管理和高效的资源流转，云计算可有效地降低区域信息化的总体成本，从而降低信息化的门槛，极大地推动中国信息基础设施建设和信息化进程。

大多数情况下，IT资源往往是按照业务高峰负载时的需求进行采购，这种方式一种负载最大化的投资方式。但在日常应用的绝大多数时间里，业务负载只有20%左右，因此会有大量资源被闲置和浪费。云计算可以在保证数据隔离且高度安全的情况下，实现多个业务对物理资源的共享，有效提高物理资源的利用率，从而降低数据中心的建设和管理维护成本。

第四，云计算为数据安全提供强大保障。通过集中存放，云计算可帮助降低数据在个人手中遗失或泄露的风险。同时，云计算采用多种安全手段和容灾备份手段，保证数据不会丢失，也不会被非法篡改。

#### 2.1.1.2 大数据 VS 智慧城市

可以说，大数据与云计算是一个硬币的两面。云计算是大数据的IT基础、成长的驱动力，而大数据是云计算的主要应用。目前，云计算已经逐渐被普及并发展成为 IT 行业的主流技术，其实际是在计算量越来越大，数据越来越多、越来越动态、越来越实时的需求背景下被催生出来的一种基础架构和商业模式。

严格意义上来说，早在 20 世纪 90 年代，"数据仓库之父"比尔·恩门（Bill Immon）便提出了"大数据"的概念。在 1991 年出版的《建立数据仓库》（*Building the Data Warehouse*）一书中，他提出，数据仓库是一个面向主题的（Subject-Oriented）、集合的（Integrate）、相对稳定的（Non-Volatile）、反映历史变化（Time Variant）的数据集合，用于支持管理决策。这些数据很难或根本无法从传统的操作型数据中得到。数据仓库所做的一切都是为了让用户更快、更方便地查询所需要的信息，为其提供决策支持。这与今天的"大数据"概念非常接近。

事实上，"大数据"的概念在物理学、生物学、环境生态学以及军事、通信等行业早已兴起，但其直到 2010 年前后才迅速"走红"，成为社会关注的热点，这与麦肯锡、IBM 等巨头的推动，移动互联网、物联网、云计算技术的发展，以及全球数据量的大大提升不无关系。哈佛大学社会学教授加里·金（Gary King）说，"这是一场革命，庞大的数据资源使得各个领域开始了量化进程，无论学术界、商界还是政府，所有领域都将开始这种进程。"

> **链接：《大数据：创新、竞争和生产力的下一个前沿》**
>
> 麦肯锡环球研究院于 2011 年 5 月发布名为《大数据：创新、竞争和生产力的下一个前沿》报告。该报告系统阐述了大数据的概念，详细列举了大数据的核心技术，深入分析了大数据在不同行业的应用，以及政府、企业的决策者在应对大数据发展方面的策略。
>
> 麦肯锡认为，"大数据"是指大小超出典型数据库软件的采集、储存、管理和分析等能力的数据集。该定义有两方面内涵：一是符合大数据标准的数据集大小是变化的，会随着时间推移、技术进步而增长；二是不

同部门符合大数据标准的数据集的大小会存在差别。就当时而言，其一般范围为从几个 TB 到数个 PB（数千 TB）。

大数据可以发挥重要的经济作用，不但有利于私人商业活动，也有利于国民经济和民生。大数据可以为世界经济创造重要价值，提高企业和公共部门的生产率和竞争力，并为消费者创造大量的经济剩余。例如，如果能够富有创造性而有效地利用大数据来提高效率和质量，美国医疗行业预计每年通过数据获得的潜在价值可超过 3000 亿美元，美国医疗卫生支出有望降低 8%。充分利用大数据的零售商有可能将其经营利润提高 60% 以上。大数据还可以帮助实现政府行政管理方面运作效率的提高，预计欧洲发达经济体可以节省超过 1000 亿欧元的开支。

"大数据发展的核心动力来源于人类对于测量、记录和分析世界的渴望。"[1] 维克托·迈尔-舍恩伯格（Viktor Mayer-Schonberger）和肯尼斯·库克耶（Kenneth Cukier）在其著作《大数据时代：生活、工作与思维的大变革》（*Big Data: A Revolution that will Transform How We Live, Work, and Thinks*）中指出了大数据的四大特点。

第一，海量的数据规模（Volume）。大数据的数据规模从 TB 级别，跃升到 PB（1024TB）、EB（1024PB）乃至 ZB（1024EB）级别。谷歌首席执行官艾瑞克·施密特（Eric Schmidt）在 2012 年接受经济学人"大数据：商业领袖们的经验"调查时表示，现在全球每两天所创造的数据量等同于从人类文明至 2003 年间产生的数据量的总和。对于像谷歌这样的搜索引擎，EB 级的数据量才能称得上是大数据。

第二，多样的数据类型（Variety）。大数据的来源非常广泛，包括网络日志、RFID（条码）、传感器网络、社会网络、社会数据、互联网文本和文件；互联网搜索索引；呼叫详细记录，天文学、大气科学、基因组学、生物地球

---

[1] 维克托·迈尔-舍恩伯格,肯尼斯·库克耶.大数据时代：生活、工作与思维的大变革[M].杭州：浙江人民出版社.2013.

化学、生物和其他复杂或跨学科的科研、军事侦察、医疗记录；摄影档案馆视频档案；以及大规模的电子商务。

同时，由于更多互联网多媒体应用的出现，使诸如图片、声音和视频等非结构化数据占到了很大比重。有统计显示，全世界结构化数据年增长率大概是32%，而非结构化数据则是63%。2012年，非结构化数据占有比例已经达到整个互联网数据量的75%以上。而大数据正是由这些非结构化数据产生的。

第三，快速的数据流转和动态的数据（Velocity）。因为用户交互需要的容忍时间有限（可能5s以内），所以处理庞大的数据需要使用特殊的技术，涉及的技术包括大规模并行处理（MPP）数据库、数据挖掘、分布式文件系统、分布式数据库、云计算平台、互联网及可扩展的存储系统。大数据对于人类的数据驾驭能力提出了新的挑战，也为人们获得更为深刻、全面的洞察能力提供了前所未有的空间与潜力。

第四，价值高，但价值密度却相对较低（Value）。随着物联网的广泛应用，信息感知无处不在，海量信息出现，但其价值密度却较低，如何通过强大的机器算法更迅速地完成数据的价值"提纯"，是大数据时代亟待解决的难题。

大数据的出现，正在引发全球范围内深刻的技术与商业变革。在技术上，大数据使得人们从数据当中提取信息的方式发生了变化——以往更多的是依靠模型的方法，而现在可以借用规模庞大的数据，用基于统计的方法提取信息，此变革能够为智慧城市的各个领域提供空前强大的决策支持，也使得城市治理从"经验治理"全面走向"科学治理"。

在城市规划方面，深度挖掘得出的城市地理、气象等自然信息和经济、社会、文化、人口等人文社会信息，可以为城市规划提供强大的决策支持，强化城市管理服务的科学性和前瞻性。在交通管理方面，通过对道路交通信息的实时挖掘，能有效化解交通拥堵，并快速响应突发情况，为城市交通的良性运转提供科学的决策依据。在舆情监控方面，通过对网络关键词的搜索和语义的智能分析，能提高舆论分析的及时性和全面性，帮助政府全面掌握社情民意，提高公共服务能力，并应对网络突发的公共事件，打击违法犯罪。

在安防和防灾领域，通过大数据的挖掘，可以及时地发现人为或自然灾害、恐怖事件。

#### 2.1.1.3 城市数据融合案例

在智慧城市建设的背景下，城市数据的融合包含两个方面，即行业内数据的融合，以及跨行业数据的融合。关于这两种不同形式融合的具体表现和应用，我们来看几个领域的案例。

【案例一 大数据征信】

所谓征信（Credit Reporting 或 Credit Sharing），是指专业化的、独立的第三方机构为个人或企业建立信用档案，依法采集、客观记录其信用信息，并依法对外提供信用信息服务的一种活动。这种报告和分享的需求最早来源于放贷机构，它们在放贷之前需要了解借款人的信用状况，而征信中心就是这样一个信息交流和共享的平台。

作为未来征信的新模式，大数据征信采用先进的 IT 技术，打破信用强相关、以信贷数据为主要指标的传统征信模式，引入大量社交网络、行为习惯、非结构化数据等信用弱相关的数据。大数据征信已经在世界掀起风暴，未来其必将迎来更大的发展。

例如，全球最大的个人征信机构益博睿（Experian）已开发出跨渠道身份识别引擎，以连接客户消费接触点。多年前，其就投入研发社交关系数据，并探究互联网大数据对征信的影响。全球第二大征信机构艾克飞（Equifax）通过构建自己的数据创新团队和收购中小型 IT 高科技公司来为大数据产品和服务的研发布局。征信数据挖掘公司费埃哲（FICO）的研究表明，将社交媒体和电商网站拥有的在线数据和移动运营商的手机使用数据与传统征信数据结合用于风险建模，可提高模型对客户的区分度，在降低拒贷率的同时，也可提高风险预测能力。费埃哲目前正在与少数金融机构合作，在小范围内应用这种模型。

与此同时，一些创新型的金融科技企业直接开"玩"大数据征信，例如，美国信用审批公司 ZestFinance 利用大数据技术为缺乏征信数据而只能接受高利贷的人群进行信用评估服务，采集了海量与消费者信用弱相关的数据变量，利用基于机器学习的大数据分析模型对其进行信用评估，取得了不错的实效，其信贷的成本降低了 25%。另外一家公司 Kabbage 则使用商业规模、从业时间、交易量、社交媒体活跃程度以及卖方的信用评分，通过整合多元化的数据，利用大数据重构信用评估体系，服务小微企业。

在我国，云计算和大数据同样已经被广泛应用在包括征信在内的各个金融领域，这有望给征信业带来新的变化。

1992 年到 2006 年，在央行的主导下，中国逐渐建立起来全国统一的企业和个人征信系统。它基本覆盖所有征信机构、以及每一个有信用活动的企业和个人。目前，这个征信系统已经成为我国重要的金融基础设施。然而，央行个人征信中心在数据的覆盖面上有所不足。首先，征信中心的数据主要为放贷数据，对于那些没有贷款记录的人，系统中并没有数据。其次，央行的征信系统与互联网金融的数据平台无法对接，信息无法共享，P2P 网贷平台与众筹机构等不得不通过线下调查客户信用和调取央行征信报告的方式，各自组建线下征信风控团队。这样的征信系统相对互联网金融是闭环的，线上交易也因此受到很大局限，给社会发展带来诸多不稳定因素。

2015 年年初，央行发布了《关于做好个人征信业务准备工作的通知》，要求芝麻信用管理有限公司、腾讯征信有限公司、深圳前海征信中心股份有限公司、鹏元征信有限公司、中诚信征信有限公司、中智诚征信有限公司、拉卡拉信用管理有限公司、北京华道征信有限公司等 8 家公司做好个人征信业务的准备工作。其中，阿里巴巴旗下的"芝麻征信"和腾讯旗下的"腾讯征信"以其互联网企业的身份入局，引起了极大的关注。金融机构和互联网企业，这些在传统的眼光中完全不搭界的行业数据，也开始了相互"融合"。

以阿里巴巴旗下的"芝麻征信"为例,其推出了中国首个公民个人信用评分:"芝麻分"。除了快速积累用户,"芝麻征信"还接入了租车、酒店、签证等场景,使得征信的应用场景更为广泛。未来,"芝麻征信"希望通过共享其技术,一方面为合作机构提供征信服务,另一方面与更多的合作伙伴在数据共创的基础上,挖掘数据中所包含的信息,并针对每一个行业提供具体的解决方案。

未来,大数据技术对征信业务的渗透性将会越来越强。更多维度和不同层次的数据都可能被应用在大数据领域。复杂的数据(例如非结构化和关系数据)也将成为征信系统的新数据源。

## 【案例二 气象数据的跨行业融合】

20世纪90年代以前,气象资料大部分来源于地面及高空观测。当时,2000多个地面站以小时为单位收集气象信息,120多个高空站每天观测不超过4次。数据体量不大,即便考虑到卫星和雷达资料,其总体日增量也局限在GB量级。而到2013年,地面观察站增至4万个,这些观察站每10分钟观测一次,未来还将加密至每分钟。因此,气象数据观测的空间密度至少增加了20倍,频度增加了60倍,地面及高空观测信息总量增加1200倍。而这些只占整个气象数据来源的30%,雷达、卫星以及数值预报数据占到了70%。目前,每年观测的气象数据已接近PB级,如图2-4所示。

图2-4 气象数据观测

那么，气象领域如何对接云计算和大数据，气象数据又该如何与其他行业的数据相融合呢？

美国的默克制药公司（Merck）通过订阅专业的天气预报，在2012年7月即准确掌握了次年3月美国地区的气象信息。天气预报显示，2013年3月美国大部分地区将会异常寒冷，会留下许多过敏源休眠体，待5月天气迅速转暖，这些休眠体则会带来大量的花粉和孢子。通过分析温度和湿度等气象数据，并结合消费者邮递记录所显示的消费行为，默克制药公司与沃尔玛合作，推出了克敏能（Claritin）及其他过敏药品的促销活动。"这让我们的销售额增加了好几百万美元。"默克公司负责沃尔玛市场的产品总监Debbie Sonnetag表示。

目前，我国的气象科研人员正在引进国际先进的空间数据融合数值模式，即将周边几个站点的数据以及其他传感器所获得的数据融合进模式中，以反映整个区域的天气状况。从试验的结果来看，该模式下运算速度可达到分钟级，小区域可达到秒级。"这些工作都是在大数据的基础上进行的，无论模式如何先进，没有海量的数据进入，都不能达到很好的效果。"中国气象局公共气象服务中心某高级工程师说。

让人感到惊喜的是，伴随智慧城市的蓬勃建设，全世界的工业设备、汽车、电表上都将被部署无数的数码传感器，随时测量和传递有关位置、温度、湿度乃至空气中化学物质的变化。"在看得见的未来，融入了地理信息、社会经济数据的气象服务，能够让人们知道任意时间、地点可能会发生什么，例如这阵风是否会吹翻门口的广告牌，前面一个高速路口是不是在下雨、会不会发生山洪。"简而言之，大数据在气象领域的使用，可以帮助公众获得更加精细、准确、更长时效的预报。

同时，更为重要的是，气象数据通过与各行各业的数据相融合，为人们的生产、生活提供更多有价值的信息乃至指导，从而为社会创造更多的价值与财富。比如可以通过电力负荷的历史以及气象数据进行用电量估算；可以通过某一地的农耕历史加上气候信息进行农作物结构调整的指导；可以通过航班准点率加上机场的历史天气特征，进行航班延误的预测；也可以通过门

诊量和药品销量，加上气象历史来推测发病率的趋势。

### 链接：阿里云计算与国家气象局一起推出 淘"宝"气象大数据

2014年5月，国家气象局公共气象服务中心与阿里云达成战略合作，共同挖掘气象大数据的深层价值。积累60多年的海量气象数据将通过阿里云计算平台，变为可实时分析应用的"活数据"。据悉，这是国家部委首次采用民营科技公司提供的云计算和大数据服务。这将给城市生活带来什么变化呢？

#### 一、精准物流时代的开启

你或许已经习惯了这样的场景：打开阿里旗下（并同样构建在阿里云平台之上）的高德地图，听到"右转进入高速公路"的语音导航。但不久的将来，这样的播报也许就会转变为"右转进入高速公路，前行30分钟后可能会有小雨，请小心驾驶""前方道路已严重积水，您的车辆驶入可能会遭水淹，建议您绕道文三路""前方500m的立交桥下有3m深的积水"等融合了交通路况与天气的综合信息。

"发生在2012年的北京'7·21'特大暴雨让大家记忆犹新，未来我们将通过与高德地图合作，实现向地图用户提供桥梁、涵洞积水点安全预警服务和车辆涉水提示两项服务。一旦有可能发生危及生命的积水时，应用就会及时向公众发出预警。"国家气象局公共气象服务中心副主任潘进军表示。他们还将与菜鸟网络联手为物流公司提供气象预报、道路预警及延误指数服务等气象信息。

"之前我们接触过一家物流公司，这家公司在全国有80多个调度中心，每个调度中心每天有一人花费两个小时在查询天气预报，如果能为这些调度中心提供最基本的天气预报服务，物流公司每天可节省至少150小时，时效和成本都可以大大降低。"

与阿里云合作准备深度挖掘的数据主要包括，60年来的历史气象数据，全国2万多个观察站、卫星、雷达监测的气象观测数据（包括降水、温度、风力风向、地面结冰、太阳辐射、酸雨、空气能见度等30余种要素），短期、中期、长期的精细化气象预报数据，通过国际交换获取的全球气象观测、预报数据。

## 二、热销商品早知道

"气象大数据不仅可以帮助人们了解天气，也可以帮助企业减少由天气灾害带来的损失。"潘进军向记者介绍。

"淘宝网是全国最大的商品零售平台，每天产生涉及各行各业的海量销售数据，我们的合作可以从中挖掘市场。"在潘进军等人的设想里，气象局将与阿里云一起，对淘宝销售数据和对应时期的天气现象进行对比分析，从而开发出针对不同产品的销量指数，比如羽绒服指数、针织衫指数、口罩指数等。这样一来，商家可以通过天气预报，预测某些区域未来半年的热销品，并有针对性地进行生产备货和宣传推广。这些指数化的气象数据，甚至能为宏观经济走向判断提供参考。

## 三、开启"天气类保险"新时代

2013年，淘宝保险携手安联财险推出中秋赏月险，让气象类保险完成了与民众的第一次"亲密接触"。2014年，众安保险在淘宝保险平台推出"37℃高温险"，该险种覆盖30座主要城市，其中包括南京、南昌、重庆这样的"火炉"城市。每份保险单价10元，客户可根据生活、工作所在的城市进行投保，当所在城市酷暑天气累计超过约定天数时，即可按照酷暑日获取保险金，以贴补因酷暑发生的额外生活成本，每份保单最高可赔百元。这两项气象险的推出，背后都有气象局的数据支持。

从保险行业来看，国家气象局和阿里云的合作，将为气象险发展提供难得的"数据粮仓"。拥有了气象数据和运算能力，国内的气象险有望迎来一轮井喷式的发展。利用气象云所提供的历史和预测气象数据，可帮助保险公司精算部门评估天气保险产品的可行性、定价、赔率等重要指标。基于实时监测的天气数据也可成为保险公司的赔付指导。

## 2.1.2 两个基本点

前面我们深入剖析了，智慧城市的建设与发展过程必将伴随海量数据的出现、融合，以及人们对这些数据的深入挖掘、分析和应用。这意味着技术层面的巨大挑战，但也正因其广泛的涉及面，海量数据在行业内以及跨行业的融合，将给社会、经济、民生带来新的发展契机。在此，需要进一步指出，智慧城市的规划、建设与发展应当着重坚持如下两个基本点。

### 2.1.2.1 以经济建设为基本点

作为运用物联网、云计算、大数据、空间地理信息集成等新一代信息技术，促进城市规划、建设、管理和服务智慧化的新理念和新模式，智慧城市的建设对于加快工业化、信息化、城镇化、农业现代化的"新四化"融合，提升城市的可持续发展具有重大意义，其必将成为城市经济增长的倍增器、经济发展方式的转换器及产业升级的助推器。

世界银行测算：以一个百万人口的智慧城市建设为例，当其达到实际应用程度的 75% 时，该城市的 GDP 在不变的条件下产能将增加 3.5 倍。这意味着智慧城市可促进经济翻两番，智慧城市的建设完全有可能实现"四倍发展"的城市可持续发展目标。因此，世界各国纷纷将智慧城市作为重要经济战略和国家经济转型升级蓝图的引擎。

智慧城市和智慧化基础设施的建设，将大量消耗芯片、光纤、传感器、嵌入式系统等计算机硬、软件产品，拉动高科技产业的增长，创造大量的知识性就业岗位，促进城市服务转型和现代服务业的发展。

从国外已有的经验来看，智慧城市的建设与发展，很可能催生出一种新的产业，即智能产业，并以它为纽带，推动整个城市的运转。所谓智能产业，即以现实物理世界为基础，以信息、知识和脑力资源为支撑，利用信息处理技术对各种事物进行深入的智能分析和提炼，从而实现"具有较为完善的感知、认知、学习、成长、创新、决策、调控能力和行为意识"的新型产业体系。

作为信息化、工业化和新型城镇化深度融合的产物，智慧城市将推动物联网、云计算、大数据分析等领域的创新，培育电子商务、移动支付、智能可穿戴设备、车联网等新兴网络信息消费，构筑新型"智能产业"产业体系，推动城市传统支柱产业的发展，引发相关产业链的垂直整合，提升城市的管理水平，增加社会管理的创新能力，为经济增长提供新引擎、新动力。因此，经济增长是智慧城市的第一个落脚点，或者说基本点。

### 2.1.2.2 以民生服务为基本点

智慧城市规划与建设的另一个基本点是通过其提升民生服务。

改革开放以来，城镇化的持续快速发展，为我国经济社会的发展做出了巨大贡献。但基于多方面因素的影响，我国城镇化多年所积累的矛盾和问题越来越突出，一是城镇化质量不高。二是资源环境约束瓶颈突出，生态环境形势严峻。三是区域发展不平衡。四是城镇公用设施建设相对滞后。五是城市精神文化出现缺失。

鉴于此，2012年召开的中国共产党第十八次全国代表大会中提出了"新四化"的概念："坚持走中国特色新型工业化、信息化、城镇化、农业现代化道路，大力推动信息化和工业化深度融合、工业化和城镇化良性互动、城镇化和农业现代化相互协调，促进工业化、信息化、城镇化、农业现代化同步发展。"

统观党的《十八大报告》，有19处提及信息、信息化、信息网络、信息技术与信息安全。报告更明确地把"信息化水平大幅提升"纳入全面建成小康社会的目标之一，这充分反映了在我国对信息化的高度重视和认识的进一步深化。信息化已经不只是一种手段，更是发展的重要目标和路径。

> 链接：十八大报告 19 处与信息化相关[1]
>
> 报告第一部分"过去五年的工作和十年的基本总结"中，在总结"经济平稳较快发展"成就时，提出"创新型国家建设成效显著，载人航天……超级计算机等实现重大突破"。
>
> 报告第三部分"全面建成小康社会和全面深化改革开放的目标"中，明确将"工业化基本实现，信息化水平大幅提升……"列为经济持续健康发展的目标之一。
>
> 报告第四部分"加快完善社会主义市场经济体制和加快转变经济发展方式"中，明确要"坚持走中国特色新型工业化、信息化、城镇化、农业现代化道路，推动信息化和工业化深度融合、工业化和城镇化良性互动、城镇化和农业现代化相互协调，促进工业化、信息化、城镇化、农业现代化同步发展。"在其中第三点"推进经济结构战略性调整"中，提出"建设下一代信息基础设施，发展现代信息技术产业体系，健全信息安全保障体系，推进信息网络技术广泛运用"。
>
> 报告第五部分"坚持走中国特色社会主义政治发展道路和推进政治体制改革"的第三点"完善基层民主制度"中，明确要"推进信息公开"。
>
> 报告第六部分"扎实推进社会主义文化强国建设"的第三点"丰富人民精神文化生活"中，提出"加强和改进网络内容建设，唱响网上主旋律。加强网络社会管理，推进网络规范有序运行"。
>
> 报告第七部分"在改善民生和创新管理中加强社会建设"的第六点"加强和创新社会管理"中，提出"提高社会管理科学化水平，必须加强社会管理法律、体制机制、能力、人才队伍和信息化建设"。
>
> 报告第九部分"加快推进国防和军队现代化"中，提出"加紧完成机械化和信息化建设双重历史任务，力争到 2020 年基本实现机械化，信息化建设

---

[1] 胡虎. 十八大报告 19 处表述与信息化相关信息化纳入全面建成小康社会目标[N]. 人民邮电报，2012-11-14.

取得重大进展""高度关注海洋、太空、网络空间安全""提高以打赢信息化条件下局部战争能力为核心的多样化军事任务能力""坚定不移地把信息化作为军队现代化建设发展方向，推动信息化建设加快发展"，以及"深入开展信息化条件下军事训练，增强基于信息系统的体系作战能力"。

报告第十一部分"继续促进人类和平与发展的崇高事业"中，提出"世界多极化、经济全球化深入发展，文化多样化、社会信息化持续推进"。

过去的发展模式在给我们带来了几十年的财富和社会发展的同时也带来了许多问题。在新形势下，新型城镇化的建设，必须以科学发展观为引领，因地制宜、统筹兼顾、保护生态、集约发展，探索不以牺牲农业和粮食安全、生态和环境为代价的，新型工业化、新型城镇化、农业现代化和信息化融合发展的新模式。新形式下，应努力促进资源节约、环境友好、经济高效、文化繁荣、社会和谐的城乡全面、健康、协调、可持续发展的新格局的形成。

智慧城市是解决城市病的有效手段之一。2014年3月，党中央、国务院印发《国家新型城镇化规划（2014—2020）》，明确提出"推进智慧城市建设"，将其作为新型城镇化的重要抓手，要求"统筹城市发展的物质资源、信息资源和智力资源利用，推动物联网、云计算、大数据等新一代信息技术创新应用，实现其与城市经济社会发展的深度融合。"

链接：国家新型城镇化规划（2014—2020年）
第十八章　推动新型城市建设
第二节　推进智慧城市建设

统筹城市发展的物质资源、信息资源和智力资源利用，推动物联网、云计算、大数据等新一代信息技术创新应用，实现其与城市经济社会发展的深度融合。强化信息网络、数据中心等信息基础设施建设。促进跨部门、跨行业、跨地区的政务信息共享和业务协同，强化信息资源社会化开发利用，推广智慧化信息应用和新型信息服务，促进城市规划管理

信息化、基础设施智能化、公共服务便捷化、产业发展现代化、社会治理精细化。增强城市要害信息系统和关键信息资源的安全保障。

通过智慧城市解决城市病,提升民生服务,主要通过两个方面的机制来实现。一是建设以智慧政府、智慧交通、智慧能源等为代表的城市,解决交通拥堵,实现节能环保,提高政府服务效率等,推动城市可持续发展。二是拓展产业发展领域,充分利用新型信息技术对传统产业进行改造和提升,强化产业之间的互动、促进与融合;通过产业发展带动经济转型,并从更高起点和总体架构的角度进行智能化基础设施的建设,从而解决产业规划中的重复建设问题和一系列成就落后的问题;营造智慧化的城市生活环境,以及智能化的公共服务体系,让城市生活更加美好。

因此,各地区在制订智慧城市的规划和建设实践中,必须要从解决城镇化面临的诸多问题出发,确定本区域的需求、节点和各阶段发展重点。以民生为核心,关注市民的衣食住行教,提升广大市民的智慧城市体验。

### 2.1.3 三大应用

智慧城市是以全面信息基础设施和平台为基础,由政府投资拉动和居民需求结合驱动的多层次综合应用体系。作为将先进技术全面融入到城市精细化管理中的有效手段,智慧城市本身就是一个涵盖新一代信息技术各个领域的综合应用体系。从发展过程上来看,智慧城市以信息基础设施建设为基础,逐步实现产业、生活和公共三大核心领域的信息数字平台建设;软、硬平台搭建完成后,通过政府投资拉动进行示范和深化应用,以点带面,并结合居民需求,最终实现智慧城市的全面发展和不断完善。智慧城市应用的三大核心领域如下。

#### 2.1.3.1 决策服务应用

智慧城市的规划和建设,首先需要一个作为指挥中心和智力支持的"智慧政府"。"智慧政府"不仅强调新一代信息技术应用，也强调用户创新、大众创新、开放创新、共同创新的"创新2.0"模式。"智慧政府"将实现作为平台的政府架构，并以此为基础实现政府、市场、社会多方协同的公共价值塑造，实现从生产范式向服务范式的转变。"智慧政府"先行，可以带动经济、社会领域的智慧化建设。

因此，智慧城市方方面面的创新应用、实践的第一个重要领域，即是面向政府的决策服务应用领域。政府应运用云计算、大数据、物联网等技术，通过监测、整合、分析、智能响应，实现各职能部门的各种资源的高度整合，提高政府的业务办理和管理效率。同时，政府应加强职能监管，使自身更加廉洁、勤政、务实，提高工作的透明度，从而促进高效、敏捷、便民的新型政府的形成，保证城市的可持续发展，为企业和公众建立一个良好的城市生活环境。

举例来说，传统的政务项目，通常采用政府各厅局委办自建、自用、自运营的模式，从基础设施、硬件平台、软件平台到运营维护都由各厅局委办自行申请资金建设，然后供应商销售相应的软硬件产品。各单位的系统独立运行，相互间难以实现数据共享，导致很多办理事项需要在自有系统输入一次，又要在网上行政审批系统中再输入一次，这就造成了重复工作，影响了工作效率。同时，分散的硬件资源的使用率非常低，且能耗巨大，系统维护的成本非常高昂。面对重大自然灾害（如地震）时，由于缺乏异地同步备份措施，大多数系统将面临瘫痪。而依托云计算相关技术的应用，这一状况将可能得到改善。

建设基于云计算技术的政府数据中心，推进政府部门机房大集中，可以实现统一运维。建设基于云计算技术的政府网站群，形成以政府门户网站为主网站、政府部门网站为子网站的政府网站群。建设基于云计算技术的政府信息平台，推进业务应用信息系统互联互通，促进信息共享和业务协同。

采用数据仓库、数据挖掘、知识库系统等技术手段建立智能决策系统，该系统能够根据领导的需要自动生成统计报表。开发用于辅助政府领导干部决策的"仪表盘"系统，把经济运行情况、社会管理情况等形象地呈现在政

府领导干部面前，使他们可以更好地履行所赋予的本地区、本部门的职责。

同时也应推进物联网在相关领域的应用。如在车辆管理、食品安全监管、口岸监管、灾害预警、环境监测、大型活动管理、重要场所安防等领域推广应用物联网技术，通过对大数据的搜集、挖掘，方便政府及时发现人为或自然灾害，提高政府部门的应急处理能力和安全防范能力。

#### 2.1.3.2 产业发展应用

前面我们已经分析到，智慧城市的规划和建设，将催生新兴的"智能产业"，而相关的新技术、新思维、新理念，也将推动传统产业的升级改造，并促进其与新型产业的互动、融合。因此，智慧城市应用、实践的第二个重要领域，即为面向传统行业、企业的产业发展应用领域。

**智慧工厂**　智慧工厂是现代工厂信息化发展的新阶段，是在数字化工厂的基础上，利用物联网技术和设备监控技术加强信息管理和服务，清楚掌握产销流程、提高生产过程的可控性、减少生产线上人工的干预，即时、正确地采集生产线数据，以及合理的生产计划编排与生产进度的工厂。再加上集绿色智能的手段和智能系统等新兴技术于一体，构建一个高效节能的、绿色环保的、环境舒适的人性化工厂。是"智慧地球""智慧城市"理念在制造业的实际应用的结果。

**智慧农业**　传统的"面朝黄土背朝天"的农业，也在这一轮技术发展与变革中发生着悄然的变化。通过集成云计算、物联网等多种信息技术以及融合现代生物技术、种植技术等，传统农业正在实现华丽的转身：其拥有更加完备的信息化基础支撑、更加透彻的农业信息感知、更加集中的数据资源、更加广泛的互联互通、更加深入的智能控制。精准感知、控制与决策，必将为农业的可视化远程诊断、远程控制、灾变预警、溯源防伪等领域带来重大突破，也为其未来的进一步发展提供技术的先行条件。

**智慧物流**　在以物联网为基础的智能物流技术流程中，智能终端利用射频识别RFID技术、红外感应、激光扫描等传感技术获取商品的各种属性信息，再通过通信手段传递到智能数据中心对数据进行集中统计、分析、管理、共享、利用，从而为物流管理甚至是整体商业经营提供决策支持。智慧物流强调构建一个虚拟的物流动态信息化的互联网管理体系，智慧物流更重视将物联网、传感网与现有的互联网整合起来，通过以精细、动态、科学的管理，实现物流的自动化、可视化、可控化、智能化、网络化，从而提高资源利用率和生产力水平。

**智慧能源** 智慧能源就是充分开发人类的智力和能力，通过不断的技术创新和制度变革，在能源开发利用、生产消费的各环节和全过程中融汇人类独有的智慧，建立和完善符合生态文明与可持续发展要求的能源技术和能源制度体系，从而呈现出一种全新的能源形式。简而言之，智慧能源就是指拥有自组织、自检查、自平衡、自优化等"人类大脑"功能，满足系统、安全、清洁和经济要求的能源形式。智慧能源不能简单地等同于智慧能源技术，还应涵盖智慧能源制度。技术是智慧能源发展的根本动力，制度则是智慧能源发展的根本保障，两者都不可或缺。

**智慧照明** 智慧照明又叫智慧公共照明管理平台、智能路灯或智慧路灯，它是通过应用先进、高效、可靠的电力线载波通信技术和无线 GPRS/CDMA 通信技术等，实现对路灯的远程集中控制与管理，具有根据车流量自动调节亮度、远程照明控制、故障主动报警、灯具线缆防盗、远程抄表等功能，能够大幅节省电力资源，提升公共照明管理水平，节省维护成本。智慧照明目前已经在世界范围内使用，在中国也已经有不少城市正在使用这种技术来达到智能管理、节约能源的效果。

### 2.1.3.3 民生服务应用

民生问题是中国社会改革与发展中的永恒主题。民生服务也是智慧城市建设重要的落脚点、基本点。关乎民生、惠及民生的智慧城市应用，例如智慧社区、智慧家居、智慧教育、智慧医疗、智慧交通等，有着广阔的发展领域和空间。

在智慧城市概念提出的初期，人们多从整体性的角度来理解智慧城市，包括第一批、第二批智慧城市的试点都是以城市为主体进行申报。其实，智慧城市本身是个大体系，智慧城市建设并非是一朝一夕就能完成的，在智慧城市整体推进过程中还存在着诸多难题，如资金投入大、信息共享难、商业模式不清晰等，随着不断尝试，大家逐渐开始意识到从小做起、从某个领域做起才是长久之计。未来，关乎民生类的智慧领域应用，如智慧交通、智慧医疗、智慧环保、智慧旅游、智慧教育等将进展明显。

## 2.2 智慧城市理念对未来城市发展的五个影响

智慧城市的理念对城市的建设和发展，具有战略引领、凝聚共识、激发热情、促进产业发展等作用，它是智慧城市发展战略的核心组成部分，其对未来城市建设和发展的影响是巨大而深远的，主要表现在信息网络架构高端、公共管理服务领先、产业体系融合发达、生化环境低碳友好、城市系统智慧化开放几大方面。

### 2.2.1 有利于提升城市运行效率

智慧城市的信息网络架构要求高端化，就必须推进光纤到户、三网融合、移动互联网、物联网和智能管网等建设，形成高端化、系统化的信息网络，人们可以随时随地共享信息、感知和被感知，从而大大提升城市的运行管理效率。

### 2.2.2 有利于催生大规模新兴产业

智慧城市将加强智慧政府建设，创新发展智慧社保、智慧医疗、智慧教育、智慧社区、智慧交通、智慧城管、智慧环保、智慧农业、智慧家居、智慧金融等，大大提升了智慧城市的公共管理能力和水平。这将极大地推动新兴产业的发展。智慧产业体系融合发展，为智慧城市建设打下坚实的基础。

### 2.2.3　有利于引发新一轮的科技创新

充分利用智慧城市建设的契机，采用最新的信息技术、网络技术和智能技术，将对新技术的应用和开发产生倍增效应，比如抓好专家体系、计算机体系、数据信息体系的综合集成，可以大力推动科技创新，为智慧城市建设和发展提供支持的新平台。新的运行管理模式大量涌现，为科技创新提供了源源不断的动力和广阔的市场前景。

### 2.2.4　有利于促进商业模式的变革

由于智慧城市是以数字城市和智能城市为基础的，因此，数字城市和智能城市的原有商业模式，已经不能适应智慧城市的建设与发展需要，必须进行优化与创新。而智慧城市的建设管理，也涉及多个行业的协同运作，是一个浩大的系统工程，更加强调系统性与协调性，比如PPP融投资模式、新兴产业的开发与配套、新技术研发与支持，都面临着前所未有的问题，必须进行商业运行模式的变革才能发展。

### 2.2.5　有利于创造更美好的城市生活及生活环境

智慧城市围绕生态宜居的发展目标，发挥高新技术在环境建设方面的作用，大力发展低碳经济和循环经济，推进生态环境与城市发展相互促进、资源节约与可再生资源开发利用并举，实现城市环境生态化、人文化、科学化。

## 2.3 智慧城市的技术基础和研究重点

智慧城市的建设需要政府管理、技术创新、民众意识等多方面的协同作用，它是一项系统工程，而其中政府的流程再造及技术创新是建设智慧城市的基石。随着云计算技术促使信息技术与通信技术的快速融合，城市"大数据技术"日益重要。融合云计算、大数据、物联网等新兴技术的智慧城市，带动了诸多领域技术的发展，主要体现在以下几个方面。

### 2.3.1 感知技术的发展

大力发展感知技术是智慧城市建设的前提。感知技术也是物联网的构建基础，具体是指更为广泛的感知、测量、采集和传递信息的设备或系统，包含传感器和无线传感网等两种不同的技术。从技术发展路径看，感知技术不断往高性能、低能耗、微型化、低成本方向努力，这为实现各种智慧城市应用提供了发展空间，且扩大了智慧城市的应用范围。通过使用这些设备，从室内温度、湿度、烟雾到路面车辆信息、城市交通状况等的任何信息都可以被快速获取并进行分析，便于项目组立即采取应对措施和进行长期规划。视频就是感知技术在城市中大量应用的最好例子。视频的发展方向是多样、高清领域，主要应用有资源模拟视频、公安实战 IP 网络高清视频、HD-SDI 无损高清视频。

#### 2.3.1.1 传感器技术

一般来说，进入传感器的信号幅度是很小的，而且混杂有干扰信号和噪声。具体地说，传感器是指那些对被测对象的某一确定的信息，具有感受（或响应）与检出功能，并使其按照一定规律转换成与之对应的可输出信号的元器件或装置。如果没有传感器对被测的原始信息进行准确可靠的捕获和转换,一切准确的测试与控制都将无法实现。即使最现代化的电子计算机,没有准确的信息(或转换可靠的数据)和不失真的输入,也将无法充分发挥其应有的作用。传感器种类非常多,现有的传感器超过三万种。按照不同的维度,主要有以下几种不同的分类方式。

(1)从能量转换的角度看,传感器可分为有源传感器和无源传感器两类。有源传感器是将非电能量转化为电能量,只转化能量本身,并不转化能量信号的传感器,称为有源传感器,如图2-5所示。常常配合有电压测量电路和放大器,如压电式传感器、磁电式传感器、热电式传感器等。

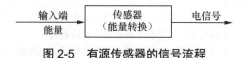

图2-5 有源传感器的信号流程

无源传感器不需要使用外接电源,且是一种可从外部获取到无限制能源的感应传感器。传感器承担将某个对象或过程的特定特性转换成数量的工作,如图2-6所示。其"对象"可以是液体、固体或气体,状态可以是静态或动态(即过程)。对象特性被转换量化后可以通过多种方式检测。对象的特性有物理性质或化学性质。

图2-6 无源传感器的信号流程

(2)从工作原理的角度看,传感器可以划分为物理传感器和化学传感器。物理传感器是检测物理量的传感器,它是感受规定的被测量的各种量,并按一定规律将其转换为有用信号的器件或装置。它输出的信号和输入的信号有确定关系。主要的物理传感器有压电传感器、电磁式传感器、光电式传感器、热电式传感器、压阻式传感器、光导纤维传感器等。化学传感器是对各种化学物质敏感并将其浓度转换为电信号进行检测的仪器。以人的感觉器官类比，化学传感器对应于人的嗅觉和味觉，但它能够感受人体器官不能感受的某些物质（如 $H_2$、$CO$、$CO_2$ 等）。化学传感器常用于生产流程分析和环境污染监测，见表 2-2，在医学上远距离诊断和实时监测、气象观测和遥测、农业上生鲜保存和鱼群探测、矿产资源的监测、工业自动化、防盗、安全报警和节能等方面有重要应用。

表 2-2　化学传感器的分类

| 按结构形式分 | 非接触式传感器 | 指能感受（或响应）规定的被测量物体，并按照一定规律转换成可用信号输出并且无需接触被测物的器件或装置，精度较低 |
|---|---|---|
| | 接触式传感器 | 接触式传感器是通过接触物体表面，使它的显示值可以直接地表示被测物体的状态或情况。一般来说，它的测量精度是比较高的 |
| 按检测对象分 | 气体传感器 | 气体传感器是一种将气体的成分、浓度等信息转换成可以被人员、仪器仪表、计算机等利用的信息的装置。<br>气体传感器包括半导体气体传感器、电化学气体传感器、催化燃烧式气体传感器、热导式气体传感器、红外线气体传感器、固体电解质气体传感器等 |
| | 湿度传感器 | 测定环境中水气含量的传感器，又分为电解质式、高分子式、陶瓷式和半导体式湿度传感器 |
| | 生物传感器 | 生物传感器是一种对生物物质敏感并将其浓度转换为电信号进行检测的仪器。生物传感器由分子识别部分（敏感元件）和转换部分（换能器）构成 |
| | 离子传感器 | 离子传感器是利用离子选择电极，将感受的离子量转换成可用输出信号的传感器。离子传感器的感应膜有玻璃膜、溶有活性物质的液体膜及高分子膜，使用较多的是聚氯乙烯膜 |

（3）从自动化应用程度高低的角度看，传感器可以分为一般传感器与智能传感器两种。智能传感器带有微处理机，具有采集、处理、交换、预处理信息的能力，具备自校零、自标定、自校正的功能，见表 2-3。

表 2-3　智能传感器可实现的功能

| 序号 | 功能 | 说明 |
|---|---|---|
| 1 | 自补偿和计算功能 | 自补偿和计算功能为传感器的温度漂移和非线性补偿开辟了新的途径，只要能保证传感器的重复性好，利用微处理器对测试信号通过软件计算，采用多次拟合和差值计算方法对漂移和非线性进行补偿 |

(续表)

| 序号 | 功能 | 说明 |
| --- | --- | --- |
| 2 | 信息存储和传输 | 用通信网络以数字形式进行双向通信,这也是智能传感器关键标志之一。智能传感器通过测试数据传输或接收指令来实现各项功能。如增益的设置、补偿参数的设置、内检参数设置、测试数据输出等 |
| 3 | 自检、自校、自诊断功能 | 自诊断功能首先在电源接通时进行自检,诊断测试以确定组件有无故障;其次根据使用时间可以在线进行校正,微处理器利用存在 EPROM 内的计量特性数据进行对比校对 |
| 4 | 复合敏感功能 | 敏感元件测量一般通过两种方式:直接和间接测量。而智能传感器具有复合功能,能够同时测量多种物理量和化学量,给出能够较全面反映物质运动规律的信息 |
| 5 | 智能传感器的集成化 | 由于大规模集成电路的发展使得传感器与相应的电路都可以集成到同一芯片上,这为传感器智能小型化开辟了新的发展通道 |

在整个智慧城市系统里,传感器就如同人的五官一样,发挥着不可替代的作用。相比较一般的传感器,智能传感器的可靠性、性价比、精度都得到了很大提升,同时促进了传感器的多功能化。那什么是"智能传感器"?通俗定义就是"传感器与微处理器赋予智能的结合,兼有信息检测与信息处理功能的传感器就是智能传感器(系统)",未来将是智慧城市重要感知终端[1]。通过智能传感器,智慧城市系统可以实现多传感器、多参数的综合测量,扩大测量与使用范围;有一定的自适应能力,根据检测对象或条件的改变,相应地改变量程反输出数据的形式;具有数字通信接口功能,直接送入远程计算机进行处理;具有多种数据输出形式(如 RS232 串行输出、PIO 并行输出、IEE-488 总线输出以及经 D/A 转换后的模拟量输出等),适配各种应用系统。

目前已经部署的智慧城市应用,大多是一些处理数据采集和数据传输的简单场景,例如在环境监控行业中节点自动采集各种环境参数并上传到远程平台。这种简单的数据采集和传输的模式在目前虽然仍有一定的应用,但无法处理更多的复杂需求。现实生活中还会有很多复杂的情况,需要不同类型的节点协同进行智能计算。这样智能传感器就有了非常大的发挥空间。

---

1 刘君华.智能传感器系统 [M].西安:西安电子科技大学出版社,2010.

### 2.3.1.2 无线传感网技术

无线传感器网络（WSN）的主要组成部分集成有传感器、处理单元和通信模块的节点，各节点通过协议自组成一个分布式网络，再将采集来的数据通过优化后经无线电波传输给信息处理中心。WSN中的传感器通过无线方式通信，网络设置灵活，设备位置可以随时更改，可以与互联网进行有线或无线连接。许多人认为，无线传感网技术的意义和重要性可与互联网相媲美。然而从很多方面来说，现在的无线传感器网络就如同1970年的互联网，那时互联网仅仅连接了不到200所大学和军事实验室，并且研究者还在试验各种通信协议和寻址方案。而现在，大多数传感器网络只连接了不到100个节点，更多的节点以及通信线路会使其变得十分复杂而无法正常工作。

从功能上来看，现阶段大部分已部署的WSN都仅限于采集温度、湿度、位置、光强、压力、生化等标量数据，而在智慧城市建设的医疗监护、交通监控、智能家居等实际应用场景中，我们需要获取视频、音频、图像等多媒体信息，这就迫切需要一种新的无线传感器网络——无线多媒体传感器网络（WMSN），一种在传统WSN的基础上引入视频、音频、图像等多媒体信息感知功能的新型传感器网络，见表2-4。

表2-4 传统的无线传感网（WSN）与无线多媒体传感网（WMSN）对比

| 项目 | | WSN | WMSN |
|---|---|---|---|
| 相同点 | | 自组织、资源受限、监控环境复杂、无人值守等 | |
| 不同点 | 能耗分布 | 能耗低，主要集中在无线收发上 | 能耗较高，在多媒体信息采集、处理、无线收发上能耗相当 |
| | 处理任务 | 较简单，简单的加减乘除平均数据等 | 除了采集标量数据外，还要采集图像、音频、视频等多媒体信息 |
| | QoS要求 | 要求较低，牺牲QoS换取能耗最低 | QoS基于业务应用有所区别，多媒体信息需要高QoS |
| | 功能应用 | 功能简单，感知信息量优先，用于简单的环境监测等场合 | 感知信息丰富，实现细粒度、高精准的监控，除了增强一般场合的监控，还可以完成追踪、识别等复杂任务 |

（续表）

| 项目 | | WSN | WMSN |
|---|---|---|---|
| 不同点 | 传感模型 | 全向性，可以从任意方向感知数据 | 一般具有很强的方向性 |
| | 核心问题 | 能耗最低 | 满足 QoS 的情况下，追求能耗最低 |

通过在传统无线传感器网络中加入一些能够采集更加丰富的视频、音频、图像等信息的传感器节点，WMSN 能够感知周围环境中的多种媒体信息，这些信息可以通过单跳和多跳中继的方式传送到汇聚节点，然后汇聚节点对接收到的数据进行分析处理，把最终结果发送给用户，实现全面而有效的环境监测，也给无线传感网技术的未来发展带来较大的想象和发挥空间。

## 2.3.2 网络能力的增强

智慧城市的建设离不开网络技术的支撑。网络技术的突破将使海量节点进行高效数据传输成为可能。当前的通信网络经过多年发展已经比较稳定。然而，现有的通信网络在网络结构设计、建设规模估算等方面都是依据人与人通信的业务模型。现有的移动通信网络，在设计时主要考虑的业务是语音、上网和短信，从数据通道来看，网络在承载通道设计、信令交互设计、容量和覆盖规划等多个方面都主要考虑前向流量。智慧城市的应用包括了人的通信行为，同时还有无人参与的通信场景，或者说是物联网的通信场景。

物联网（The Internet of things）是新一代信息技术的重要组成部分，可看作是互联网的升级与扩展，根据国际电信联盟（ITU）的定义，物联网主要解决物品与物品（Thing to Thing，T2T）、人与物品（Human to Thing，H2T）、人与人（Human to Human，H2H）之间的互连。通过互联网延伸和扩展到了任何物品与物品之间，进行信息交换和通信。这和以往单纯的人与人之间的通信特征有明显的区别，物联网类的通信存在以下一些特征，见表 2-5。

表 2-5 物联网类通信的特征

| 序号 | 特征 | 说明 |
|---|---|---|
| 1 | 数据业务为主 | 物联网通信以使用数据业务为主,在车载等领域有少量语音服务需求 |
| 2 | 小流量业务为主 | 大部分的物联网业务都以传输小流量的数据为主,并且相当一部分的小流量业务,要求长时间在线 |
| 3 | 主要使用反向通道 | 同样是使用数据通道,用于人与人之间通信的手机和上网卡类业务是以使用前向通道为主,而物联网业务是以反向流量为主 |
| 4 | 对通信服务质量（QoS）的要求不同 | 网络处理要求将更为复杂,既要保证能使用在各种场合的应用需要,又要兼顾网络资源的有效利用问题 |
| 5 | 具有"机器"自动化行为 | 人与人的通信具有随机性,而相当一部分的物联网通信往往由程序自动化控制。一方面,其行为可预期；另一方面,则缺乏人工智能的判断逻辑,尤其在发生一些故障的情况下,可能会由于大量设备不断地进行机械的自动重试行为,对网络产生较大影响 |

以现今智慧家居领域的应用为例,家庭中许多电器设备的形式越来越多样,一些电器本身就具备遥控能力（如空调、电视、部分品牌的热水器等）,一些则不具备这些能力（如微波炉、电饭煲、冰箱等）。而这些设备即使可以进行遥控,其控制能力、控制范围等可能也是非常有限的。同时,设备相互之间是孤立存在的,不能有效实现资源与信息共享。物联网时代的物联网网关将会是至关重要的环节。随着物联网技术的发展,特别是物联网网关技术的日益成熟,不同设备之间的互联互通问题将得到很好的解决。

#### 2.3.2.1 物联网网关技术的进一步发展

（1）物联网网关的概念和功能

物联网网关作为连接感知网络（无线传感网）与传统通信网络（互联网）的纽带,物联网网关可以实现感知网络与通信网络以及不同类型感知网络之间的协议转换。既可以实现广域互联,也可以实现局域互联。其应具备的主要功能,见表 2-6。

表 2-6 物联网网关的主要功能

| 序号 | 特征 | 说明 |
| --- | --- | --- |
| 1 | 数据汇聚功能 | 物联网网关具备将汇聚的数据经由通信网络进行远程传输,以及接收远程应用平台数据的能力,物联网网关可以综合采用多种通信方式,进行远程通信,如 2G/3G、有线、宽带、窄带等 |
| 2 | 数据传输功能 | 通过网关内置的传感网 sink 节点,将传感网上报的数据接收到网关 |
| 3 | 协议适配功能 | 物联网网关应该是一个通用的设备,可以灵活地支持不同的传感网技术;具备灵活的协议适配能力,采用不同技术的传感网节点通过适配的方式接入网关,实现数据远程互通 |
| 4 | 节点管理功能 | 传感网的节点实际应用中可能数量众多,分布较广,所处环境无法或不适宜直接进行对节点终端的配置,需要通过网关完成对终端节点的部分管理,包括节点配置、状态查询、紧急状况报警等功能 |

有物联网应用的地方,必然有物联网网关的存在。通过连接感知层的传感器、射频（RFID）、微机电系统（MEMS）、智能嵌入式终端,物联网网关的应用将遍及智能交通、景观照明管控、楼宇照明管控、环境保护、路灯照明管控、政府工作、智能消防、公共安全、平安家居、环境监测、工业监测、广场照明管控、个人健康、老人护理、花卉栽培、水系监测、食品溯源等多个领域。不同应用方向的物联网网关所使用的协议与网关形态会不同,但基本功能都是把感知层采集到的各类信息通过相关协议转换形成高速数据传递到互联网并实现一定的管理功能,如图 2-7 所示。

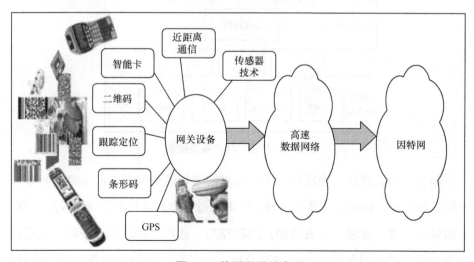

图 2-7 物联网网关应用

（2）物联网网关的关键技术

第一，多标准互通接入能力。目前用于近程通信的技术标准很多。常见的传感网技术包括 ZigBee、Z-Wave、Spider、RUBEE、WirelessHART、IETF6、LowPAN 等。各类技术主要针对某一类应用展开，它们之间缺乏兼容性和体系规划。如 Z-Wave 主要应用于无线智能家庭网络，RUBEE 适用于恶劣环境，WirelessHART 主要集中在工业监控领域。实现各种通信技术标准的互联互通，成为物联网网关必须要解决的问题：它是针对每种标准设计单独的网关，再通过网关之间的统一接口实现，还是采用标准的适配层、不同技术标准开发相应的接口实现。

物联网网关典型结构，如图 2-8 所示。

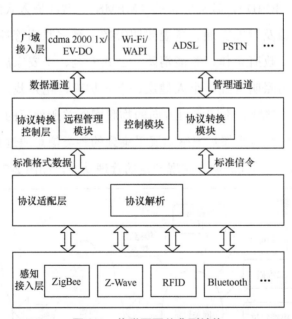

图 2-8　物联网网关典型结构

第二，网关管理。物联网网关作为与网络相连的网元，其本身要具备一定的管理功能，包括注册登录管理、任务管理、参数查询和配置、权限管理、故障管理、数据管理、状态监测、远程控制、远程诊断、事件处理、远程升级等。网关管理要想实现全网的可管理，不仅要实现网关设备本身的管理，还要实现子网内各节点的管理,例如获取节点的标识、状态、属性等信息,以及远程唤醒、控制、诊断、升级维护等。由于子网的技术标准不同,协议的复杂性也不同,因此进行的管理内容也有较大差异。

#### 2.3.2.2 IPv6 的进一步普及

智慧城市的建设离不开网络的互联互通。互联网中的不同设备需要一个共同的语言才能对话,这就是 IP。要保证每个设备身份的可识别性,互联网中的入网终端设备都要有类似身份证系统的地址信息编码,即 IP 地址。目前互联网上广为使用的 IP 地址是遵循 IPv4(Internet Protocol Version 4,即互联网协议第四版)来编制的。IPv4 确定的地址长度为二进制 32 位,总的地址数量为 2 的 32 次方。随着移动互联网、物联网等新技术应用的快速发展,IP 地址的需求量呈爆炸式增长,IP 地址必须扩源。

网上流传甚广的《神秘的程序员们》系列漫画当中有一幅名为《历史悲剧:论程序员学习历史的重要意义》的漫画,如图 2-9 所示,很能够说明问题:就如公元前 6 世纪的玛雅历法只设置了 1000 年,无法用于现今一样,20 世纪 80 年代出炉的 IPv4 在全新的移动互联网时代,也垂垂老矣。

应运而生的 IPv6(Internet Protocol Version 6)就是 IETF(Internet Engineering Task Force,互联网工程任务组)设计的采用更多数位来进行编址的新一代互联网协议。

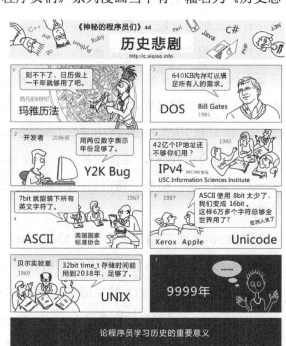

图 2-9 论程序员学习历史的重要意义

IPv6是发展和应用下一代互联网的基础核心协议，更是发展未来物联网的重要前提。IPv6已经成为物联网快速推进的重要基石。

IPv6采用128位编码，地址的数量是2的128次方，可以提供海量IP地址资源，号称能使"地球上每粒沙子都拥有一个IP地址"，这为新一代互联网的发展扫清了障碍。除扫除地址瓶颈外，IPv6同时采用了分级地址模式、服务质量、主机地址自动配置、认证和加密等多项新技术。

(1) IPv6的技术优势

IPv6是为了解决IPv4所存在的一些问题和不足而提出的，它在许多方面进行了改进。相比IPv4，IPv6具有如下特点。

① IPv6具有更大的地址空间。IPv4中规定IP地址长度为32，最大地址个数为$2^{32}$；而IPv6中IP地址的长度为128，即最大地址个数为$2^{128}$。与32位地址空间相比，其地址空间增加了$2^{128}-2^{32}$个。

现在，IPv4采用32位地址长度，而IPv6采用128位地址长度（可以忽略不计无限制的地址），有足够的地址资源。地址的丰富将突破在IPv4互联网应用上的很多限制。如IP地址，每一个带电的东西可以有一个IP地址，真正形成一个数字家庭的网络。IPv6的技术优势，目前在一定程度上解决了IPv4互联网存在的问题，这成为IPv4向IPv6演进的重要动力之一。

② IPv6使用更小的路由表。IPv6的地址分配一开始就遵循聚类（Aggregation）的原则，这使得路由器能在路由表中用一条记录（entry）表示一片子网，大大减小了路由器中路由表的长度，提高了路由器转发数据包的速度。

③ IPv6增加了增强的组播（Multicast）支持以及对流的控制（Flow Control），这使得网络上的多媒体应用有了长足发展的机会，为服务质量（Quality of Service，QoS）控制提供了良好的网络平台。

④ IPv6加入了对自动配置（Auto Configuration）的支持。这是对DHCP协议的改进和扩展，使得网络（尤其是局域网）的管理更加方便和快捷。

⑤ IPv6具有更高的安全性。在IPv6网络中，用户可以对网络层的数据

进行加密并对 IP 报文进行校验，IPv6 中的加密与鉴别选项提供了分组的保密性与完整性，极大地增强了网络的安全性。

⑥ 允许扩充。如果新的技术或应用需要，IPv6 允许协议进行扩充。

⑦ 更好的头部格式。IPv6 使用新的头部格式，其选项与基本头部分开，如果需要，可将选项插入到基本头部与上层数据之间。这就简化和加速了路由选择过程，因为大多数的选项不需要由路由选择。

（2）IPv4 向 IPv6 过渡的技术机制

IPv6 不可能立刻替代 IPv4。在相当长的一段时间内，IPv4 和 IPv6 会共存于同一个环境中，许多业务仍然要在 IPv4 网络上运行很长时间，特别是 IPv6 不可能马上提供全球的连接，很多 IPv6 的通信不得不在 IPv4 的网络上传输。要提供平稳的转换过程，使其对现有的使用者影响达到最小化，过渡机制非常重要。事实上，IPv6 在设计过程中就已经考虑到了 IPv4 到 IPv6 的过渡问题，并提供了一些特性使过渡过程简化。例如，IPv6 地址可以使用 IPv4 兼容地址，自动由 IPv4 地址产生；也可以在 IPv4 的网络上构建隧道，连接 IPv6 孤岛。目前针对 IPv4 到 IPv6 过渡的问题已经提出了许多机制，它们的实现原理和应用环境各有侧重，下面将对 IPv4 到 IPv6 过渡的基本策略和机制进行介绍。

作为一项关系到未来互联网发展战略的重大技术，IPv6 的推广需要业界、学界以及政策层面更多的参与及推动。云计算、移动互联网、三网融合、物联网等让城市变得更加"智慧"的新技术，都需要 IPv6 作为基石。从本质意义上说，正是因为 IPv6 的存在，才使得城市更加智慧，生活更加美好。

## 2.3.3　信息安全技术的进一步发展

智慧城市的特点是无处不在的信息感知、信息传输、智能化的信息处理。信息技术的推广和运用，一方面将显著提高城市运行效率和智慧程度，另一方面也对国家、企业和公民的信息安全和隐私保护问题提出了严峻挑战。

#### 2.3.3.1 智慧城市的五大信息安全挑战

由于智慧城市构建是以信息为核心的,并贯穿着大量与生产、生活密切相关的信息,信息安全要求比一般的互联网信息安全要高,对隐私权保护的要求更高。它和一般 IT 系统的安全基本一样,在信息安全方面主要有 8 个尺度:读取控制、数据完整性、不可抵赖性、隐私保护、数据保密性、用户认证、通信层安全、随时可用性。现有的安全体系基本上可以满足现阶段智慧城市建设的基本需求,然而,随着智慧城市的深化和向着更高阶段发展,智慧城市将面临着以下五类信息安全的挑战。

第一,4 大类(有线的长、短距离和无线的长、短距离)网络相互连接组成的异构(heterogeneous)、多级(multi-hop)、分布式网络导致统一的安全体系难以实现"桥接"和过渡。

第二,设备大小不一、存储和处理能力的不一致导致安全信息(如 PKI Credentials 等)的传递和处理难以统一。

第三,设备可能无人值守、丢失、处于运动状态,连接可能时断时续、可信度差,诸多因素增加了信息安全系统设计和实施的复杂度。

第四,要保证一个智能物件要被数量庞大,甚至未知的其他设备识别和接受的同时,又要同时保证其信息传递的安全性和隐私权。

第五,多租户单一实例服务器 SaaS 模式对安全框架的设计提出了更高要求。

#### 2.3.3.2 感知平面的安全技术

(1) 无线传感网的特性

感知平面的安全技术主要指的是无线传感网的安全。

第一,像部署在战场或危险区域的传感器那样,传感器的部署通常具有量大、一次性和无人看管的特点。为了做到充分覆盖指定区域和冗余,通常需要部署大量的传感器,而传感器一旦部署,通常不再回收或进行物理维护。

第二,无线传感网的传感器之间、传感器与基站之间以无线方式进行通信,容易受到无线电干扰、窃听等攻击。

第三,由于量大和一次性的特点,要求传感器低成本,出于经济性的考虑,传感器通常是资源受限的,拥有较小的体积、有限的能量、有限的处理能力、有限的存储空间、限定的无线电频率、有限的带宽、有限的传输距离。

无线传感网自身的特性,对信息安全提出了新的挑战。无线传感网具备如下方面的安全要求,见表2-7。

表2-7 无线传感网需要满足的安全要求

| 序号 | 内容 | 特点 |
| --- | --- | --- |
| 1 | 保密性 | 要求传感器存储、处理和传递的信息不被未授权者获取 |
| 2 | 真实性 | 要求参与信息处理的各个节点的身份真实可信 |
| 3 | 完整性 | 要求传输的信息没有受到篡改或破坏 |
| 4 | 可用性 | 要求网络中各节点能正常发挥功能,数据能正常提供 |
| 5 | 数据鲜活性 | 要求接收的数据是最新的,而不是攻击者重放的旧信息 |
| 6 | 容错性 | 由于无线传感网具有低成本、一次性和无人看管的特点,传感器容易毁坏、易被攻击者物理获取、拆解,直至完全控制,因此,要求无线传感网在某个或某些节点不能正常工作、增加新节点或对节点进行调整的情况下仍能正常运转 |
| 7 | 自组织性 | 维护由大量易出错、易被控制的传感器组成的传感网,要求无线传感网具有自组织性,能自动组网 |

无线传感网的特点使得传感器容易发生异常,这使得设计密钥存储、分发和加解密机制成为一个挑战性问题。

(2)无线传感网面临的主要安全问题

第一,密钥安全问题。大多数安全协议需要采用密码技术并用到密钥。如加密和解密、签名、身份鉴别等,与传统的密钥通过加密方式存储不一样,传感器由于无人看管的原因,需要直接存储自身的密钥信息和密码算法;并且,由于非对称密钥系统对存储和处理能力的要求较高,资源受限的传感器难以胜任,所以在传感器网络中采用较广泛的是对称密钥。

第二,物理安全问题,见表2-8。

表 2-8　无线传感网的物理安全问题

| 序号 | 项目 | 内容 |
| --- | --- | --- |
| 1 | 传感器攻击 | 与传统的计算机终端有专人保护不同，传感器部署后，由于无人看管，很难阻止攻击者获取传感器，进行拆解，获得传感器存储的密码和感知的数据，并用于进一步的攻击。无线传感网安全的一个挑战就是如何限制这些被劫持的传感器影响的范围和程度，减小这些被劫持的传感器造成的威胁 |
| 2 | 传感器异常 | 传感器通常部署在恶劣环境中，拥有有限的资源，这些传感器会因电源不足等原因停止工作或出现功能异常，给无线传感网的安全带来威胁 |
| 3 | 覆盖孔洞问题 | 一些应用为了容错、冗余或对目标对象精确定位，需要在目标区域部署大量传感器，对目标区域进行高度覆盖。但在部署过程中或受到攻击时，会造成该区域正常工作的传感器稀疏，造成覆盖孔洞，使其不能正常使用 |
| 4 | 节点复制攻击 | 在节点复制攻击中，攻击者有意在网络中多个位置放置被控制节点的副本以引起网络的不一致，达到攻击的目的 |
| 5 | 无线电干扰 | 无线传感器网络中，传感器之间、传感器与基站之间都是通过无线方式进行通信的。攻击者可以在无线传感网区域内，发射无线电干扰信号进行干扰，使得无线传感器网络不能正常工作，直至瘫痪 |

第三，网络安全问题。网络安全问题产生的原因主要是无线传感网的网络传输通道遭受各种破坏。这种破坏以网络失效为目的。无线传感网由于自身的部署特点，相比传统的通信网络更容易遭受破坏，而且更缺乏有效的防止手段。

第四，应用安全问题。应用安全问题往往通过控制恶意节点，伪造应用数据发生的，这种安全问题不以破坏网络通道为目的，其造成的主要危害是伪造和篡改应用层数据。

第五，基站安全问题。基站是无线传感网连接互联网等外部网络的网关，是攻击者的重要兴趣目标。如何增强基站的容错能力？如何隐藏基站的位置和身份？这些都是基站要解决的安全问题。同时，传统的联网计算机面临的安全问题也是基站面临的安全问题。

### 2.3.3.3　网络平面的安全技术

网络的发展为人们的生活带来很多便利，然而随之而来的是安全问题。

网络平面可以通过采取一些安全策略，保护网络免受因遭受故意或无意的攻击而导致的性能下降、失效、数据丢失或者泄密，网络平面安全策略所要求的基本要素是身份认证、完整性和实时核查。身份认证是指认证和授权，主要防止假冒及由此产生的非法接入资源和数据；完整性是指防止窃听和数据篡改等威胁，确保数据传输的保密和不可更改；实时核查是指即时核实、核查安全策略的实施情况，这对检测入侵行为、防止已知 DoS 攻击非常有用。

网络平面的各种技术有一套相对完善的安全体系，往往会采取如下一些关键的安全策略。

（1）安全接入与配置

安全接入与配置是指在物理或逻辑端口接入网络基础设施设备前必须通过认证和授权机制，从而为网络基础设施提供安全性。

（2）拒绝服务的防止

拒绝服务是这样一种攻击手段：攻击者利用大量的数据包"淹没"目标主机，耗尽可用资源乃至使系统崩溃，使得服务器无法对合法的用户做出响应。网络设备要根据不同类型的 DoS 攻击，采取有针对性的防御措施。

（3）路由认证和路由过滤

安全的路由选择的前提是路由的完整性和真实性，在网络中产生严重的且最常见的错误，往往是将虚假路由插入核心网络。这一威胁性可以通过使用路由认证和路由过滤将其降低到最低限度。

（4）实时监控

网络安全中，绝大多数的攻击来自网络内部，仅采用防火墙是无法阻止的，而且公网中采用防火墙也是不合理的，因此，为了防止网络上的网络设备或服务器受到攻击，可以采用 IDS（网络入侵检测系统）对网络进行实时监控。实时监控是一种入侵检测机制，它的功能包括确认或查验安全策略的正确实施以及实时监测网络的异常现象。

（5）接入安全控制

对于网络的各种接入方式，由于其接入端主要采用以太网技术，广播域内存在安全隐患，需要在接入 LAN 交换机和宽带接入服务器上采取相应的安全措施，以保证 IP 城域网接入部分的网络安全。

### 2.3.3.4 信息平面的安全技术

信息平面是智慧城市存储、处理信息的中心，需要对数据的安全性进行保护，防止数据被非法篡改、盗取和销毁。信息平台可以综合采用以下安全技术手段。

（1）访问控制

访问控制指系统对用户身份及其所属的预先定义的策略组限制其使用数据资源能力的手段，通常用于系统管理员控制用户对服务器、目录、文件等网络资源的访问。访问控制是系统保密性、完整性、可用性和合法使用性的重要基础，是网络安全防范和资源保护的关键策略之一，也是主体依据某些控制策略或权限对客体本身或其资源进行的不同授权访问，通常情况下，访问控制主要有网络访问控制和系统访问控制两种类型。网络访问控制限制外部对主机网络服务的访问和系统内部用户对外部的访问，通常使用防火墙。系统访问控制为不同用户赋予不同的主机资源访问权限，操作系统提供一定的功能实现系统访问控制，如 UNIX 的文件系统。因这两种访问控制相互独立，无法将两者各自的特性结合起来控制。

（2）信息加密

信息加密以保护网内的数据、文件、口令和控制信息，保护网上传输的数据为目的。数据加密技术主要分为数据传输加密和数据存储加密。数据传输加密技术主要是对传输中的数据流进行加密，常用的有链路加密、节点加密和端到端加密三种方式。在保障信息安全各种功能特性的诸多技术中，密码技术是信息安全的核心和关键技术，通过数据加密技术，可以在一定程度上提高数据传输的安全性，保证传输数据的完整性。一个数据加密系统包括加密算法、明文、密文及密钥，密钥控制加密和解密过程，一个加密系统的全部安全性是基于密钥的，而不是基于算法的。数据加密过程就是通过加密系统把原始的数字信息（明文），按照加密算法变换成与明文完全不同的数字信息（密文）的过程。

数据加密算法有很多种，目前在数据通信中使用最普遍的算法有 DES 算法、RSA 算法和 PGP 算法。根据收发双方的密钥是否相同来分类，可以将这些加密算法分为常规密码算法和公钥密码算法。在常规密码中，收信方和发信方使用相同的密钥，即加密密钥和解密密钥是相同或等价的。常规密码的优点是有很强的保密强度，且可经受住时间的检验和攻击，但其密钥必须通过安全的途径传送。在公钥密码中，收信方和发信方使用的密钥互不相同，而且几乎不可能从加密密钥推导出解密密钥。最有影响的公钥密码算法是 RSA，它能抵抗到目前为止已知的所有密码攻击。在实际应用中通常将常规密码和公钥密码结合在一起使用，利用 DES 或者 IDEA 来加密信息，而采用 RSA 来传递会话密钥。

（3）身份认证

身份认证技术是为在计算机网络中确认操作者身份而产生的有效解决方法。计算机网络世界中一切信息包括用户的身份信息都是用一组特定的数据来表示的，计算机只能识别用户的数字身份，所有对用户的授权也是针对用户数字身份的授权。

（4）防火墙

所谓防火墙指的是一个由软件和硬件设备组合而成、在内部网和外部网之间、专用网与公共网之间的界面上构造的保护屏障，是一种获取安全性方法的形象说法。它是一种计算机硬件和软件的结合，在 Internet 与 Intranet 之间建立起一个安全网关（Security Gateway），从而保护内部网免受非法用户的侵入。防火墙主要由服务访问规则、验证工具、包过滤和应用网关 4 个部分组成。防火墙就是一个位于计算机和它所连接的网络之间的软件或硬件，该计算机流入 / 流出的所有网络通信和数据包均要经过此防火墙。

（5）入侵检测

顾名思义，就是对入侵行为的发觉。它通过对计算机网络或计算机系统中若干关键点收集信息并对其进行分析，从中发现网络或系统中是否有违反安全策略的行为和被攻击的迹象。

### （6）系统容灾

完整的网络安全体系只有"防范"和"检测"措施还不够，而必须具有灾难容忍和系统恢复能力。从其对系统的保护程度来分，可以将容灾系统分为数据容灾和应用容灾。所谓数据容灾，就是指建立一个异地的数据系统，该系统是本地关键应用数据的一个可用复制；而应用容灾，是在数据容灾的基础上，在异地建立一套完整的与本地生产系统相当的备份应用系统（可以是互为备份）[1]。

## 2.3.4 基于云计算的智慧城市公共服务平台打造

目前，智慧城市的很多应用多为点状分布，每个应用独立封闭，相互间既不共享资源，也不实现互通。一个理想的智慧城市体系架构应当有一套公共服务平台，如图2-10所示，共同为各行业提供通用的服务能力，如数据集中管理、基本能力调用、业务流程定制、通信管理、设备维护服务等。

城市里的每个物联网用户都可根据实际需要，决定是否建设自己私有的应用系统——有个性化要求的独立的应用系统，这些独立的应用系统与公共服务平台对接，使用公共服务平台提供的各种能力，不但能获得有保障的、标准化的服务，而且能降低系统集成和部署的周期和难度。对整个产业发展来说，借助公共服务平台的聚合作用，可吸引社会各界共同参与建设，有利于形成创新商业模式。

智慧城市公共服务平台建设存在两大难点：第一个是对海量数据的组织、分析，这需要通过科学的数据建模手段来实现；第二个是如何有效利用资源、高效处理物联网的海量数据，这需要云计算技术来解决。云计算技术与智慧城市公共服务平台的结合主要包括以下三个方面。

第一，基础资源共享：通过虚拟化技术，提高物联网平台底层计算、存储、通信等资源的利用率和快速部署能力，实现物联网业务平台的高可靠性、

---

1 中国电信智慧城市研究组. 智慧城市之路 [M]. 北京：电子工业出版社.

高可扩展性和按需服务的能力。

图 2-10　理想的智慧城市公共服务平台体系架构

第二，动态规模扩展：将计算、存储等资源通过抽象和整合，形成共享资源池，根据业务动态调整基础设施资源，实现计算资源的弹性伸缩。

第三，智能分析处理：通过分布式计算和存储技术，实现平台数据的海量数据分析和处理能力。

如何通过运用云计算技术建立起服务于全社会的智慧城市公共服务平台，应当成为现阶段智慧城市建设的研究重点之一，这对普及智慧化应用、推进智慧城市建设具有非常重要的作用。

## 2.3.4.1　云计算的工作原理

典型的云计算模式中，用户通过客户端接入网络，向"云"提出需求。"云"接受请求后组织资源，通过网络为"端"提供服务，具体如图 2-11 所示。客户端的功能可以大大简化，诸多复杂的计算与处理过程都将转移到终端背后的"云"上完成。用户所需的应用程序并不需要运行在用户的个人电脑、手机等客户设备上,而是运行在互联网的大规模服务器集群中;用户所处理的数据也无需存储在本地,而是保存在互联网的数据中心里。提供云计算服务的企业负责这些数据中心和服务器正常运转的管理和维护,并保证为用户提供足够强的计算能力和足够大的存储空间。在任何时间和任何地点,用户只要能够连接至互联网,就可以访问"云",实现随需随用。

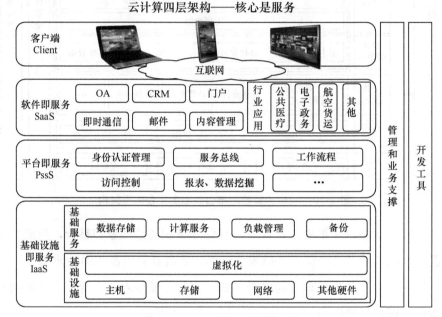

图 2-11 云计算三层服务架构

### 2.3.4.2 云计算的关键技术

云计算是随着处理器技术、分布式存储技术、宽带互联网技术、虚拟化技术和自动化管理技术的发展而产生的。从技术层面上讲,云计算基本功能的实现取决于两个关键的因素,一个是数据的存储能力,另一个是分布式的计算能力。因此,云计算中的"云"可以再细分为"存储云"和"计算云",也即"云计算=存储云+计算云"。

- 存储云:大规模的分布式存储系统。

- 计算云：资源虚拟化＋并行计算。

并行计算的作用是将大型的计算任务拆分，再派发到云中节点进行分布式并行计算，最终将结果收集后统一整理。虚拟化是用更少的资源做更多的事。在计算云中引入虚拟化技术，能够在较少的服务器上运行更多的并行计算。

### 2.3.4.3 云计算目前存在的主要问题

目前，云计算的发展中还存在着种种问题。

第一，安全是云计算面临的首要问题。

云计算中，企业将客户信息等高商业价值的数据存放到云计算服务提供商手中，因此信息安全性和私密性就显得十分重要。一旦服务提供商出现安全问题，严重依赖云计算的个人或企业用户存储在云中的数据可能会在某个角落里甚至像石沉大海般消失得无影无踪。观念的转变和行为习惯的改变非一日之功。根据IDC的调查结果，大多数受访企业认为安全是云计算发展路途上的最大挑战。相当数量的个人用户对云计算服务尚未建立充分的信任感，不敢把个人资料上传到"云"中。安全已经成为云计算业务拓展的主要困扰之一。

第二，技术是建立云计算系统的主要挑战。

必须购买或征用数百或数千台个人电脑或服务器，并将它们联在一起进行并行干预，并且需要开发功能丰富的软件以提供24×7小时的Web应用。此外，目前众多云计算服务提供商各自云计算服务的技术和标准还不统一，用户在选择时面临不少困惑。

第三，经济效益对进一步拓展和应用云计算至关重要。

建立云计算服务花费巨大，只有大公司才可能承担，云计算服务商的回报将会是一个重要的问题。另外，收费模式和定价也是十分困难的事情。云计算将像其他所有新技术一样遇到盈利模式的问题。毕竟企业对于现有本地数据和业务往往已经建立了专有的数据中心，是否迁移以及如何以更低的成本迁移到云计算平台之中是一个不小的困扰。持久的宽带互联网接入是云计算成功运行的基本前提。但目前接入是网络发展主要的瓶颈，还有赖于政府和企业投入更多的资源来提高接入的带宽和质量。

第四，用户习惯的挑战。

云计算要实现跨平台的服务，就必须保证现有文件格式与未来基于Web应用的文件格式能够兼容，否则很难使大多数用户向云计算迁移。

### 2.3.5　大数据应用发展

智慧城市的建设离不开大数据，大数据是智慧城市各个领域都能够实现"智慧化"的关键性支撑技术。大数据将遍布智慧城市的方方面面，从政府决策与服务，到人们衣食住行的生活方式，再到城市的产业布局和规划，直到城市的运营和管理方式，都将在大数据的支撑下走向"智慧化"，大数据成为智慧城市的智慧引擎。

国外的很多应用实例对我国大数据体系的建设具有一定的启发，比如欧盟对智慧城市的评价分为六个方面：智慧经济、智慧治理、智慧生活、智慧人民、智慧环境、智慧移动性。智慧城市的应用重点在物流、交通、电网、工业、农业、建筑、环境、医疗等公共设施或服务方面，这些是政府层面的大数据应用。企业层面的大数据开发则将对企业创新、客户开发、商业模式再造等产生巨大影响，掌握了大数据采集、分析的工具和方法，对企业在该行业的竞争力打造将具有战略意义。

#### 2.3.5.1　大数据解决方案逻辑层和架构

大数据解决方案的逻辑层提供了一种设置组件的合理方式，这些层提供了一种方法来组织执行特定功能的组件，它通常由以下4个逻辑层组成：大数据来源、数据改动和存储层、分析层、使用层。下面分别介绍各个层级的详细内容及内在逻辑关系。

（1）大数据来源

大数据来源考虑来自所有渠道的、所有可用于分析的数据。其要求组织中的数据科学家阐明执行需要的分析类型所需的数据。这些数据的格式和起源又各不相同：①格式——结构化、半结构化或非结构化；②速度和数据量——数据到达的速度和传送它的速率因数据源不同而不同；③收集点——收集数据的位置，直接或通过数据提供程序，实时或以批量模式收集数据；④数据源的位置——数据源可能位于企业内部或外部。识别具有有限访问权的数据，因为对数据的访问会影响可用于分析的数据范围。

（2）数据改动和存储层

数据改动和存储层，此层负责从数据源获取数据，并在必要时，将它转换为适合数据分析方式的格式。例如，可能需要转换成一幅图，才能将它存储在相关存储或关系数据库管理系统（RDBMS）的仓库中，以供进一步处理。合规性制度和治理策略要求为不同的数据类型提供合适的存储。

（3）分析层

分析层读取数据改动和存储层整理（digest）的数据。在某些情况下，分析层直接从数据源访问数据。设计分析层需要认真地进行事先筹划和规划。必须制定如何管理以下任务的决策：①生成想要的分析；②从数据中分析结果；③找到所需的实体；④定位可提供这些实体的数据源；⑤理解执行分析需要哪些算法和工具。

（4）使用层

此层使用了分析层所提供的输出，使用者可以是可视化应用程序、人类、业务流程或服务。

## 2.3.5.2 大数据处理基本流程

大数据的商业价值如何挖掘，通常是由 8 个字体现"入口、流量、数据、变现"，而在数据处理过程中，通常分为四步：第一步是采集。大数据的采集是指利用多个数据库来接收发自多个不同客户端（Web、App 或者传感器形式等）的数据，并且用户可以通过这些数据库来进行查询和处理工作。第二步是采集导入 / 预处理。虽然采集端本身会有大量的数据库，但是如果要

对这些海量的数据进行有效的分析,还是应该将这些来自前端的数据导入到一个集中的大型分布式数据库,或者分布式存储集群,并且可以在导入的基础上做一些简单的"清洗和预处理"工作。也有一些用户会在导入时使用来自 Twitter 的 Storm 对数据进行流式计算,来满足部分业务的实时计算需求。导入与预处理过程的特点和挑战主要是导入的数据量大,每秒钟的导入量经常会达到百兆,甚至千兆级别。第三步是统计/分析。统计与分析主要利用分布式数据库,或者分布式计算集群来对存储于其内的海量数据进行普通的分析和分类汇总等,以满足大多数常见的分析需求,在这方面,一些实时性需求会用到 EMC 的 GreenPlum、Oracle 的 Exadata,以及基于 MySQL 的列式存储 Infobright 等,而一些批处理,或者基于半结构化数据的需求可以使用 Hadoop 技术。统计与分析这部分的主要特点和挑战是分析涉及的数据量大,其对系统资源,特别是 I/O 会有极大的占用。第四步是数据挖掘。与统计和分析过程不同的是,数据挖掘一般没有什么预先设定好的主题,主要是在现有数据上进行基于各种算法的计算,从而起到预测(Predict)的效果,进一步实现一些高级别数据分析的需求。比较典型的算法有用于聚类的 Kmeans、用于统计学习的 SVM 和用于分类的 NaiveBayes,主要使用的工具有 Hadoop 的 Mahout 等。该过程的特点和挑战主要是用于挖掘的算法很复杂,并且计算涉及的数据量和计算量都很大,常用的数据挖掘算法都以单线程为主。

整个大数据的处理至少应该满足上述四个流程,才能算得上是一个比较完整的大数据处理,其中涉及很多软硬件技术和算法,每个细分领域都会有很大的挖掘潜力。

#### 2.3.5.3 大数据分析的五个基本方面

(1)可视化分析

不管是对数据分析专家还是普通用户,数据可视化是数据分析工具最基本的要求。可视化可以直观地展示数据,让数据自己说话,让用户看到结果,这种要求有助于更多非专业机构和人士来应用,扩大大数据的应用领域。

（2）数据挖掘算法

可视化是给人看的，数据挖掘是给机器看的。集群、分割、孤立点分析，还有其他的算法让我们可以深入到数据内部，挖掘价值。这些算法不仅要处理大数据的量，也要处理大数据的速度。

（3）预测性分析能力

数据挖掘可以让分析员更好地理解数据，而预测性分析可以让分析员根据可视化分析和数据挖掘的结果做出一些预测性的判断。

（4）语义引擎

我们知道，由于非结构化数据的多样性给数据分析带来了新的挑战，我们需要一系列的工具去解析、提取、分析数据。语义引擎需要被设计成能够从"文档"中智能地提取信息。

（5）数据质量和数据管理

数据质量和数据管理是一些管理方面的最佳实践。通过标准化的流程和工具对数据进行处理，可以保证一个预先定义好的高质量的分析结果。

### 2.3.5.4　大数据应用发展的七个趋势

大数据从提出到正式大规模应用，发展速度非常快，表现出前所未有的发展势头，特别是随着近年来全球智慧城市建设热潮和工业4.0的兴起，技术层面、应用层面都出现一些良好的发展趋势，下面将逐一予以介绍。

大数据应用发展的趋势一是数据的资源化。何为资源化，是指大数据成为企业和社会关注的重要战略资源，并已成为各行各业争相抢夺的热点。因而，政府特别是企业必须要提前制定大数据营销战略计划，抢占市场先机。

趋势二是大数据与云计算的深度结合。大数据离不开云处理，云处理为大数据提供了弹性、可拓展的基础设备，是产生大数据的平台之一。

趋势三是大数据将会在许多行业的企业得到应用，作为一种从数据中创造新价值的工具，带来广泛的社会价值。大数据将在帮助企业更好地理解和满足客户需求和潜在需求，更好地应用在业务运营智能监控、精细化企业运营、客户生命周期管理、精细化营销、经营分析和战略分析等方面起到积极的作用。

趋势四是数据科学和数据联盟的成立。未来，数据科学将成为一门专门的学科，被越来越多的人所认知。各大高校将设立专门的数据科学类专业，也会催生一批与之相关的新的就业岗位。与此同时，基于数据这个基础平台，也将建立起跨领域的数据共享平台，之后，数据共享将扩展到各级政府和企业层面，并且成为未来产业的核心一环。

趋势五是随着大数据的发展，其在智慧城市将发挥着越来越重要的作用。由于人口聚集给城市带来了交通、医疗、建筑等各方面的压力，需要城市能够更合理地进行资源布局和调配，而智慧城市正是城市治理转型的最优解决方案。智慧城市是通过物与物、物与人、人与人的互联互通能力、全面感知能力和信息利用能力，通过物联网、移动互联网、云计算等新一代信息技术，实现城市高效的政府管理、便捷的民生服务、可持续的产业发展。大数据是智慧城市的核心智慧引擎，智慧安防、智慧交通、智慧医疗、智慧城管等，都是以大数据为基础的智慧城市应用领域。

趋势六是数据质量是BI（商业智能）成功的关键。采用自助式商业智能工具进行大数据处理的企业将会脱颖而出，其中要面临的一个挑战是，很多数据源会带来大量低质量的数据。想要成功，企业需要理解原始数据与数据分析之间的差距，从而清除低质量数据并通过BI获得更佳决策。

趋势七是数据生态系统复合化程度加强。大数据的世界不只是一个单一的、巨大的计算机网络，而是一个由大量活动构件与多元参与者元素所构成的生态系统，终端设备提供商、基础设施提供商、网络服务提供商、网络接入服务提供商、数据服务使能者、数据服务提供商、数据服务零售商等一系列的参与者共同构建的生态系统。而今，这样一套数据生态系统的基本雏形已然形成，接下来的发展将趋向于系统内部角色的细分，也就是市场的细分；系统机制的调整，也就是商业模式的创新；系统结构的调整，也就是竞争环境的调整等，从而使得数据生态系统复合化程度逐渐增强。[1]

---

[1] 大数据发展必须面临的八个趋势 [EB/OL]. http://www.bianxieji.com/xinwenzhongxin/313.html.

# 第三章　体验智慧城市生活

经过数年的探索和实践，智慧城市建设已从概念走向落地，从试点走向普及。智慧城市作为引领社会发展的新理念、新模式，肩负着改变我国社会发展的历史使命。近年来我们国家积极探索，将可持续发展与新一代的信息技术相结合，为智慧城市的发展创造出更多、更好的发展空间与价值空间。

2010年的上海世博会上，一句响亮的主题标语——"城市，让生活更美好"，无比深刻地印在了每个参观者的脑海中，也首次为这个已经延续了一百多年的展会赋予了城市的印记。城市是人类社会最重要的聚居形式之一，在经济范畴上也是有效的规模经济组织形式。从城市出现的那一天开始，如何在有限的空间区域内通过高效的布局、管理和运维，产生最大化的社会和经济效益，是所有的城市管理者以及生活在这个城市的居民最关心的问题。

在信息化的大环境下，大到城市的空间布局和产业规划，小到个人的生活作息和工作方式都将发生变化。但万变不离其宗的是，城市依然是人们追求更好生活和更大发展的载体。当前，大数据、云计算、无人驾驶、遥感遥测、物联网、移动互联等，这些新鲜的术语和词汇层出不穷，但如果没有在城市的建设与治理当中得到有效的应用，没有与人们的生活发生有效的关联，那么即使再高大上的术语和词汇，都是空中楼阁。如何吸取国外的智慧城市建设实践经验，为中国智慧城市建设所用，第三章我们列举了国外有代表性的15个城市，让读者从多角度观察，什么是城市的智慧化！

# 3.1 国外智慧城市发展现状

IBM 于 2008 年提出"智慧地球"的概念后,美国、欧盟、日本、韩国、新加坡等国家和地区先后提出智慧城市发展战略。例如,2004 年韩国、日本先后推出了名为 U-Korea 和 U-Japan 的国家战略规划,2010 年美国提出加强智慧型基础设施建设和推进智慧应用项目计划;欧盟制定智慧城市框架;新加坡提出 2015 年建成"智慧国"计划等,试图运用新一代信息技术来重新审视城市的本质、城市发展目标的定位、城市功能的培育、城市结构的调整、城市形象与特色等一系列现代城市发展中的关键问题。

## 3.1.1 诗意的智慧之都——维也纳

智慧城市的概念与实践在全球兴起之后,博伊德·科恩(Boyd Cohen)博士在 2012 年进行了全球智慧城市的排名。维也纳(Vienna)脱颖而出,一举夺魁。维也纳是唯一在所有评选指标上都挺进前 10 位的城市:区域绿色城市(第 4 位)、创新城市(第 5 位)、数字化管理(第 8 位)、生活质量(第 1 位)。

维也纳作为奥地利的首都、奥地利最大的城市和政治中心,它也是联合国的四个官方驻地之一,更是石油输出国组织、欧洲安全与合作组织和国际原子能机构的总部以及其他国际机构的所在地。

作为一座拥有 1800 多年历史的古老城市,维也纳在智慧城市建设方面侧重于交通、住房、通信、能源、资源等领域的节能减排,打造低碳、便捷的城市生活。

1. 世界上最宜居的城市

从 2010 年开始,维也纳每年都被评为"全球最宜居的城市"。这一殊荣不仅仅是一个口号，而是这座城市真切地让人们看到，人类的理想家园到底是什么样子——优美的环境、良好的治安、稳定的政治、便捷高效的基础设施。维也纳正是将这些优势囊括其中，并一直不断地努力提升。

晴朗天色下，蓝色多瑙河静静流淌，波光粼粼，穿过维也纳。遮天蔽日，郁郁葱葱的维也纳森林，从西、北、南三面环绕城市，为维也纳营造天然、清新的生态环境。

这座风光怡人、景色秀美的城市，常住人口170多万，大部分的居民区都集中在空气质量较好的城市西部，而城市东部则主要发展工业，以尽可能地避免工业污染。过去，维也纳是一个能够容纳600万人的帝国首都，因此，现在生活在这里的人们感到生活空间非常宽敞。

不仅如此，维也纳的治安状况也很好，甚至在午夜人们都可以随意漫步街头，还时常在街上见到身边没有保镖的政治领导人。每月，维也纳人把收入的20%都用于爱好投入、户外活动以及度假休闲。炎炎夏日，人们在多瑙河边垂钓，在城市39座被茂密树林遮挡的公共露天游泳池嬉戏，消夏解暑。生活在这里，居民的生活用水都直接由管道从山区送入居民家中，不但清洁、环保，而且绿色、干净。

同时，城市各项完善的基础设施，都能有效地帮助居民在寒冷的冬季抵御严寒。每处住宅和公共交通工具都配有取暖设备，包括公交车、有轨电车和地铁。除此之外，高效的城市交通网也让人们完全可以舍弃自驾车出行。一般维也纳居民只需花上30分钟就可以到达工作地点，生活十分便捷，在家和工作之间达到完美平衡。

每到新年，维也纳"金色大厅"内都要举办世界一流的音乐会，奏响新年欢快、幸福的乐章。几个世纪以来，音乐一直是维也纳的灵魂。无论何时，大街小巷，总会有动听、悠扬的乐声飘荡在城市上空。优美的华尔兹圆舞曲、栩栩如生的音乐家雕像，都是这座城市的名片。

2. 智能排水系统

维也纳的排水管网始建于1830年，当时奥匈帝国的皇帝要求按300万

人口的规模来规划和建造维也纳排水管网。维也纳目前的人口为180万，其排水管网仍受益于180多年前始建的管网格局。出于历史原因，除个别新建城区外，维也纳的排水管网一直是合流网，即雨水和生活污水排入同一管网。管网的设计容量包括生活污水和雨水两部分。生活污水的流量设计标准是人均每天150升；雨水排放的流量设计标准是取近100年里降雨量最大的5年、降雨最强的15分钟为参数，最低设计流量为日常流量的4倍。近十多年来，由于发现设计流量不太够，维也纳采取了如下三项措施，向既有管网要流量。

首先是对排水管网进行智能化改造。维也纳有2400千米排水管网。从2003年开始，在管网的不同枢纽区安装了230个监测设备，对管网内污水的流速、流量、水位等管网运行情况进行实时监控。通过对流量的分层监测来掌握管道的淤结情况，并及时加以疏通。此外还建了256个闸门和85个泵站。城市排水管网就像城市道路网，有主干道和小胡同之分。掌握了不同管网的流量，就可以通过在管网节点修建调节闸来调节不同管网的流速和流量。维也纳往往是某个城区下大雨，其他城区未必也下大雨。这时，可以通过管网控制中心减缓无雨或小雨区的管网流速，将主干道的容量让给大雨区，主干道的流量可以在短时间内成倍提高，有时只要几分钟就能解决问题。维也纳管网公司在全市有24个气象监测站，同时与国家气象局合作，遇到暴雨天气，每两小时向控制中心预报一次暴雨的走向、停留时间和降水量，以便及时调整对排水管网的管控。因为从控制中心下指令到管网的闸门完全打开或关闭约需要20分钟，如图3-1所示。

其次，新建应急储备池来扩大管网排放能力。2005年以来新建的2个应急池，一个在老城区的维也纳河下，距河底10m，直径8m，沿河修了2.5km。另一个在维也纳第23区的一条河下面，直径2.4m，长5.3km。前一个可以防止老城区被淹，后一个的作用是保护新建城区。正在建的应急池是长方形的，在一个足球场下面。因为那里没有天然河床可以利用，而且建筑密度很高，无法让庞大的隧道掘进设备进去施工。维也纳管网公司新闻处相关人士表示,采取什么措施,一要因地制宜,二要留有余地。维也纳建的应急池,不仅可以视需要继续延伸扩容,而且都建有直接向河道排放的应急管道。

图 3-1　维也纳管网公司相关人士介绍维也纳的"标准排污管"[1]

最后,增加城市绿地和街头、房顶的植物,减少水泥、沥青的封堵面积。有些措施可能很不起眼,如街头种几棵树,放几盆植物,但它们不仅能吸收一部分雨水,还能将雨水进入地下管网的时间延缓约 30 分钟。这对缓和管网内的高峰流量是非常宝贵的。因此,街头绿化不仅仅是城市绿化工程,同样也是城市防洪工程的一部分。

3. 智慧城市发展规划

早在 2011 年年初,维也纳时任市长歇尔·豪普尔提出了智慧城市发展目标,以使维也纳在未来的城市发展中,对所面临的能源和气候挑战做出应对,并实现经济和科技的现代化。

具体来讲,维也纳智慧城市发展规划中包含多个发展计划,如"城市供暖和制冷计划"。维也纳市人口占奥地利总人口的 20%,但能耗只占全国能耗的 12%～14%,这主要得益于该市的智能供暖和制冷系统。

在城市供暖方面,维也纳禁止用填埋的方式处理垃圾,而主要将固态垃圾和废水回收利用,通过燃烧和气化技术使垃圾转化成新能源,满足地区暖

---

[1] 来源:光明日报。

气和热水需求,同时又减少二氧化碳排放。目前维也纳市共有3座大型专业、现代化垃圾焚烧厂和一座世界领先的污水处理厂。

那么他们是如何组织以及规划的呢?期间一个名叫"TINA 维也纳"的PPP(公共私营合作制,将在本书的第五章中详细解读)组织在其中发挥了很大的作用,其任务是政府与民间共同探讨智慧城市策略和城市解决方案。

"TINA 维也纳"通过政府与民间的合作,开展了多个项目实践,例如,"市民太阳能发电厂"(Citizen Solar Power Plant),维也纳政府与当地能源供应商维恩能源(Wien Energy)合作,到2030年,从可再生物中获得50%的能源为目标,采用群众筹款模式,个体公民可以借此购买半个或者一个金属板,保证每年可收回3.1%的投资。

维也纳还测试了一系列的移动电源解决方案,把充电站从103个增加到440个,以及试验电动汽车共享和电动自行车出租。另一创新举措是重新划分人口密集社区,住宅没有配备停车位,住在这里的居民需承诺不拥有私家车。

最后,维也纳正在翻新一处占地40公顷,以前被用作屠宰场的区域,将其加以更为智能的利用:转变成一处专注于媒体科学与技术的创新区域。

4. 智慧可持续发展

在维也纳,无论走到哪里,都会听到一个明确的承诺,那就是建设一个智慧可持续的地区,也就是我们所说的"下一代大都会"。通过选举产生的官员,都在为此而不懈地努力。

2011年,奥地利接受欧盟委员会发起的行动——与1990年相比,到2050年碳排放量减少80%。为达到这一极高的目标,维也纳市政府大力推行绿色出行,修筑新的自行车道,生产清洁环保的现代电车。按照智能城市交通的发展目标,到2020年,维也纳市民自驾机动车出行比例将从2001年的32%减少到25%,而自行车的使用率提高到8%,整个公共交通使用率也将从2001年的35%提高到40%。此外,政府还将在市区设立更多的步行区,将徒步出行的比例保持在27%。

在城市建设的其他方面,同样也能感受到维也纳的减碳、节能的努力。

新建的建筑物,不仅一如既往地保持着精美、华丽的艺术风格,同时也以最低能耗标准修筑。城市里,太阳能屋顶、清洁的生活垃圾焚烧发电厂比比皆是。减碳,成为这座"多瑙河女神"不变的追求。

为建设更智慧、可持续发展的城市,维也纳提出许多大胆的智能建设项目,如"2050年智能能源计划""2020年道路计划"以及"2012～2015年行动计划",并且一直在不断地评估建设项目的进展情况。同时与社会各界合作,汇同多方力量,努力把维也纳打造成节能减碳、土地合理利用、交通顺畅、欧洲领先的智慧城市。

### 3.1.2 北美智慧城市的杰出代表——多伦多

坐落在安大略湖西北岸的多伦多(Toronto),是加拿大最大的城市,城市规模相对庞大。它是全球多元化的都市之一,其丰富多彩的族裔特色,令这座城市缤纷绚丽,绽放出无穷的魅力。在全球十大智慧城市排名中,多伦多位居第二;在北美智慧城市中,多伦多的级别则为最佳。多伦多在智慧城市社会公共服务、城市管理以及节能环保等方面取得了良好的成绩,具体体现在以下几个方面。

1. 信息基础设施及信息服务产业的发展

通过引入私人领域开发商提供启动资金,多伦多市湖滨社区打造全新、尖端的网络设施,该光纤设施覆盖湖滨 East Bay front 和 West Don Lands 地区内的所有建筑。社区内的居民与企业可直接与光纤相连,享受每秒 100 兆比特的高效、无线的互联网服务、无线社区网络及社区特有的门户服务等,为该地区吸引更多数字媒体及其他创新企业加入创造新的机遇。

多伦多于 2011 年 9 月开通 LTE 商用网络,与 2G、3G 通信相比,4G 通信具有通信速度更快、网络频谱更宽、通信更加灵活、智能性更好、兼容性能更平滑、服务种类更多、通信质量更高、频率使用效率更高、通信费用更低等优点。TD-LTE 无线网络作为国际电联 4G 通信技术标准之一,以此向消费者和商务用户提供最优质的网络服务。

电力呼叫中心平台采用 VAA 多媒体交换机系统，该平台具有业务咨询、自助查询、故障申报、抢修派单、调度管理、自动催缴与缴费、客户资料管理、回远程抄表、运行监控管理、数据接口管理等功能，确保客户与电力部门的正面连接。实现用户对电力消费情况的自我管理和电力公司对整个电力行业的智能管控。

多伦多信息服务业企业的密集程度居加拿大之首，主要涉及软件、硬件、新媒体、通信设备、半导体、有线和无线服务等多元化企业。以信息通信技术为首的新技术应用，渗透了多伦多市几乎所有的经济领域。多伦多都市区信息服务业从业人员约 14.8 万人，信息服务业年销售额超过 325 亿美元，年出口总额超过 62 亿美元。多伦多极具竞争优势的信息产业吸引了 SAS 加拿大公司等众多世界领先高科技企业入驻，通过信息服务业集群发展战略，多伦多已成为全球信息服务业研究与商务投资领域最具创新精神的区域之一。

2. 信息化的应用

**教育**：多伦多的教学质量标准要求教师使用信息技术满足学习者的学习需求。例如，在线教学、在线研讨会、视频会议等远程教学被普遍用于多伦多市各大中小学校、学院以及其他组织机构中（包括企业、咨询公司、工会、协会、民间组织），实现网上授课和进行各种业务培训。信息化技术广泛应用于学习管理系统中，加强对相关教学管理信息的智能化管理和服务。

**城市管理**：多伦多政府倾力打造名为"发现之旅"的生态网络和步行系统，推出城市短途自行车自助租赁服务，最大限度地减少对高能耗车辆的使用，以此达到节能环保的效果。政府加强与私营机构的相互合作，制定多伦多智能通勤倡议，最早采用高速公路不停车电子收费和道路交通信息采集等先进技术，改善高速公路运营情况，提高交通运输效率，进一步提升城市运行交通管理智能化水平。

**电子政务**：建设 Well being Toronto 网站，方便市民对多伦多 140 个社区的就业率、犯罪率、安全性、经济情况、健康情况、教育、住房、环境、人口情况、托儿服务以及交通情况等信息进行查询和比较。"Well being Toronto"项目旨在帮助居民能够更好地了解所住社区，进一步加强市民对市政府的了解，加强公众与政府之间的连接和沟通，同时该网页上所登载的第一手民情资料，也给市政府提供相关议决的参考，以便提供更符合市民需求的公共服务。

3. 绿色城市建设

**垃圾分类**：加拿大很注重垃圾分类，具体的细则交给各个市政府自己制定和执行。多伦多是加拿大人口最多的城市，市区面积大、移民人口多，要推行垃圾分类面临种种困难与挑战。为此市政府想尽办法，采取多项举措。

一般情况下，住宅垃圾分为三类，用三种颜色的桶加于区别。绿色桶是用来装厨余和家庭垃圾，蓝色桶装可回收垃圾，黑色桶则是用来装其他不可回收垃圾。为了更好地有效回收垃圾，市政府把多伦多划分成几个区，每个区在特定的时间收集特定的垃圾。绿色桶和蓝色桶都是每周轮换收一次，而黑色桶则为每两周才收一次。

住在多伦多的居民在每年年初都会收到一份特殊的礼物——垃圾回收日历。日历上清清楚楚地标明哪天回收哪种垃圾以及哪种垃圾应该放在哪个桶里。此外，多伦多每年都会有许多新移民，为了方便这些人，市政府还提供了十多种语言的垃圾分类指示让居民任意选择。这些说明图文并茂，很容易看懂。每年的圣诞节后，政府还会专门派垃圾车收圣诞树，帮助居民处理垃圾。虽然这些规定很繁复，但是执行起来很严格。比如，如果不小心把垃圾袋放在门口，那么第二天就会收到警告信，上面说明垃圾必须放到垃圾桶里，并盖上盖子，一旦不能及时清理就要受到罚款。垃圾桶和垃圾袋都能在超市里买到，而且它们的外形都非常统一，不会出现各种颜色和样式。

**新型环保节能垃圾车**：多伦多采用了新型技术的天然气发动机环保节能垃圾车，代替之前的柴油发动机，从而降低城市环境污染和噪声污染。这种新型科技发动机，使用的燃料与旧式垃圾车相比，减少了25%～40%；并

能够充分利用厨余制造的天然气。旧式垃圾车的机器手臂在车后方,必须两个人操作,而新型垃圾车的机器手臂改为在车的右侧,只要一个人操作就可以。将机器手臂改为右侧的新型垃圾车,扩大了操作人员的目视范围,也增加了舒适性。

**LED照明系统**:早在2007年,多伦多商业发展促进协会就对外宣布,多伦多市将在城市基础设施上安装LED照明装置。它也成为北美地区加入美国北卡罗来纳州罗利市"打造LED节能照明城市"倡议行动的第二个城市。"LED节能照明城市"行动,是由美国北卡罗来纳州罗利市与Cree公司共同发起的,旨在推动市政当局之间合作开展节能照明活动。对于多伦多打造LED城市,Cree公司的照明部副总裁Greg Merritt认为这是多伦多的明智之举。同时他也预言,在不久的将来,LED必将在更大范围内取代传统照明装置。与传统照明设施相比,LED照明具有耗电少、寿命长、使用及维护成本低、温室气体排放量小等诸多优点。目前,多伦多市已经紧锣密鼓地进行了LED照明工程试点,对LED的推广使用范围也大大扩大。从单独的节日灯替换安装工程发展到零售展示及街灯安装,其他正在进行或者计划进行的LED项目还包括:公园用太阳能驱动LED灯、公共停车场用LED照明灯。为了节省用电,在维持夜景的同时,减少城市污染,用LED照明取代霓虹光管。多伦多市政府大力支持LED照明工程,不管是从财力、物力还是人力都给予大力支持。Pantalone多次考察试点工程,并指出一定要大力推广LED照明工程,加快城市节能环保建设。打造LED节能照明城市之举,将为多伦多节约上百万美元的能源成本。温室气体排放量也将减少18000吨。

**自行车自助租赁**:为了提倡绿色出行,多伦多推出了城市短途自行车自助租赁服务,旨在方便人们出行,促进环保。这项服务最大的热点就是"接力骑车"。所谓的接力骑车,就是按照规定,租车者可购日票、月票或年票租赁自行车,价格分别为5加元、28加元和95加元(按当时汇率约合33.5元、187.6元和636.5元人民币);一次租用不超过30分钟、在能骑车到达的沿途租车站中转，在续租新车后继续行进。目前，城市短途自行车自助租赁服务在多伦多市中心设有80个租车站，有1000辆自行车可供使用，大大方便了居民出行和游客的旅行。

## 3.1.3 浪漫之都的智慧生活——巴黎

提起巴黎（Paris），人们首先想到的是"浪漫"。塞纳河迷人的黄昏，香榭丽舍醉人的芳香都是无数恋人们向往的地方。一座浪漫之都，孕育历史和艺术风情。埃菲尔铁塔、凯旋门、凡尔赛宫、卢浮宫、巴黎圣母院等都是世界闻名的风景线。

1. 智慧型广告牌

巴黎街头有这样一种广告牌，色彩亮丽、醒目大方，如图3-2所示。远远望去，就像是镶嵌在城市外衣上一朵朵耀眼亮丽的时尚之花。它们不仅装点了城市，推广了广告主旨，更是一种令人意想不到的公共便民设施。

仔细一看，广告牌的上部、下方轻轻地延伸出一条小小的曲线，很自然地变成了雨棚、座椅、无障碍坡道。雨天，如果忘记带伞，躲在这样的广告牌下，不但不会被淋湿，而且还可以随时欣赏雨景。当走在街头累了，抑或骑着单车想驻足休息一下，就可以坐在智慧型广告牌上，此时它们成了简便的座椅，方便路人休息。而在有梯级的地方，智慧型广告牌可以变身为无障碍坡道，行人拉着行李箱轻轻松松就可走过台阶。

图 3-2 巴黎智慧型广告牌

这样的广告牌是不是很简便而又新奇呢？轻轻的弧线，小小的创意，既宣传了广告内容，又为生活在这里的人们带来了便利，巴黎人不但浪漫多情而且智慧优雅。

2. 电动汽车共享计划

城市公共自行车租赁作为一种环保、高效的服务项目，一直深受人们热捧。2007年，巴黎开始实施大规模的"单车自由行"计划，时至今日，该项目仍在为城市的畅通和环保做出不可估量的贡献。

2011年，巴黎市政府乘胜追击，把"两个"轮子的自行车租赁服务延伸到"四个"轮子的领域，推出"Autolib"汽车共享计划，巴黎也由此成为全球首个大规模推行公共电动汽车租赁服务的城市。

巴黎市民，乃至外国游客都可以用少于乘坐出租车的价钱租到共享的电动汽车。这种汽车100%使用电能，外表银灰色，内部结构简单，平稳舒适，可供4人乘坐，一辆电动车可代替5～10辆私人用车。

市民租用这样的电动汽车，只需花上每小时10欧元（按当时汇率合人民币约80元），就可以开走一辆电动汽车。如同租赁自行车一样，抵达目的地时，将车连到充电桩上，就交还汽车了。

公共电动汽车使用便捷、灵活，租赁手续也十分简单，它免去了租车人支付汽油、保险费、税收和维修费用等诸多麻烦。同时，汽车电池采用锂金属聚合物，比一般电池可多存储5倍的能量，汽车充电一次能行驶250千米。这种车不仅环保，而且发动时悄静无声，有效地减少了城市的噪声污染。

这种汽车的平均租赁时间非常短，在30～40分钟之间，平均行驶距离少于10千米。在一些高峰期，例如周三下午（学校放学，家长们接送孩子去参加活动）、周末以及周五和周六的傍晚（人们从巴黎中心回郊区的家），租赁服务尤其受到欢迎。

市场研究人员CSA的调查发现，这种公共电动汽车的用户中70%是自己没有车的用户——约占总用户量的50%——觉得这项服务让他们可以不用买一辆自己的车。同时，75%的有车用户认为这项服务帮助他们减少了自己的车的使用，特别是对于休闲和购物的出行。并有多于四分之一的有车用户说，他们觉得现在这项服务为他们提供了"主要用车"，而不是次要的选项。

据 CSA 估计，在服务开始的前两年，有超过 11500 辆巴黎地区的传统汽车被出售——或者说没有被买——感谢公共电动汽车，这一数字估计在五年内达到大约 28000 辆。更加重要的是，允许私家电动汽车有偿使用公共电动汽车的充电站，带动了新能源汽车的普及，为其推广应用提供了重要而又难得的基础设施。

3. 智能公交巴士亭，让等车不再是煎熬

有没有想过，在等一辆公交车的间隙能做些什么？上网阅读还是捧杯咖啡小酌？为了让等车不再难熬，巴黎市政府有意推广智能化公交亭建设。

为了让人们体验智能化公交亭的乐趣，负责管理巴黎公交亭的德高公司在位于巴黎 9 区巴士底狱广场圣安东尼路口处安装了一座公交亭。通过亭内显示屏，乘客或路人可以使用十余种方便快捷的应用程序。在这里，人们可以查询公交换乘信息、登录新闻网站、搜寻便利的生活信息，比如：过了午夜，周围还有哪些便利店营业等。如果恰好手机没电了，还可以在这里给手机充电。

由巴黎大众运输公司修建的另一种智能化公交亭位于巴黎 12 区里昂火车站附近。这座小小的公交亭同样功能强大，提供无线上网、自动售卖食品、自助式图书借阅以及承接包裹快递业务。

这种设计提供了五个核心主题：发现、获取信息、分享、运作、游戏。巴黎居民和游客能够体验概念公共汽车候车亭："城市解码器"（城市旅游指南）、数字图腾和数字港湾。即将安装的革新设备包括，数字化运动场和 E-村庄。

公共汽车候车亭可提供一种通过 GPS 网络操作的应用，此项目的核心部分在于提供实际的、清晰的信息，并且容易从远距离读取。位于汽车时刻表上方的屏幕，播放来自其他各国的实时新闻。在公共汽车候车亭，用户能浏览分类广告，寻找正确的城市路线并且发现在周围能够做的事情。

技术的发展为数字标牌的终端应用提供了可靠的保障。未来随着技术的突破和发展，新的设计和应用必将层出不穷，为数字标牌终端应用增色，在突出特色化的同时，更好地服务大众。

巴黎市政府认为，作为城市景观的一部分，未来的智能化公交亭必须美观、环保、现代化，提供可以满足大众需求的各种功能。

"作为城市景观的一部分，巴黎的智能化巴士亭将具有美观、环保和现代化等多方面的特点。"巴黎市政府骄傲地向世界宣称道。我们欣喜地看到，一座智能化巴士亭，又将为这座浪漫之都增添另一份韵味和情趣。

4. 绿色城市建设的经验与构想

巴黎在创建智慧城市的步伐中，不仅大力倡导绿色交通，号召人们骑单车、共享电动汽车等，同时也对城市环境不遗余力地进行改造，试图把这座浪漫之都养护在繁花似锦的大自然风光里。

作为众所周知的鲜花之城，巴黎素有"世界花都"之称。在巴黎街头、人们的院子里、阳台上、房间中，都开满各色各样的花朵。花香四溢，令人沉醉。走到五彩缤纷的花店和花团锦簇的公园，更是让人驻足流连，不愿离开。生活在巴黎的人们知道，栽种鲜花不仅能舒缓压力、愉悦身心，更使城市洁净而美丽。

除此之外，巴黎的绿色建筑、绿色走廊、绿洲森林、绿色生态城等更是林林总总、层出不穷，绿色元素流淌在城市的每个角落。花的雅美、绿的衬托，使这座浪漫之都令人神往。

不少到巴黎观光游览的游客，都能深切感受到"绿色因子"在城市里欢快跳跃。巴黎街头，很多简易的淡绿色垃圾袋，被挂在城市的各个角落，颜色清爽，随风摇摆，就像舞动的欢快的绿色精灵；另外，把垃圾分类也一直是巴黎人生活的好习惯。

国外观光者在巴黎住宿，不必惊讶这里的酒店没有配备拖鞋、牙膏、牙刷等，因为人们想最大限度地节省资源，抵制浪费；在酒店房间里没有热水瓶，没有烧开水的设备，因为从水龙头里流出来的水都可以直接饮用；行走在巴黎街道上，很少看到有三厢的车，多数都是两厢。两厢车排量少，占用停车位小，节省的汽油也多……就是通过这些生活的小细节，巴黎人把绿色环保的理念融入到每日的衣食住行。

针对巴黎住房紧缺和人口密度的大问题，法国 Vincent Callebaut 建筑公司研发出一个采用正能量输出（BEPOS）的多个高层建筑方案——巴黎 2050 智慧城市绿色建筑构想。共有 8 个多用途建筑分布在巴黎的各个地方，该计划致力于解决影响各地区主要的可持续发展问题，同时为城市提供关键功能。

受巴黎的气候能源计划影响，这项名为"智慧城市"的项目目标是到 2050 年显著减少温室气体排放。为实现长期的能源目标，这些大楼集成了多种发电技术，以确保它们可以坚持可持续发展模式，并鼓励居民采用环保标准进行日常生活。虽然每幢建筑都采用了独一无二的技术，但智慧城市的总体目标是紧密结合的：尊重巴黎的丰富历史，同时坚持通过减少对环境的影响来培养健康的未来。

大楼的每个系统都与现有的城市框架相融合，而且常常就在这个框架之上，比如"高山大楼"，通过未使用的管道和烟囱转移其结构负载。这些摩天大楼的样本源于自然，而在它们的外墙里面，自然过程（被动加热和冷却、氧合作用、雨水保存）被尽可能地利用，以创建可以自我维持的单元。此外，嵌在里面的绿色空间，即社区和空中花园，将农村生活的净化效果带进城市中，鼓励居民参与到可持续发展生活方式的培育中。

除了被动和自然的节能策略，智慧城市还采用了创新技术。比如该大楼的表皮，可根据阳光对热负荷产生积极影响。"红树林塔"的表皮是由独立的单元格形成一个感光电化学外壳，利用洒落在它上面的太阳光来为建筑发电。同样，"光合作用大楼"采用一个绝缘的生物立面，可以制造可用生物燃料。其他支持智慧城市自我维持的技术还有"生物阳光"，这是一种混合透平灯系统，可以提供照明以及照明所需的能量。

整个智慧城市计划中大楼的方案是多用途的，内部包括住宅和商业等

功能。这样避免了大量的运输,减少了城市燃料燃烧所产生的废气。智慧城市强调城市可以在保留其个性的同时继续发展,并且可以促成一个更健康的未来。

### 3.1.4 美国第一大都市的智慧转型——纽约

作为美国第一大都市和第一大商港,纽约(New York)不仅是美国的金融中心,也是全世界的金融中心之一。同时,它还是联合国总部的所在地,总部大厦坐落在曼哈顿岛东河河畔。

纽约的历史较短,最早的居民点在曼哈顿岛的南端,原是印第安人的住地。1524年意大利人乔瓦尼·达·韦拉扎诺(Giovanni da Verrazano)最早来到河口地区,1609年英国人亨利·哈德逊(Henry Hudson)沿河上溯探险,该河便以他的名字命名,称为哈德逊河(Hudson River)。1626年荷兰人以价值大约60个荷兰盾(相当24美元)的小物件从印第安人手中买下曼哈顿岛,辟为贸易站,称之为"新阿姆斯特丹"(New Amsterdam)。1664年,英王查理二世的弟弟约克公爵占领了这块地方,改称纽约(New York,即新约克,英国有约克郡)。1686年纽约建市。独立战争期间,纽约是乔治·华盛顿的司令部所在地和他就任美国第一任总统的地方,也是当时美国的临时首都。1825年,连接哈德逊河和五大湖区的伊利运河建成通航,以后又兴建了铁路,沟通了纽约同中西部的联系,促进了城市的大发展。到19世纪中叶,纽约逐渐成为美国最大的港口城市和集金融、贸易、旅游与文化艺术于一身的国际大都会。

作为一个现代化、高度发达的都市,纽约所面临的诸如环境、资源等问题也较为严重。有鉴于此,纽约21世纪初提出旨在促进城市信息基础设施建设、提高公共服务水平的"智慧城市"计划,并于2009年宣布启动"城市互联"行动。通过信息化建设的纽约市已经成为全球知识和信息交流中心与创新中心。

1. 大数据先行：开放数据平台，打开智慧城市的钥匙

2012年2月29日，纽约市通过了《开放数据法案》，这是美国历史上首次将政府数据大规模开放纳入立法。根据《开放数据法案》，到2018年，除了涉及安全和隐私的数据之外，纽约市政府及其分支机构所拥有的数据都必须实现对公众开放。而且规定，使用这些数据不需要经过任何注册、审批程序，数据的使用也不受限制(一个有趣的题外话：迈克尔·布隆伯格本人对数据也有着天生的敏感，他的成功经历也得益于数据，他是世界著名的财经资讯集团——彭博咨询公司的创始人)。

2013年3月是法案生效一周年纪念，也是法案第一阶段行动的截止日期——将各部门所有已对公众开放的数据纳入统一的网络入口，并且以便于使用、机器可读的形式在互联网上开放。到2013年9月，市政府所辖的八十多个部门制订出各自的计划，以便完成2018年的最终目标。

纽约的行动具有重要意义，毕竟法律具有强制作用，比行政命令要稳定和长远；同时对其他地区也可以起到示范作用。位于美国西部的旧金山也开始了类似的开放数据工作，在硅谷浓郁创新氛围的支持下，在很短的时间里就诞生了大量基于政府开放数据的新应用。近期，时任美国总统的奥巴马也签署了开放数据法令。

在传统意义上，人们往往只把公共信息公开和提高政府透明度联系起来。但实际上，开放公共数据的意义远不止于此。如果埋藏在档案馆的文件中，数据永远只能是一堆数据；而如果放在开放平台上，就有可能被深度挖掘，变成有用的信息。更多有效信息的传播通常能使社会的运行更加高效。

和许多城市一样，纽约也被交通拥堵、社会治安、城市卫生等问题困扰。例如，社会治安曾一度是纽约市政府最为棘手的问题，每年要花费大笔的财政经费在警察和警务装备上。而随着详尽犯罪记录数据的开放，不仅开发出了提示公众避免进入犯罪高发区域和提高警惕的手机应用，从而降低了犯罪发生的概率；而且还能将犯罪记录信息和动态交通数据结合起来，起到指导调配警力的作用。

公共交通系统的动态数据公布后，也随之出现了很多的学者和商业机构对其进行深度挖掘。不仅创造出了手机应用为公众出行提供实时建议，而且为地铁系统在客流高低峰时段、热点站和普通站之间的调配提出更优的方案。这些在原来警察局或交通部门各自垄断数据的情况下是不可想象的。

事实上，纽约市已经初步建立起了一个基于城市社会运行数据的"生态系统"。这个生态系统虽然还很简单，但却是到目前为止对"智慧城市"最真实，也最有推广前景的实践。在这个生态系统的最底部是传统经济及其参与者，包括个人、家庭、企业等，他们是城市数据的生产者。这些来自经济个体的数据通过两类机构被搜集和汇总——传统的数据收集者（如政府相关部门、电信运营商、金融机构）和新兴的数据收集者（比如像Facebook这样的社交平台、Google这样的搜索引擎等网络入口）。再上层则是智慧城市的核心力量——数据分析者和开发者，这里是智慧闪现的地方，包含有大量的创新开发团队和中小型科技公司。

2. 不同领域的信息化发展水平及应用

2005年纽约市启动电子健康记录系统，并于2009年由美国联邦政府与纽约市健康和心理卫生局共同推进该系统的建设和升级。目前，纽约市各大医院和社区医疗保健机构普遍采用全套的电子病历系统，该系统极大地方便了医生对病人病历的调档会诊，提高了医疗措施的准确性。建立网上医疗信息交换系统，促进系统之间医疗信息交换和信息共享。开发移动医疗应用程序，为居民提供随时随地的医疗健康服务。随着信息技术在医疗领域的深入应用，电子医疗已经成为纽约吸引人才和创造就业的三大关键领域之一。

加快推进宽带服务校园计划，扩大宽带铺设和数字服务覆盖率，加快纽约打造美国最大的无线网络覆盖城市。各大校园广泛推进智能图书馆和智能校务管理计划，利用无线射频识别、传感器等技术，创建智慧读者服务大厅和教学管理信息系统，实现自动图书管理和教务信息智能管理等。纽约大学致力于推进信息化在教学管理中的应用，通过升级Blackboard教学管理平台为基于Java语言开发Sakai平台，实现对教学管理特殊功能的个性化定制和设置，力争通过物联网等信息技术实现其连接全球各个社区的战略目标。

纽约智慧交通始建于20世纪末，目前已建成一套智能化、覆盖全市的智慧交通信息系统，成为全美最发达的公共运输系统之一。纽约智能交通信息服务系统可以及时跟踪、监测全市所有交通状态的动态变化，极大地方便了机动车驾驶者根据信息系统发布的交通拥堵和绕行最佳路线的信息选择行驶路线，以及相关部门根据后台智能监控系统提供的路况信息进行交通疏导处理。纽约在全市范围内广泛推行 E-Zpass 电子不停车收费系统，这种收费系统每车收费耗时不到2秒，收费通道的通行能力是人工收费通道的 5~10 倍。

集成的"311代理呼叫热线"解决方案面向全体居民、游客及企业提供政府部门的单点连接，从根本上转变了城市公用事业运作方式。自设立"311代理呼叫热线"以来，"911"报警电话的呼叫量34年来首次下降，通过整合代理呼叫中心，节省了大量资金，预计将节省数百万美元的财政支出。首次启动先进城市报警系统，该系统能实时汇总并综合分析各种公共安全数据和潜在威胁资料，为执法人员快速准确应对提供科学依据，指挥人员也可以参照各种数据，对不同来源的资料进行综合分析，制作相应作战指挥图。

近年来纽约市政府对下水道系统进行一系列维修改造工程。建立全市下水道电子地图，清晰显示市内下水管道和相关设施，方便施工人员的下水道清淤等作业活动。通过在下水道井盖下方安装电子监视器，对水流、水质、堵塞等情况进行实时不间断监测，当下水道堵塞水流水位高于警戒线时，监视器就会自动发出警报，工作人员根据监视器发回的信息及时采取相应措施，最大限度地预防灾害的发生，进一步提高了全市下水道的运行能力。

纽约市制定 PLANYC 和市民行为设计指南等项目，从土地、水源、交通、能源、基础设施、气候等方面制定相应实施计划，通过对城市温室气体排放的智能管理和市民参与式城市治理，实现到2030年将纽约建成"21世纪第一个可持续发展的城市"战略目标。目前，纽约市启动"纽约市规划计划"，对该市每座面积超过5万平方英尺的建筑物的能源使用情况进行年度测量和

披露，旨在将纽约建设成为一个更加绿色、更加美好的城市。

## 3.1.5 英伦雾都的华丽转身——伦敦

伦敦（London），大不列颠及北爱尔兰联合王国（英国）的首都，欧洲最大的城市，它一度以"雾都"出名。近200年的时间里，城市上空总是被浓浓的烟雾笼罩。

++++++++++++++++++++++++++++++++++++++++++++++++++++

英国人的环保意识萌芽得很早，却迟迟未能开花。伦敦早在13世纪就有法令要求减少燃煤，19世纪又先后出台过两部《大都市烟害治理法案》。"但这些白纸黑字，当时的伦敦人并没有当回事，没有意识到空气污染也能杀人于无形。"伦敦前副市长约翰·罗斯义（John Ross）表示，"直到1952年12月的大雾夺走超过1.2万人的生命，人们的观念才发生巨大改变，开始真切地体会到'靠牺牲健康换来的发展并不是真的进步'。"此后，伦敦用几十年的努力，逐渐摘掉了"雾都"的帽子。

++++++++++++++++++++++++++++++++++++++++++++++++++++

13世纪，伦敦人口迅速增长，燃料大量消耗，木炭严重短缺，一些工厂开始用煤炭取代木材。但煤炭造成的空气污染比木材严重得多，居民担心健康受损，便抵制使用煤炭。1306年，当时的英国国王爱德华一世就曾颁布法令，禁止伦敦工匠在议会开会期间使用露天燃煤炉具，据说还有工匠因违反此项法令而被处死。

然而，过早萌芽的环保意识未能阻止英国社会发展的需求。煤炭用量在经过一段时间的遏制后，还是不可避免地大幅增加。到17世纪，煤炭已成为英国工业和家庭广泛使用的燃料，由此带来的问题越来越明显。当时有一位建筑师报告说，他在墙上见过厚达10厘米的含硫污垢。英国著名作家约翰·伊夫林描写道："绝大部分伦敦人吸入肺里的，总是一些又浓又浊的烟雾，以及又脏又臭的气体。这使得全伦敦患黏膜炎、哮喘、肺结核的人比全世界患这些病的总人数还要多。"伊夫林说这番话的目的是建议国王查理二世在城市里种植更多的树木花草，以缓解煤炭燃烧所产生的烟雾。

英国是世界上最早进行工业化的国家，与之相伴的是城市上空浓浓的烟雾。烟雾弄脏衣服、熏黑房子、妨碍交通等，没人愿意生活在这样一座城市里，但伦敦人选择了妥协，因为他们被告知污染是在追求财富的过程中不可避免、必须接受的副产品。当时的伦敦在各方面都有很高的国际地位，冬季呛人的黄雾竟也成了外人仰慕的一道景观，许多人甚至专程跑到伦敦来看雾。

1871年的《纽约时报》曾说："伦敦的居民周期性地被淹在黄色的浓雾当中。"

19世纪英国著名作家查尔斯·狄更斯则这样描绘伦敦的雾："这一天，伦敦有雾。这场雾浓重而阴沉。有生命的伦敦，眼睛刺痛，肺部郁闷。有生命的伦敦，是一个浑身煤炭的幽灵。""在城市边缘地带，雾是深黄色的。靠里一点儿，是棕色的。再靠里一点儿，棕色更深一些。再靠里，又再深一点儿。直到商业区的中心地带，雾是赭黑色的。"

1873年12月7日至13日，一场大雾笼罩伦敦，造成近千人死亡，这是世界上第一桩与烟雾有关的大规模致死事件。两年后，英国通过了《公共卫生法案》，试图对污染、职业病等问题开始进行系统管理，在各城市设立公共卫生观察员。其实在这之前，英国已于1853年和1856年出台了《大都市烟害治理法案》。但由于经济发展的原因，这些法规在很大程度上沦为一纸空文。

1952年12月5日至9日，一场连续5天、噩梦般的"杀人雾"酿成了一场人类史上罕见的大灾难，也让伦敦人彻底惊醒过来。5天内，大雾造成了4000多人死亡。在随后两个月里，8000多人又相继死亡。大雾造成患上支气管炎、冠心病、肺结核、心脏病、肺炎、肺癌和流感的人不计其数。就连在伦敦参加展览的牛，也因大雾而死去。

1956年，英国议会通过《清洁空气法案》，这也是世界上第一部空气污

染防治法。它第一次以立法的形式对家庭和工厂排放的废气进行控制。法案划定"烟尘控制区",即区内的城镇只准烧无烟燃料;大规模改造城市居民的传统炉灶,推广使用无烟煤、电和天然气,减少烟尘污染和二氧化硫排放;冬季采取集中供暖;将发电厂和重工业设施迁至郊外。

《清洁空气法案》推出之时遇到过不少阻力。"当时伦敦家庭取暖主要靠烧煤,不让烧了,大家当然不乐意。而对工厂和城市来说,要把原先产生污染的设备改造或更换成环保的,需要投入的成本可不是一笔小数目。"罗斯义说。

但伦敦人不愿看到1952年那场悲剧重演,从不适应到适应,使《清洁空气法案》得到良好的执行。据英国政府数据显示,到1962年底,在英格兰所发布的指定"烟尘控制区"的命令有1300项之多,覆盖面积占全国总面积的11.66%。英国《卫报》报道说,1952年到1960年间,伦敦的烟雾排放总量下降了37%,冬季日照时间增加了70%。

1956年、1957年和1962年,伦敦又发生了较为严重的雾霾事件,但危害已远低于1952年的那场"杀人雾"。英国政府的态度也发生了转变,从当初的勉强为之,转变为大力贯彻。1968年,英国又一次颁布《清洁空气法案》,要求工业企业建造更高的烟囱,以利于污染物的疏散。

1974年,英国政府还出台了《污染控制法案》,对机动车燃料成分和石油燃料含硫量做出规定。

系列法案取得明显成效。当时两种主要的空气污染物——二氧化硫和烟尘在空气中的含量有了明显下降。1975年,伦敦有雾的日子从19世纪末每年的90天左右减少至15天,1980年则只有5天,"雾都"伦敦已不复存在。经过多年的改善,如今的伦敦到处都是公园,满眼都是绿色。空气清新、沁人心脾。并且,竟然是全欧洲敞篷车卖得最好的地方。

之所以特别介绍一下伦敦作为"雾都"的历史,是因为,即使到智慧城市的建设在我们国家如火如荼的今天,许多人也仍然没有意识到,智慧与低碳之间的必然联系。

1. "数字英国"战略、2012年奥运会促进伦敦智慧城市发展

2009年,英国政府推出了一份纲领性文件《数字英国》。主题是,通过改善基础设施,推广全民数字应用,提供更好的数字保护,从而将英国打造成世界的"数字之都"。计划中设定了五大目标。

- 升级包括有线网、无线网、宽带网在内的数字网络,使英国拥有能保持其在全球数字通信领域竞争力的基础设施。
- 打造良好的数字文化创意产业环境。为英国的数字内容、应用和服务打造充满活力的投资环境,使英国的数字经济能够广泛地吸引国内外的投资。
- 鼓励从英国民众角度提供数字内容。针对英国全体公民的兴趣、体验和需求确定内容的质量和规模,特别是提供公正的新闻、评论和分析。
- 确保所有人公平接入。通过打造泛在网(无所不在的网络)和培养公民的数字素养,使绝大多数英国公民参与到数字经济和数字社会当中。
- 完善政府电子政务建设。开发基础设施、技能,使政府能够广泛地提供在线公共服务和商务界面。

《数字英国》计划还制定了具体的行动规划。包括:到2012年,英国实现至少2Mbit/s的宽带普遍服务,同时国家资助铺设下一代高速光纤网络;在移动通信方面,实现移动频谱自由化,提高3G覆盖率,加快下一代移动服务的发展;在广播方面,2015年全面升级到数字广播,英国所有的国家广播电台和地方广播电台将停止传统的模拟信号广播,全面转向数字化的广播;在互联网管制方面,大力发展合法的下载市场,使消费者和制造业均受益,并推动立法,授予英国通信和媒体监管机构(Ofcom)监管非法下载的权力,打击在互联网上非法传播音乐和视频,单方面切断屡犯不改者的互联网服务。

同时,在《数字英国》计划中特别阐述了通过有效应用云计算,实现政府的电子政务建设。

作为一个重要的行动交付节点,2012年恰逢伦敦奥运会的召开。伦敦奥组委主席、前世界中长跑冠军Sebastian Coe爵士曾表示:"事实上,当英国

接过奥运的接力棒时，就已准备以一种全新的方式向世界呈现一个令人耳目一新的奥运盛会。"

Sebastian Coe 爵士提出，伦敦办奥运的主要策略之一是驾驭和运用互联网不可阻挡的力量。"2012 年奥运的大部分通信策略都将基于网络通信，这其实是一个很好的机会：网络让我们可以真正地走近年轻人，使用他们能够理解的语言以及运用他们熟悉的技术。"

2. 云端的城市——无处不在的 Wi-Fi

英国是世界上非高峰期使用因特网费用最低的国家，高峰期的上网费用也比 OECD 国家的平均水平低。英国有 170 万企业与因特网相连，90% 的雇员在办公时可以使用网络。政府的目标是到 2005 年让 1500 万家中小规模的企业在网上交易。

2012 年，伦敦开始在地铁站提供无线网络，网络一直是交通项目的重要驱动因素之一。

如今，伦敦市的所有地铁站里都有免费的 Wi-Fi，乘客可以用手机收到各种关于地理位置的信息；不论是在博物馆、艺术中心、歌剧院，还是在酒吧，大多都有相应的 App，让人们在网上体验到场馆的各项服务；公共图书馆不论是实体或是线上，都有大量、丰富的图书资源，即便不花一分钱都可以免费看一天的书；城市大大小小几乎所有的市政府区级机构、公共事业组织都有官方网站，为市民提供政务信息和线上服务窗口等，数字技术无处不在，伦敦被人们形象地称为"云端的城市"。

3. 智能的枢纽——城市智能交通体系

伦敦是全球最早采取智能交通体系的城市。每辆火车都使用全球定位系统，交通控制中心掌握每辆车的位置。站台上的乘客随时可以在显示牌上了解下一趟车的抵达时间和终点站；站台上的传感器将等候的乘客数提供给控制中心，调度人员便可以灵活机动地控制车次和发车的时间间隔。

除了硬件设施，伦敦地铁的管理工作可谓科学完善。伦敦地铁网络从市中心向外分为 1~6 区，乘客可以购买单区车票，也可以购买多区车票。为了缓解交通压力，前往或者经过市中心的车票以及上下班高峰期的车票明显昂贵。

伦敦市区实时动态地图在线查询系统（TUBE）网站能免费查到伦敦市区所有的地铁线、地铁站，并且实现实时更新和交互的功能，运用了英国政府网站上提供给各种开发人员的开放 API。据说，英国政府的 Data Store 为开发者开放了大量 API，对于开发者来说非常不错。

这一地图网站由 Matthew Somerville 根据伦敦市政府线上开发数据中心的 API Transport for London AP，然后将数据与 Google Map 一起搭建而成的。黄色的点代表的是地铁站，处于不断移动中的红色的点代表正穿梭于伦敦市中心的地铁。值得一提的是，在伦敦，交警们开罚单的方式也非常高科技。

其实很早开始，伦敦交警的装备就融入了高科技，他们开罚单的速度惊人，拿着一个掌上电脑在车前的条形码上扫描一下，车速等各种信息就都有了，然后罚单就从警察手里小型的打印机里清楚地打印出来，上面写明了违反的条款以及罚款的数目。

在伦敦停车的高峰时间，人们通常会通过网络及时查询地下停车位的空闲情况，下订单预订停车位，这项信息服务有时候会让你节省不少的时间。在欧洲一些城市，红绿灯的间隔时间也可以通过不同时段人流量的统计和实时观测来进行调节和设置，这样显得更加人性化，缩短了不必要等红灯的时间，让行人在绿灯时过马路更加从容。

4. 智能厕所以及智能 LED 灯

2014 年，英国伦敦希斯罗机场的 T2 号航站楼迎来其自 2009 年封闭改造之后的首次航班，以"皇后航站楼"（The Queen's Terminal）的全新面貌与乘客们见面。作为全新运营的航站楼，不少最新的技术被应用其中，例如先进的 LED 光照系统、高效率光伏太阳能电池板、可提供自助乘机手续办理的电脑以及完善的新行李管理系统等。

它的智能监控系统会监视所有小便池，在必要的时候提醒保洁人员或维修工保证厕所的正常运转。如果系统发现某几个地方很长一段时间都没人使用，这表明厕所出现了一些问题，系统会提醒保洁人员前来处理。系统还会

记录从发出提醒到工作人员到达现场一共花费了多长时间。

另外，到 2016 年底，伦敦市威斯敏斯特街道上将全面安装智能 LED 灯，并全部由 iPad 控制。当灯出现故障，或达到使用年限时，通过 iPad 应用，通知提醒会自动向市政府工程师发出，告知路灯需要维修。同时，随着一天中的天气和不同时间段的变化，iPad 也会自动调节路灯的亮度和开启时间，起到节能效果。新型路灯每年将为伦敦节省 42 万英镑的电费。

5. 人力发电站，让脚步转化为电力

如今太阳能发电、风力发电等早已为人们所熟知，可如果能将走路时脚步的动能转换成电力会是件多么美妙的事！这不，英国帕维根系统公司（Pavegen Systems）设计开发的"发电地砖"正好实现了这个愿望，并成功走进了伦敦奥运会（安装在了奥运会常用车站——西汉姆站）。

这种地砖的尺寸为 45cm×60cm，适合铺在任何人流密集的地方，如地铁站、火车站、公交站、机场、学校或购物城。当受到踩踏时，地砖的橡胶层就会被下压 5mm，这点难以察觉的下沉正是其电力的来源。产生的电能有 5% 用于 LED 灯供电，其余的电能则可被储存在地砖内的电池中（最长可存储 3 天）或传输作为它用。

除了电力来源环保外，这些地砖本身也很环保。它们的橡胶部分都来自回收的旧轮胎，其他材料中 80% 的高分子聚合物都可以循环使用。更棒的是，这些地砖全都是防水的，雨天和冰冻环境下都能够工作。力学测验证明，每块地砖可承受上百万次的踩踏，至少用五年才可能损坏。但帕维根的老板劳伦斯·库克（Lawrence Kembell-Cook）则认为，在理想状态下，这些地砖起码能用上 20 年。平均一个脚步能产生的电力是 7W，当然，越重的人做出的贡献就越大。如果运作理想的话，这几十块铺在购物中心外的地砖，一年内可以将四千万行人的踩踏转化为几百千瓦时电力，足以供应购物中心外部一半的照明系统。

6. 智慧垃圾桶

在 2012 年伦敦奥运会召开前夕，伦敦市政府携手一家设计公司推出了一款双面配有 LCD 显示屏的智慧垃圾桶。这个新型垃圾桶还是一个无线热点，所需电能由其顶部的太阳能电池板提供，可以在垃圾满了之后向卫生清理部门发送信息，以通知工作人员前来清理。

每个智慧垃圾桶都配有 Wi-Fi 无线网络传输功能，这样，遍布伦敦的智慧垃圾桶就成为城市的数据交换站。这些智慧垃圾桶还具有自动报警功能，为需要帮助的路人提供紧急报警服务。因其具有很高的时效性和公众性，智慧垃圾桶可以为伦敦的城市应急管理发挥相当大的作用。

### 3.1.6 安心且充满活力的数字化社会——东京

从宇宙看地球，东京（Tokyo）可能是这个世界上夜空中最明亮的星。绚丽的霓虹灯光，加上无数摩天大楼共同装点的东京夜景，如科幻小说的街景一般。

日本开始智慧城市建设的时间较早。2004 年日本总务省提出了"U-Japan"，旨在推进日本 ICT 建设，发展无所不在的网络和相关产业，并由此催生了新一代信息科技革命。在 2010 年将日本建设成为一个"任何时间、任何地点、任何人、任何物"都可以上网的国家。2009 年 7 月，日本政府 IT 战略本部推出至 2015 年的中长期信息技术发展战略"I-Japan（智慧日本）战略 2015"，如图 3-3 所示。

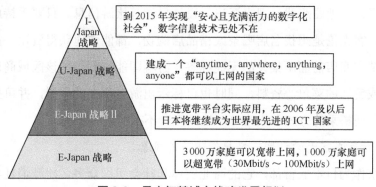

图 3-3　日本智慧城市战略发展规划

作为日本继"E-Japan""U-Japan"之后推出的更新版本的国家信息化战略,"I-Japan"的要点是大力发展电子政府和电子地方自治体,推动医疗、健康和教育的电子化,到2015年实现以人为本"安心且充满活力的数字化社会",让数字信息融入社会生产、生活的每一个角落。

1. 东京无所不在计划,描绘物联网应用之蓝图

东京市政府和国土交通省在2007年联合发起倡导移动观光与RFID导游的"东京无所不在计划",在全市范围内成功进行了物联网应用。

该计划主要采用泛在的ID识别技术,将东京市内所设"场所"及"物品"赋予识别码,由后台系统自动识别,用户通过移动装置读取实体位置或物体上的资讯标签,将真实世界的资讯或内容进行数字化处理后与虚拟现实空间相结合,是获取便捷、个性化的资讯服务的智慧城市典范。

据东京市政府相关负责人介绍,该计划于2007年至2010年先后在银座、新宿等地购物区进行了成功的RFID导游项目部署。其中,"东京银座购物区试验计划"范围涵盖其地面商场及地下街道,并可提供英、日、韩、中文等不同语言的操作。整个银座区域内设置上万个RFID标签,系统平台可将道路方向、商店折扣及餐厅菜单等资讯,用信号台传送到游客或消费者的手持式接收器上,手持接收器配有8.8厘米(3.5英寸)OLED触摸屏,具备RFID识别、红外线扫描、429MHz无线传输、Wi-Fi及蓝牙传输功能。

除了可以实时接收以上资讯,游客也可以通过手机读取二维码,获取包含商店资讯、地图路线、观光资讯、设施导游等旅游信息。只要手持此移动装置,游客无论是想找名店喝茶或精品店购物,都能快速获得资讯。如当步行经过某家商店前面所架设的无线标签,游客即能收到当前该区域商店的促销计划或餐厅的菜单等资料,同时也可标示出游客所在的位置,并可提供邻近公共交通搭乘的方式和线路等,达到无所不在的购物乐趣。

2. 绿色东京大学计划,掀起低碳节能风暴

东京作为日本的首都,它的商业实体和社会组织众多,能源消耗和碳排放量巨大,而其中二氧化碳排放量最大的是东京大学,2006年其碳排放达

到 13.6 万吨，其每年消耗的电费成本则高达 6000 万美元。因此，一项旨在降低电能消耗、减少碳排放的"绿色东京大学计划"于 2008 年 6 月开始执行，其目标是"利用信息技术以智能和智慧方式改善环境""将以强制被动方式改善为以自觉方式打造低碳环境"。

该计划以东京大学工程院 2 号楼信息网络为样板试验平台，利用传感器等先进的元器件及 IPv6 下一代互联网协议平台，将建筑内的空调、照明、电源、监控、安全设施等子系统联网，形成兼容性系统综合数据并进行智能分析，对电能控制和消耗进行动态、有效的配置和管理。

传感技术和智能技术的应用大大减少了电能消耗，如当学生进入研究室时，其所经过的照明系统和其独享的空调设施会及时开启，而当其离开时系统则会立即关闭。整个建筑都采用了此类技术，为东京大学树立了低碳节能的蓝本。

值得关注的是，该计划的影响绝不止于这所日本最富盛名的大学，由于该计划由东京大学、名古屋大学、庆应义塾大学、东京中心地区政府、IT 非盈利组织以及开发商、总承包商、建筑设计部门、设备制造商等 30 余家公司组成的联合财团发起成立，在项目形成结论并公开后，将迅速扩展应用至日本各地区的各行各业，造福全社会。

类似的应用也被松下电器应用于"现场 E1"项目。松下电器在北京奥林匹克公园的主要体育场内，安装 IPv6 照明控制系统，从而有效地控制和检测奥运主场馆区域的 1.8 万盏照明灯，该系统直接降低了 10% 的电能消耗。类似的应用还被广泛用于东京的湿度、温度、气压、降雨量等气象监测领域，大大降低了能耗。而日本的跨国公司更将此应用延伸到了几十个海外市场。

### 3. 电子病历取代天书病历

20 世纪 60 年代，计算机技术就应用到了日本议员的医事会计、医院管理、急救医疗等领域的信息管理工作中。20 世纪 70 年代末，日本的一些大型医院开始研究建立 HIS（医院管理系统）。20 世纪 80 年代，电子病历在一些医院内部就形成了 HIS 的雏形。1995 年，日本厚生省成立了电子病历开发委员会，当年度投入 2.9 亿日元用于开发电子病历系统。至 1999 年 4 月 22 日，随着《在电子媒体中存储医疗记录》的发布，在日本，电子病历被允许作为正式的医疗文档，认可其法律地位，并规定电子病历系统需满足三个关键条件：真实性、人类可读性和保存性。

2001 年，政府投入 200 亿日元资助电子病历系统的安装实施。2003 年，政府投入 250 亿日元资助区域化电子病历的实施。2004 年，设立卫生信息系统互操作性项目，政府投入 15 亿日元支持 IHE-J、电子病历基本数据库、HL7 等标准化活动。2005 年，成立标准化的电子病历促进委员会推进可操作性和信息标准化。2006 年，厚生劳动省在全国推广静冈县的电子病历系统，政府投入 8800 万日元对该系统进行升级并在全国免费推广。可以看出，日本电子病历的发展得到了政府的大力支持，并由政府积极组织研究和开发。

到目前，电子病历系统在东京的各类医院已基本普及。该系统整合了各种临床信息系统和知识库，极大地方便了医生的检查、治疗、注射等诊疗活动。医院采用笔记本电脑和 PDA 移动终端，方便医生移动查房和护士床旁操作，实现医护环节无线网络化和移动化。通过在家中设置感应器及无线网络，随时随地将患者的生理状况传送到医院的数据系统，以提供更快速、便捷的远程医疗服务。"医疗健康云计算"系统作为"个人健康记录"的环节之一，将用户在家中测量的血压及体重等生命体征数据进行统一管理，与医院、诊所及保健所等保持联动。

**4. 高度智能化的交通系统**

在日本开过车的朋友都说，驾车行驶在东京街头，即便你是一个新手，也能很快熟悉道路情况。通过路口上方红红绿绿的信息显示板，你能够随时了解从甲地到乙地间的运行时间、速度、堵塞长度等信息；通过车内广播和路侧广播，你可以了解各个路口信息。如果安装了车载终端，这些信息还会自动转换为文字。你还可以通过手机了解主要道路的堵车、交通事故、车辆通行限制、交通管制时间等。这些准确及时的信息收集、处理和传递都离不开日本的智慧交通系统。

日本在1994年1月成立了由当时的警察厅、通商产业省、运输省、邮政省、建设省支持的日本"道路·交通·车辆智能化推进协会（VERTIS）"，目的是促进日本在ITS领域中的技术、产品的研究开发和推广应用工作的开展。

日本新交通系统是日本实现智慧交通的关键之一，在《日本ITS框架体系》指导下，该系统设计由一个具有高性能的核心性综合交通控制中心和10个子系统组成。10个子系统是：公交优先系统（PTPS）、交通信息系统（AMIS）、综合智能图像系统（IITS）、安全驾车辅助系统（DSSS）、行人信息通信系统（PICS）、紧急车辆优先系统（FAST）、紧急状态通报系统（HELP）、环境保护系统（EPMS）、动态诱导系统（DRGS）、车辆行驶管理系统（MOCS）。

鉴于东京的公路交通、铁道运输系统以及通勤车站十分复杂，优化城市交通解决方案势在必行，东京市政府提出了"智能化高速公路"。该计划包括汽车、高速公路和交通管理三大块的优化方案。其中，在汽车方面，实现汽车高度信息化，车载终端可以利用外部信息选择最佳行驶方案，从而避免追尾、碰撞障碍物和违规行驶等问题。其次，包括高速公路在内的所有公路均由信息技术控制和监测，随时提供重组的信息服务，避免各种自然灾害的发生，进一步提升城市公路运行安全管理的智能化水平。

## 3.1.7 政企合作，多方出资的智慧城市建设模式——德国

德国（Germany）的智慧城市建设项目一般多集中在节能、环保、交通等领域。在建设过程中，都有专门的机构来负责。这些机构或者是政府部门（如法兰克福的环保局），或者是政府特意成立的下属机构（如柏林的柏林伙伴公司以及弗里德里希哈芬的虚拟市场有限公司），其职责都是代表当地政府提出一些长期的、宏观的规划目标，并从市场上挑选最具吸引力并适合当

地实际的智慧城市项目。

在实践中，为了更好地建设智慧城市，德国城市一般会选择 PPP（Public-Private-Partnership）模式，即政府和企业合作的模式。一种情况是，政府在某个方面提出长远的宏观目标，并通过财政补贴的方式引导企业进行相关研究，最终从若干参与者中选出合适的合作者。另一种情况是，例如德国电信、西门子、宝马这样的大型企业，为了推销本公司的某种产品或服务，在全国范围内选择一个或几个城市进行试点，符合条件或对项目感兴趣的城市积极参与这些企业开展的试点竞赛。政府在建设过程中不是大包大揽，而是在仔细认真调查研究的基础上提出在某个时期需要达成的目标。至于建设内容以及如何建设等执行层面上的具体细节问题，则充分交由市场来完成。

在具体的建设项目当中，根据提出某项目标主体的不同，会有不同的资金来源，如欧盟、联邦政府、州政府、市政府以及相关企业。如果是前三者提出目标要求城市完成，那么它们就会给这些城市一定比例的建设资金。比如，为实现节能减排，欧盟提出"力争到2010年将温室气体排放量在1990年的基础上减少20%以上"的目标，并投资1.15亿元帮助500多个城市进行节能建设。德国联邦政府提出"电动汽车国家发展计划"，并选取了包括柏林在内的4个州开展试点。在这个为期4年（截止时间为2016年）的项目中，联邦政府投入8000万欧元、柏林州政府投入6000万欧元，参与企业投入6000万欧元。

本书选取柏林（首都，也是德国第一大城市）、汉堡（德国第二大城市，德国最大的港口城市，世界上最大的自由港）、法兰克福（德国第三大城市，德国乃至欧洲的金融中心）、弗里德里希哈芬四个城市，带你体验德国的智慧生活。

### 3.1.7.1 柏林

柏林（Berlin）的智慧城市建设主要是由柏林伙伴公司负责，柏林伙伴公司是柏林市政府旨在促进经济社会发展而成立的一个专门机构。

1. 电动交通

柏林的目标是成为欧洲领先的电动汽车大都市。2011年3月，柏林提出"2020年电动汽车行动计划（Action Plan for Electromobility Berlin 2020）"，其中一个重要的项目即是奔驰SMART的Car2Go项目。

在该项目中，注册用户可以在大约250平方千米的区域内租用到配备了智能熄火/启动系统、空调和导航系统的Smart fortwo车辆，并根据自己的意愿长时间驾驶这些汽车，然后在运营区域内的任何公共停车场归还汽车。此外，Car2Go还面向iPhone用户推出一款Car2Go应用。用户可以通过该应用查询附近可用的Car2Go车辆等信息。目前，柏林—勃兰登堡首都地区是德国最大的电动汽车"实验室"，也是少数拥有220个公用充电桩的德国城市，迄今实施的可持续交通项目涵盖了从私人用车和家庭用车，到电动汽车共享、企业车队，再到卡车货运、电动自行车。

2. 节能住宅

柏林的"被动式节能住宅"是在低能耗建筑的基础上发展起来的，是一个全新的节能概念。此种节能建筑在室外温度为零下20℃的情况下，室内可以不必开空调或暖气就能保持正常生活所需的温度，这意味着房屋基本上不需要主动供应能量，每年单位面积供热能耗仅为15度电，远远低于目前德国75度电的标准。而这种效果，只需通过材料、设计、施工等手段就可实现，它的采暖能耗每年不超过15度，即每年每平方米的原油消耗量不超过1.5升。此外，被动式节能房的能量来源于可再生能源，主要是由屋顶上的太阳能装置来供电，只在极少数的情况下由额外的能量供应用于取暖。同时，为了尽可能多地接收阳光，房子大多向南，窗户面积也尽量大，而三层隔离窗的设计，是为了使室内产生的热量不会向外流失。而且其自动通风系统可以从废气中抽取热量，再使用这个热量为吸入的新鲜空气加热。

## 3.1.7.2 汉堡

汉堡（Hamburg）是德国的第二大城市，也是德国最重要的海港和最大的外贸中心、德国第二金融中心，同时是德国北部的经济和文化大都市。有着"世界桥城"的美称。

汉堡是德国北部重要的交通枢纽，是欧洲最富裕的城市之一，也已成为德国的新闻传媒与工业制造业中心。作为世界上最大的自由港，汉堡被誉为"德国通往世界的大门"。世界各地的远洋轮船来德国时，都会在汉堡港停泊。

除美国西雅图外，汉堡是世界上第二大飞机制造区，生产"空中客车"。汉堡大多数工业与外贸有关。

汉堡的威廉姆斯堡区坐落在易北河的小岛上，由于历史原因聚居着100多个国家的移民，其中一半以上人口靠救济金度日，被称为汉堡的贫民窟。2013年的汉堡国际建筑展主要在这个岛上进行，政府希望通过60个可持续发展房产项目改善和提高当地的生活质量，同时演示应对大城市挑战的思路。

### 1. 漂浮屋

2013年的汉堡国际建筑展中，最吸引人眼球的是这座建立在水上的漂浮屋。这座钢筋混凝土建筑外形模拟集装箱，建在巨大的浮桥之上，随着易北河的潮汐起伏。这种设计为洪灾多发地区的房产提供新思路，而且潮汐水面的热量成为整栋建筑的供暖来源。屋顶太阳能电池板则满足了不足部分的供暖和用电需求，它被用作本次展览的主办公室和信息中心，如图3-4所示。

图3-4　建在水上的漂浮屋[1]

---

[1] 管克江.建在水上的漂浮屋[EB/OL].人民网.

2. 垃圾山变身能源山

20世纪60～70年代,这个地方是工业和生活垃圾填埋场,最高处离地40米。很多企业还偷偷掩埋了大量的有毒化学废料。从20世纪80年代开始,政府用塑料防水膜覆盖垃圾山、铺上最厚3米的土层,种上植被。垃圾产生的沼气则收集起来作为附近一家炼铜厂的部分用电来源。四个巨大风机矗立山顶。汉堡国际建筑展期间,这座垃圾山上安装了8000平方米的光伏发电系统,其产生的电力可满足4000户家庭的全年需求。垃圾产生的废液携带的热量也被搜集起来,可为办公室供暖。此外,垃圾山顶建成了一条长1000米的长廊,成为人们观赏汉堡全景的最新去处,如图3-5所示。

图3-5 能源之丘,民众在山顶上散步[1]

3. "二战"碉堡转型热力厂

"二战"期间,这座碉堡顶部厚达4米,外墙厚达3米,防空炮火负责击落盟军飞机,碉堡内则储存大量的军火和物资,供居民避难所用。1947年,英军将碉堡内部炸毁,碉堡从此废弃。为将碉堡重新利用,汉堡国际建筑展在碉堡顶部和南墙铺上太阳能电池板,内部设立了巨大的储水池和一个生物热能设备。生物热能设备和太阳能产生的热量用于加热储水池内的水,可满足4000户家庭的供暖需求,以及1000户家庭的用电。能源碉堡还准备引入附近工厂的废气,将其用于供暖,如图3-6所示。

---

[1] 管克江. 能源之丘,民众在山顶散步[EB/OL]. 人民网.

图 3-6　能源碉堡[1]

### 4. 窗帘像向日葵一样随日光转动的太阳能住房

太阳能住房全部用木结构，阳台上的窗帘上嵌薄膜太阳能电池，并能随着阳光变化而转动，取得最佳的转换效率。屋里的窗帘则能吸附光热，当屋里温度下降时自动散热，起到空调的作用。汉堡市场推广公司公关部的马蒂亚斯·比尔说，这栋房屋共四个复式公寓，每个售价 60 万欧元，已被售罄。汉堡国际建筑展新闻发言人雷纳尔·穆勒表示，建筑展推出了 12 套体现可再生能源概念的房屋，有的使用预制板建造，室内空间可在数小时内自由变换，比如一室一厅变成三室一厅；有的外墙会吸收热量变换颜色；还有的四面透明，充分利用阳光生活。这些房屋的售价高于市价，但非常受欢迎。通过建设这种未来式建筑，威廉姆斯堡的整体房价也得到提升，有助于这个地区的经济发展，如图 3-7 所示。

图 3-7　向日葵屋，太阳能帘子跟随日光转动[2]

---

1 管克江. 能源碉堡 [EB/OL]. 人民网.
2 管克江. 向日葵屋 [EB/OL]. 人民网.

5. 智能马路

汉堡港务局（Hamburg Port Authority，HPA）与思科合作，建设了世界上第一条智能马路，它体现在照明、交通、环境和传感器四大方面。比如，建设团队在道路两侧的路灯上安装了摄像头和传感器，只有在行人路过或者骑车经过的时候，相应的路灯才会自动开启。路人离开路灯的照明范围之后，相应的灯光就会自动关闭，从而达到节能的目的。由于靠近港口，这条道路上的环境传感器收集的环境数据会通过无线网络实时传送到管理系统，用来实时分析港口的天气、空气质量、停泊条件等指标。

汉堡港务局在2014年4月和思科签订了整体合作协议，在四个月的时间内把智能马路的设想变为了现实。飞利浦负责其中的智能照明系统，AGT提供了分析软件，德国的通信服务商T-System、传感器制造商World Sensing和视频分析转换服务Kiwi都是其中的合作伙伴。

### 3.1.7.3 法兰克福

法兰克福（Frankfurt）是德国的重要工商业、金融和交通中心，被誉为"莱茵河畔的曼哈顿"。它同时还是歌德的故乡、历史文化名城。法兰克福的智慧城市建设主要是由法兰克福环保局负责。与其他城市相比，法兰克福更加注重绿色发展，其目标是建设绿色城市。

1. 环城绿带

法兰克福不仅是欧洲的金融中心，还拥有受到宪法保护的城市绿带（Die Gr ng rtel Verfassung Frankfurt am Main，1991），并因此被联合国表彰为可持续城市发展的最佳实践。法兰克福绿带总面积8000公顷，约为城市面积的三分之一，由南部城市森林、西部Nidda河沿岸以及东北侧山丘地区组成，绿带中除了森林、河流、湖泊、草地、公园、游乐场，还包括大面积农田。为使其真正成为市民的活动空间，绿带中设置了长约70千米的车行环路、9处特制绿带邮戳收集点、65千米步行环路、9个步行休息站、13处滑稽艺术品展览、75处特别游览地点等。

## 2. 被动式住宅

1991年，德国物理学家沃尔夫冈·费伊斯特（Wolfgang Feist）在法兰克福建造了第一座"被动式住宅"，目前，这种住宅已经在德国蓬勃发展起来。这类住宅使用超厚的绝热材料和复杂的门窗，主要通过住宅本身的构造达到高效的保温隔热性能，并利用太阳能和家电设备的散热为居室提供热源，减少或不使用主动供应的能源，即便是需要提供其他能源，也尽量采用清洁的可再生能源。建筑师为房子设计了密封的外壳，所以房屋几乎没有任何热量散失，也没有任何冷风吹进来。"被动式房屋"不仅能够通过阳光加热，甚至可以利用家电或居住者身体释放的热量保温。

在德国，这种"被动式房屋"的建筑成本仅比传统房屋高出5%～7%。新型设计采用了精巧的中央通风系统，进气管和排气管并排安置，温暖空气排出去的同时，清洁的冷空气引进来，热交换效率可达90%。同时，可以享受到相当优惠的政府扶持政策。

对于新建的房屋，建房者可以到地方政府参股的银行申请优惠的低息贷款，还可以享受联邦政府给予的奖励；对于改造的房屋，政府通过节能改造样板房进行典型引路，发放低息贷款和补贴扶持节能改造项目，但要求改造后房屋节能必须达到30%～40%。

## 3. 节电奖励

为了鼓励居民节约用电，法兰克福市政府采取了现金奖励的办法。法兰克福是德国第一个用现金奖励节约用电居民的城市，而且居民可以从法兰克福能源局或者麦诺瓦有限公司（Mainova AG）免费领取电力测量仪。居民在一年内如果能够节约10%的电，就可以得到20欧元的现金奖励，在此基础上，每多节省一度电还可以得到0.1欧元。

## 4. 控制大气排放

在环保方面，法兰克福除了关注绿化以外，还比较重视空气的质量。特别是在控制$CO_2$排放方面，采取了大量的应对措施。

第一，低排放公交车。法兰克福在数年前就率先启用了低排放公交车，在公交系统上,法兰克福坚持配备高标准(EEV)的车辆。

第二,天然气汽车。2005年,法兰克福市政府决定将其车队全部改换为天然气汽车,目前市政府及其下属企业已经有400辆天然气汽车投入使用。

第三,低排放区域。2008年10月,法兰克福在市区划出一片面积约110平方千米的区域设为低排放区。所有的高排放车辆都不允许驶入该区域,只有黄标(欧3)和绿标车(欧4)才可以进入。从2012年开始,只有绿标车方可驶入,否则,就会受到40欧元的罚款处理。

第四,鼓励自行车出行。2003年,法兰克福市决定将自行车出行的比例提高到15%(1998年该比例仅为6%),为此还出台了如下政策:新建、改建、扩建自行车道,改变交通信号灯的变化次序并启用自行车优先的原则,重新设计自行车路线并设路标,修建更多拥有固定停车架的自行车公园,为了避免绕行并增加骑车的吸引力,法兰克福甚至允许骑车人在单行道上逆行,等等。

第五,电动交通。在德国政府举办的"电动交通示范区"评选活动中,法兰克福凭借ZEBRA工程得以从全国130个参选区中脱颖而出,成为德国8个"电动交通示范区"之一。该工程主要设计了两个工程:一是在汽车公园、公共停车站和出租车排队处建设电动车充电站;二是邀请不同的人群来测试电动自行车、电动汽车等各种电动车在日常生活中的实用性。

5. 垃圾再利用

随着相关技术的成熟,除了常规的填埋和焚烧外,法兰克福正在越来越多地利用生物技术降解垃圾,将之转化为电能和热能。如利用生物发酵剂处理厨房垃圾,将法兰克福全市每天1000吨以上的生活垃圾转化为无公害生物有机肥,可利用这些有机肥培植无公害蔬菜及花卉等。目前,法兰克福有30000户家庭正在使用垃圾发电厂生产的电力,这在一定程度上也能够节约诸如油、汽、煤等石化燃料并降低$CO_2$排放,从而保护了环境。

6. 水资源管理

虽然德国整体而言水资源丰富,但政府也不忘通过各种手段鼓励节约利用水资源。如法兰克福所在的黑森州政府就提供一部分补贴，鼓励和帮助居民购买雨水收集设备，主要是通过房顶收集雨水，雨水经过管道和过滤装置进入蓄水箱或蓄水池，再通过压力装置把水抽到卫生间或花园里使用。此外，保护水资源免受污染和提高水质也是政府环境保护的重要组成部分。为了保障水源安全，在含水层周围按不同的距离划分了三级水源保护地带，其中在采水点周围 10 米范围内的一级保护带要求最为严格，禁止一切有污染的物质渗入地面，违者将被罚以巨款。为了保证自来水质量，从生产、传输和监管等各环节都做出了详细的规定，目前德国自来水都达到了直接饮用的水平，而法兰克福对水质的要求更高，目前已经达到每小时一测的程度。

### 3.1.7.4 弗里德里希哈芬市

弗里德里希哈芬市（Friedrichshafen）是一座位于遥远的博登湖畔的德国小城。2006 年，德国电信在全国范围启动了 T-CITY 竞赛，弗里德里希哈芬市经过两轮激烈的竞争从 52 个参赛城市中脱颖而出。弗里德里希哈芬市也成立了专门的负责机构——弗里德里希哈芬虚拟市场有限公司，并于 2008 年改名为 FNDienste 有限公司。

弗里德里希哈芬市与柏林、法兰克福等其他德国城市不同的是，该市的智慧城市建设的领域更广、项目也更多。2007 年来，弗里德里希哈芬市已经在医疗、教育等领域启动了超过四十个智慧城市建设项目，其中六个相对成熟的项目与老百姓的生活息息相关。

1. 远程诊疗

"远程诊疗"是一个针对慢性心脏病患者的远程监控项目。通过利用互联网、手机等 ICT 手段，患者可以定期将血压、体重等监控数据从家里传到医院的远程医疗中心。这样，患者一方面可以持续监控身体状况并提早确定潜在的风险，另一方面还可以及时得到医生的建议并减少去医院的次数。也就是说，该项目实施之后，弗里德里希哈芬市的老百姓就可以减少上医院量血压、体重的舟车劳顿，从而在一定程度上提高了人们的生活质量。

## 2. 肿瘤会诊

"肿瘤会诊"项目是为了改善癌症患者治疗方案而启动的。弗里德里希哈芬市医院希望扩展与一家拥有联合认证的乳腺中心企业已存在的合作,并有通过对治疗图片的数字交换来简化双方远程协商和合作的程序。使用该项目后,参与会诊的医生就可以通过视频会议共享相关的信息和经验,并最终提出最好的治疗方案。

## 3. "独立生活"项目

为了应对日益严峻的老龄化社会,弗里德里希哈芬市启动了"独立生活"项目。该项目的服务对象是当地行动受限的居民,目标是提升上述居民的自我服务能力。通过在家里安装一种特殊的装置,行动不便者可以更轻松地使用一些服务,比如药品、商品、食品的配送和看护等。也就是说,有了ICT技术的帮助,行动不便者可以比以前更长时间地待在家里,生活也就变得更加独立了。

## 4. 网络教育

EDUNEX是弗里德里希哈芬市为当地学校搭建的一个基于网络的教育平台。通过互联网,师生可以进入该平台查看相关资料并进行互动,这无疑增加了师生在时空上的灵活性。比如,生病不能去学校的学生可以在家里学习相关资料,老师也可以在任何地方上传学习资料。该平台还为学生提供了相互之间以及与老师之间交流的工具,如E-mail或聊天论坛等。特别是远程交流的实现,使得与国外伙伴进行合作外语教学成为可能。

## 5. 在线幼儿园

"在线幼儿园"是一个基于互联网的项目,可以帮助家长和幼儿园加强联系。一方面,可以帮助家长为孩子注册幼儿园,另一方面还可以帮助幼儿园加强管理。从2009年年末开始,已经有37家幼儿园联入该系统。通过互联网,家长可以收集不同的幼儿园信息,比如地点、开放时间等,每个幼儿可以在网上最多选择三家幼儿园。通过该系统,幼儿园可以更快、更轻松地组织生源和安排工作。

### 6. 智能仪表

"智能仪表"项目启动于 2008 年，其目标是帮助居民节约能源。最初，整个城区的大约 350 个志愿者家庭安装了智能仪表，到 2011 年春天，弗里德里希哈芬市奥伯霍夫（Oberhof）和威德汉格（Windhag）两个区的所有家庭全部安装了这种新型智能仪表。安装了智能仪表之后，消费者就可以通过互联网监控家庭的能源消费，对能源消费和能源价格等信息有更加清晰的了解，并可以根据监控信息改变家庭能源消费习惯，从而实现期望的能源节约。

## 3.1.8 探寻千年古城的智慧——巴塞罗那

巴塞罗那（Barcelona）位于伊比利亚半岛东北部，濒临地中海，是享誉世界的地中海风光旅游胜地和世界著名的历史文化名城，也是西班牙最重要的贸易、工业和金融基地。巴塞罗那建立于公元前 3 世纪，距今已有约 2300 年的历史，巴塞罗那的气候宜人、风光旖旎、古迹遍布，素有"伊比利亚半岛的明珠"之称。

早在 2000 年，巴塞罗那便致力于推广低碳绿色环境发展政策，先是支持全城居民使用太阳能，然后在全城普及各种电动车的使用，在城市中建设了大量的电动车充电装备。2009 年，伴随"智慧星球"的概念在全球风生水起，巴塞罗那也适时提出了建设"智慧城市"模式的概念，旨在提高公民的福利和生活质量，促进经济进步，并确保城市更有效率和可持续发展。到 2012 年，巴塞罗那已经完成了一系列卓有成效的智慧城市项目，并据此被评为欧洲智慧城市的标杆。

随后，巴塞罗那又根据"欧洲 2020 战略"制定了 MESSI 战略（Mobility 流动性，E-Government 电子政务，Smart City 智慧城市，Systems of Information and Innovation 信息与创新系统），旨在协调经济、环境和社会可持续发展，为提高公民的福利和生活质量、促进经济进步做出努力。

巴塞罗那智慧城市在市议会领导下，规划和协调经济、环境和社会可持

# 第三章 体验智慧城市生活

续发展，为人们提供高质量的生活和工作机会。高新科技园区提高了巴塞罗那城市品牌和创新生态系统，巴塞罗那智慧城市规划与整合了再生项目，启动了520个街区作为首批绿色城市试验区，通过设计高质量的体系结构，打造易于访问的现代城市设计典范试验区。同时，还将1992年奥运会车辆用于欠发达地区，改善其严重的公用车辆老化的问题。而高新技术开发区则应对第三次浪潮转型，如高科技区、Diagonal Mar 虚拟社区和 Poblenou 的 e 区。

巴塞罗那智慧城市项目是一个综合规划，包含了城市的各个方面，从信息化基础设施、智能社会公共服务，到城市的绿色可持续发展，都是一个包容开放的系统，如图3-8所示。

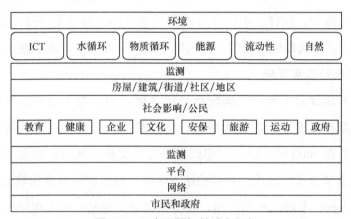

图3-8 巴塞罗那智慧城市框架

1. 互联的巴塞罗那

如今巴塞罗那地下综合网络已经覆盖全市，共有37.5万米长的城市网络，FTTH 100%覆盖整座城市。同时市民可以通过APPs简单便捷地获取覆盖全市的免费Wi-Fi公共接入点，721个Wi-Fi热点让市民随时随地获取网络服务，畅享互联互通的网络世界。

2. 感知的巴塞罗那

巴塞罗那非常重视物联网对智慧城市的作用，城市覆盖了大面积的无线传感器和路由器，这些设备每天产生了大量的数据，这些数据则流向开放式软件平台，在平台上进行进一步数据收集和分析，为城市更有效的运行提供

指导。比如智能垃圾回收系统特有功能之一就是在自身满载时会主动发出信号，工作人员将根据其发出的信号来安排、分配垃圾运输车的出行频率和路线，从而提高垃圾处理效率。智能灌溉系统也是如此，通过地面传感器提供湿度、温度、风速、阳光和气压等实时数据，园丁们能够根据基础数据调整植物灌溉时间表，更加科学地灌溉。

3. 开放的巴塞罗那

为了使巴塞罗那更加智能，城市选择了开放平台，该平台允许市政府各部门共享信息，避免重复的工作。比如司机只需下载一种专门应用程序，就能够根据数据平台发来的信息获知空车位信息，方便司机安全、便捷地停车，防止时间的浪费。同样，不管是市民还是游客都可以基于可视化地图数据、交互式浏览，寻找最近位置的公共汽车车站、地理位置、旅游地点。

4. 绿色的巴塞罗那

巴塞罗那致力于推广低碳绿色环境发展政策。为了减少二氧化碳排放量，巴塞罗那推出了涵盖能源替代、运输管理和绿色建筑的新绿色城市运行计划。早在2000年，巴塞罗那就最先开始支持全城居民使用太阳能。到2006年巴塞罗那就已经成为欧洲使用太阳能电池板密度最高的城市。同时巴塞罗那大力推广电动汽车的使用，在全市部署充电站，以及电动汽车车队和汽车租赁等绿色交通相关设施及服务。

5. 服务的巴塞罗那

巴塞罗那注重提高公民的福利和生活质量，在智慧照明、智慧电网、智慧水务、流动性零排放、智慧停车、智能交通、智能区域供冷供暖、政务公开等促进民生的智慧服务方面都取得了显著的成果。例如2012年巴塞罗那市制订了一个总体规划，项目包括控制50条街道层面的路灯1155根路灯桅杆以及LED照明。

6. 创新的巴塞罗那

巴塞罗那提倡技术创新，在城市高新技术中心开辟了一块面积大约2平方千米的街区，专门进行研究和实践。由于这里过去在巴塞罗那市政府的通信库里纺织业的编号是 22，所以把这片实验区称作 22@，寓意传统与现代的结合。这个旧城改造计划运用了一系列智能科技手段，包括电动车免费充电设施的推广、智能感应垃圾回收点、智能感应设施的停车库与停车位管理，以及居民公共用水方面的管理与节水计划。从这些项目中可以看出，巴塞罗那注重将创新科技手段运用到城市生活基础建设之中，从而达到节能环保、提高公民生活质量的目的。

## 3.1.9 北欧智慧城市的典范与代表——斯德哥尔摩

瑞典首都斯德哥尔摩（Stockholm）是一座历史悠久、典雅而又繁华的城市。瑞典国家政府、国会以及皇室的官方宫殿都设于此。位于波罗的海西岸，由许多岛屿、桥梁组成，别具风情的老城布局紧凑，素有"北方威尼斯"的美誉。

斯德哥尔摩在"西门子绿色城市指标（Siemens Green City Index）"中名列第二，拥有引以为傲的 800 千米长自行车道。2010 年，它成为第一个获颁欧盟绿色首都的城市。这里的居民，是平均每人使用地铁系统最为频繁的城市之一。

斯德哥尔摩在电子治理上也卓有成效，根据一项罗格斯大学针对全球 100 个首都所做的电子治理调查，斯德哥尔摩名列第七，在维护公民的资料隐私与安全上，名列所有城市的第一名。

1. 智慧交通，缓解城市拥堵

斯德哥尔摩的智慧城市建设在交通系统上得到了最大的体现。在当地，平均每天有 45 万辆汽车驶过城市中央商务区，这对于一个海岸线绵长，拥有众多岛屿的城市，无疑是一场巨大的挑战。随着交通堵塞问题的不断加剧，瑞典国家公路管理局和斯德哥尔摩市政厅通过智慧交通的建设，既缓解了城市交通堵塞，又减少了空气污染问题。现在，智能交通系统已经成为斯德哥尔摩的标签。

斯德哥尔摩到底有多智能？有一个例子可以说明：如果驾车进出斯德哥尔摩市区，将会被按照时段征收"道路堵塞税"。不过用不着在收费站前面排长龙，也看不到收费员，甚至无需停车，一切都在经过路口的时候通过智能系统自动完成了。

当车辆经过控制站时，控制站的摄像头会被激活，拍下车牌照片，控制站和机动车上的传感器之间会交换信息，记录下时间、日期和缴税金额，然后直接从驾驶人的授权银行账户中扣除。当然，如果你的账户里没有钱，或者没有指定账户的话，也会收到账单，你可以自己去银行交钱。

这种几乎不减速、不踩刹车的缴费模式，极大地节省了时间，缓解了等待和拥堵，也减少了收费站的人工和建设费用。在总投资约 4 亿美元的费用中，有三分之一用于完善公共交通设施。最终城区的交通流量降低了约 25%，公交利用率增幅达 6%，城区道路交通废气排放量减少了 8%～14%，城区的二氧化碳等温室气体排放量下降了 40%。

2. 计算机控制垃圾处理

为进一步改善城市环境，斯德哥尔摩市建成了各种电子垃圾桶，分别用于接收食物垃圾、可燃物垃圾以及废旧报纸等不同类别的垃圾。垃圾桶通过各自的阀门与同一条地下管道相连，阀门分别在每天自动打开两次，不同类别的垃圾进入地下管道，并以每小时 70 千米的速度被输送到远郊，在电脑的控制下自动分离并输送到不同的容器里，按需要循环利用。垃圾处理整个过程都通过电脑控制，垃圾传输和处理速度、再利用效率以及环境保护程度都相应提高了。据当地有关人士表示："这就好比把一个装着技术、设施、行为、环境等的大盒子，放到可持续性的托盘上。"[1]

## 3.1.10 用大数据解决市民的小烦恼——首尔

韩国首都首尔（Seoul），是世界上最重视科学技术的城市之一，自 2003

---

[1] 走进智慧城市：斯德哥尔摩电脑控制垃圾处理 [EB/OL]. 人民网 - 人民日报，2013-03-13.

年以来一直位居联合国电子政务调查榜前列,其智慧城市建设也颇为成功。

"智慧首尔2015"计划于2011年6月推出,目的是通过采用智能技术来刺激其发展的可持续性和竞争力。智慧首尔效仿了U-City项目,智慧首尔是通过采用无处不在的云计算技术来提升城市的竞争力。虽然U-City项目改善了传统市政基础设施提供的业务质量(如交通和安全),但未能改善首尔市民的生活质量。智慧首尔项目更注重以人为本,其关注的不仅仅是应用尽可能多的智能技术,而是同时致力于在城市和市民之间创建更大程度的合作互动的关系。

### 链接:韩国U-S.Korea战略及U-City

2004年,面对全球信息产业新一轮"U"化战略的政策动向,韩国信息通信部提出了"U-S.Korea"战略,并于2006年3月确定总体政策规划。根据规划,"U-S.Korea"发展期为2006~2010年,成熟期为2011~2015年。

"U"是英文单词Ubiquitous(无处不在)的简写。"U-S.Korea"强调以无线传感网络为基础,把韩国的所有资源数字化、网络化、可视化、智能化,以此促进韩国经济发展和社会变革。通过布建智能网络、推广最新信息应用技术等信息基础环境建设,让韩国民众可以随时随地享有科技智能服务。其最终目的,除运用IT科技为民众创造衣、食、住、行、体育、娱乐等各方面无所不在的便利生活服务之外,也希望通过扶植韩国IT产业发展新兴应用技术,强化产业优势和国家竞争力。

这一国家级宏观战略具体通过建设"U-City"来实现。韩国对U-City的官方定义为:在道路、桥梁、学校、医院等城市基础设施之中搭建融合信息通信技术的泛在网平台,实现可随时随地提供交通、环境、福利等各种泛在网服务的城市。简单来说,将信息技术包含在所有的城市元素当中,市民可以在任何时间、任何地点通过任何设备来访问和使用城市元素。

在建设"U-City"的基础上，2011年6月，首尔发布"智慧首尔2015"计划，进一步向世界展示了他们建设智慧城市的雄心。

首尔市政府在"智慧首尔2015"计划中，提出"利用大数据解决市民小烦恼"的口号，下大力气构建智慧城市所需的基础设施，促进信息技术和公共服务产业的进步与发展，努力打造以人为本、以信赖为基础、有创造力的智慧都市。

1. 全球最快、无处不在的网络覆盖

很多调查公司都会每年公布一个全球网速的排名，细心的读者应该会注意到韩国已经占领榜首有一段时间了，下面举几个较有代表性的例子，如图3-9所示。更直观感受韩国网速有多快。

（1）2010年10月，全球著名网络设备制造商思科（Cisco）表示，根据其就全球72个国家的宽带网质量进行的评估，韩国宽带网质量为全球第一。

（2）2011年9月，本部位于美国纽约的下载软件公司PandoNetworks对全世界224个国家的文件下载速度进行了一项调查，韩国的文件下载速度为2202 kbit/s，位居全世界第一，其次是罗马尼亚、保加利亚，日本为第六位，美国则排在了第26位。韩国的下载速度是美国的三倍还要多。

（3）据OECD（Organizations for Economic Cooperation and Development，经济合作与发展组织）统计公布的数据，在其34个成员国内，韩国的高速网络普及覆盖率最高，在2011年年末时就已经达到了100.6%。

（4）据Akamai公布的一份2013年Q3数据显示，韩国平均网速为22.1Mbit/s，日本平均网速为13.3Mbit/s，美国平均网速为10Mbit/s。

（5）2015年5月，国际电信联盟（ITU）发布全球互联网使用报告，在互联网连接速度方面，（相比较2014年）韩国依然是世界上绝大多数人上网网速最快的国家之一，其次为法国、爱尔兰以及丹麦等。

| | Country/Region | Q3'13 Avg.Mbit/s | QoQ Change | YoY Change |
|---|---|---|---|---|
| — | Global | 3.6 | 10% | 29% |
| 1 | Republic of korea | 22.1 | 66% | 51% |
| 2 | Japan | 13.3 | 12% | 27% |
| 3 | China Hong Kong | 12.5 | 16% | 39% |
| 4 | Netherland | 12.5 | 23% | 46% |
| 5 | Switzerland | 11.6 | 5.3% | 33% |
| 6 | Czech Republic | 11.3 | 16% | 49% |
| 7 | Latvia | 11.1 | 4.6% | 28% |
| 8 | United States | 9.8 | 13% | 31% |
| 9 | Belgium | 9.7 | 16% | 46% |
| 10 | Ireland | 9.6 | 19% | 43% |

图 3-9　各国家或地区网络覆盖比例

韩国的移动互联网也走在世界前列。得益于智能手机/平板电脑的快速发展，韩国是世界上第一个无线宽带网络普及率（high-speed wireless Internet penetration）达到 100% 的国家/地区。

借着"智慧首尔 2015"计划，首尔着手在公园、广场和其他公共场所安装免费 Wi-Fi。截止到 2012 年 3 月，首尔所有的地铁线路上 Wi-Fi 全覆盖，市政府的"行政 Wi-Fi"也对外开放。

"美国在网速上可能永远也超越不了韩国。"哈佛大学伯克曼互联网与社会研究中心（Berkman Center for Internet & Society at Harvard University）学者罗伯特·法瑞斯（Robert Faris）这样评价。

**2. 人人都有的移动设备**

在拥有 1000 多万常住人口的首尔市，推动智慧城市建设的过程中遇到的最大挑战并非来自基础设施建设，而是如何让市民相对公平地享受智慧城市带来的高效与便捷。通过智能手机的移动终端能够为市民带来各种方便，但一部智能手机毕竟费用昂贵，低收入者很难支付得起，导致他们被隔绝在政府各项服务政策之外，这一现象被形象地称为"首尔市的信息鸿沟现象"。

为了消除信息鸿沟带来的不利影响，首尔市在 2012 年投入 4200 万韩元

（约合 23 万元人民币），专门针对老年市民、残疾人、无家可归者等社会弱势群体出台了相关政策。一方面从生活上给予相应支持，提供专门场所让低收入者体验智能手机的功能，并免费提供部分智能手机；另一方面扩大已有的免费无线网络的范围，降低低收入市民的使用成本，帮助他们更好地寻找生活和就业信息。

同时，市民被鼓励在购买新的设备时捐赠旧设备，特别是当旧设备价格在 50～100 美元范围内时购买新设备可以享受税收减免，经过厂家的检查和修复后被免费分发给弱势群体。

3. 智能电网

首尔正在实施一项智能计量（Smart Metering）项目，目的在于将其城市总能源消耗降低 10%。该项目开始于 2012 年，测试试验安装了 1000 台智能计量表。这些计量表为家庭、办公机构、企业主提供其有关水电气消费量的实时报告。报告以货币（韩元）单位形式给出，并包含具体的能源消耗方式评估以及如何节能的建议等。

根据对这先行的 1000 个家庭的调查，84% 的家庭反映安装了智能表后他们平均每天查看一次或以上度数表，60% 的家庭认为该计划对节约能源有帮助。

2011 年，LG 推出了兼具智能电网科技的"智能用电管家"，能减少电力消耗、管理使用可替代能源，以此提高能源的利用率。其原理是能在现有的非智能电网的基础上，运用信息科技、电信科技使电力公司和消费者都能掌握电力使用情况的即时信息，从而达到"最大限度地提高用电效率"的目的。

内置的 LG 智能服务器是"智能用电管家"的核心部分，是电力公司和家庭内各种各样电子产品彼此连接的桥梁。除去连接 3D 家庭影院的智能电视、智能冰箱、智能洗衣机和太阳能集热板外，它还能收集家庭耗电总量的即时更新数据以及所产生的电费账单。利用以上信息，可集中控制和管理其所连接的所有电子设备对电能的消耗。如果家庭内部配有可再生能源或太阳能集热板，它甚至可以自动选择使用节约程度更高的能源。

同时，LG 的"智能用电管家"能够最大限度地尊重所连接的电子设备的个体差异，从而最大限度地提高能源利用率。例如，当智能服务器检测到电力消耗量达到了异常高的程度，LG 的 3D 家庭影院智能电视将自动调整为节能模式；LG 智能冰箱和 LG 智能空调选择在电费相对低廉的用电非高峰阶段提高功率，加大冷气的供给，以此来减少高峰时段对电力的需求；而 LG 智能洗衣机则可以识别出用电的非高峰阶段，并向用户推荐在该时段清洗衣服。

4. 安全服务

作为 U- 首尔的一部分，安全服务自 2008 年 4 月起启动。该服务利用先进的定位服务以及闭路电视监控技术（CCTV），将涉及孩子、残疾人、老人、阿尔茨海默症患者等的紧急情况通知相关机构和其家庭成员。为此，相关部门还设计了一款智能设备。当设备持有人离开圈定的"安全领域"（safe zone）或按下紧急求助键时，报警信号将被发送给监护人、警察、火警部门以及闭路电视监控控制中心。

传统火灾监测需要配备高清晰度摄像机，但是仍然很难区分火灾烟雾和自然雾气。利用红外摄像机和无线传感器网络，在监测火灾时，可以突破人类视野的限制，提高火灾监测自动化水平。监控中心可以利用 GIS 对火灾发生地点进行定位，LCD 大屏幕可以播放火灾现场情况，视频监控系统可以实时监控火灾现场。U- 中心由传感器监测系统、集成数据分析系统、广播系统、外灯控制系统、门控系统、基于位置的短信服务系统、通风控制系统、三维 GIS 等组成。当大楼遇到紧急情况时，U- 中心可以监测现场，控制门、通风系统、灯等，通过广播、短信发布险情。

此外，儿童走失是重要的问题。韩国每年寻找走失儿童的社会代价是 47.6 亿美元，平均每个走失儿童花费 56 万美元。有的韩国城市在街头安装智能视频监控系统，该系统可以进行人脸识别，当探头发现走失儿童时，就可以向警察发出报警信息。

5. 开放治理与开源数据

首尔对 U- 首尔项目与私人机构及公众共享政府管理信息的做法给予了

很高的重视。公开的信息将有助于私人机构针对公众需求创造性地提出相应的解决方案，例如，公开城市公交车信息和路况信息将有助于移动导航软件的开发。

效仿欧洲和美国政府2.0计划（Governance 2.0 Strategies），首尔提出了政府2.0战略，旨在通过ICT技术加大政府行政管理的透明度，推动政府与公众之间的交流互动。顺应这样的目标，首尔于2012年4月开发建立了"信息共享广场"（Information Open Square），首尔将在此公开其政府文档，包括正在审理的工作文件。除此之外，作为该平台的延伸——"数据共享广场（Open Data Square）"，它是一个巨大的开源数据库，包括十大门类的数据，分别是：（1）综合行政文件；（2）福利、文化和旅游；（3）城市管理；（4）环境；（5）治安和安全；（6）教育；（7）健康；（8）产业；（9）经济；（10）交通。

以这十大门类为纲，该平台整合33个公共信息系统以及880个不同种类的数据库，包含的信息从托儿服务到公共交通路线、公交车到达时间再到气象预测。数据以地图、网站链接、图表、元数据等多种形式提供，如图3-10所示。

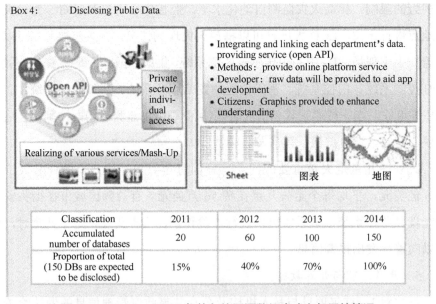

图3-10　2011～2014年首尔的开源数据库建立与开放情况

6. 电子政务

首尔市政府运行了一个 U- 城市综合运营中心，该中心管理无处不在的 ICT 网络，收集和存档重要的城市信息。首尔的下一代在线预订系统为市民提供实时的公共服务搜寻、预订及支付。该一站式综合预订系统列有 150 多项业务，分别隶属于教育、基础设施、文化旅游、商品以及医疗等项目。该预订系统最终将纳入 3 万多项公共服务，分别由首尔市政府及其附属机构提供。

在首尔，利用无所不在的无线传感器网络，管理人员可以随时随地掌握道路、停车场、地下管网等设施的运行状态。例如，城市供水系统的管道漏水会浪费宝贵的水资源。韩国供水系统管道漏水率的全国平均水平为 14.1%，大城市供水系统管道漏水率为 10%。漏水率每降低 1%，一个城市一年可节约 40 万美元。利用基于无线传感器网络的 U- 设施管理系统（U-FMS），可以实时监测流量、水压和水质，对漏水情况及时进行处置。仅此一项，包括首尔在内的韩国城市一年平均可节约 564 万美元。

政府人员就近上班？首尔市政府在 2014 年开始试行一项名为"智能工作中心"的项目，政府员工可以在距离其家最近的 10 个办公室（智能工作中心）上班。在智能工作中心上班的员工可以享用复杂的工作组软件和视频会议系统，从而可以确保工作效能。首尔计划在 2015 年向其 30% 的员工提供智能工作。

自 2001 年起，首尔市政府开始增强其三维（3D）空间信息系统的功能，该地图的应用能提供 3D 街道信息，并有可能提供新的智能业务。2008 年，政府启动了 3 项新业务：地理信息服务为用户提供城市街景；旅游胜地详情服务为用户提供首尔虚拟游览；一个应用业务为城市规划者提供基础设施发展或改造的模拟场景。3D 信息的质量在 2009 年获得了进一步提升，从而使该系统能够用于环境监测。例如，2012 年开发的洪灾模拟系统能帮助确定在发生洪灾时哪个区域受灾最大，从而帮助预先制订洪灾响应机制。

通过基于地理信息系统的 ICT 平台，首尔利用数据的开源，在原来的

3D地图基础上进一步推行"社区地图"的绘制，打破以往市民与市政机构间单向沟通的机制，市民、社会工作者等可以通过地图的标注来反映其最基本的诉求。例如，残障人士可以通过智能设备在社区地图上标出哪些地方没有轮椅通道或者对轮椅出行较为危险，该信息将通过地图共享给社区所有成员。随着社区地图包含的内容越来越丰富，其对居民相互间的支持合作力度越来越强，为解决生活中的问题带来了极大的便利。

7. 电子综合服务系统

配合该服务的是一种先进的多动能路灯（Complex Street Lamps），这种路灯按照节能标准设计，带有广播功能，可提供 Wi-Fi 信号。除此还有媒体板（Media Board）提供播报服务，为居民和游客提供公交车行驶信息等其他有用的信息，它也将接收遍布各区的绿色电子设备（U-Green）上的传感器所采集的空气质量、湿度等信息。

从 2009 年开始，首尔开始在市区安装 U-候车亭（U-Shelter）。亭内安装有交通卡读卡器、远程终端、气象传感器和摄像头等，可以为等车的乘客提供实时的公交车次查询、路况查询、天气预报等各项服务。据统计，2011 年平均每天有 2518 位乘客使用该系统。

大学附近的部分候车亭，从 2011 年起引入了虚拟商店广告牌（Virtual Store Billboard），乘客可以扫广告牌上的二维码或条形码购买商品。乘客在等车之余购得的商品会寄到家里，该系统更受年轻人的青睐。

NFC 支付系统对所有智能移动设备开放，使用者可以选择信用卡或者手机支付。支付者只需通过安装在智能手机中的特定读写软件即可完成交易。目前首尔有 7 百万部带有 NFC 芯片的智能手机，超过 22000 家商店提供 NFC 支付功能，包括超市、便利店、加油站、咖啡馆、商场等。

为推广 NFC 支付，商家通常都会对此提供折扣。张贴在城市各处的海报通常会带有各类产品优惠券，此时只需用手机采集这些信息便能以优惠的价格购买这些产品。再比如，当你进入一家咖啡馆的 Wi-Fi 覆盖范围时，将智能手机靠近菜单上的食物便可下载优惠券。NFC 的智能服务还体现在当你进入电影院的门时，门上的 NFC 感应器会自动将手机调成振动模式。值得一提的是，NFC 所提供的 P2P（端对端）支付方式，可以实现两台智能手机之间的交易、转账等，将手机靠近并输入 pin 即可完成该过程。

### 3.1.11 全球首个智慧国——新加坡

新加坡全称为新加坡共和国（Republic of Singapore），旧称新嘉坡、星洲或星岛，别称为狮城，是东南亚的一个岛上国家。作为曾经的"亚洲四小龙"之一，新加坡在过去的半个世纪当中，已经从一个沉睡的殖民地，变成了国际金融服务都市、全球物流和集散中心，也是世界上杰出的智慧城市和经济发展的典范。

新加坡是典型的城市国家。在 20 世纪 80 年代新加坡就提出"智慧岛"计划，开始了信息化规划和建设。

链接：新加坡"智慧岛"建设历程

新加坡"智慧岛"的建设分为三个阶段。

新加坡交通及资讯科技部政务部长林瑞生在说明"国家科技计划"时曾提出"在 1991 年新加坡政府实施科技发展计划时，他们就充分注意到，从 1980 年到 1990 年（第一阶段），经过将近 10 年的计算机化，全社会所有的机构都计算机化了。那么一栋建筑物计算机化，叫作智慧型建筑物；一座工厂计算机化，叫作智慧型工厂。但是会不会有一天，新加坡会有许多各自独立的智慧型个体，每一个计算机系统都不兼容？因此新加坡在第二个阶段主要是在行政和技术层面上解决城市信息互联互通和数据共享的问题，消除"信息孤岛"。该计划将成为新加坡在经济领域、现代服务业、资讯社会发展的重要推动力。新加坡在第三阶段"智慧岛"的实现目标是：推进信息、通信、科技在新加坡经济和现代服务业领域内的快速成长，使得信息与应用整合平台——ICT 成为新加坡重

要的经济平台。每一个行业都有能力采用数字化技术应用和电子商务来改变传统的经济模式，将传统的行业改造成为知识型的经济，提高人们的生活素质，使新加坡成为一个信息化的社会。

2006年新加坡政府又启动了"智慧国2015"计划。"智慧国2015"计划的规划原则是：创新（Innovation）、整合（Integration）和国际化（Internationalization）。该计划用信息与网络科技提升数码媒体与娱乐、教育与学习、金融服务、电子政府、保健与生物医药科学、制造与后勤、旅游与零售等七大经济领域，意在使新加坡成为一个信息技术产业所驱动的智慧国家。

"智慧国2015"设立了一系列目标。首先是经济方面，包括：到2015年，基于资讯通信技术所发展起来的经济和社会价值高居全球之首，行业价值翻一番，达到260亿新加坡元（1新加坡元约合5元人民币），出口收入增长2倍至600亿新加坡元；增加8万个工作岗位；使九成家庭使用宽带，学龄儿童家庭计算机拥有率达到100%等。

2013年，新加坡的信息技术产业的产值是148.1亿新元，年增长率高达44.6%，其中出口占72.7%。新加坡全国有14.67万信息技术人才，且过去数年基本保持稳定。可以说，"智慧国2015"计划几乎已经完成目标。

而在2014年，新加坡进一步公布了"智慧国家2025"10年计划。这份计划是"智能城市2015"计划的升级版。如果不出意外，这将是全球第一个智慧国家蓝图，新加坡有望建成世界首个智慧国。[1]

1. 亚洲最绿色城市，将绿色从自然引入城市

新加坡是世界闻名的"花园城市"，绿化覆盖率达到50%左右，人工绿化面积达到每千人10.5亩，园林面积达到9500公顷，占国土面积的近八分之一。而这样的"绿化成绩"绝非先天使然，新加坡在独立前其实也只是个杂草丛生、沼泽地多、居住环境恶劣的小国家而已。经过几代人的努力，新

---

[1] 王天乐，施晓慧. 新加坡推出"智慧国家2025"计划[EB/OL]. 人民日报网 - 人民日报，2014-08-19.

加坡早已实现了"华丽转身",骄傲地打上了"绿色"的标签。

新加坡的"变绿"得益于自上而下的长远和全局规划。早在1963年,时任总理李光耀就提出了"绿化新加坡、建设花园城市"的构想。认为环境的改变可以逐步地提升人民的素质和生活品质。1965年,新加坡政府就确立了建设"花园城市"的规划目标。在人口密度大、土地资源十分紧缺的情况下,新加坡政府提出了人均8平方米绿地的指标,并要求见缝插绿,大力发展城市空间立体绿化,不断提高城市的绿化覆盖率。

在之后约半个世纪里,新加坡政府始终坚持着"绿化新加坡"的目标,在不同的发展阶段制订了不同的具体规划并严格实施。对区域性公园、绿化带、街心邻里公园,停车场、高速路、人行道、高架桥、楼房立面等的绿化位置、面积、标准、责任人等都逐步设立了明确规定,如20世纪60年代制订了每个镇区中心有一个10公顷的公园规划;20世纪80年代制订了将5%的土地设为自然保护区的规划等。

绿化用地和城市用水、轨道交通等系统一样被纳入到新加坡的全局规划之中,这极大地保证了新加坡绿化实施的可行性。

新加坡的政府工作人员和普通市民都坚持参加一年一度的植树运动。仅1971年的"全民植树节"就种下了3万多棵树;各居住小区、学校、企业都有自己养护的绿地,政府所有的绿化工程都会征求市民的意见和建议;政府还鼓励市民承包或租赁公共绿地、花木、公园设施,推行全民管理的方式,形成了全民共同养护绿化设施的机制。

在新加坡,绿化的布局也讲求公平。全国每个大区域都有一大块自然保护区和树林。新加坡在中央、东北、西北等不同区域建立了四个自然保护区,禁止开发,保留原始的热带雨林;在东部和西南部又建立了两个树木保存区,砍伐树木必须经过批准。这些措施使全国每一个大区域都有一大块自然保护区和树林。同时,中心城区和政府组屋区每隔一个小区域都要保留一块空地开辟成小公园,确保绿化分布均匀,这种布局既使整个城市格局均衡有序,又使市民感受到了绿化上的公平。

新加坡除了有"花园城市"的美名，还常被戏称为"罚款城市"（Fine City），而在绿化这件事上，两者实现了"统一"。新加坡的绿化法制健全，赏罚分明。中国香港企业戴德梁行就曾因未经许可在新加坡砍掉一棵树，付出了约78000新元的罚款和赔偿金。

位于中央商务区的皮克林宾乐雅（PARKROYAL on Pickering）凭借其创新的花园酒店概念和多样化节能设计，成为新加坡城市重要的绿色标志，如图3-11所示。

这座酒店由来自WOHA国际一流的设计师设计。拥有面积约1.5万平方米、楼高四层的繁茂园林、瀑布和花墙占酒店总地面积的两倍以上。除了多种姿态各异的植物群将酒店院落装点得格外美丽之外，这座酒店更是新加坡首家使用太阳能电池供电的零耗能酒店。酒店采用综合性节能节水措施，例如使用光纤、雨水和动作感应器，以及集雨和NEWater（循环系再用水）。从设计到装潢，我们不难发现这座酒店多以天然素材如黑木材、石砾、玻璃等配搭为设计概念，并用从外透射的日光营造大自然的和谐感。

**图3-11　新加坡皮克林宾乐雅酒店**[1]

同样由WOHA设计的新加坡艺术学院（School of Arts，Singapore）是另一个很好的例子。这个学校旨在培养具有艺术天分并有才能的年轻学子进入艺术界，是一所介于中等教育与高等教育之间的艺术专科学校。学校坐落

---

[1] 来源：灵感日报（msg.com）。

在 20 世纪传统建筑和现代摩天楼的环绕中，有着巨大惊人的绿色屋顶和覆盖植被的建筑面。

在建筑中，一个绿色的切面设计降低了能源的消耗，并且经过空气的过滤提供了一个十分有益的环境，遮蔽了刺眼的阳光和空气尘土，使室内保持清凉的室温，还吸收了交通带来的噪声。

建筑顶部被设计成一个可供消遣的空中花园，还连接着一个跑道、树群以及可以观赏的城市全景。在整个建筑物构造的基础部位，人们也能够找到商业用地，沿着这个通道一直到头顶上的悬层，就是一个大型的露天剧场，上面有着古老、巨大的树木，人们在那里进行所有的公共活动，这才真正是一个人们生活的城市建筑。

2. 政府近 98% 的公共服务通过在线方式提供，民众享受一站式服务

"从降落在樟宜机场的那一刻，我就体验到了免费高速的无线网，走在城市中随处可以用上优质的无线网络，还有方便快捷的手机叫车服务。" 2014 年，前往新加坡参加会议的华为技术有限公司副董事长郭平也不无感慨地说。

事实上，新加坡在信息技术发展和应用方面一直都处于世界领先地位。30 多年前，新加坡就不断推出国家层面的通信产业发展规划。根据埃森哲咨询公司 2014 年的研究表示，新加坡在电子政务方面排名世界第一；在最佳互联国家评估方面，世界经济论坛发布的《2014 全球信息技术报告》将新加坡排在第二位。

一项调查显示，新加坡公民对目前电子政务的满意度为 96%，企业的满意度为 93%。日本早稻田大学 2014 年的一项电子政务调查指出，新加坡近 98% 的公共服务已经同时通过在线方式提供，其中大部分都是民众需要办理的事务。

新加坡南洋理工大学南洋公共管理研究生院研究员马亮则表示，在"智能城市 2015"计划实施中，物联网传感器的应用已经非常广泛，并且大大丰富了各种数据的收集。比如，汽车上安装了传感器，开车经过某条公路发现

路面损坏，这时可以非常方便地通过手机定位等电子方式进行报修处理。在樟宜机场内的每个洗手间都有二维码，旅客如果发现有设施需要维修以及有卫生问题，都可通过扫描二维码对该洗手间进行定位，帮助快速解决问题。

3. 信息基础设施

新加坡高速宽带网络竞争非常激烈，增值应用和提升用户黏性已成为各网络运营商的业务发展的重点。实现"三网合一"和无线覆盖，每个家庭通过网络适配器就可满足电视、电话、宽带上网的需求，同时还可提供收费电视和无线网络服务的功能。同时，手机3G服务已覆盖新加坡全岛，并计划到2016年将被4G服务全面替代。政府进一步通过渐进式部署地面（AG）设施和异构网（HetNet）技术建立无线热点，使手机和平板电脑能在移动网络和Wi-Fi热点之间无缝切换，同时预留建设超级Wi-Fi网络频谱，以实现Wi-Fi网络信号传输距离更远、覆盖范围更广、能耗更低。

在新加坡，几乎每个人、公司、学校等都能24小时无间断地连接公共设施，每个公共设施和开放空间都与传感器连接，政府可以更好地收集实时数据来帮助居民和游客更容易和更高效地生活。

例如，新加坡的房地产和发展局（Housing & Development Board，HDB）正构建"智能环境传感器网络"，它能捕获实时温度和湿度等环境因素信息。它能在公共建筑温度和湿度触及临界值时，告之用户。

政府的新MyTransport.SG App提供互动地图、交通摄像头和实时信息。它是第一个用于公民或访客实时评估选择旅行方式，并如何能最好地在城市间漫游而做出的有足够信息支撑选择的应用。火车乘客甚至可以享受非高峰旅游奖励，各种奖励直接转入EZ-Link或NETS智能交通卡。

4. 社会公共服务应用

新加坡建立综合医疗信息平台，该平台是基于互联网信息技术建设的新型医疗行业综合信息服务系统。新加坡通过整合医疗信息资源，利用传感器、电子记录等多种信息化手段，将医疗相关服务一体化，改变人们传统的就医方式，提升医疗信息共享水平和就医效率。新加坡开发建成Carestream医疗影像信息管理系统，通过该系统，用户可以在任何地方快速地访问影像数据，为集团下属的医院、专科中心与诊所创建一个统一的患者影像档案，以及更好地访问 SingHealth 和 EH Alliance 旗下医院、专科中心和诊所的信息。

信息技术在教育领域中的应用十分广泛。"未来学校"项目把人工智能以及自动在线系统等创新技术应用于教学过程中，实现对课程评估、教学内容和学习资源共享、人力资源开发等信息化处理。新加坡资讯通信发展管理局联合新加坡教育部推出第三代未来教室项目，打造一个融合动力学、4D沉浸技术、语义搜索以及学习分析等20多种新技术在内的智能教室空间。新加坡通过利用资讯通信技术，使学校内部、学校之间，以及学校与外部世界之间的联系更加密切和有效，增强了教育管理的有效性。

5. 城市建设管理应用

新加坡在城市智能交通建设方面推出了多个智能交通系统，连接公交车系统、出租车系统、城市轨道交通系统、城市高速路监控信息系统、道路信息管理系统、电子收费系统、交通信号灯系统等子系统。城市智能交通管理体系的规划和建设大致经历了交通管理系统整合、公共交通系统整合、智能交通体系建设三个阶段，实现了对城市交通建设的智能化管理，为出行者和道路使用者提供方便和便捷，同时更注重车辆的最佳行驶路线、繁忙时间的道路控制、公共交通的配合和衔接，为高密度的人流和车辆提供优质的服务。

新加坡城市公共安全监管体系规划将整个城市综合安全防范与治安监控的整体技术性能和自动化、多功能的协同联动响应能力作为其基本要求，同时重视城市公共安全管理在信息层面上的执行和运作过程。新加坡建立全岛统一的城市公共安全信息平台，通过实时监测城市公共安全运行情况，实现对影响城市公共安全事件的快速发现、实时响应、协同处置的统一监管、信息集成、高效协同指挥，并将城市公共安全各单一业务及监控系统进行网络融合、信息交互、数据共享。

在路灯和公交车站等室外公共场所部署与光纤相连的技术设备，该设备与具有检测空气污染情况、雨量或交通堵塞情况等功能的传感器相连，通过传感器发回的信息方便工作人员采取措施,达到监测环境质量和清淤的目的。新加坡当局研发出能够报告垃圾桶是否装满垃圾的传感器以及发现并提醒乱丢垃圾者捡起垃圾的摄像头,这种带有语音提示的传感器和摄像头对增强市民环境保护的自觉性有很大的帮助。新加坡充分利用海浪发电、太阳能光伏发电等再生清洁能源并网供电,极大地节省了发电能耗。

### 3.1.12 战火中的卓越与智慧——以色列

以色列(The State of Israel)地处地中海的东南方向,背靠黎巴嫩,东临叙利亚和约旦,西南边则是埃及。以色列,高素质的软件工程师众多,科技产业高度发达,有着世界"第二硅谷"的美誉。电子信息技术、生命科学技术、现代农业、新能源、水技术等高科技领域均取得了可喜的成果,成为了以色列经济发展的重要驱动力。

《创业的国度——以色列经济奇迹的启示》一书对当前以色列令世人瞩目的经济发展原因进行了高度概括:"今天的以色列之所以如此强大,是多种因素交织的结果:使命感、短缺意识和灾难意识,以及以色列和犹太人骨子里的好奇和逍遥自在的秉性。"以色列前总统佩雷斯说,"犹太人最大的传统就是不满足,这对于政治来说或许不是好事,但对于科学来说绝对是好事。"

1. 信息技术产业和智慧城市的信息技术基础设施

英特尔、IBM、微软、谷歌、苹果等众多国际著名企业均在以色列设有研发中心。不少以色列当地企业在这一领域也颇有建树:Gilat Satcom 公司是最大通信集团 Eurocomde 的子公司,为亚、非和中东地区提供卫星和光纤通信解决方案;以色列 RADWIN 公司为全球 140 个国家和地区的数码城市提供语音、视频和数据无线传输的解决方案,速度可达 200Mbit/s,传输距离可达 120km。

同时,以色列是全球云计算技术中心之一。2011 年 4 月,阿尔卡特朗讯公司在以色列正式成立全球云计算中心,包括研发中心,专注于开发基于云计算的智能、开放、安全的基础架构,为全球通信运营商提供服务。2012年3月,微软在以色列启动了该公司史上首个创业公司加速器项目,鼓励创业者利用 Windows Azure 平台开发基于云计算的应用。下面以特拉维夫(以色列的经济中心、最大城市)"数字特拉维夫(Digi-Tel)"为例,为你解读以色列智慧城市建设的信息技术基础设施。

**互联性**:为提高城市的互联性,特拉维夫市政府批准了一项耗资 600 万谢克尔(约 160 万美元)的城市免费公共 Wi-Fi 项目,于 2013 年正式投入使用。首批投入使用的 60 个 Wi-Fi 热点采用的是摩托罗拉(Motorola Solutions)提供的技术,目的是覆盖特拉维夫主要的人口集中地区以及商务与休闲地带,例如海滩、市中心商业区、公园等,随后追加的 20 个 Wi-Fi 热点则由市政厅脸谱网主页上的票选决定。

在城市免费公共 Wi-Fi 项目正式投入使用后,以色列当地媒体与市民均对公共 Wi-Fi 进行了测试和评估。评估的初步结果是:虽然大部分 Wi-Fi 热点运作正常,但仍有个别热点运转不良,且热点覆盖面积有限、下载速度较慢等。

技术上的问题,需要技术团队解决。然而,覆盖全市的免费公共 Wi-Fi 这一理念仍值得推崇,相比欧美很多国家主要城市有限的免费公共 Wi-Fi(如纽约曼哈顿的电话亭式免费 Wi-Fi 区域),"数字特拉维夫"在城市互联性方面已经走在了前面。

**开放数据**:智慧城市建设中增加市民参与的另一个项目是基于开放数据的手机应用开发竞赛"App2U"。这个项目作为城市推动市政信息透明度和访问度的政策之一,特拉维夫市政府将市政数据库的非保密信息向公众开放,包括社区服务、文体活动、公共卫生、市政预算、统计数据等 140 多个数据库,让公众与移动终端应用开发者可以利用这些信息开发各类服务性应用。

于 2013 年举办的"App2U"手机应用开发竞赛,在特拉维夫市政府信息部和总理办公室推动政府服务部的联合推动下,收到了 72 个应用申请参

赛,头奖"市长奖"与"部长奖"的奖金均为2万谢克尔。获得"市长奖"的手机应用是利用特拉维夫市政府档案中的城市老照片,帮助用户找到该老照片拍摄的地点和角度,让用户可以将现今的特拉维夫城市照片与老照片结合起来进行比较。

获得"部长奖"的应用名为"下一场战争(The Next War)",在下一次区域冲突发生时,它可以让安装了这一手机应用的用户在特拉维夫最快地找到防空掩体的位置,并在抵达防空掩体后可以通过该手机应用启动手机自带的照明(手电筒)、收听军队广播了解最新情况更新、阅读急救常识和战时应急常识等,因此被开发者称为"下一个救命应用"。

**信息推送:**信息推动作为特拉维夫数字革命的另一个重要组成部分,它目的在于为特拉维夫市民提供更多、更全面、更精准的市政信息。名为"数字特拉维夫(Digi-Tel)"的手机应用,将休闲与文化活动信息、交通信息和市政府各部门的信息网络集中在一起,让市民可以方便查询所在地点附近的文化、休闲和体育活动,以及电影上映时间和咖啡馆位置等便民信息,并帮助市民从所在地点抵达这些商铺或活动地点。

在Digi-Tel应用中,市民可以查询城市公共自行车(Tel-O-Fun)在全市所有停车地点的地理信息、可用自行车数量信息,以及机动车停车场位置、停车费和营业时间等。此外,在Digi-Tel手机应用中市民也可以查询市政府各办公室的联络信息,拍摄图片并上传汇报危险。

除Digi-Tel手机应用外,特拉维夫市政府推出了数字居民俱乐部卡(Digi-Tel Residents Card),在特拉维夫居住的13岁以上居民,可以到指定地点注册、填写个人偏好信息,加入市政信息推送网络。目前在特拉维夫市政府各个不同部门约有160人的工作涉及信息搜集与发布。特拉维夫市区人口约为40万,其中有8万多居民已加入这个信息网络。根据住址和兴趣爱好,他们可以收到市政便民信息(如通过手机短信或邮件的方式,将道路施工信息通知附近居民)、市政府组织的各类文化、娱乐、体育活动信息(如城市文化游行、马拉松、自行车比赛、露天表演等),这些信息的发布是根据居民注册时所选择的感兴趣内容而推送的个性化内容。

**中小企业供应商**：在互联性、开放数据等问题解决后，我们不难发现，很多以色列中小企业甚至是初创公司的技术解决方案，它们可以在智慧城市的营建中发挥很大作用。政府并非一定需要为某些城市问题而采购 IBM、思科等规模庞大的集成商所提供的技术方案。

例如以色列近几年颇受关注、应用非常广泛的初创企业 Pango，专注于停车支付领域，目前已成为特拉维夫地区甚至全以色列地区使用率最高的停车支付手机应用。Pango 的商业模式非常简单明了，无论是大街上的市政停车位还是停车场，只要手机用户安装了 Pango 的应用，并绑定支付方式，该应用就可定位停车的位置并计算出停车费，可以在手机上轻松缴纳停车费用。而在该商业模式的另一端，Pango 与政府、企业合作，市政府需要花费在管理停车与停车收费上的工作量大大减轻。除 Pango 外，以色列的另一家初创公司的技术 Cell-O-Park 也提供类似的手机支付停车费解决方案。

2008 年，以色列公司 HTS 的车牌识别系统（SeeCar）被特拉维夫市政府选中，被应用在特拉维夫的 20 个市政停车场内，为自动门禁系统提供软件解决方案。

2010 年，FSM 地面服务公司（FSM Ground Service Ltd.）被特拉维夫市政府选中建造城市公共自行车计划（Tel-O-Fun），在全市范围建立 170 个公共自行车停靠站，以容纳 2200 辆自行车，并开发可定位自行车停靠站位置、看到站内自行车数量的手机应用。

继该项目获得成功之后，2013 年特拉维夫市政府联合特拉维夫经济发展局发布了城市汽车共享（car-sharing）项目的资格预审招标。这项国际招标向以色列国内外的汽车共享公司开放，寻找可以规划、建设实施并维护、经营汽车共享服务的公司。

特拉维夫市政府与智慧城市相关的很多项目招标，都会在市政府的希伯来语版网站上发布，随后会有不少以色列的英文媒体如 Globes、《耶路撒冷邮报》等将之翻译成英语。不少项目的招标不仅面对以色列本土技术公司，

也向外国公司开放，以寻求更多解决方案的提议及供应商。

2. 可再生能源产业

以色列现有百余家可再生能源企业，涉及太阳能、风能、地热、生物燃料等多个领域。太阳能光热是以色列的优势领域，以色列有93%的家庭使用太阳能热水器，太阳能光伏发电站发展也颇为迅速。相关企业包括：Chromagen公司提供太阳能热水解决方案；HelioFocus公司主要从事碟式太阳能发电系统的研发，技术水平世界领先；Solel太阳能系统公司是享誉全球的槽式太阳能发电系统的开发和制造商；SolarPower公司主要致力于太阳能光伏技术的发展。

3. 水资源利用创奇迹

以色列三分之二的国土是戈壁和荒漠，年降水量北部地区是70mm，南部只有20mm，最南部的沙漠地带常年无雨，而蒸发量却大得惊人，水资源奇缺。但是，就是在这样的地方，以色列人创造出适宜人类生存发展的环境。

究其原因是以色列非常重视废水的回收利用，并通过低水价鼓励用户使用处理后的污水。以色列的主要污水处理厂均临海修建，污水处理产生的高浓度污泥通过深海埋藏避免二次污染。处理净化后的污水主要用于农业灌溉和非饮用的生活用水，水质检测表明深度处理后的污水水质完全符合饮用标准。对于不能及时使用的处理后的污水将其回灌补充地下水。

在水资源保护方面，以色列通过水质检测，一方面得出实时的水源点水质状况，另一方面还可以从积累的数据中得到不同区域水质变化的趋势，进而分析出原因，制订相应的对策。由于地下水性质稳定，产生变化往往需要一定的时间，而一旦污染破坏又难以恢复，这种长期监测的手段为发现和处理问题提供了准确的支撑。

在节约用水方面，以色列人也是从细微处做起，如厕所均使用大小两种水量开关的节水型抽水马桶，限制使用对水源污染较大且难以净化的洗涤用品。一般公寓和宾馆均提供轻污染的洗浴用品，并都在卫生间张贴着建议少用洗衣粉等用品的告示条,并详细注明了洗涤用品对水质的危害性,使用者不能不为之所动。

以色列在海水淡化、污水处理与回收、水源安全与检测等领域的技术十分先进。以色列2010年海水淡化厂共生产3.2亿立方米淡水,占当年生活用水需求的42%;污水总回收率达75%,全部生活污水和72%的市政污水均得以循环利用。此外,以色列在水质监测、指挥与控制系统传感器以及毒素检测的生物传感器领域处于世界领先水平。相关以色列企业包括:IDE公司独家拥有低温多效与反渗透两项技术专利,凭借其投资省、能耗低、建造周期短等优势占据了全球90%的海水淡化市场份额;Aqwise公司在污水生物处理领域享有盛誉;HydroSCADA公司与以色列水务公司合作,监控超过100万个输入输出端口,大幅减少了水资源的浪费。

4. 水滴作物根部和项圈监测奶牛

如何在占国土面积三分之二、并不肥沃的土地上休养生息,甚至将年降水量只有30mm的沙漠地区变成本国国民甚至欧洲的"菜篮子"?极其精确的灌溉技术是以色列种植业的基础。由于以色列可耕地面积大约只占国土总面积的20%,其中大约有一半的农耕地必须使用灌溉供水,这成为拥有世界上最先进灌溉技术的动力。

无论是进入温室,还是走在路边的绿化带旁都会发现,每株作物的根部都被细细的水管连接起来。在成长过程中,无论是水分还是肥料都会被靠近根系的灌溉孔输送到作物根部。这种方式既达到了灌溉效果,又极其节省水资源。因为水这一农业最需要的元素在以色列的价格是非常高昂的。农业用水已经属于较低价格,却也高达近2美元1立方米,如果超过阶梯水价用水限额的第一阶段后,水价将翻倍。所以,如何有效地用水、回收废水,都是以色列农民最精通的技术。

以色列对牧场的管理更为精确,由于本身没有像新西兰或西欧那样优良的天然草场,所以以色列的牧场基本是圈养管理,为奶牛提供调配好的饲料。虽然牛没有生活在蓝天下,而是生活在庞大、通风的牛棚中,产量却令人惊叹。以色列荷斯坦奶牛个头硕大,每头每年产奶量高达12500升,目前欧洲的良种奶牛年产量只有9000～9500升,饲料调配、饲养方式和管理都是以色列牧场的长项。

提供精密牧场管理的SCR工程设备公司的Itzkovitch先生介绍,戴在奶牛脖子上的监测项圈,能够非常精确地监控奶牛的一举一动。牧场管理者通过计算机就能了解每只牛的进食、反刍、运动情况,从而得知它的身体是否健康,提早发现患病的奶牛,为它提供绝无抗生素的治疗。另外,添加激素在以色列完全被禁止,监测项圈准确预知奶牛的发情时间,减少奶牛的空怀时间,更多更好地产奶。

5. 既有应对蚂蚁之道也有5分钟一变的菜价

适应环境、适应市场、适应变化,以色列农业在变化中不断扩大着生存空间和利润空间。在目前世界第一的灌溉技术提供商NETAFIM公司的BARAK先生展示了他们适应各式各样气候条件和田地状况的产品。NETAFIM公司不仅着眼于高端技术的发展,而且还致力于为发展中国家提供灌溉技术。

他们研制的"非洲家庭花园"就是其中的代表。这个简单的装置为500平方米左右的小型土地设计,只需要一个抬高1米的蓄水罐,就能将水分养料通过灌溉管线输送到每颗蔬菜上。让原本繁重的挑水灌溉变成了天天清洗滤芯。使用混凝土蓄水罐和铺设管线总共只需要600美元的成本,而且寿命可以达到10～20年。每年生产价值几千美元的蔬菜从梦想变成现实。

为了适应世界各地不同的需要,以色列的灌溉技术仍在不断发展变化,对于美国和澳大利亚农民遇到的蚂蚁钻进传统灌溉系统堵塞灌溉孔的技术难题,NETAFIM公司现在针对每种蚂蚁都已有应对之道。

在ARAVA的沙漠温室中,大家都对青椒的价格很好奇,主人SCHLACHET先生介绍,现在农产品市场如同股票市场一样,在荷兰的公开市场上,价格瞬息万变,几乎每5分钟就变化一次。说着他拿出自己的手机说到,"比如现在,青椒的价格是5.75欧元一箱"。

6. 高度发达的安防产业

以色列的安全产品制造厂家具有丰富的经验,在世界上享有开发先进安全解决方案的信誉。

以色列的安全制造业能够提供高级的安全解决方案,从自动语音识别系统和远程传感器到视频图像定位和识别、预警装置和先进的战术成像系统。它们独特的安防技术,崭新的安防理念,实用、便捷、高效的安防产品越来越受到各国的普遍关注,美、英、俄、德等国纷纷派员学习借鉴,接受培训,甚至订货。根据以色列中央统计局的统计,安防产业现在已成为以色列发展最快、出口系列产品最多的产业之一。

以色列建国后经历了数次大规模战争,局部冲突此起彼伏,零星暴力事件更是不断。为此,以色列长期保持对安防产业的高投入,其技术和人员也得以在较为恶劣的安全环境中进行实战检测,以色列安防企业因此逐步形成了自身的技术优势。以色列有超过 300 家安防技术公司以及大量具备实战经验的军、警退役人员,可提供量身定制的安防咨询以及相关产品和技术,包括:机场和民航安全、边境安全、公共场所和商业设施安全、反恐和人身安全、突发情况应对管理系统、安全城市项目、国际体育赛事安保(如街道保护、人群控制)、生物安防(如智能卡、脸部识别)、信息技术安全、网络反恐以及安防培训等。主要相关企业包括:Mer 集团的智能安全城市集成系统;NICE 公司的安保解决方案;Verint 公司的安保情报解决方案以及 LOTANHLS & Defense 公司的基建安保项目等。

## 3.2 畅想未来智慧城市生活

智慧城市这一关于人类生活环境高科技化的概念正在全球流行,并越来越深入到人们的日常生活中。那么,未来生活到底什么样?是街道整洁、汽车会飞,机器人承担所有工作?还是战争、灾难、犯罪频仍,人们被迫藏身

于封闭的空间,城市变得不宜居住?

## 3.2.1 花更盛树更绿,以更加智慧的方式发展绿色未来

许多专家认为,绿色是智慧城市建设的灵魂,"更智慧"等同于"更绿色"。他们预言,未来城市的发展方向是碳中和城市,人们习惯于拼车出行,空气质量大幅改善,办公室窗户不再永远紧闭。市区既有高楼大厦,也有移动暖房,屋顶上种植蔬菜植物,构建成片的"空中花园",让人们感受到昔日的田园风光。

1. 不要盖房子了,种一个!

2010 年 7 月的《大众科学》杂志刊登了美国麻省理工学院媒体实验室智能城市小组的建筑师米切尔·约阿希姆(Mitchell Joachim)的有关未来环境的科学幻想,包括树上长出房子、漂浮在水上的房子、能回收废物建造建筑物和桥梁的机器、棉花一样软的汽车、喷射飞行背包等。这些幻想将重塑未来的城市,建造碳中和的绿色迷你"乌托邦",进而帮助人类避免生态末日。

约阿希姆认为,未来的城市中心将拥有回收能源的植物,而不是大型购物商场或者教堂。未来的城市将会庆祝"让我们存活的信念",这会让我们的生活更加美好,而那或许就意味着存在可循环利用的植物。至关重要的是,人类以后所居住的房子不再单单是钢筋水泥搭建起来的,很有可能是像植物一样种出来的。

约阿希姆与他的同事们共同策划了这一未来住宅理念,这并不仅仅是一种纯"绿色"设计,而且能将人类住宅与现实的生态系统完美地结合在一起。目前,他们将这种房屋命名为"奇妙树宅"。

"奇妙树宅"的建造基于园艺的嫁接编织技术,使用新生的树枝编织成诸如拱门、窗格、屏风等形状,无需人工建造,让这些树枝生长几年即能形成这种住宅的雏形。"奇妙树宅"框架的成熟,在热带地区需要几年,在温和气候地区则需要几十年的时间。在住宅外层有生长十分密集的葡萄藤,其中任何间隙都由土壤和生长的植物填充着，这些土壤长出的植物就像一个个小盆景，使住宅情趣横生，另具一番景致；在住宅的内部，光滑室内墙的最里层混合着黏土和稻草，起到绝缘和防潮作用；靠南的墙壁和窗户采用由大豆为原料制成的塑胶，可以在冬季吸收热量，起到保暖作用；朝向阴面的墙壁上的地窗可以吸收炎热夏季的凉爽微风。此外，房顶的蓄水池可以供人们日常使用和植物浇灌，人们使用后的废水可在室外一个净化池塘进行净化处理，该池塘中有能够消耗有机废水的细菌、鱼和水生植物。

目前，约阿希姆与加州住宅设计项目公司 MATscape 合作，计划建造半回收材料和半植物生态系统的住宅，但是，约阿希姆和同事们希望能有朝一日建成"奇妙树宅"住宅社区，人类的房屋将与自然生态系统成为一体。他解释道："这样就会使家和大自然混为一体，而且会对生态学产生积极的影响。"

此外，蘑菇也能够被人们利用。他描述了活体生物产生生物聚合物的可能性，比如说使用一种生长在框架内的大蘑菇来创造建筑材料模块。这些大蘑菇的表面能打造成一把椅子，然后再使用皮革一样的传统材料对其进行包装，完全使用新工艺制作的常见物品能够让人们在未来习惯于使用这种材料。

但是为什么只限于植物和蘑菇呢？约阿希姆喜爱细胞工程的发展潜力，他指出墙表面和肉表面有着类似的结构。他甚至提出了一个"肉房"的概念，他在实验室中用一块新鲜的肉打造了一个建筑。这些生物聚合物相对于混凝土等传统的建筑材料来说有着明显的优势。当然，目前的重点还是理论阶段。约阿希姆说道："未来的城市将到处充斥着炒作，如果我们不具备儒勒·凡尔纳（Jules-Verne）对登上月球的推测能力，我们就不会让美国宇航局的工程师把我们送上月球。我们把那种炒作当成灵感。"

值得一提的是，约阿希姆的绿化生活理念并不止于建筑，对于现代的交通工具，他也有令人惊异的发明。他设计出类似绵羊造型的汽车，柔软、舒适而又安全，可与周围环境互动；他设计的小型飞船就像有轨电车，沿着索道缓慢行进，行人完全可以在行进间上下车。这种车可以穿越河流、峡谷以及

没有桥梁的地形;约阿希姆设计的喷射飞行背包,被穿在一起由飞船或者飞机拖拽,个人可以随时脱离,安全地飞往办公室或者家,就像空中地铁一样。

2. 绿色漂浮城市,将所有垃圾转化成能源

日本公司 Shimuzu 在 2010 年构思和设计了一种像巨大的荷花一样漂浮在太平洋上的迷你漂浮城市。未来,它将可能成为利用绿色科技和创建碳中和城市的一种新方法。

绿色漂浮城市包含很多小室,每个宽 1 千米,可容纳 1 万~5 万人。每个小室可以单独漂在赤道附近的太平洋上,也能与其他小室组合在一起,形成一个更大的市镇或城市。

中心塔体四周有草场和森林环绕,它在食品方面可以自给自足,饲养家畜和其他农业活动将在塔体周围的"平原"上进行。所有这些都建在 7000 吨重的蜂房式浮筒上。这些塔体将用超轻铝合金和从海水里萃取出来的镁等金属建造。Shimizu 提出这一概念的目的,是创建一个碳中和未来社会,该公司研发人员称,以这种方式居住在这些小室里,可降低 40% 的碳排放。这些小室不会产生任何垃圾,它们会利用新型绿色技术循环利用每样东西,把垃圾变成能源。漂浮在海洋里的垃圾岛,将被收集起来生产能量。

设计者表示,这些小岛的位置是其成功的关键。每一组小室都将位于赤道附近,因为那里的气候最稳定。除此以外,它们还需利用一系列技术保护这些漂浮城市免遭潮汐和恶劣天气的破坏。为了保护居民生活不受大浪影响,小室外缘周围的潟湖会铺一层强壮的弹性薄膜,薄膜上面的浅滩比海平面高 9.14m(30 英尺)。Shimizu 公司的科学家认为,潟湖和海洋之间的水压差会限制薄膜的移动,缓冲开阔海域的波浪产生的压力。

这些未来城市周围还会建高 100 英尺(约 30.48m)的防波堤。设计者表示,开阔海域发生海啸的危险性,比沿海地区遭遇的那些危害性更小。塔体周围和外墙上还会安装避雷针,防止雷击。Shimizu 打算在 2025 年开始制造第一批小室,目前他们正在开发建设这种城市所需的技术。最近科研人员在日本的一项会议上介绍了这个概念。然而这并不是 Shimizu 公司提出的第

一个奇怪的想法。该公司还部署了在月球周围的日光收集器,用来收集太阳能,然后把它输送到地球上。

### 3.2.2 人工智能的全面覆盖

《时代》杂志引用了《智能机器的时代》并成功地预言了计算机将在 1998 年战胜棋王,被美国主流商业报刊 Inc. 评为"爱迪生的合法继承人"的库兹韦尔(Ray Kurzweil)曾预言在 21 世纪 20 年代末,计算机就可以达到与人类智力相抗衡的水平;而到了 2045 年,电脑能力更会大幅增长,且电脑能力增长的周期会越来越短,成本却随之下降。因此人工智能(AI)的产品数量,将是人类历史上整个人类智慧所产生的产品数量的 10 倍。

按库兹韦尔所述,这就是电脑自行掌握人工智能的时刻,它们将模拟人脑进而产生意识,其不再是一台能处理快速运算的机器,也不再仅限于当前可见的作曲、写作、驾驶、看护等人性化功能,它(此时或可称之为他和她)还能进行社交、自主决策、按它们自己的需求行事甚至开始欺骗人类……思维发散至此,所有看过科幻电影《2001 太空漫游》的人们都会不寒而栗。

库兹韦尔是奇点大学的校长,该校正是以库兹韦尔的"奇点理论"而命名。该理论宣称:在一个所谓的"奇点"来临之时,机器将可通过人工智能进行自我完善,甚至超过人类本身,从而开启一个新的时代。该理论出现后,一些批评者也对这种"恶意的人工智能或将毁灭整个人类"的看法提出了质疑,但包括谷歌公司(Google)和美国国家航空航天局(NASA)在内的机构明确表示支持。

事实上,几乎从人类幻想出"人工智能"这一概念的时刻起,关于"人工智能是天使还是魔鬼"的争论便从未停止,一方面,人们期待人工智能可以像卡通形象"大白"一样造福人类;但另一方面,不少人却担心人工智能一旦拥有智慧,人类或将遭遇灭顶之灾。

不过持积极态度的人也不少,牛津大学的哲学家尼克·博斯特伦就认

为"人工智能不会毁灭人类"。他举的例子是，将一名母语为英语、从未说过汉语的聪慧女孩关进一间有大量汉语学习用书的房间，要求她流利地说汉语，无论她多么聪明、多么努力，也无法达到母语是汉语的人的水平，因为要想熟练掌握一门语言，关键是要同语言流利的人一起交流，同样，人工智能在缺少与人类自然交流的情境下很难达到人类的智能水平。

在一些科幻小说或电影大片中会有未来像机器人那样的智能生命代替人类接管地球的场景，人工智能如果获得超越人类的智能，是否会反过来统治人类？一些乐观人士持否定态度，因为如果智商能成就权力，那国家就应由科学家、哲学家或象棋天才来统治，然而世界大多数国家的首脑并不是智力最为超群的那拨人，而是因为他们能力强、人脉广、魅力十足等原因才成为领袖的这些特点恰恰是未来的人工智能很难学到的。北京时间2016年3月15日，谷歌围棋人工智能AlphaGo与韩国棋手李世石进行最后一轮较量，AlphaGo获得该场比赛胜利，最终人机大战总比分定格在1:4。作为新一代人工智能的代表，"阿尔法围棋"的目标是发展具有深度学习能力的人工智能，人机大战的目的也是验证人工智能目前能够达到怎样的深度学习能力。未来，这种人工智能会深入人类社会各个领域。如果以"阿尔法"为新一代人工智能的符号，那么未来的某一天，我们会发现，"阿尔法医疗""阿尔法交通""阿尔法环保""阿尔法保健"等也出现在我们的生活里。人工智能的发展带给世界很多惊奇，同时也引发关于人工的各种担忧。

有人担心，如果人工智能发展得不合理，未来的人类世界不仅会处于自己创造的危机之中，还极有可能出现人群两极化，精英人群控制智能终端，而普通大众则在智能化产品的包围和照顾下逐渐退化，最后成为被奴役的对象。

人工智能发展的终端是福是祸，中国科学院的谭铁牛院士给出了一个较为乐观的回答："'水能载舟，亦能覆舟'，把握得好，人工智能就是天使。"在他看来，当前人工智能的发展尚处于初级阶段，难以超越人类，远不足以威胁人类的生存。任何高技术都是一把"双刃剑"，随着人工智能的深入发展和应用的普及，其社会影响日益明显。人工智能的全面覆盖在未来是必然趋势，而人工智能的真正危险，其实来自于"人工愚蠢"——计算机程序会在无缘由的情况下，迅速而过度地完成某项单一工作。例如，一个生产回形针的机器可能会失控，导致在一夜之间生产出大量无用的回形针。换句话说，这里发生了非常愚蠢的错误，而错误的影响范围很大！

### 3.2.3 智慧连接，全面引爆万物互联

2010年热遍全球的电影《阿凡达》（*Avatar*），美轮美奂的3D效果、激动人心的叙事以及回归自然的主题，使整个世界疯狂。电影中，纳美公主教杰克·阿凡达与动物的沟通本领、驾驶飞禽的本领，在丛林中辨认方向、区分植物类型，学习使用自己的辫梢与动物的辫梢进行沟通，学习驾着巨兽飞翔，练习从高空中顺着大树叶子降落到地面的技法。潘多拉人能够和自然界进行沟通和融合，也能和庞大的动物、飞禽沟通融合，并能用自己的意识引导动物的行为，让巨大的野兽、飞禽听自己的话，按自己的思维奔跑、飞翔。人和自然已经完全融合为一个网络，一个世界。当你惊呼赞叹主创班子惊人的想象力的时候，有没有想过，这或许就是智慧城市的未来——万物自由联通，信息触手可及，沟通从心开始。

这几年，大数据、物联网等技术的飞速发展，电影中这些几年前看起来还非常科幻的画面，如今我们都已不难从现实生活中找到相对应的技术。电影中的"圣树"就像一个存储着海量信息的服务器集群，"辫子"链接的是一个无处不在的通信网络，到处飘荡的"蒲公英"则好比遍布城市的传感器。生活在城市里的人们通过传感器采集信息、网络传输信息、数据中心存储和处理各种信息，可以随时随地获得自己想要的信息。

一枚内置压力垫的美式橄榄球头盔，能够检测运动员的健康状况。一款专为消防人员设计的可穿戴无线计算机，可浏览一般图像和红外图像。而当某一天谷歌眼镜遍布全球时，又一次吸引人们眼球的也许是能在视网膜上成

像显示的增强型隐形眼镜了。已经有人在研究这项技术了,一位研究人员说:"这将是一种真正的'无感'电子设备,在路上的人,可以在只有他们能看见的显示屏上浏览网页。"

在不知不觉中,信息科技正在改变我们的生活,而个人感知与联系外部世界的方式,也会因为它们的"介入"而全然不同。无论可穿戴设备将来是否会成为主流,它都让人们以不同的方式看待技术,思考技术与人类互动方式的多种可能。而人类的健康信息、感官体验,乃至所思所想,也将经由身上这些几乎"无感"的电子设备"接通连网"。

纪录片《互联网时代》剧组采访了一位风趣幽默的英国人。他叫凯文·沃里克(Kevin Warwick),是雷丁大学(University of Reading)的教授,拥有"世界第一电子人"的称号。早在1998年,他就将一枚硅芯片植入了他左臂的神经系统中:"有了它,当我在屋子里走动的时候,计算机会为我打开大门,调节灯光。当我走到门前的时候,甚至会说你好!"由于技术限制,芯片当时只在他手臂里运作了3个月。4年后,沃里克又进行了更为大胆的实验,将两枚更先进的芯片分别植入自己和妻子的手臂中。他回忆说:"实验中,我的妻子握紧拳头的时候,我的大脑会接收到电波。我们实现了人类第一次神经系统间的交流。这表明未来有各种可能性——仅是通过语言沟通,那太贫乏了,同时也有思想、图像、感觉、情感的交流。未来交流的各种可能性都振奋人心。"

这令人不禁联想到刘慈欣的科幻小说《三体》中对外星球的"三体人"交流方式的描述——各自的思想不用说出口,就会即时被对方获知。美国生物神经科学家扎克·林奇指出:"正如达尔文的进化论改变了我们在这个世界和更大的宇宙范围内对自己的认识,在这种新的神经传统下,神经技术也有可能会带来全新的观念,让我们认清自己在宇宙中的位置。"不过,沃里克的妻子仍对人际间神经系统的连接保有顾虑,因为如果是彼此并不熟悉的两个人相连,一人的行动乃至思想都在同一时间被另一人获悉,这在隐私和伦理上都有绕不过去的坎。

无论如何，人脑与电子设备和网络结合的实验如今正在世界各地的实验室里进行着。2012 年，美国匹兹堡大学医学院的外科医生成功地将一枚芯片植入到一位已经瘫痪 15 年的女士的大脑中，帮她获得了用意念支配机械手臂的能力。2013 年，德国图宾根大学的科学家发明出一种可以修复视力的微型芯片，通过植入病人脑内，放置于眼球后方，帮助 9 名盲人成功恢复了视力。更为惊人的实验是华盛顿大学首次实现两个人脑之间的远程控制：2013 年 8 月 28 日，一名实验者头戴连接脑电图仪的帽子，盯着游戏屏幕，想象移动右手点击"开火"键，而位于另一房间、戴有特殊线圈装置的实验者则在"不自觉"的情况下，移动右手食指，点击了"开火"。在不远的未来，通过意念控制另一个人的行动，也许会跟在 QQ 上发送抖动表情一样简单。

## 3.2.4  2020 年的计算机和人类社会

很多人对于美国的科幻电影可能会走入现实的论调十分不安，不过对于如今已经居于地球任何一个角落的人们来说，根本无需担心。因此到 2020 年，虽然年份上颇具科幻意味，但实际上则难有科幻的场景出现，你看不到汽车在天上飞，甚至太空飞船自由穿梭于地球和其他星球之间，这种最为基本的科幻电影景象你也别想看到。

而唯一能让我们有些期待的或许是可以通过 3D 打印的方式 DIY 一款属于自己的笔记本。

这里我们要着重讨论的是，计算机与人类社会会联系得更加紧密，而 PC 所具有的社会角色会与今天有何不同。

1. 按需服务的教育模式

虽然教育体制在 2020 年可能还难以改变，高考的方式也许并不会发生变化，但个人认为，考试的内容还是有可能更加个性化的——2020 年教育或许将成为一种按需服务，可以自助选择需要学习的知识模块，而最终考试的内容也将是自己选择知识模块的扩展和延伸。

怎么可能针对每个人的个性知识需求来出考卷呢？这将是多么浩大的工程。不过，如果你换一种思路来思考，将所有工作都交由 PC 来完成，这会不会就容易多了呢？以游戏化的学习打破传统填鸭式的灌输，这显然是一种突破，而 PC 显然是这种能够带来革命性突破的基因，你的任何诉求都可以经过物联网、互联网以及云计算最终导向 PC 端。当然，如何进行细化的结合，还需要国家智囊团的深入研究。

2. 物联网逐渐完善催生智慧城市

借助物联网、互联网的技术，政府公共服务将得到极大的细化，比如你能第一时间知晓哪里有停车位；家中的老人通过终端设备监测其健康情况，如果健康出现问题能够第一时间报备到医院，避免各种悲剧的发生。而智慧城市的核心点则在于，无论什么东西都能通过系统感知，就算想测测颐和园湖中的水质如何，也不必跑到现场，传感系统能随时让人知晓水质的数据。

当然，要产生如上的结果，自然少不了 PC 这个输出终端。随着技术的发展带来了电子产品边界模糊化，2020 年或许智能手机、平板电脑以及各种穿戴设备都将泛 PC 化。

3. 创客改变世界

对于如今的人们来说，"创客"或许还是一个比较新的词汇，但在 5 年后这或许将成为一种常态。官方对其解释是不以营利为目标，努力把各种创意转变为现实的人。它是基于从个人通信到个人计算，再到个人制造的社会技术发展脉络，其核心是大众掌握了自生产工具。

这似乎与媒体属性的演变惊人地相似，互联网高速发展、入网设备功能性的大幅提升以及博客、微博、微信这些依托于互联网的产品出现，催生了大众媒体向自媒体的转变。总结来说，自媒体的形成离不开互联网与 PC 终端。

创客的形成与发展也是如此，因为从其发展主线来看，其是基于个人通信到个人计算，在这个阶段 PC 显然是不可或缺的中介，如果没有 PC 的参与，显然无法达到个人制造的社会技术发展脉络，也就无法催生创客。

4. 个性化药物和远程手术

在未来，如果医疗不 PC 化，那医疗效率将无从谈起。事实上，PC 与医疗保健相结合并不是一个未来化的名词，在当前很多的三甲医院，PC 已经进入到了医生查房的环节，医生只需要动动手指就能知晓病人的所有信息。

2020 年，PC 在医疗环境中的社会角色显然将更加深化，比如我们会看到更多基于 DNA 的个性化药物，以及远程手术和针对每个人的健康档案，这些自然都需要在 PC 终端下才能完成。

5. 网络和现实的隔膜将消除

对于如今的 4G，很多人是又爱又恨，爱的是其真快，再也不会因为上下班途中观看在线视频而苦恼了；恨的是其真心贵，如果一晚上都处在 4G 模式，失去的可能就是一台 iPhone 手机了。

2020 年，或许你对电信模块的依赖会大大减小，因为持续的在线设备将更好地隐藏在我们的衣服、书包甚至是身体里，越来越多的人们会随身携带移动性出色的 PC 设备，而互联网无盲点也将会大大冲击智能手机市场，毕竟依托于网络端的微信、skype 完全可以替代手机的功能。

6. 现金为王的时代或将终结

钱包、手机是如今人们出门必备的两个物件，2020 年，这两个物件或许将合二为一，移动钱包将会伴随物联网、互联网以及智慧城市的深化，从而在我们的生活中普及，而你需要的就是一款便携性出色的移动 PC 设备。

# 第二篇
# 路 径 篇

- 第四章　智慧城市建设的总体思路
- 第五章　智慧城市如何有效落地

# 第四章 智慧城市建设的总体思路

智慧城市建设是一项综合性的系统工程,需要政府、投资商、IT企业、运营商,城市内的各类企业、市民等各个主体和角色各司其职、通力合作,才能真正实现智慧城市的目标。

在智慧城市建设的初期以及目前正在建设的部分试点城市中,上述观点并没有受到重视,很多智慧城市项目被当作一个IT项目来完成。这导致部分城市只是按照传统项目管理的思路来进行建设,加上招标智慧城市的供应商,并没有系统考虑为什么要建设智慧城市、智慧城市能解决什么问题、建成后的效果如何评价、投入产出是否成比例等一系列问题,最后导致投资巨大、利用率低、效果不明显、民生及产业用户不买账等情况。造成这种局面的根本原因是应用分析不充分、用户需求不准确。

而那些成功的智慧城市项目,都进行了深入的应用分析,不仅仅考虑了政府部门的需求,更把城市的主体——人,作为智慧城市需求分析的核心。

智慧城市建设要成功,三个基本需求是必须满足的,一是解决城市病;二是提高政府效率降低运营成本;三是低碳、节能、环保。

## 第四章　智慧城市建设的总体思路

# 4.1　智慧城市建设面临的挑战

自从 2012 年 11 月 22 日国家住房和城乡建设部下发《关于开展国家智慧城市试点工作的通知》（建办科〔2012〕42 号）文件后，国内第一批智慧城市试点开始建设，目前这批试点城市面临验收。从公开的新闻报道看，所有的试点和非试点城市，还存在诸多问题，有些是试点过程中可以接受的，有些是盲目的、非理性的。我们亟需总结前一阶段的试点成果，理清思路，坚定步伐，扬长避短，再次出发。

## 4.1.1　统筹规划缺陷的挑战

当前智慧城市建设缺乏智慧化的顶层设计，在指导思想上存在一定片面性，比如过分强调信息技术的作用，而忽视城市整体系统的和谐发展；存在一定的重复建设和资源浪费现象，还有条块分割、信息独享等制度性障碍。智慧城市建设不是单一系统、独立项目的组合，而是多系统交叉、相互影响和促进的生态圈。建设智慧城市是一个长期、动态、复杂的过程，需要统筹经济和社会协调发展，既要有前瞻性考虑，更要强调实效性、可操作性。

时任中国工业和信息化部副部长杨学山在"2012 全球城市信息化论坛"上曾表示，很多城市管理者虽然看到"智慧城市"的重要性，但缺乏远见性；我们必须将技术力量与城市发展目标结合起来。中国城市进入目前的发展阶段，经济增长的要素投入要从量的增长转向质的增长，必须关注经济发展带来资源环境刚性约束。智慧城市建设要做出具体的可操作的实施方案，譬如解决城市安全、城市污染监控等难题，对改善民生有直接效益。也有专家学者指出，中国智慧城市的建设在各地政府、企业的积极探索下取得了积极进展，

但也暴露出缺乏顶层设计和统筹规划、试点示范政出多门、体制机制创新滞后、网络安全隐患以及风险突出等问题，一些地方出现思路不清、盲目建设的现象。但是这些论断并没有受到足够的重视，众多试点城市和非试点城市都在按着地方政府决策或者 IT 企业的意愿建设智慧城市项目。

大局观和整体观是智慧城市规划设计必不可少的指导原则，沿用电子政务、教育信息系统、交通信息系统等中小规模系统的组织管理模式和规划方法来规划设计智慧城市是难以取得真正成效的。政府还应加强智慧城市规划与国民经济和社会发展总体规划、主体功能区规划、区域发展规划、行业发展规划、城乡规划以及有关专项规划的衔接，把整个城市纳入到一个智慧城市的大盘中来。

### 4.1.2　信息孤岛的挑战

智慧城市建设面临的问题与挑战还有传统信息化所造成的信息孤岛，如电子政务、医疗信息化、教育信息化、人力资源与社会保障信息化等系统建设是各自为战的，信息的采集和存储等环节的重复建设既增加了政府部门的运营成本，也增加了市民的负担。例如，为解决经济社会难题亟需开放、融合、共享、交换的各类信息，在社会中因为类别、地域、行业、部门等原因被孤立和隔离；同一时空对象所属的各类信息间天然的关联性和耦合性被割裂和遗忘；数据开放和信息共享程度受限，信息资源开发利用水平不高；信息服务的便捷化、智能化、产业化、高效化水平不高。智慧城市建设的本质就是要按照实际需求，着力破解信息孤岛的难题，推动城市范围内相关部门、群体、行业、系统之间的数据融合、业务协同、信息共享和智能服务。

**链接：信息孤岛与信息烟囱的结构概念**

所谓信息孤岛（Information Island 或 Information Isolated Island）是指，在一个单位的各个部门之间由于种种原因造成部门与部门之间完全孤立，各种信息（如财务信息、各种计划信息等）无法或者无法顺畅地在部门与部门之间流动，如图 4-1 所示。

图 4-1　信息孤岛

信息烟囱（Information Silo）中的信息是孤立的并且主要存在于同一职能领域中。虽然一些信息是局部化的，只有使用它的职能领域的人士才对它感兴趣，但是还有一些对于其他职能领域非常有用的信息没有被共享。在这种职能导向中的信息是孤立的、专门的、重复的和不一致的，如图 4-2 所示。

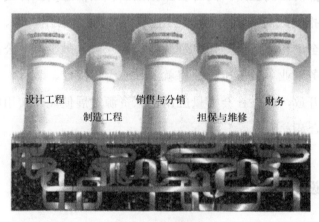

图 4-2　信息烟囱

在实际情况中，不同职能之间所需要的信息和所提供的信息采用不同的形式和格式，在从一个职能领域传送到另一个职能领域的过程中会造成信息泄露、需要重建信息，在有些情况下甚至会传送完全错误的信息。

信息烟囱的存在，也使信息的使用达不到最优。当职能领域在自己的信息烟囱内工作时，它们通常在自己的领域内优化信息的使用。但是这种局部的优化可能并且经常会导致整个企业甚至供应链内的信息达不到最优。

信息资源或者大数据是一个城市在智慧城市建设中的核心竞争力。从现实情况看，同一城市不同部门和行政区的信息资源开放、共享、利用仍是难以打破的坚冰。一个城市建立促进信息共享的跨部门协调机制势在必行，完善信息更新机制，进一步加强政务部门信息共享和信息更新管理；政务部门应根据职能分工将本部门建设管理的信息资源授权给有需要的部门无偿使用，共享部门应按授权范围合理使用信息资源；整合已建政务信息系统，统筹新建系统，建设信息资源共享设施，实现基础信息资源和业务信息资源的集约化采集、网络化汇聚和统一化管理；要以城市统一的地理空间框架及人口、法人实体等信息资源为基础，叠加各部门、各行业业务信息，才能加快促进跨部门协同应用；同时要加强重点领域信息资源开发利用，主要做法是大力推动政府部门将企业信用、产品质量、公用设施、综合交通、食品药品安全、环境质量等信息资源向社会开放，鼓励市政公用企事业单位、公共服务事业单位等机构，将就业、旅游、医疗、教育、生活等信息资源向社会开放，促进社会力量应用信息资源发展便民、实用的新型信息和大数据整合开发服务。

### 4.1.3　建设空心化的挑战

智慧城市建设空心化指的是只看重技术的"高精尖"，工程建设的"高大上"，而不注重实际效果。有些城市在推动智慧城市建设过程中不重视智慧城市建设的战略目标、业务目标和实际效果，只强调以技术为导向、以项目来驱动，过度追求"高、大、快、上"，过于重视最新技术的引入及新设备、新硬件的投入，对于花大钱购置物联网、云计算等先进的软、硬件设施具有过高的积极性，热衷于将"行头"武装到"现代化"水平，甚至不惜借债来投入巨资，贪大求全、贪高求洋，导致城市在推进智慧城市项目建设时自成体系、独立运行，综合协调不足，无法真正形成互联互通、智能服务、业务协同、信息共享的新模式，投入产出率十分低下，缺乏应用实效，建设空心化风险很大。

避免智慧城市建设的空心化，关键是回归智慧城市建设的本质需求，坚持战略引领、项目驱动、需求驱动、问题导向，避免单一技术导向。我们要正确认识到物联网、云计算、大数据、移动互联网等新一代ICT技术并不是万能的，树立科学的技术价值观，在智慧城市的技术路线选择上坚持既先进又实用，尤其要注重应用实效，推动信息技术的深度应用、集成应用。

政府应加快重点领域的物联网应用，促进云计算和大数据健康发展，鼓励电子政务系统向云计算模式迁移，提高城市管理的精细化水平，逐步形成全面感知、广泛互联的城市智能管理和服务体系。在教育、劳动就业、医疗、社会保障等重点民生领域，推广高质量、低成本、广覆盖的云服务，支持各类企业充分利用公共云计算服务资源，加强基于云计算的大数据开发与利用，创新大数据商业模式，服务城市经济社会发展。推动信息技术的集成应用，城市要针对公众实际需要，加强移动互联网、遥感遥测、地理信息等技术、北斗导航的集成应用，创新服务模式，为城市居民提供方便、实用的新型服务。

## 4.1.4 网络安全的挑战

智慧城市的基础是信息资源的高度集中和共享，信息资源越集中，信息安全风险也越凸显。移动互联网、物联网、导航定位等新技术带来了新的信息安全问题和挑战。云计算具有整合和集约化处理信息资源的优势，随着云

计算和虚拟化技术的迅速发展，越来越多的数据上传到云端数据库，导致数据资源过于集中，一旦云服务器遭到入侵，大量数据资源的安全将受到严重威胁。智慧城市建设高度依赖网络和信息基础设施，其面临的安全风险和威胁，比互联网的安全问题更复杂，对社会的影响也更直接，我国智慧城市建设正面临着日益紧迫的安全脆弱化风险和挑战。

目前，很多城市还没有意识到网络安全的重要性，还没有形成统一和强有力的管理机构与机制，多头管理，实际效果不佳。如果要完善网络安全保护方面的法律，从系统维护、设备审查、信息保护、管理制度、建设应用标准规划等多方面完善保障措施，实现网络安全目标，城市就必须采用安全可控的系统、产品、技术，确保要害信息设施和信息资源的安全。政府还应统筹研究网络与信息安全防护策略，实现智慧城市建设的重要信息系统设计、实施及运行阶段的全过程网络安全管理，重要系统与网络安全设施要同步设计、同步建设和同步管理。

## 4.2 智慧城市落脚到民生才具可持续发展空间

在第 2 章中我们已经提到，经济建设与民生服务是我国智慧城市建设过程中应当遵循的两个基本点[1]。市民不需要飘在空中的概念，需要的是实实在在的应用，智慧城市的目的是让市民生活得更加安全、舒适、便捷、高效。智慧城市能不能做好，一要看为谁做，二要看谁在做。

过去的 10 多年里，国内智慧城市建设大范围展开，但有些城市的实施效果却不佳。事后分析，这些失败的智慧城市项目各有各的原因，但成功的项目却都有一个共同点——实现了惠民。智慧城市建设只有做到应用落地，并且惠及百姓，才能给城市带来持久的生命力，才能实现智慧城市项目的可持续发展。

---

1 详见第二章中 1.2 节两个基本点部分。

# 第四章 智慧城市建设的总体思路

中国的城市化比工业化晚了 10～15 年，未富先老、交通拥堵、环境恶化、透支资源……各式各样的城市病就这样悄然来到我们身边，如图 4-3 所示。作为城市化的高级阶段，智慧城市建设必须坚持以人为中心的双结构目标：一是提高市民的便捷感、安全感，对城市的认知感、亲和感、公正感；二是提高城市治理的能力，包括基础设施、城市运行、社会管理、公共服务、城市经济、资源配置、空间布局 7 种能力。

图 4-3 城市病[1]

然而，现有的智慧城市，很多都只是在城市内建设的某种类型的智慧应用，例如智慧教育、智慧交通等，或者建设局部的智慧园区、智慧社区。这些形成了一个个的信息孤岛，不能实现不同应用之间的数据共享或应用穿透，和全方位的智慧城市相比这些最多只能算初级阶段。要想实现不同智慧应用的协同和穿透，必须有一套完整的顶层设计和思考，以免遭遇各自为政、数据烟囱等信息化建设的老问题，增加智慧城市建设失败的风险。

## 4.2.1 智慧城市应该要惠民

智慧城市是一个综合性的生态系统，需要投资者、运营商、城市内的各类

---

[1] 来源：新华网。

企业，政府各部门，市民等各个角色通力合作，才能把智慧城市建设好、运维好。自2012年11月国家开始建设首批智慧城市试点以来，一些城市出现了智慧城市试点的牌子到手，但却不作为现象。同时，很多城市认为把信息系统挂上"智慧"两个字，就是智慧城市；这些现象导致许多的智慧城市项目被当作普通的IT项目来完成。主管部门拍脑袋提了一个需求，IT企业就开始忙活着搭服务器、连网络、装软件。这些其实都是源自对智慧城市认识上的严重偏差。

智慧城市不是简单地贴上信息化的标签就可以了，而必须主动关注人与城市、城市与环境、城市与体制、城市与文化之间的关系。尤其是，坚持民生优先的大原则，在信息惠民上下工夫。而这也就催生了"智慧民生"的概念。

#### 4.2.1.1 智慧城市和信息惠民之间的关系

尽管智慧城市和信息惠民分别被视作当前国家通过信息化手段推动新型城镇化建设的两个不同层面的抓手，但两者之间的关系实际上非常紧密，互为表里。

首先，智慧城市必须是惠民的——无论从信息化的经验上来看，还是从城市化的进程上来看，服务于民生，让利于百姓，让更多群众真正分享到城镇化建设和科技发展所带来的红利，始终是国家一直追求的最大梦想。因此，没有惠民的智慧城市，只能是流于形式。由于没有足够的群众基础，不具备可持续的发展能力。

其次，信息惠民必须是"智慧"的。信息化技术是手段，但它不一定是方法，不一定能够真正解决老百姓日常生活中的各种实际问题。如果想要通过信息化的手段来解决这些问题，那就必须把关注的焦点放在找到正确的方法上，这是中国人能理解的"智慧"的真谛，是对科学的信仰，也是当前我国推进信息化过程中所缺少的东西。

在某种程度上，我们可以这样理解，智慧城市是一个持续的过程，而信息惠民则是这一过程想要实现的目标。城市的管理者们只有在这一"过程"和"结果"当中不断地去寻找新的平衡点，才有可能真正有效地推动社会的进步和经济的繁荣，进而促使社会经济发展和民生建设达到一种"新常态"。

## 4.2.1.2 智慧民生的概念及其建设目标

智慧民生的最终目标是实现居民生活的幸福安康，具体目标则包含业务和技术两方面。从业务目标讲，智慧民生要从公共服务与社会管理入手，使居民生活更加安全、健康、方便与文明；从技术目标讲，智慧民生需要实现信息海量集中与实时共享、信息化应用高效协同、居民对信息化服务能随时随地获取，如图 4-4 所示。

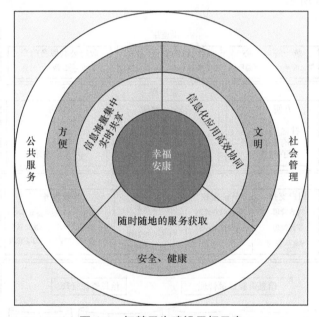

图 4-4　智慧民生建设目标示意

信息海量集中、实时共享：以城市级数据中心或云服务中心建设为载体，集中存储海量的城市级基础信息资源，同时实现以政府为主体的信息资源的获取和共享，包括通过物联网络的信息采集，并实现同信息资源交换共享平台的信息交换和存储。

信息化应用高效协同：以信息集成技术及标准化手段提高城市级各项民生领域信息化应用系统的协同水平，实现以市民基本信息为中心，以活动信息为线索的一体化信息化生活环境。

随时随地的服务获取：以无线城市、宽带城市建设为基础，以各类通信与信息化应用终端为载体，实现市民对各类信息化服务的随时随地获取。

#### 4.2.1.3 智慧民生的总体架构

智慧民生整体架构通常分为基础设施层、网络传输层、信息资源层、应用支撑层、应用层和渠道层六大层次，同时包含管理体系和安全体系两大保障，如图4-5所示。

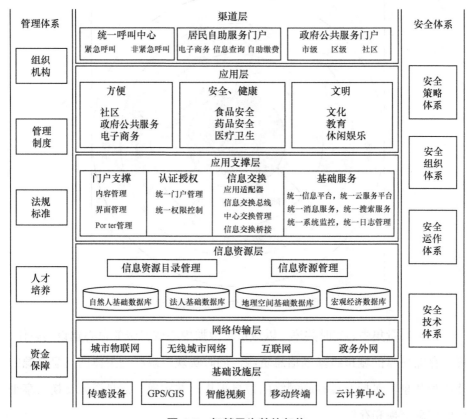

图4-5 智慧民生整体架构

基础设施层是智慧民生总体架构的基础，是信息资源获取、存储和处理的承载设备。智慧民生基础设施层的先进性在于，除了传统的硬件设备外，传感设备、移动终端和云计算中心等体现新一代信息技术处理方式的设备也将发挥越来越重要的作用。

网络传输层是智慧民生总体架构的信息通道,承担着信息资源传输的重要任务。智慧民生包括以城市物联网络、无线城市网络、互联网和政务外网为一体的、无所不在的高速传输光纤网络。

信息资源层是智慧民生总体架构的核心,要实现智慧民生,必须实现以自然人基础数据库、法人基础数据库、地理空间基础数据库和宏观经济数据库四大基础数据库为代表的政府信息资源的虚拟化集中存储、共享交换和按需应用。

应用支撑层是智慧民生总体架构发挥作用的支撑平台。它是在政府信息资源整合的基础上,以云计算技术为核心手段,实现面向门户支撑、认证授权、信息交换和基础服务的应用支撑。

应用层是智慧民生总体架构的最终应用内容,是智慧民生建设的最终目标。智慧民生应用包括便民、安全与健康和城市文明三大应用方向,支撑政府实现市民幸福安康的最终目标。

渠道层是智慧民生总体架构的统一出口,是智慧民生一系列应用服务的获取渠道。它通过统一呼叫中心、居民自助服务门户和政府公共服务门户实现智慧民生各项应用的集中供应和获取。并面向市民提供全面的智慧民生服务的接入渠道。

管理体系和安全体系是智慧民生总体架构的保障,从管理和安全两个维度实现外围闭环;从组织机构、管理制度、法规标准、人才培养和资金保障几大维度完善智慧民生建设管理系统;从安全策略体系、安全组织体系、安全运作体系和安全技术体系四大方面入手提升智慧民生建设安全水准,以保证智慧民生架构的落地和应用。

#### 4.2.1.4 智慧民生建设的重点

智慧民生建设的重点主要包括以下三个方面八项具体业务,如图4-6所示。

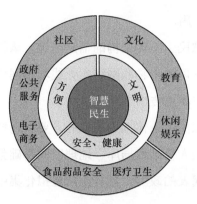

图 4-6　智慧民生建设重点示意

在便民方面，智慧民生致力于在社区层面提供智慧家居、物业管理等智慧服务，在政府公共服务层面提供城市管理、交通、环保、公用事业缴费等方面的便民信息服务；在电子商务层面则通过网络购物、送货上门等方式方便市民购物消费。

在城市文明方面，智慧民生致力于基于物联网、云计算及移动互联网等新一代信息技术让实现文化、教育、休闲娱乐等领域的创新发展，使市民生活更加丰富多彩。

在安全与健康方面，智慧民生致力于基于物联网、云计算、移动互联网等新一代信息技术让创新食品、药品安全追溯管理手段；同时通过深化健康档案、电子病历应用来提升医疗卫生信息化的服务能力。

## 4.2.2　智慧城市需要一个超级应用

随着 3G、4G 网络的普及，5G 网络研发的兴起和移动终端的广泛应用，移动应用软件正成为很多人不可或缺的"装备"。现在手机里的 App 应用产品已经成为人们日常生活、工作中不可缺少的一部分。

以互联网为核心的新一代信息技术的推广普及不仅推动了传统产业的转型升级，而且加快了智慧城市的建设步伐。在这种情况下，许多的产业界人士提出了"超级应用"的概念。

#### 4.2.2.1 超级应用与垂直应用的概念与特点对比

一般来说,超级应用(Super App)需要满足以下几个特征:大用户量、高使用频度的通用性应用,它围绕自身主基因(主要功能)开放接口,聚合大量第三方服务后,演变成为平台。例如微信、微博、淘宝等,都可以纳入超级应用的范畴。纵观市面上的各大超级应用,它们在包括多项功能的同时,也逐步在完善自身、扩充自身功能,使之更贴近用户需求。

而垂直应用(Vertical App)的功能则相对单一许多,基本只是在自己本身的功能上增添内容,鲜有开发新功能方面的尝试与努力。在实际运营的过程中,许多垂直应用面临着不小的挑战与压力。一种是做的应用体验很好,但是很难提升用户量和活跃度,渠道和营销成本太高;另一种是应用用户量很大,但难以形成规模化的收入。

一言以蔽之,超级应用"大而全",能够满足人们多元化的需求。而垂直应用则可能"小而美",聚焦在某一个板块或领域。

#### 4.2.2.2 超级应用崛起与市民卡模式并驾齐驱

众所周知的诺基亚,衰落的本质是由于 Android 和 iOS 操作系统的出现。这一背景下,手机从传统产业转变成平台产业。不仅引入了大量的在线广告,也引入了包括用户在内的第三方应用开发者,大大提高了用户的选择性和参与度,这使得用户不再是简单的"过客",提高了用户的粘性。

正所谓小公司做应用(聚焦在某个领域或板块的垂直应用),大公司做平台(大用户量,高使用频率,提供聚合服务的超级应用)。在智慧城市领域,同样存在类似的现象。中小规模的企业往往将重心聚焦在开发某一款具体应用上,解决智慧城市建设中某一个局部领域的问题。而大企业则往往发力支撑开发这些应用的创新型平台。而从未来智慧城市建设和推进的大局来看,打破信息孤岛和信息烟囱,发力超级应用已经成为必然。

开车到商圈逛街、到哪停车向来令人头疼；想买打折商品、大海捞针式的闲逛也让很多人打怵；想到热门饭店吃饭、等座是个麻烦事，而通过智慧城市倡导的"超级应用"，一个手机就可以解除普通消费者的这些烦恼与隐忧。通过这样的"超级应用"，可以购买电影票、下载优惠券，甚至直接交费买单。

在智慧城市产业发展的早期，发行实体"市民卡"是解决这一问题的主要办法。为了推动这张卡的应用，行业曾有多家公司，从卡本身的硬件属性到市场消费场景的搭建着手推出解决方案。无论是智能交通，或是智能医疗，还是智慧城市，"市民卡"似乎成为通用的解决模式。据2015年3月29日北京青年报（北青网）报道，全国已经实现城市一卡通互联互通的城市共计72个。全国总发卡量达到7.5亿张，其中互联互通卡1.5亿张，方便了市民在各类城市场景的应用。在全国智标委的报告中提到，《数字城市一卡通互联互通通用技术要求》作为规范城市一卡通互联互通的首个产品国家标准已于2015年7月发布，2016年2月正式实施。这则消息无疑给"市民卡"模式的推广带来极大利好，让我们看到了智慧生活乃至智慧城市发展的一个方向。

但是随着"互联网+"时代超级应用的功能不断提升，"市民卡"的价值却开始遭到质疑。解决方案提供商之间因为利益分配问题，难以实现更为广义的互联互通，并且难以实现精准营销等智能化功能。与"市民卡"不同，超级应用不仅可以解决用户手持多卡的问题，还可以通过后台大数据和云计算的辅助，使得商家可以获取完整的卡券运营数据报表，与用户建立紧密联系。

从发放"市民卡"到"增容"超级应用，智慧城市的建设正在从单纯的解决方案式的项目建设，转型至提供附加价值更高的运营方向，这两种模式可能在短时间内会并行发展，以满足不同城市、各阶层市民的多元化需求，因为垄断和单一模式发展并不一定能带给人们最佳的用户体验。

### 4.2.2.3 互联网公司纷纷抢占"城市服务"平台入口

2015年全国两会以后,"智慧城市"这个名词就不断见诸报端,随着政府"互联网+"计划出台,以及时任总理李克强在2015年政府工作报告中指示要发展智慧城市之后,它的热度被推到了前所未有的高度。百度与北京市政交通一卡通有限公司签署协议,推动北京智慧交通的建设;腾讯与上海市政府达成协议,为上海智慧城市建设提供"城市入口"服务;阿里巴巴旗下高德宣布联合广州等8个城市交通管理部门推出高德交通信息公共服务平台……众多IT互联网企业纷纷高调切入这个领域。

1. 腾讯:微信领衔,瞄准"公共服务"

2015年3月11日,两会尚未结束,腾讯便推出微信"全行业解决方案",除了线上B2C电商部分,还将快递、百货、餐厅、超市、票务、酒店、景区、医院、售货机、便利店、停车场等线下部分囊括其中,并进一步开放入口和第三方接入。

而在与上海市政府签署协议之前,腾讯已经与广州、深圳、武汉和重庆四大城市达成了合作,在微信之中加入城市服务,为当地政府提供交通出行、医疗、社保、交警、户政、出入境、旅游等多种政务查询。腾讯公司董事会主席兼CEO马化腾表示,要把移动互联网的优势落实到城市建设的各个方面,特别是优化完善政府公共服务的"最后一公里"。

从微信"全行业解决方案"和腾讯与这五个城市的合作内容中不难看出,腾讯的"智慧城市"战略,是以旗下超级应用微信领衔构建商业基础,同时主要瞄准政府部门的公共服务。其主要合作方式是:腾讯将自身的网络社交、网络媒体、云计算、大数据、创业基地等优势整合到整体解决方案之中,提供给广大群众和政府部门使用,而政府则支持其在娱乐、微信、QQ、网络媒体等项目的发展。

这个战略是基于微信的流量入口为前提而进行构建的,这是它最大的优势,微信或许能够提供巨大的流量,但微信乃至腾讯本身过于强大的社交基

因,与智慧城市的实现主体——政府、企业、商家的核心需求事实上并不能够精确匹配,不仅用户的习惯还没有养成,其流量转化率也不高。

更重要的是,随着"互联网+"计划的推进,在智慧生活多样化的需求之下,选择加微信并使用微信完成整个服务过程的方式,并没有明显的优势。从这个角度来说,腾讯还需要多个流量入口和非社交独立产品的支撑,或许才能实现其在智慧城市领域分一杯羹的愿望。

2. 阿里:支付打头,深耕"未来商圈"

阿里巴巴的做法和腾讯相似又有所不同。

相似的是,阿里巴巴也先后与海南、贵州、天津等省市政府达成合作,开放阿里旗下包括阿里云计算、大数据等产品,并用支付宝、手机淘宝等来抢占"城市入口"。

不同的是,阿里巴巴做这一切的根本目的是"未来商圈",无论是2014年的杭州"武林商圈",之后的"云上贵州",还是选择与地处"一带一路"节点的天津开展合作,阿里巴巴无不是在区域电子商务、农村电子商务、跨境电子商务这几个点上做文章,目的就是将阿里的电商基因延续下来,打造"未来商圈"。在此过程中,以支付宝为中心的支付体系,以及与众多金融机构的合作,则扮演了极其重要的角色。

可以说,这是阿里巴巴当前的最优选择,但也是最无奈的选择,作为国内最强大的电商企业,阿里拥有无可匹敌的电商资源和最强大的支付体系,但在移动互联时代却没有一个航母级别的移动端产品,决定了阿里的道路选择。

也正是因为这个原因,即便阿里旗下的金融体系、高德地图、阿里云、淘宝网等依旧会在智慧城市的建设中发挥巨大的作用,但智慧城市入口的冠亚军之争,显然不大可能会出现阿里巴巴的身影,因为没有一个在移动互联时代可供着陆的航母级产品,阿里不仅无法震慑强大的对手,反而会引来其他对手的围剿与蚕食。

3. 百度:直达号开路,主打智慧商业

与腾讯和阿里巴巴不同,百度主打的是"智慧商业",其发布的智慧商业平台，整合了百度搜索、百度大数据、百度地图 LBS 等一系列优势产品及技术能力，为商业地产、住宅地产、金融机构、医疗机构、餐饮行业、旅游景区、快递物流等行业以及机场等交通枢纽、图书馆等政府公共设施提供解决方案，为传统的商业企业在移动互联时代的转型提供帮助。

2014年上半年，百度推出全球首个开放大数据引擎，将包括开放云、数据工厂、百度大脑在内的大数据能力向外界开放；2014年9月，百度再次推出聚焦传统行业的"百度直达号"，包含餐饮、旅游、娱乐、生活服务乃至政府部门在内的使用商户实现了较为理想的数字。

最典型的例子是，百度直达号自推出以后，帮助餐饮连锁和健身机构等完善了服务方式，实现了业绩提升，同时也与四川峨眉山旅游、桂林旅游、西湖旅游等有了良好的合作，甚至在2015年春节期间推动了桂林游的高峰，贡献了桂林旅游三成以上的游客。再结合百度地图 LBS 等，百度直达号为人们智慧消费、智慧出行、智慧旅游等提供了很大的帮助。

百度与北京市政交通一卡通有限公司的合作内容是将百度搜索、百度地图、百度钱包、百度大数据、深度学习、百度云平台等资源开放给市政交通一卡通，市民可通过百度系列应用轻松完成交通信息查询、出行路线优化及电子支付。市民可以通过百度钱包线上完成公交卡充值来节约时间，线下商户可以申请小额消费刷卡设备受理公交卡刷卡消费。在此基础上，市政交通一卡通与百度还将探索实名卡业务，在学生卡、老年人卡、残疾人卡、集团卡、公园年票等垂直业务领域进行合作，以此推动智慧城市的建设。

4. 中兴：抢滩智慧城市 2.0 时代

理想的智慧城市，是以城市为主体形态、以城市信息化工程为基本实践手段而展开的城市化进程。随着"互联网＋"时代的来临，把建构在信息技术上的智慧城市从虚拟概念变成触手可及。"当务之急，是为市民做一个城市级的超级应用"，时任中兴通讯副总裁胡剑在2015年6月举行的第六届中国应急管理信息化高峰论坛上如此表示。

中兴通讯在总结过去多年以来智慧城市领域的实践提出了智慧城市2.0的概念，之前的智慧城市1.0往往是单模块建设，信息孤岛问题普遍存在，比如交通、教育、政务等不同板块的应用，但各模块的信息资源无法共通共享。而智慧城市2.0是多个模块建设，通过建设一个城市运营平台实现所有信息资源的集中与共享，能真正实现信息多行业共通共享——一个城市级的超级应用就此诞生。

关于这个超级应用的功能以及如何促进智慧城市建设的构想，中兴通讯的理解是，给市民一个参与的入口，让老百姓感觉到智慧服务的存在，服务一个人从生到死之间的生活过程，比如户口、教育、医疗、工作、退休、结婚、离婚、买房、卖房，等等，进行系统化服务。通过超级应用进行服务需求选择，相关政府或者服务机构便能精准获得用户需求，进行主动服务，可以为用户规划相应办理流程，或者提供一站式服务等。

### 链接：中兴通讯发力超级应用，打造"智慧银川"样市

值得一提的是，这种"一站式服务"对于中兴智慧城市建设已经不再是纸上谈兵，在2015年已实打实地落在了银川。作为中国第二批智慧城市试点城市，银川选择与中兴通讯合作，从顶层设计入手，全局规划，分三期建设大数据中心、4G城市网、平安城市、智慧交通等10大系统13个子模块，最大限度地打破信息孤岛，实现数据全覆盖、跨部门共享，打造名副其实的智慧城市。与此同时，银川在国内首次采用政府购买服务、社会资本投入、专业公司运营的最新PPP商业模式，一举解决了建设资金、后期运营等智慧城市建设的多项难题。

银川智慧政务平台，成功帮助政府部门实现了432项业务一站式审批，审批时限缩短78%，企业注册由5天取得"四证一章"压缩为1天。这一成果得到时任总理李克强的高度赞赏："这既是简政放权，也是信息化支撑。"

## 第四章 智慧城市建设的总体思路

2015年7月14日,《人民日报》以《智慧城市的银川样本》为题,用整版篇幅对智慧银川进行了深度解读,如图4-7所示。

**图4-7 智慧城市的银川样本**[1]

在文章中,记者如此讲述:

不久以后,银川人民的生活将是这样的。

早晨上班不再匆匆忙忙,轻轻一点手机App,就知道要坐的公共汽车正行驶在什么地方、几点几分到家门口。开车不再担心闯入一条拥堵的街道,智慧交通系统给予全方位引导。

身体不舒服,社区全科医生就能进行基本筛查,并通过远程医疗系统对接三甲医院会诊,预约挂号。

足不出户,点开App"刷脸"就能认证自己的信息,网上办理业务,证

---

[1] 来源:人民日报截图。

件快递到家。

用水质量如何，安装在小区的即时检测系统随时告知……

"智慧银川"正在进行时，一切围绕人民的幸福与发展需求。

++++++++++++++++++++++++++++++++++++++++++++++++++++

#### 4.2.2.4 智慧城市的超级应用打造四部曲

中兴通讯在超级应用的打造以及智慧城市的建设领域已经取得了一定的成绩，尤其是智慧银川的案例，给公众留下了深刻的印象、给银川市民带来极大便利。但中兴通讯依然认为超级应用的未来发展还有巨大的空间和潜力可以挖掘。真正的超级应用要经过如下四个阶段的演变。

第一个阶段，一站式办理。在办事大厅里，每个服务机构设四个窗口，人们逐一窗口进行办理。

第二个阶段，一口式。人们利用一个窗口办理所有的事情。

第三个阶段，自服务。人们可以在任何地方使用 App 或者 PC 通过网络进行办理。

第四个阶段，真正的智慧。人们办什么业务，系统都先推送过来。

目前智慧城市建设还需要一个很长的过程，必须脚踏实地、一步一步走过来，而且现在才刚刚开始。

## 4.3 服务转型是建设智慧城市的关键（企业视角）

从最初的单一信息技术的应用，到推动政府职能向服务转型和促进智慧产业发展，再到提升城市价值和居民生活品质，这样的发展路线是智慧城市理念演变的基本过程。经过数年的发展，智慧城市建设已经由对技术的热衷演变为对服务的追求。对于国内参与智慧城市建设的数千家企业来说,这既是一次洗牌的关卡,也是更进一步走到前台亮相的机会,关键在于企业如何定位自身角色以及如何选择参与的时机方式。全面从企业可持续发展战略出发,将原来卖产品,调整为向卖服务转型,参与到智慧城市的运营过程中,因为未来的智慧城市运营将是一片蓝海。为了让读者了解如何从卖产品向卖服务转型,下面通过 IBM 的转型案例给大家启发!

### 4.3.1 IBM 的华丽转身:从产品到服务

当我们谈论智慧城市建设的过程,企业从产品到服务的转型,免不掉要追溯一下 IBM 的做法对于智慧城市建设有什么样的启发。

外界认为 IBM 的过人之处有两点:一是其超前的 IT 概念,并使之落地。它所树立的"无所不能"的 IT 巨人形象,使其对客户产生了磁性;二是 IBM 能够在千亿美元规模上成功完成华丽转身,完成从产品到服务的转型。

1. 郭士纳与 IBM 的复兴

在成立之初,IBM 长期以"硬件制造商"的形象来给自己定位。进入 20 世纪 90 年代,随着硬件——IBM 传统的支柱产品 PC 业务进入衰退期,IBM 开始陷入前所未有的困境。仅 20 世纪 90 年代的最初三年,IBM 就亏损了 160 亿美元,并在 1993 年单年亏损高达 81 亿美元,公司濒临破产的边缘。随后,郭士纳出任 IBM 公司 CEO,在他的率领下,IBM 开始了一场从制造商向服务商的战略转型。

回顾一下当时的这场变革,见表 4-1。

**表 4-1　IBM 的变革**

| 序号 | 内容 | 说明 |
| --- | --- | --- |
| 1 | 文化的改变,是根本的改变 | "IBM 之道——尊重个人、竭诚服务、一流主义",是 IBM 从创始人沃森父子以来一直强调的文化理念。而在 20 世纪 90 年代初,持续的成功使 IBM 的企业文化出现了偏差,IBM 成为昂贵和傲慢的代名词;"一流主义"也使 IBM 演变为以自我为中心。<br>在这次转型中,IBM 首先对企业文化进行了再造。<br>第一,确立了"服务用户、方便用户、以用户为导向"的服务宗旨,建立了 360 度客户服务的理念。<br>第二,树立了合作共赢的观念,强调与竞争对手和上下游厂商之间的合作。<br>第三,改变了业绩文化。建立起 PBC 考核系统(Personal Business Commitment)。<br>(1) 强调 Win,力争制胜。胜利是第一位的,无论过程多么艰辛,到达目的地最为重要。<br>(2) 强调 Executive,执行力。不要追求完美,快速而有效地做事是所有成功的前提,执行本身反映了员工的素质,因为执行构成了非常重要的过程监控。<br>(3) 强调 Team,团队精神。在 IBM,必须学会以一个完整的 IBM 在行动而不是一个人或一个部门在行动,必须在全公司范围内合作 |
| 2 | 兼容大度,强调纵横合作 | 第一,加强横向合作,谋求双赢局面。经历了 20 世纪 90 年代初的失败后,IBM 一改以老大自居的模式,在必要情况下与同业合作,利用他们现成的技术,或将自己的技术向同业出售。一个典型的例子是,1999 年,IBM 与戴尔公司签署了一个战略性的、价值达 160 亿美元的技术合约。根据此协议,戴尔将向 IBM 购买有关存储器、网络及显示器等技术,时间跨度为 7 年。两家公司还宣布,今后将相互交换他们的最新技术。<br>第二,加强纵向合作,转向 OEM 模式。1998 年年底,IBM 将其苦心经营了多年的 IGN 产品卖给了 AT&T,自身则专注于核心业务——信息技术服务,为全球 500 强中的大部分企业提供信息系统数据管理服务;还专门成立了技术集团,寻求市场的新增长机会。其中最突出的一点是,采取开放合作的 OEM 代工模式,向其他厂商供应中间产品。通过 OEM 代工模式,IBM 不仅降低了成本,而且控制了价值链上关键的技术环节。<br>第三,开放技术标准,力争上下左右兼容。以前 IBM 曾试图强迫消费者和客户服从它的内部体系,而通过这场变革,则承诺它的几乎所有产品都将遵循公用标准并使用开放式软件。在软件开发标准方面,IBM 一改过去封闭自守的风格,采取开放的姿态,其软件不再受限于自身的硬件平台,在各大商家的产品平台上均可运行 |
| 3 | 以客户为中心,持续技术创新 | IBM 在研究和开发领域的长期投入使其一直以来在专利方面都处于领先地位。但在这次变革之前,一直是闭门研究,研发成果与市场需求脱钩,因而不能使它丰富的知识产权资源转化成具有竞争力的产品。如今,则坚持"以市场为导向,以客户为中心"的技术创新,研发部门不仅要把研究开发构想引入生产领域,更重要的是要先了解市场的需求,然后再确定研究的项目。研究项目要求科学家有更多的时间同产品开发人员乃至客户接触,了解他们的实际需求 |

（续表）

| 序号 | 内容 | 说明 |
|---|---|---|
| 4 | 服务创新，走差异化服务道路 | 第一，重视对中小企业的服务。以往，IBM主要面向大企业客户，但购买IT产品增长最快的是中小企业，而且由于他们往往技术力量单薄，比大企业更加需要计算机服务。20世纪90年代以来，IBM加强了对中小企业的服务，并提出了具体的服务项目，包括：各项专业服务卡系列、应急卡、面向中小企业的网上培训与咨询学习班等。<br>第二，量化服务。作为一种无形的劳务形式，由于计算机服务可以不附加在有形产品上，这决定了计算机服务与其他有形产品相比具有难以量化性的特点。因此，如何确保服务质量，成为计算机服务商迫切需要解决的问题。IBM设计了"客户的满意度"这一指标来量化虚拟的服务，将客户的满意度分为三个等级，一是基本需求，二是符合期望，三是超越期望。为了确保对客户需求的快速反应，IBM要求服务工程师通过登记的时间和行程到达客户位置，修理完毕后必须向公司汇报，这样逐步形成了量化、便于追踪的服务与管理。<br>第三，崭新的服务模式。从根本上改变了服务业的经营模式，大大超越了单纯出售和维修产品的范畴，而是参与企业客户的经营，提供信息技术应用方案，乃至经营战略方面的咨询。郭士纳主张IBM应同企业客户结成战略伙伴关系，从大政方针上协助客户。由此，他们经常采用"请进来，派出去"的营销方针：主动邀请一些大企业家参与"战略论坛会"，派出技术专家与其他公司在各个领域开展科研合作问题。<br>第四，完善的远程服务系统。IBM建立了一套极为有效的远程服务系统。设备有问题的用户可以向用户服务中心或IBM的任何一个服务中心拨打免费电话。技术人员会迅速从中心数据库寻找同样类型的设备在别的地方出现过的类似或完全相同的问题，然后弄清楚以前是如何诊断和处理这种类型问题的，这就大大缩短了用户需要探索和等待的时间。<br>第五，全方位的整体服务。服务内容涵盖行业战略层面的商务战略咨询和托管服务，企业管理层面的电子交易、电子协同、客户关系管理、供应链管理、企业资源规划、商务信息咨询等全方位服务，还包括IT系统的设计、实现和后期的维护服务。<br>第六，零距离的客户服务。IBM的用户能够就近得到服务。典型的事例就是IBM的销售人员和服务人员在同一座大楼内办公，公司极力强调这两支队伍之间的日常对话。销售、服务和培训的紧密配合，并尽可能将接近用户的理念贯穿于整个组织当中。同时，IBM还设有遍布全国的应用技术推广中心，举办研究班、产品论证会和商业系统规划课程等活动。在这里，IBM公司的专家负责培训当地用户正确运用他们的决策数据，使他们能最大限度地利用他们的设备 |

（续表）

| 序号 | 内容 | 说明 |
|---|---|---|
| 5 | 持续的组织变革，有力推动战略转型 | 从1993年起，IBM对其组织结构进行了重大改革。IBM通过使各分支单位成为利润中心而使组织结构分权化，发展出网状组织，进行层级缩减、组织扁平化，使每个成员都能发挥专业能力 |
| 6 | 重新整合资源，突出核心业务 | IBM通过兼并、分立、剥离等各种手段对公司的业务进行重新组合，从而突出IBM适应全球竞争环境变化的核心业务 |

就这样，依靠坚决地从制造企业向服务企业转型的战略，郭士纳成功地挽救了在当时岌岌可危的IBM。2002年，彭明盛上任后更加坚定地把IBM引向服务，提出了"随需而变"的理念。2006年在IBM服务部门成立10周年的时候，IBM又提出了全面转型"服务产品化"。在不到20年的时间里，IBM实现了产品—服务—服务产品化两次跳跃，也迎来了自身的可持续发展。

2. 被模仿还是被超越

2009年年初，IBM最先提出"智慧的地球"这一新概念，宣称要打造"智慧"渠道生态系统。2010年1月28日，在北京举行的2010年IBM中国合作伙伴开年大会暨IBM中国渠道部战略发布会上，IBM宣布将推出一系列有助于提升合作伙伴技能的举措，以协助渠道商变得更加智慧，为客户提供更加整合的、高价值的解决方案。

"智慧的地球"掀起了互联网浪潮后的又一次科技革命。科技驱动力将推动这场革命迅速发展——这就是人类历史上第一次出现了几乎任何系统都可以实现数字量化和互联的事实，这就是全面的"物联网"和"互联网"的融合。

IBM将这个概念逐渐落地，其将地球细分，开始"智慧的城市"，提出"智慧的地球，从智慧城市开始"。

3. 做大象还是大笨象

当联想集团在2005年收购IBM个人电脑业务时，标志着中国大型生产企业已经日趋成熟，并具有国际战略眼光。而如今，许多企业如IBM和GE已经从销售型制造企业转型为全球服务供应商，中国企业是否也能借鉴类似的做法？

总结IBM近20年来的转型历程，其基本路线图就是产品→服务→服务产品化。服务产品化就是将通常应用于传统市场的产品开发和交付原则注入服务业。IBM 将把多种服务的流程、动作、角色等要素进行分离和标准化，并融入到硬件和软件的设计中，最终，IBM 希望构建一个基于资产而非基于人工的服务模式，全面实现"服务产品化"。

联想希望透过多元化抢攻更多的营业额，进军 IT 服务业。联想早已定下了目标：2002 年 IT 服务的收入达到 1.5 亿元，占联想总营业额的 0.9%，到 2005 年要达到整个营业额的 15%，为 90 亿元人民币。实际上，联想一直学习的 IBM，在 20 世纪 80 年代末、90 年代初遇到了和联想相同的问题，IBM 的 PC 业务突然由垄断市场变成被多家新兴电脑公司夹击的窘境，市场份额不断下降。IBM 遂向 IT 服务转型，今天 IBM 成为 IT 服务业的龙头，服务业占公司的总营业额由当时的 8% 增加至现在多于 40%，这是联想希望模仿的。但值得留意的是，IBM 自 1993 年开始，用了整整 12 年的时间，兼并了 40 多家公司，才获得今日的成功。相比之下，联想只有 3 个收购项目，并希望能在短短 4 年时间内将 IT 服务占营业额的比例由近乎零变成 15%，其目标显然定得太高，给的时间太短。从 IBM 的成功可知，服务转型是需要长时间及高投入的。但联想却因 IT 服务既不能达成短时间内增加营业额的目标，又处于亏损状态，未能等到 IT 服务业转亏为盈，就将之置于了次要位置。

从产品到服务的转型，是中国制造业战略升级的出路之一。尽管产业环境不同，IBM 的经验或许难以直接套用，但是 IBM 能够在千亿美元规模上成功完成华丽转身，其中必有可借鉴之处。

## 4.3.2 中国企业的可持续发展之路：向服务企业转型

面对产品同质化、利润率不断下降，以及消费者需求日益严苛等难题，企业尤其是传统的制造企业重生产轻服务的模式将难以维持。纵观制造业发展史，世界发达国家的企业大多经历了从纯粹的产品生产向服务业务模式转型的长期演化历程，纯制造业企业大幅减少，服务业务的比重不断增加。刚经历了三十年改革路途的中国企业也势必融入这一发展趋势，开展服务业还有非常大的发展空间。对于制造企业来说，向服务转型意味着重新思考如何为客户创造价值，并触发变革行动。这将是一场从"卖产品"到"卖服务"的变革，也是一场盈利模式从"短线"（一次性销售收益）到"长线"（贯穿整个产品生命周期，且长期而持续的服务式盈利模式）的变革。这还将是一场顾客关系从"片面了解"到"全面了解"，从"有限互动"到"充分沟通"的革命，这些变革对从事智慧城市规划、咨询、服务的企业尤为重要。

#### 4.3.2.1 向服务企业转型需要牢固树立以客户为中心的理念

"以客户为中心"这样的说法成为很多企业管理者的口头禅，而其本身作为管理过程的重要意义却常常被忽略。企业要想发展壮大，取决于与顾客建立长期的可盈利关系。想要赢得顾客的忠诚，企业需要持续不懈的努力，并对顾客付出足够的关怀和关注，最终形成一条"服务利润链"——以卓越服务制胜，如图4-8所示。

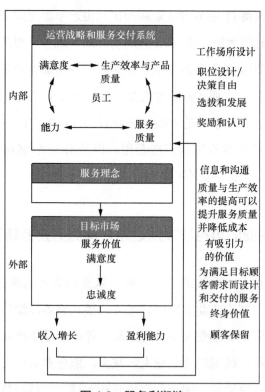

图 4-8　服务利润链

智慧城市是以人为本的服务,要想在智慧城市建设的浪潮中赢得未来,企业必须牢固树立以客户为中心的思想。尽管所处的行业、领域,以及商业模式等各不相同,但在智慧城市建设中,企业面对的客户,归纳起来无非为个人和机构两大类,如图 4-9 所示。

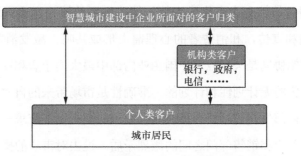

图 4-9　智慧城市建设中企业所面临的客户归类

实际上,要做到真正的"以客户为中心",或者以顾客为导向提供产品、服务,并非买来客户关系管理软件去跟踪与分析顾客的购买行为,也不是单纯设计一些所谓的"高精尖"产品,更不是机械地按照顾客要求定制某种产品的生产流程;而是构建根植于企业全员、全生命周期中的"以客户为中心"的价值观。

要想在智慧城市建设的市场中立于不败之地,企业必须不断地思考如何用更经济、更高效、更便捷的方式来满足客户的需要,通过不断地创新、客户反馈以及知识的应用,让企业在客户的心目中变得"不可或缺"。伴随这种关系的日益强化,真正可持续的收益也随之产生。期望未来有越来越多的参与智慧城市建设的国内外企业,能够超越单纯的在新技术、新产品或新服务方面的投入与痴迷,通过全面的组织变革,实现难以效仿的深度顾客导向,也就是真正意义上的以客户为中心。

#### 4.3.2.2　中国企业转型服务的关键瓶颈

中国企业转型服务从目前来说还有很长的路要走,从观念的转变到行动的落实都需要投入巨大精力来学习、适应和创新,其制约因素和转型路线主

要体现在以下四个方面。

第一，品牌的核心诉求点要逐渐向服务内容转移。品牌是一个产品的印记，是在消费者心智模式中的影像和反应。若从产品细分角度看，单品最有效的市场突破思路就是产品差异化，但从系统解决方案类型的品牌传播来看，侧重人性化服务的核心卖点将成为整体解决方案的核心卖点。这样，通过整体形象的打造和宣传，和消费者的心理需求形成共鸣，激发消费者的需求。

第二，产销协同是关键点。中国企业内部中最大的矛盾和冲突是产销协同问题，因为销售的无计划性和计划的不准确性是市场带来的自然结果，这种结果反馈到企业内部生产时，要么形成库存积压，要么供不应求——这两种结果都将引发生产部门和销售部门之间的激烈矛盾。过去对市场的操作是由企业内部发力，对市场采用的是由内而外的销售模式，这种销售模式在产品为主导的时代是没有问题的，但进入买方市场时，这种单纯把产品卖出去的方式将成为影响营销价值链的关键要素。消费者选择的产品很多，单纯以产品销售为导向最终将陷入价格战的泥潭。谁迎合消费者的需求谁就能取得未来的市场份额，这对企业的原有流程和操作模式形成了巨大的挑战，会倒逼组织内部去适应和调整。

第三，销售队伍需要向销售顾问转型。先前的操作模式是利用渠道快速铺货，只要将产品销出去就算完成任务。这种模式面临的最大挑战就是，每一个厂家在销售过程中的品牌传播都没有太大的区别，这使得消费者在信息不对称的情况下，甄选产品时越来越模糊。由此，企业需要在营销团队中实现针对性的转型，通过对重点店的推广和核心群体的不断宣传和教育以及后期客户跟踪服务来提高客户黏度，从而引导消费者逐渐形成二次消费和多次消费，这就是所谓的"抓回头客"。在售卖产品的同时将企业文化和品牌概念植入消费者心中，使消费者在产生购买需求时会自然形成品牌联想，专业的销售人员极为重要。

第四，线上线下互动，促进虚、实网融合。虚网是指现在的互联网，实网是指地面的实体店。遭遇网销和实体店销售的渠道冲突，使得大多数传统企业在销售过程中面临战略性摇摆。怎样让线上和线下能有效互动，成为传统企业要解决的一个最关键问题。企业可以通过互联网的传播优势，巧妙地设计策划方案，让消费者在前期参与企业的互动，通过互动达成彼此的认知和了解，或者强化品牌印记。现在的品牌传播不再是单纯的说教式的传播方式，而是将趣味性揉入到传播过程中，吸引消费者注意。从这点看，虚网有效集客，强化品牌传播和推广，从而间接拉动区域实体店销量的提升，这种新模式将成为企业发展的必然选择。

#### 4.3.2.3 服务创新的模型

服务创新最终是为了满足客户的需求，为客户创造价值，并最终实现企业服务的价值，该价值可分为两种：一种是为客户带来额外收入增长即剩余价值；另一种是为客户创造更高效率，降低客户运营成本即超额使用价值。如果服务不能带来上述价值，服务就没有意义，也就不是真正意义上的增值服务。服务创新模型可以从两个方面进行深入探讨。

（1）价值链或价值网络创新

服务模式创新的第一个层面是以客户的价值链或价值网络为基础寻找价值链和价值网络上的价值。价值链服务创新指的是思考客户购买的产品将在客户价值创造的过程中起到的作用，考察在价值创造的链条中，该产品上游和下游与产品之间的价值衔接。

价值网络是在整个产业生态系统中与客户形成协作互补的诸多企业群体。称为价值网络是因为企业在客户的价值创造过程中是不可或缺的，当企业专注于为客户创造更多价值（尤其是为客户创造服务价值）时，应将眼光从客户价值链延伸到客户所生存的价值网络。

客户价值网络中有技术提供者、金融服务商、物流服务提供者、设备供应商等，这些企业都可能是客户价值网络的参与者。企业专业化运营方式的普及使得越来越多的企业成为价值网络中独特价值提供者，它们需要其他企业提供专业价值，逐渐形成互为连接和支撑的价值网络。

帮助客户在价值网络中获得更高的价值定位，成为价值网络的平台运营商为更多客户提供服务，将提供庞大的、极其多样化的服务机会。企业在价

值网络系统中扮演供应商、采购商的角色。每个企业都需要物流服务商提供交通运输、仓储物流服务，也需要金融服务商提供融资、贷款、租赁等服务。有些功能可以在企业内部完成，也有很多功能需要价值网络中不同企业协作完成。

（2）技术升级提升产品价值

服务模式创新的第二个层面是通过技术升级或者最终的产业和信息技术的"两化融合"（即工业化和信息化的融合），为客户提供更高的产品价值。这种价值需要既可以帮助客户通过使用这种产品的服务来扩大市场，也可以帮助客户实现更高效率甚至优化客户成本结构。产品技术升级将提供更多的服务机会，客户购买产品不是一蹴而就的，对产品的持续维护、使用、保养乃至升级都是必需的。这类服务不同于售后服务，售后服务聚焦在产品安装、调试、保修期内的保养和维护。我们这里所说的技术升级、产品升级和维护服务是指聚焦于客户产品生命周期的维护服务。

延长产品生命周期，使产品在生命周期中为客户创造更大的价值，将产生巨大的服务机会。如果能够将围绕产品的技术升级与物联网、云计算结合起来，又将催生新的围绕产品的增值服务。制造业在全球发展的趋势告诉我们，今天全球服务产业的变化，为中国企业未来发展带来了诸多机会，也蕴藏着挑战和危机。

单一的、只针对产品的服务已无法满足客户复杂多样的业务需求，更别提客户价值链乃至价值网络的迅速重构和重组。信息技术的迅速发展、交通运输的日益快捷和便利以及知识分享速度的加快，使得基于价值链和价值网络的服务变得日益重要，针对某一个产品开展的服务而带来的优势将越来越难以持久。工业技术和信息产业的日益融合也就是我们中国企业熟悉的"两化融合"以及物联网的话题，使得服务产业的发展具备新型特质。

互联网技术从普及到广泛使用，迄今也就是不到20年的时间，但是互联网技术从出现到现在，已经彻底改变了人类沟通、交往、生活乃至生产的方式。如果说前两次工业革命源于人类对燃料动力和电力的使用，那么正在到来的第三次工业革命，就是因为互联网的高度普及，尤其是互联网与工业的高度融合。在这方面,全球的企业家已经达成了高度共识。

如果说在过去工业和互联网结合还是可选项的话,为了使企业保持竞争优势、更好地服务于客户,今天工业和互联网的融合已经是必选项了。错过、误判和未能正确使用互联网技术,对任何一家企业都将是难以承受的战略失误。同样,沿着产品服务的思路,整合信息技术,利用以传感器和通信传输为核心的物联网技术乃至云计算技术,甚至进入到大数据领域,将催生一个巨大的两化融合的产业,这对每一个产业都是巨大的机会,也是对传统产业思维的巨大挑战。

今天大量的信息产业人才仍旧聚集在以商业软件、通信技术和社交类软件为主的传统信息产业中,如何跨越产业的鸿沟,使计算机人才更多地融入到工业产业中,也是信息产业从业者的巨大机会和需要重新学习、提升的领域。

#### 4.3.2.4 向服务转型的八种创新模式

(1) 基于 IT 运营平台的服务创新模式

它融合了为客户提供平台运营服务的功能,同时采纳了信息技术和传统产业结合的最佳方案。处于这个地位的企业将是真正意义上的两化融合的先驱,同时也是处于产业链最高端的平台级企业。

今天,这样的企业开始越来越多地涌现出来,并且以迅猛的势头奠定行业内的基础。因为建立了平台优势和两化融合的优势,可以使它们迅速整合更多的资源,依靠信息优势和整合优势实现快速扩张,其竞争能力之强令人咋舌。苹果公司自推出 iPhone 之后,凭借强大的 iOS 操作系统和 App Store 平台,颠覆了整个产业对软件开发的认知,并且颠覆了手机制造产业,创造了一个伟大的平台级公司传奇。

苹果公司所塑造的产业链,使软件产业和硬件完美结合,重新定义了移动智能终端。传统上,智能终端硬件是根本,软件只是辅助功能,但是苹果为我们推出的智能手机,使我们看到了软件才是定义产品最终功能的根本。同一款手机,因为应用软件的不同,它的功能完全不同。也可以说,我们下

载的不同应用软件使我们获得了不同的硬件体验,使得小小的 iPhone 手机随应用软件的不同而千变万化。

这一软件和硬件完美结合的模式,开创了移动终端新的未来。同时,全球聪明的软件工程师在 iOS 平台上开发软件的热忱,也使得苹果的 App Store 有了 70 多万款应用软件。这一模式也彻底颠覆了传统的软件开发方式,没有哪一家软件企业可以养得起这么多的软件开发人员,让他们以如此免费的方式为苹果公司、当然也是为自己开发全球最卓越的软件。这一平台模式使得苹果拥有全球利润最高的手机产业链和软件开发系统,而我们也有理由相信,"服务"这一中国工业和产业的未来,将在平台级模式和两化融合模式的共同推动下,利用中国广阔的市场实现真正飞速发展的道路。

(2)系统集成的服务创新模式

从 20 世纪 90 年代起,以 IBM 为代表的 IT 企业,就开始为客户提供围绕计算机设备的系统解决方案。在工业企业中这个传统也很悠久,基于工程、采购、施工服务的 EPC 服务,就是提供系统解决方案的一种形式。

20 世纪 70 年代,艾默生环境优化技术在供暖、通风以及空调(HVAC)领域已有一定的基础,但在拥有强大议价能力的客户面前,艾默生处于弱势地位。收购私人拥有的谷轮公司(Copeland Corporation),为艾默生开辟了新机遇。谷轮公司是主要的压缩机制造商,手头有一项当时神秘的革命性技术——正在开发的涡旋压缩机技术,只不过距离成熟的商业化尚有时日。艾默生瞅准时机,在 1986 年迅速出手收购了谷轮公司。该收购延伸了艾默生的业务链条,同时,涡旋压缩机较之传统的往复压缩机展现了更好的性能和更佳的商业潜力。因为有了核心的王牌产品,艾默生该业务平台的管理层将所有 HVAC 产品和服务进行捆绑打包,组成系统解决方案。

例如,他们开发了一整套适合超市与便利店使用的模块式制冷系统,以此为基础,又开发了将现场制冷设备与中央控制站相连接的数字通信技术,可以为零售客户的制冷需求提供综合性的低能耗、低成本的解决方案,大大增加了为客户提供的价值。艾默生最终使得一个原本脆弱的业务部门,彻底转型为系统集成服务商。

完成系统级的方案整合，仅仅是开始，而优化价值链，提供更高的增值，是企业获得竞争优势、与客户建立长期合作关系的关键。在这方面，瑞典著名的食品生产和包装商利乐公司（Tetra Pak）堪称是领先企业。传统上，利乐生产牛奶的包装盒，为客户提供生产包装盒的加工设备；而到了今天，利乐成为一家能够提供综合加工设备、包装和分销生产线，以及为液态食品生产厂提供设计方案的世界级公司。

虽然很多企业都知道提供系统解决方案的重要性，但是将系统解决方案上升到为客户价值链创造价值，乃至和客户的经营进行紧密锁定，利乐可以说是一个先行者，也为诸多企业提供了有益的参考和借鉴。

有人做过初步测算，在工业行业中，围绕产品进行系统集成服务，可以将整个合同值提升三至五倍，更重要的是系统解决方案的提供方式，使得企业成为系统的整合者，在为客户整合其他企业产品的过程中，企业拥有了更强的现金流管理能力和支配能力。这也符合我们前面谈到的未来企业发展的一种趋势：要么站上价值链或价值网络的顶端，要么成为其中的高价值提供者。这样高的议价能力和控制能力会使企业处于一个更有利的竞争地位。

（3）产品生命周期的服务创新模式

产品制造出来交付给客户，经过售后的安装、调试和保修期的维护以后，后面的所有服务内容——直至该产品退出客户的服务现场，都在产品生命周期服务的范畴之中。如何提升产品在整个生命周期中的价值，包括增加产品的价值产出，以及优化和提升产品的运行效率，这些思考可以帮助我们在产品的整个生命周期中创造出新的服务形式，将它统称为产品生命周期服务。

陕鼓动力作为中国透平压缩机行业的领先企业，在过去十年中持续开展了基于客户产品全生命周期的服务实践。陕鼓动力的透平压缩机产品，包括轴流压缩机组、高炉余压回收装置、空分装置等，这些设备价值很高，而且在冶金、石化等工业流程中处于非常核心的地位。客户对这些产品的可用性和长时间稳定工作有很高的要求。为了服务于客户的需要，同时开发出新的

服务内容，陕鼓动力陆续推出了在产品全生命周期内的各种服务项目：通过对客户产品的定期巡检，结合远程在线监测的数据分析，为客户提出预防性的保养服务内容，降低客户的设备故障率，提高使用效率；和第三方公司合作，为客户提供润滑油、阻垢剂的使用和现场维护服务，最大限度地延长设备的使用寿命，降低故障率。为了提升透平压缩机组的使用效率，陕鼓动力推出了高炉鼓风机控制优化服务，通过对机组的控制系统实施优化，对最佳工况点的调整，使得机组的效率大大提升。它还推出了二手设备的回收和再制造服务，希望在产品生命周期的终点，通过回收二手设备帮助客户解决设备报废后的回收问题。

所有这些产品全生命周期范畴里的服务，都打开了一个新的视角，让企业重新审视在产品使用周期中，可以提供哪些服务帮助客户提升产品和系统的效率，增加可用价值，甚至在产品退役以后，通过回收和再制造，重新发挥这些设备的价值和功能，为合适的客户群提供进一步的服务。

（4）解决方案集成的服务创新模式

在服务创新矩阵的中央，关注客户在价值链方面的需求，结合技术和知识能力的升级，企业可以为客户提供解决方案集成服务。

系统集成服务客户的需求是明确的，客户在价值链的整合、价值创造或者效率提升方面有明确的需求，企业所提供的是整合能力、优化能力和基于核心产品的效率提升方案。而解决方案集成服务很大程度上是一种更复杂能力的提供，它的起始点往往来自客户的业务或者技术问题，客户的问题经常是复杂且不清晰的，企业通过专业团队的探寻，帮助客户界定问题、锁定问题，然后提供基于商业价值和技术价值的解决方案式的集成服务。因此，解决方案集成服务是一种更加复杂综合的能力，提供的是融合商业和技术的更高级的系统解决方案。

企业关注客户技术层面的问题、战略、组织、流程、运营，乃至商业模式设计的问题。IBM堪称提供解决方案集成服务的典范。IBM的解决方案是集成服务，同时着眼于商业价值和技术价值。在很多情况下，IBM的商业咨询团队会先于其他团队与客户的高级管理层进行关于企业战略、流程、组织，以及信息技术的综合讨论，从更高层面把握客户问题的性质、根源，并且从系统层面提供全面的解决方案。

帮助客户实现商业成功是IBM解决方案的最大优势。当商业领域的问题澄清之后，技术解决方案提供的是技术的支撑和实现的方法，商业价值和技术价值并重，是IBM区别于很多其他解决方案提供商的关键所在。而这一领域的开启，也正是近20年来IBM转型的着眼点，因为IBM发现，全世界大型的商业机构都需要这种有着商业咨询和技术能力的企业为它们提供一揽子的综合解决方案，而不仅仅关注技术层面。

IBM提供的整体解决方案的内容非常完整：商业咨询部门探寻客户的需求，从战略角度理解客户，并且为客户设计商业解决方案和技术解决方案；关注流程甚至组织的变革，确保解决方案的顺利实施；销售完整的解决方案的组合，但更关注解决方案的整体价值；在复杂的业务组合中，平衡各解决方案的价值和收益，低收益的咨询服务可以带动高收益的软件业务，从而从解决方案层面实现企业效益的最大化，同时满足客户的价值诉求。在提供解决方案集成服务方面，中国的企业还有非常巨大的空间可以提升，因为能够根据客户的业务问题，系统化地提出解决方案的企业为数不多，而这方面的需求又非常旺盛，这对企业的综合能力和管理水平将是一个巨大的考验。

（5）价值网络协作的服务创新模式

顺着价值链和价值网络这条脉络，发现越来越多的企业倾向于将自身的核心业务做好，建立起核心优势，包括能力优势和成本优势，而对于自己的非优势领域，选择与其他企业合作共生。同时，许多企业也正在努力成为能提供外包服务的企业，未来的世界将是一个"互包"的市场。

在产业逐渐走向标准化、互联网日益成熟的今天，每一个企业最终都会成为价值网络中的一员，选择与其他优势企业合作，共同完成价值创造和价值交付，这将是大势所趋。企业开展这种服务，首先需要分析客户的价值网络，以及客户在价值网络中各个关键节点的需求，通过了解需求与当前能力的差距，帮助客户设计、选择外包服务的方向和方案。企业为客户提供的价值网络协作服务，一定是企业自身的强项。许多企业从自身开展共享服务（Shared Service）入手，逐步在某个业务或职能领域建立共享服务的优势，然后将这一能力提供出去，从而创立价值网络协作服务。IBM曾与宝洁公司（Procter & Gamble）签订了一个为期10年、价值4亿美元的全球协议，为全球近80个国家的9.8万名宝洁雇员提供整体性的员工管理服务，包括公司管理、津贴管理、补偿计划、移居国外和相关的安置服务、差旅和相关费用管理，以及人力资源数据管理，并且为宝洁的人力资源系统提供应用开发和管理服务。

这种服务能力的提供并不让人感到惊讶，因为IBM从10年前就开始优化内部共享服务体系，使得自己在提供支撑服务和共享服务方面具备了很大的优势。当自身建立起这样的优势之后，再将这个能力外包出去，提供给其他不具备这样优势的企业，这将会逐渐成为诸多企业的通行做法。在这方面，许多卓越的中国企业已开始各种各样的尝试，并且取得了不俗的成绩。例如，随着海尔业务的不断扩大，海尔逐渐建立起遍布全国的物流网络，并开发了很多物流园区。然而庞大的物流开支令海尔难以承受，想将物流服务外包，市场上又缺乏成熟的、规模较大的物流提供商。在此情况下，海尔于1999年成立单独的海尔物流公司，为其他企业提供第三方物流服务，服务内容包括运输服务、仓储管理、库零控制、库存分析、装备包装、订单管理、VMI管理、海运管理、清关服务、国际货代、物流方案、供应链咨询等。在通过提供第三方物流服务降低成本的同时，海尔扩大了服务客户的范围，覆盖了汽车、快速消费品、家电、零售等行业，吸引了包括通用电气、上汽五菱、陶氏、富士康、宜家、伊利、张裕等重要的国内外企业客户。

通过海尔的案例我们可以看到，企业可以通过价值网络中的外包服务降低自身的运营成本乃至运营风险。但是归结到核心，企业必须有相关服务的专业能力和核心竞争力，能够为客户提供有高竞争力和价值的服务，这是立足的根本。

（6）价值网络运营的服务创新模式

价值网络运营服务起始于理解客户对价值网络运营的期望，并且整合价值网络中的关键要素。通过管理、技术和运营各方面的综合,企业提供独特的综合服务价值,通过创造新的价值将客户不擅长或非业务核心的部分外包出去。例如从 2004 年起,远大空调开始着手由产品供应商向服务商转变。它的基本思路就是将合同能源管理引入到中央空调行业,利用完善的售后服务网络,将客户价值延伸到中央空调的运营领域,直接为客户提供服务,而不是单纯地提供空调产品。在 2004 年以前,远大空调就掌握了 72 项专利技术,使它的核心产品真正领导着全球的"中国发明"。然而市场的竞争使远大空调意识到,单纯依靠产品的性能和技术进行竞争,或者单纯依靠产品和研发进行创新已经远远不够了。为此,远大空调选择国内外三千多家中央空调用户进行能源消耗调查,积累了空调运营费用的基本数据。从 2005 年 8 月开始,远大空调正式推出新的服务内容,按照这一模式,客户不再需要购买空调和支持服务,而是把供热、制冷需求外包给远大空调,后者只负责销售内容,并按照建筑面积和复杂程度收取费用。对客户而言,这无疑是一种非常理想的服务,因为它们再也无需关注中央空调主机的运行情况、设备维护,从而减少了维修人员和大量的维修成本。

从远大空调的案例可以看出,价值网络运营服务的起始点是对客户业务的重新定义,也是对服务提供商服务内容的重新定义。客户需要的不单单是运营外包服务,而是服务的结果。远大空调深刻洞察到客户只是希望最有效地获得内容(冷和热)的时候,它的服务模式就基本成型了。事实上,当企业按照这个业务本质的思路重新思考客户业务时,会发现围绕客户需求进行的运营服务空间是如此广阔。

(7)基于 IT 新功能的服务创新模式

信息技术和通信技术与现有产品的结合,将能极大地提升现有产品的价值,同时能够产生新的服务模式。如果与社交网络进行连接的话,甚至能创造出新的营销模式。小米手机的雷军,就是运用微博营销这一社会化媒体的威力,实现了低广告投入的成功销售。在这方面,每一家企业的每一个产品都可以进行两化融合的尝试。信息技术的采纳可以重新定位产品的客户价值,所以在进行这种

服务设计的时候,我们应该跳出框架,用全新的视角看待两化融合后的服务和产品模式。美国的农具公司约翰迪尔(John Deere)是一个非常有趣的例子。

约翰迪尔公司创立于 1837 年,是历史悠久的农用机械设备制造商。如果说一家传统做农具的公司可以提供两化融合的先进服务,你会相信吗?事实上,约翰迪尔的精准农业系统就是两化融合的经典案例。简单地说,精准农业是一种收集农艺信息的方式,它将传感器技术与传统的农具结合,加上 GPS 卫星定位,配合地面的显示装置,为农户提供高附加价值的农业信息服务。对于从事农业生产的人来说,精准农业的意义在于,对自己的土地获知的信息越多,就能更有效地运用农机和其他科技,用最小的投入获得最大的产出。

耐克在运动鞋中安装传感器,与早期的 iPod 进行无线连接,将跑步等运动信息通过 iTunes 上传至互联网,开创了著名的"Nike+ 服务"。"Nike+"可以将跑步爱好者的步速、距离、路线等信息上传至互联网,并且在网站上及时显示,可以让跑步者和运动伙伴、教练进行交流、竞赛。随着 iPhone 的推出,"Nike+"干脆去掉了传感器,直接将"Nike+"开发成支持 GPS 的 App,供运动爱好者免费下载,在帮助消费者记录跑步信息的同时,建立了一个跑步爱好者的社区。虽然这是一个免费的社区服务,但是极大地提升了耐克的品牌影响。这种增值服务虽然没有以收费的方式实现,但是品牌效应会通过耐克其他产品的销售体现出来。

可以说,思考产品和互联网的结合,尤其是当今传感器技术所代表的物联网与移动互联网的结合,将产生更大的产业空间和机会。产品、传感器、移动互联网,乃至作为运营支撑的云计算,将重新定义我们的业务本质,帮助企业开发新产品、新服务。每一家企业都有这种两化融合开发的产品和服务的机会,问题在于我们是否找到了这样的机会。

(8)基于 IT 的系统融合的服务创新模式

基于 IT 的新功能服务是聚焦于产品层面的服务创新。而基于 IT 的系统融合服务,则将彻底释放系统的能量,通过与信息产业的结合,催生出巨大

## 第四章 智慧城市建设的总体思路

的新的产业机会，并且创造出全然不同的第三次工业革命。关于这个领域，全球领先的公司都提出了自己的主张。

如果说 IBM 的展望是从信息产业角度切入的话，那么工业企业的介入和实践才是 IT 与系统融合的真正开始。2012 年 11 月底，通用电气发布了关于工业互联网（Industrial Internet）的白皮书，吹响了进军工业互联网的号角。通用电气的工业互联网与 IBM 的智慧地球，从概念上没有根本的差别，所不同的是，工业公司所拥有的基础设施技术，以及基础设施产生的庞大数据和进一步互联网化的可能性，使我们更加确信，工业公司的介入将真正催生第三次工业革命的到来。

根据通用电气的测算，在未来 15 年里，几个关键的行业如果采用互联网技术和数据分析技术，使得系统效率提升 1% 的话，带来的收益将是巨大的：商用航空领域，1% 的燃料节省意味着 300 亿美元；燃气发电领域，1% 的燃料节省意味着 660 亿美元；油气开采行业，1% 的资本金节省意味着 900 亿美元；医疗行业，1% 的系统性能优化意味着节省 630 亿美元。

如果全球都开始采用这样的工业互联网技术，到 2025 年，人类 GDP 的一半（约 82 万亿美元）将受到深远影响。落实到每一个企业身上，当企业思考为客户提供基于信息技术的系统融合服务时，如何有效地采纳软件技术、数据分析技术，从能效的节约开始，设计出更加先进的两化融合的服务，将为客户带来极大影响。我国正在蓬勃开展的合同能源管理服务，从根本上说，就应该是工业技术和信息技术融合的服务领域。信息技术在节能方面，服务于客户设备性能的检测、优化、改进和控制，哪怕是 1% 的进步，其前景也将是不可估量的。

在这个领域，一些敏感的行业已经快速行动起来，汽车产业无疑是最快的行动者。如今的汽车产业里，最大的投资方来自互联网公司，通用汽车已经终止了与惠普长达 25 年的软件外包合同，开始着手招聘多达一万名的软件工程师，投身于软件技术的开发。因为他们意识到，未来的汽车产业就是软件产业，或者确切地说就是移动互联网产业。汽车将有可能变成最终意义

上的移动互联网设备，我们构想的智能交通、智能维护，都是基于车身的传感器技术、无线互联技术、后台的数据分析和挖掘技术。这些创新设想都已经部分或全部成为现实，物联网、云计算、大数据、人工智能、机器学习等先进 IT 系统创新带给人类一个无法想象的新生活、新世界，这是不可逆转的趋势。[1]

## 4.4 服务转型是建设智慧城市的关键（政府视角）

智慧城市是一个复杂的巨大系统，涉及城市规划、设计、管理和服务等方方面面，涉及政府、企业、居民等多个主题，以及技术应用、理念创新、模式转变、制度改革等一系列问题。在本书的第一章中，就智慧城市的内涵和外延进行了详细的阐述、分析和解释，提出了一个中心、两个基本点、三大核心应用、四大特点。而要用一句最简单的话来概括智慧城市的本质，则可能是服务。

智慧城市使得政府、企业、个人、各种组织和城市系统之间的关系被重新定义，从过去单向的生产—消费、管理—被管理、计划—执行转变为先进、多维和新型的协作关系，基于智能基础设施，达成城市系统运作的最佳状态。在此基础上，政府治理必须进行全面的转型和变革，以推动并适应未来智慧城市的到来。

从长远来看，智慧城市实现的将不仅是城市资源和信息的全面感知和互联，城市管理技术手段的创新与变革，更是一种全新的城市形态，是在现代信息技术基础上的城市形态的高级化，是城市治理模式和政府结构性转型的根本性转变。

换句话说，智慧城市建设不仅仅是信息化领域内的事情，它越来越牵涉

---

[1] 许正. 向服务转型的八种创新模式.

到城市各项业务的改变，甚至政府管理方式的改变。在未来的智慧城市建设中，技术将不再是问题，决定性因素是管理，包括政府行政管理、城乡一体化建设规划、城市与城镇的管理、智慧城市建设本身的管理，以及对信息安全的管理等。

因此，我们有必要在智慧城市建设的大背景下，对政府的服务转型话题进行一定的分享与研讨。

## 4.4.1 地方政府机构及其改革

2013年8月27日，中共中央政治局召开会议，审议通过《关于地方政府职能转变和机构改革的意见》，并决定于11月召开中国共产党第十八届中央委员会第三次全体会议，研究全面深化改革重大问题，再一次把地方政府机构改革事项提上日程。改革开放以来，我国地方政府机构改革到底经历了什么样的历程，呈现出什么样的特征？新一轮地方政府机构改革走向如何，将面临哪些挑战？针对上述问题我们做了一次梳理和探讨。

### 4.4.1.1 改革的历程

改革开放以来，我国共推进了5轮较为集中的地方政府机构改革。我国地方政府机构改革进程的一个重要特征是，每一轮改革都紧随中央政府机构改革进行。1978年以来，我国平均每五年进行一次中央政府机构改革（1982年、1988年、1993年、1998年、2003年、2008年、2013年），至今已有7轮。除1988年的改革没有推进到地方外，每一次中央政府机构改革都会要求地方政府进行相应的调整，同时中央政府机构改革也是激发地方政府机构创新的重要契机。

(一)1982～1984年的地方政府机构改革

此轮改革前，我国干部队伍年龄结构老化、知识储备不能适应改革开放和经济社会发展的需要。同时，随着经济管理职能的强化，中央和各地均增设了大量机构。到1982年年底，各地省级机构平均达到80个左右，政府机构臃肿、人浮于事、效率低下（曾峻，2000）。地方机构改革的主要措施包括四个方面。一是调整各地领导班子职数，实现地方领导干部年轻化、知识化和专业化。中央的通知明确规定了各级政府的职数、年龄和文化结构，减少副职、提高素质。改革后，地方各级领导班子的平均年龄下降了6岁，具有大专以上文化程度的干部分别占省、市、县领导成员的60%以上。二是通过撤并，精简各级政府机构。与中央导向一致，较大幅度地撤并经济管理部门，将条件成熟的单位改革成经济组织。改革后，省级政府工作部门下降到40个左右；市政府机构从60个左右减为30～40个；行署办事机构从40个左右减为30个左右，县政府部门从40多个减为25个左右。三是精简人员编制。省、自治区、直辖市党政机关人员从18万人减为12万余人；市县机关工作人员约减20%；地区机关精简幅度更大一些。四是推动地、市合并，逐步实行市领导县的体制，使城市和农村紧密地结合起来，互相依存、互相支援，统一领导、全面规划。

（二）1993～1995年的地方政府机构改革

1992年，党的十四大提出建立社会主义市场经济体制的新目标，但政府职能配置和机构设置不太适应新的目标，且各级政府机构膨胀、人浮于事的问题再次出现。改革的主要措施包括以下两方面：一是由中央对地方各级人民政府机构和人员进行总量控制，对地方各级党政机构设置限额和必设机构提出要求。省、市、县的必设机构由中央机构编制委员会确定，因地制宜设置机构在规定的限额内根据实际情况确定。二是大幅裁并政府机构，尤其是专业经济管理部门。参照国务院机构改革方向，加强计划、财政、税收等综合经济部门，而轻工、纺织等专业经济管理部门转制为经济实体或行业协会；对一时难以转为经济实体的专业经济部门，精简内设机构和人员，减少对企业的直接管理。通过上述两方面措施，此轮改革后地方各级机关机构精简比例在30%～40%之间，人员精简25%左右，全国约精简200多万人。

### (三)1999～2002年的地方政府机构改革

1999年开始的第三轮地方政府机构改革仍然是在中央机构改革的带动下开启的。1998年，国务院机构改革方案对国务院组成部门进行重大调整后，国务院组成部门由原来的40个压缩为29个。

本轮改革的主要措施有：一是以职能转变为核心，大幅度地推进机构调整和政企分开。进一步强化宏观经济调控部门，调整和减少专业经济部门，适当调整社会服务部门，加强执法监管部门。省级政府基本建立了与国务院机构框架大体协调的省级政府组织结构，强化综合经济部门的区域经济调节职能，加强工商行政、质监、环保、药监等执法监管部门；各级政府不再保留工业、商业、物资管理部门和行政性公司，水产、畜牧、农机等机构也改建为经济服务实体。二是加大力度精简机构和人员编制。省级政府工作部门分为组成部门和直属机构，与国务院组成部门基本对口，由原来的53个左右（含委、厅管理机构）精简为40个左右，人员编制精简47%；市（地）级政府机构平均由45个减少到35个，县级政府机构平均由28个减少到18个，人员编制精简19%。三是加强机构编制的管理监督，实现政府机构、职能、编制、工作程序的法制化。要求各地建立机构编制管理预算约束机制和监督惩处制度，加大管理的力度和权威性。

### (四)2003～2005年的地方政府机构改革

2003年年初，随着经济体制改革的深入，在加入世界贸易组织等新的形势下，中央政府出台了新一轮《国务院机构改革方案》和《关于地方政府机构改革的意见》。此轮地方政府机构改革主要措施有：一是深化国有资产管理体制改革，对口国务院机构改革方案设立省、市（地）两级政府国有资产管理机构；二是鼓励各省、自治区、直辖市从实际出发，参照国务院机构改革，因地制宜地推进机构调整和职能整合。省以下政府机构的改革，由省、自治区、直辖市党委和政府研究确定，除国有资产管理机构以外的其他机构设置不要求上下对口。绝大多数地方也对应国务院，完善宏观调控体系，将各级政府发展计划委员会改组为发展和改革委员会。

### (五)2008~2010年的地方政府机构改革

自党的十六大后,随着市场经济体制改革的推进和发展社会主义民主政治的要求,以及政府在社会管理和公共服务领域职能的进一步明确,党的十七届二中全会于2008年年初通过《关于深化行政管理体制改革的意见》,提出到2020年建立起比较完善的中国特色社会主义行政管理体制的宏观目标。随后中央出台《国务院机构改革方案》和《关于地方政府机构改革的意见》。第五轮地方政府机构改革于2008年下半年启动,2009年省级机构改革基本完成,市县级政府机构改革同时启动。

第五轮地方政府机构改革主要有四项内容:一是以转变政府职能为核心,推进政企分开、政资分开、政事分开、政府与市场中介组织分开,强调把不该由政府管理的事项转移出去,进一步下放管理权限,深化行政审批制度改革;二是优化结构,在国务院的带动下推进探索本地特点的大部门体制;三是强化责任,横向解决部门职权交叉和脱节问题,纵向理顺和明确垂直管理部门和地方政府的关系,并推进省直接管理县的财政体制改革;四是建立机构编制审批和备案制度,严格控制机构数量和人员编制总量。

#### 4.4.1.2 地方政府机构改革的特征

通过对地方政府机构改革历程的梳理,我们不难发现,这些改革带有明显的新特征,主要表现在四个方面。

##### (一)在改革的动力上主要遵循中央带动、自上而下的模式

尽管历次地方政府机构改革背后都存在改革开放以来经济社会变迁对政府组织变革的需求,但整体上来看,地方政府机构改革的推动力主要还是来自中央政府。如上所述。几乎每一轮地方改革都在国务院机构改革之后自上而下地推进,并在中央出台的相关指导性意见下展开。大多数地方政府创新要么是在上级有意识的安排下试点,要么本身就是一轮中央机构改革带动下进行的探索,少数自下而上的地方创新虽然存在,却零星得无法归纳成地方政府机构改革的整体趋势。

**（二）改革以政府职能转变为主线不断深化**

除第一轮改革以经济建设初期解决领导班子问题和精简机构为核心外，自 1993 年来的历次改革均是以政府职能转变为主线。以职能转变为核心的机构改革才是"化学反应"，与表面上机构撤并的物理反应相比，其更能达到反映需求、真正精兵简政的效果。根据职能转移这一主线，1993 年以来的地方政府机构改革大致可分为两个阶段。从 1993 年到 2003 年的地方政府机构改革主要关注政府的经济职能，以适应社会主义市场经济发展的要求为目标，围绕经济体制改革推进政企分开，加强政府的宏观调控职能、减少微观干预，并由以行政调节为主向以市场和法律调节为主转变。这是一个有层次、有步骤、循序渐进的过程，如 1993 年在推进机构改革时已经意识到当时的改革方案是一个过渡性方案，等到 1998 年时机成熟时才有较大力度的机构调整。而 2003 年以后，非典危机及接下来逐步凸显的民生问题开始将政府职能转变的重心引向社会管理和公共服务，经济职能不再是机构改革唯一关注的核心，"服务型政府"建设成为改革的共识。相应地，政府机构改革的目标在完善社会主义市场经济体制的基础上扩充了为全面建设小康社会提供组织保障，并延续至今。

**（三）改革呈现出一个由调整行政体系内部关系向调整政府与市场、政府与社会关系的过程转变**

在尚未涉及政府职能转变的第一轮地方政府机构改革中，改革调整的是行政体系内部中央与地方以及部门之间的关系。职能转变则将机构改革的视野拓展到处理组织变革和外部环境的关系上。自 1993 年起的改革以政企分开、政资分开为主，调整的主要是政府与市场主体的关系；2008 年起的机构改革则又将调整的关系扩大到同时调整政府与市场、政府与社会的关系，全面推进政企分开、政资分开、政事分开和政社分开。可以说，这一变迁过程将机构改革先后与经济体制改革、社会体制改革高度关联在一起，将机构改革的意义拓展到一个新的高度，同时也使得机构改革的未来走向更依赖于市场主体、社会主体的充分发育。

**（四）改革逐步呈现分权化倾向，地方获得越来越大的自主空间**

纵向的职能和权力划分是考量地方政府机构改革的重要维度。尽管地方政府机构改革主要遵循中央带动、自上而下的模式，但从几轮机构改革的历程梳理中也可以清晰地看到，随着改革的推进，中央政府越来越不要求上下对口，越来越鼓励各地因地制宜，使各级政府根据自身的职能特点来进行相应的机构调整。1993～1995年的地方政府机构改革中，中央对地方必设机构、限设机构作出了较多要求。到2003～2005年的改革中，除要求设立国资委外，中央明确提出各级政府要因地制宜地推进机构调整。到2008年，中共中央颁布的《关于深化行政体制改革的意见》进一步明确了中央政府与地方政府之间的分权化方向：中央政府注重经济社会事务的宏观管理，而地方政府则侧重于提高公共服务能力；要求地方政府机构改革根据各层级政府的职责重点合理调整地方政府机构设置。在2013年《国务院机构改革和职能转变方案》中，更是包含了中央向地方下放大量审批权的重要内容。可见，分权化也是地方政府机构改革变迁过程中体现出的一个重要特征。

#### 4.4.1.3　新一轮政府改革的走向与挑战

党的十八大报告提出，要深入推进政企分开、政资分开、政事分开、政社分开，建设职能科学、结构优化、廉洁高效、人民满意的服务型政府，深化行政审批制度改革，继续简政放权，推动政府职能向创造良好发展环境、提供优质公共服务、维护社会公平正义转变，稳步推进大部门制改革，健全部门职责体系。综合前几轮改革的趋势，新一轮地方政府职能转变和机构改革将是对上一轮改革的深化，将围绕建立中国特色社会主义行政体制目标，适应社会主义市场经济发展和民生领域的需要，与国务院机构改革和职能转变相衔接。具体可能呈现以下走向。

第一，地方政府改革仍将以"职能转变"为核心，更加明确地强调向市场放权、向社会放权，并指明重点领域和途径。向市场放权的重点领域为行政审批制度改革。国务院总理李克强一直强调行政审批领域是重中之重，必须通过减少行政审批事项、减少对微观事务的干预，扩大向社会和市场放权的效果。地方行政审批改革也应包括国务院方案中涉及的减少投资项目、生产经营活动审批事项、资质资格许可和行政事业性收费项目等。向社会放权以民生领域的突出矛盾和需求为重点，主要内容包括培育发展社会组织，加大购买社会组织服务力度，向社会组织转移职能，加快形成政社分开、权责明确、依法自治的现代社会组织体制。

第二，地方政府改革需衔接国务院机构改革方案。此轮国务院机构改革方案的不少内容都需要地方政府作相应的调整来衔接：一是地方需探讨如何承接中央政府下放的投资、生产性经营活动的审批事项和下放的专项转移支付项目审批和资金分配工作；二是在机构调整上考虑如何对接国务院发生变动的卫生和计划生育、食品药品、新闻出版和广播电影电视、海洋、能源管理等部门。

第三，鼓励地方坚持精简统一效能原则，探索大部门体制，推进机构和职责整合。《关于深化行政管理体制改革的意见》指出进一步优化政府组织结构，规范机构设置，探索实行职能有机统一的大部门体制，完善行政运行机制。大部门体制具有精简机构、避免职能交叉和多头管理等优点，目前各地还处于试点中，将在未来得到进一步推进。大部门体制的探索将强调符合实际需求，决策、执行、监督分离等特征。

第四，严格控制地方机构编制，以巩固改革成果。政府机构往往具有权力和预算膨胀的内在冲动，一些地方和部门存在擅自增设机构、在机关使用事业编制、超编制配备人员、超职数配备领导干部等问题，上级业务部门干预下级机构编制的情况也时有发生，"膨胀—精简—再膨胀"成为前几轮改革中常遇到的问题。本轮改革会进一步强化机构编制的刚性约束力，要按照中央规定严格控制机构数量和人员编制总量，严格执行机构编制审批和备案制度。

第五，进一步充分发挥地方政府积极性，在客观上促成地方政府分权化。改革将鼓励地方因地制宜、根据各层级政府的职责重点，从实际出发进行改革试点和大胆创新。创新的领域可能包括大部制改革、基层行政管理体制改革、省直管县等。地方政府创新有望在未来的一段时期内成为地方政府机构

改革的主要示范力量。

第六,党的群众路线教育实践活动将引入地方政府职能转变和机构改革中。党的群众路线教育实践活动是今后一年内党政干部政治生活中的重要内容,将紧紧围绕保持和发展党的先进性和纯洁性,以为民务实清廉为主要内容。地方政府机构改革目的正是强化政府的服务职能,这一过程必然应贯彻群众路线,因地制宜,杜绝形式主义。本轮改革将更加强调把群众需求作为改革的重点,着力解决好事关民生的突出矛盾和问题。

本轮地方政府机构改革体现出越来越明晰的向市场放权、向社会放权、向地方(基层)放权等观念倾向,与此同时,随着政府职能转变和机构改革的深化,本轮改革正在或即将面临以下三方面挑战。

一是如何从理论上区分和界定各级地方政府的职能。

系统考察和科学界定各级地方政府的职能,是我国地方政府机构改革乃至我国行政体制改革必须直面的挑战。推进地方政府职能转变的一个重要前提是弄清楚各级地方政府应该承担什么样的职能,然而相关的理论基础远不能满足实践的需求。如一些地方尤其是基层政府在制订职能转移目录过程中面临大量的理论难题。我国中央与地方、各级地方之间的权力区分存在大量动态的模糊地带,如何界定其职能是新一轮地方政府机构改革必须解决的问题。

二是政府职能转变的单向度改革如何与市场和社会主体的发育联动。

在政府职能转变过程中,无论是向市场还是向社会放权,都需要有主体来承接政府转移出的职能。一些地方实践中遇到的最大问题不在于政府不愿意转变职能,而是找不到有能力来承接政府职能的主体。尤其是在当前我国社会组织、志愿者等社会主体发育还不成熟的阶段,政府职能转变如何才能尽快达成所愿。由此,政府职能转移和机构改革与市场的完善和社会的培育如何形成有机联动,且政府推动培育的过程中如何保障社会主体的自主性,这成为下一轮改革面临的关键问题。

三是中央职能转变和机构改革的核心观念如何有效传达给地方各级政府工作人员。

我国地方机构改革实际上承载着双重使命和双重压力：既要继续通过"管理补课"提高政府管理水平，又要适时借鉴典型国家的经验，逐步实现加强管理与提升服务的统一。我国既处在现代化阶段，要提高政府管理水平；又同时处在后现代化阶段，要构建"服务型政府"。当跨越两个阶段时，如何保障地方基层工作人员在观念上及时转变？此轮改革中放权、社会力量等一些关键的话语得以有效传达将是一个很大的挑战，否则地方政府只能是被动的、形式上的改变。

### 4.4.2 转变政府职能海外镜鉴之一：如何处理好政府与市场关系

随着我国经济步入新常态，李克强总理在2014年9月的夏季达沃斯论坛上发出"大众创业、万众创新"的号召，及至2015年全国两会在政府工作报告又提出："大众创业，万众创新"。政府工作报告中如此表述：推动大众创业、万众创新，既可以扩大就业、增加居民收入，又有利于促进社会纵向流动和公平正义。在论及创业创新文化时，强调让人们在创造财富的过程中，更好地实现精神追求和自身价值。为此，国务院常务会议推出一系列措施为"双创"加油添力，其中就包括政府简政放权、转变职能等内容。在这一方面，发达国家经历了长期探索与实践，有些经验值得学习借鉴和创造性的发展。

#### 4.4.2.1 "为与不为"——政府与市场边界动态调整

在政府与市场关系问题上，西方先后出现过经济自由主义、国家干预主义以及现代货币主义等多个流派。在上述理论影响下，发达国家中政府与市场的相互地位和作用不断变化，绵延至今。

诺贝尔经济学奖得主、纽约大学教授迈克尔·斯宾塞（Andrew Michael Spence）在接受新华社记者采访时说，在他看来，政府和市场边界在不同的经济体有所不同，没有确定答案。对于国民收入较高的经济体而言有一个大致范围：即市场的主要功能表现为发现价格、优化激励、配置资源和刺激创新。但他也指出，市场是否能发挥好作用，还要取决于政府。人力资本、基础设施、制度环境等能让市场更好发挥作用的因素需要政府促成。

新加坡国立大学亚洲竞争力研究所所长陈企业谈到一个概念：政府应该做"托管赢家"而非"选择赢家"。他解释说，这就如经营一座跑马场，政府要做的是建设并维护马场，吸引优秀马主和选手前来，但并不负责养马、驯马和赛马。

新加坡学者郑永年说，在西方发达国家中，英、美政府相对市场更"小"些，德、法等国政府相对市场更"大"些，日、韩政府和大型财团或企业集团的内在联系和历史渊源则更紧密。

他指出，从西方近十年的实际变化看，政府地位和作用的总体趋势是增强的。这与发达国家经济普遍进入下行周期，需要政府动用资源，推行改革等因素有关。

#### 4.4.2.2 "有法可依"——明晰政府权限和职能

西方学者一般认为，政府权限和职能主要体现在提供公共产品和服务、通过征税影响经济行为、调节收入分配和加强市场监管等方面。

在政府权限和职能问题上，西方发达国家多通过法律加以规定，使得行政"有法可依"。具体则依靠出台和修订行政基本法、实施财政预算决算管理、增加行政透明度、借助资本市场和金融工具、创新公私合作模式等履行职能。

在这方面，作为历史文化条件与中国相近的国家，已跨越中等收入陷阱的韩国有些经验值得借鉴。韩国曾长期是政府主导型体制，随着经济社会更复杂、开放，从20世纪80年代开始积极简政放权，以提高资源配置效率，促进市场自律和创新。

1998年韩国正式颁布《行政规制基本法》，2014年又提出对《行政规制基本法》进行修订。其中，添加了规制成本总量限额制管理的规定，即在新设、加强规制时，应废除或放宽其他限制。

不少专家还谈到，政府在履行职能时需要税金资源等，同时又缺乏约束自身的内在动力，因此有效的财政预算决算管理制度和透明度非常重要，也就是要管好政府的收与支。

从美国的财政支出结构看，联邦政府支出注重向养老金、医疗保健和社会福利等领域倾斜，州和地方政府支出则侧重于基础设施建设、教育和社区服务。每年美国国会、地方议会的大部分立法辩论和修订都是围绕政府如何征税和花钱进行的，之后还要通过互联网、新闻媒体、出版物等公之于众。

在基建投资和相关维护上，政府面临的突出问题是如何弥补资金缺口。从美国的情况看，单靠政府拨款无法满足巨大的资金需求，因此政府推动建立市政债券市场，并吸引社会资本参与。美国每年市政债券的发行规模达到数千亿美元。同时，为避免地方政府过度举债，美各州法律对发债权力、规模、用途都作出了严格要求，并利用信用评级工具预警。因此，如何用好法律的手段来规范我国中央政府以及地方政府的事权、财权行使，是摆在党中央、全国人大和国务院面前的一道难题，相信随着政府职能转变改革进入深水区，我们有能力跨越这道关口，创造更大的发展机遇。

### 4.4.2.3 "不缺位不越位"——政府对市场监督求实效

一般而言存在如下共识：由于存在"政府失灵"，因此需要市场这只"手"。由于存在"市场失灵"，因此需要政府这只"手"。不过，难点在于政府这只"手"的张弛力度如何拿捏。

斯宾塞说，发达国家一般认为政府应放松对经济的行政管制，即不越位；与此同时，一旦出现垄断、国际贸易条件不公、市场猛烈动荡等情况，政府则应对违法违规行为严肃惩处，维护公平稳定的市场环境，即不缺位。

美国市场经济高度发达，相关法律体系相对完善，企业一般的生产经营活动受到联邦法律和各州公司法的约束，而不是被政府监管。不过，美国也存在监管缺位方面的深刻教训，2007年美国"次贷危机"以及其后演变出的严重金融危机，一定程度上归咎于政府长期对金融机构缺乏严格监管。为此，美国政府在危机之后出台了20世纪30年代大萧条以来最为严厉的金融监管改革法案。

不少西方国家还尝试通过设立有别于政府部门的法定机构实现部分职能。这类法定机构属于公共性质，但相对独立于政府，有一定的自主权。例如，在澳大利亚，这类机构更多负责制定法规并进行相应监管，比如对养老金体系进行监管等，法定机关的管理层通过制订年度报告向议会汇报。

受访专家指出，在西方设立这类机构的好处是可以分担政府繁重的职责，提高司法和行政效率；减少党派分歧，特别是党派利益绑架政府的情况出现；增加民众信任度等。

### 4.4.3 转变政府职能海外镜鉴之二：发达国家如何打造服务型政府

新华社记者在海外采访中发现，韩国、新加坡、英国等国家在打造服务型政府，尤其是在创新政府服务理念、开放公共信息、整合电子政务、增加政民互动和强化公务员约束激励方面有不少具体的措施值得借鉴。

#### 4.4.3.1 以信息公开为抓手打造"政府 3.0"

"政府 3.0"概念近年来受到一些发达经济体政府的青睐，其中韩国的相关战略较有代表性。韩国专家解释说，政府 1.0 一般是指在传统工业社会环境下单向制定政策的政府角色；政府 2.0 则是指在互联网等兴起后，政府借助新技术手段，和国民加强互动形成的双向政策制定模式；政府 3.0 则强调"以每个人为中心"，加大信息公布，利用社交媒体、移动互联等更便捷的方式强化政府服务职能，进一步提升民众对政治的热衷度和参与感，实现政府与市场、社会的更多沟通与合作。

在韩国的新战略中，政府计划进一步增加每年公开的政务文件数量，文件信息公开遵循两个原则：一是在民众提出要求前就主动公开；二是除安保和私生活等受法律保护的领域外，其余内容都以"原版"方式公开。

此外，政府和公共部门所掌握的财政、环境、气象、教育、交通、安全等信息和数据，也将提供给个人使用，或者提供给企业用于商业目的。韩国政府人士说,通过这种方式可以增加政府的透明度与可信度,还可以使个人和企业通过创新性地挖掘"信息价值",创造商机、刺激就业。不过,韩国政府在可能涉及敏感问题的信息开放上也相对谨慎,以防范风险。

#### 4.4.3.2 根据"生命周期"为民众提供定制公共服务

政府管理与服务的是社会中的"人",其在生命的不同阶段需求不同。因此,一些保险、金融行业的理论和实践在近年来开始进入发达国家政府的视野。以"生命周期"理论为依据,为民众提供更具阶段性、个性化的公共服务正成为一种潮流。

在新加坡,政府通过设立"电子公民中心"将所有能以电子方式提供的公共服务整合在一起,并以一揽子的方式提供给全体新加坡民众。"电子公民中心"是一个三维虚拟社区,它将一个人"从摇篮到坟墓"的人生过程划分为9个"驿站",公民在每个阶段都可以得到相应的服务。目前新加坡民众可以从"电子公民中心"在线获得25个政府部门的600余项电子服务。

韩国政府在提供政务服务时,把民众个人信息整合成一个系统,根据生命的不同阶段量身定做引导服务。例如,只需输入个人信息,系统就会匹配包括出生、入学、兵役、退休、死亡等不同阶段的信息和所需服务。

我国国情与上述提及的新加坡和韩国有较大差异。受人口基数大、地区经济发展水平不一、部门权限分割、信息安全保障体系尚待强化等多种因素制约,全国范围内的民生信息化、智慧化步伐仍需加快,但是配套条件成熟甚至经济发达的个别城市是有可能在短时间内实现便捷化、信息化的公共服务系统。

#### 4.4.3.3 政民互动推动网络问政

政府作为行使国家权力的载体,其作用和地位正在逐渐发生变化。其中一个重要表现为政府与社会民众的互动越来越频繁,民众参与政治和政策制

定的情况越来越广泛。

为加强与民众的沟通,韩国政府在评估、制定和执行政策时,建议利用互联网举办政策讨论会、电子听证会、电子问卷调查等活动,让更多的民众参与到政策制定的过程中。线上平台的运作能够集纳到普通民众和各领域专家的建议,体现"集体智慧"。类似网络问政、可视化交互政务系统在我国也有尝试,同样取得了可喜的成果,未来需要更加科学合理的设计,得到大范围推广。

#### 4.4.3.4 整合电子政务打造"一站式"服务

互联网发展多年,造成一些国家电子政府网站重复建设,从而增加成本,甚至拖累政务效率。在这方面,英国政府较早开始行动,以统一、便捷、快速的理念整合了本国的电子政务系统。

英国政府在2007年年初决定对政府类网站进行大规模"瘦身",将900多家主要政府网站重新整合成26家。2011年,英国政府又专门设立"政府数字化服务部",对政府各部门网站再次进行"化零为整"的改造,突出成果就是推出了全新的"一站式"政府网站"gov.uk",将中央政府各部门和公共机构的网络信息与服务项目聚合到一起。到2014年年初,英国首相府、外交部、司法部、国防部、教育部等24个部级单位以及上百家公共服务机构进驻到新的政府网站,共同组成统一的政务信息中心。

#### 4.4.3.5 强化公务员约束与激励机制

在打造服务型政府的过程中,除机制建设、技术配套等方面的因素外,政府各级官员和大量技术岗位人员的工作动力、方式和效率也至关重要。新加坡南洋理工大学公共政策专家于文轩表示,专业化的公务员队伍是新加坡政府提供优质公共服务的基础,可观的薪酬和强效的考核评价机制从根本上保证了公务员的廉政、勤政和良政。

首先,新加坡的公务员起点高,名牌大学毕业的优秀学生才有资格参加面试,并且选拔流程严格。其次,新加坡通过设立量化指标对公务员的表现进行考核。新加坡公务员评估系统分为绩效表现评估和潜能评估两种,按考核阶段的不同又分为试用期评估、年度评估和晋升评估。再次,新加坡设立了具有市场竞争性的公务员薪酬制度。最后,新加坡还建立了强效廉政制度。通过制定《防止贪污法》,详细确定了贪污罪和受贿罪的适用范围、对公职人员收受贿赂的惩罚措施等。此外,通过该立法,政府在警察部门之外还设立了独立运作的贪污调查局,对违法行为进行有效的威慑和惩治。

### 4.4.4　地方服务型政府建设过程中组织结构的矛盾

目前,我国地方服务型政府构建过程中主要存在以下两个方面的矛盾。一是出于提高运行效率而设计的政府组织结构,实际运行中却产生了阻碍运行效率的作用;二是出于提高管理水平而设计的政府组织结构在实际运行中却并没有显著提高社会服务水平。

(1) 以强大功能为目标的组织设计与运行效率不高的矛盾

我国地方政府的组织设计是和产业布局对应的。因为管理农业所以有农业部门,因为管理教育所以有教育部门,这种组织结构的设计初衷是为了对社会事业进行模块化、系统化管理,是为了提高管理的效率,例如分工明确、部门专业化、良好的内部沟通等。但实际的情况是运行效率不高,有些时候甚至会阻碍组织的顺畅运行。出现这种理想与现实的矛盾主要有以下两个方面的原因。

第一,功能性科层配置与地区性科层配置的矛盾。我国地方政府的科层配置方式不同于其他国家。我国地方政府机构的功能性主要表现为垂直管理或者双重领导结构。垂直管理是上级部门直接向下级对应部门下命令,下级部门或单位直接向中央或上级业务主管部门负责,其人事、财务、事务都由中央或上级业务主管部门直接管理,这些机构并不列入地方政府工作序列。双重领导结构即业务上主要由上级或中央业务主管部门领导,行政区划设置上主要由地方政府进行管理。这些部门或机构既行使中央或上级部门的职能,又行使地方政府的职能。双重领导结构正是我国地方政府普遍采用的机构配置模式。这种功能性组织设计中，上级做出业务决策时，如果不能做到通盘考虑、因地制宜，不考虑地方的实际，只从部门业务考虑"一刀切"，对执行上级或中央政策困难的地区没有适当的补偿机制，势必导致政策不符合地方的实际情况，在执行上打了折扣。由于实际情况的差异，势必会出现功能性组织设计目标的反功能。

第二，科层结构本身设计的缺陷。我国实行单一制政治体制形式，组织结构遵循上级服从下级原则，较低层级的政府设置组织机构、下级单位人员职务安排都要由上级政府机构批准，以此实现对地方政府机构直接的管理。以政府财政关系为例，下级政府需要对上级政府或中央政府进行财政的上缴、支付和转移，上级政府用过财、政、权管理下级地方政府。地方政府更多地涉及具体管理活动和管理关系，而具体的管理体制在运行过程中，有可能会突破科层结构本身的功能性设计。

（2）管理水平目标的高效与组织运行的低效的矛盾

地方服务型政府建设在社会管理方面以精干和高效为原则，但当前地方政府组织效能上未能达到预期效果，我国当前构建过程中的低效与其结构设计的不相适应体现在以下两个方面。

第一，地方政府科层结构的高效目标与低效运行不匹配。科层政府结构是适应现代社会经济变化的，以高效率为特征，是地方政府机构选择的组织形式。而在实际运行中，我国地方政府的机构建设与理想组织设计存在差距，并没有达到理性、高效的组织设计目标，反而出现了低效的情况。其原因主要在于地方政府科层结构的运转依靠自上而下的势能来推动，所以，下级政府需要配置和上级政府对应的部门机构。这就会出现各级地方政府的同质化和同构化，机构设置多反而导致办事程序复杂、工作效率低。

第二，地方政府管理职能的高效目标与低效运行不匹配。我国当前地方政府的效率难以提高，与管理职能否有效地执行和实现相关密切。一方面，地方政府无法完全摆脱全能政府的模式，在发挥行政职能中存在着与能力和规模的矛盾，现实管理职能中表现出行政力量过于强大或者有限的地方政府组织管理着无限的社会事务的问题。能力与规模的矛盾无法解决，导致地方政府偏离管理职能设计目标而出现越位和错位。

### 4.4.5 智慧城市时代，地方政府由职能型走向流程型大畅想

如上所述，介绍了新中国成立尤其是改革开放以来，我国各级政府不断顺应社会和时代的潮流进行改革，取得了长足的进步。地方政府在深化改革、促进经济增长、社会发展、公共服务等诸多方面发挥了重大而积极的作用，转变地方政府职能也取得了一定的进展，在政企分开、政资分开等方面取得了一定进步。目前，地方政府职能还存在突出的问题，主要集中在两个方面，一个是职能的定位，另一个是职能的履行。主要表现为政府职能的越位、错位、空位、不到位等问题，地方政府职能的实践与应用层面存在着巨大的差距。

2015年5月6日召开的国务院常务会议，在讨论确定进一步简政放权、取消非行政许可审批类别时，时任总理李克强一连讲了三个故事，痛斥某些政府办事机构。

> 链接：李克强痛斥某些办事机构：办个事儿咋就这么难？[1]
>
> "我看到有家媒体报道，一个公民要出国旅游，需要填写'紧急联系人'，他写了他母亲的名字，结果有关部门要求他提供材料，证明'你妈是你妈'！"总理的话音刚落，会场顿时笑声一片。
>
> "这怎么证明呢？简直是天大的笑话！人家本来是想出去旅游，放松放松，结果呢？"李克强说，"这些办事机构到底是出于对老百姓负责的态度，还是在故意给老百姓设置障碍？"
>
> 李克强讲述的第二个故事，发生在海南：一位基层优秀工作者参与评选全国劳模时，仅报送材料就需要盖8个章，结果他跑了几天也没盖全，

---

[1] 李克强总理痛斥某些办事机构：办个事儿咋就这么难?[EB/OL]. 中国政府网, 2015-05-06.

最后还是省领导特批才得到解决。

"盖完章他当场就哭了。"李克强总理讲到这儿费解地发问,"老百姓办个事咋就这么难?政府给老百姓办事为啥要设这么多道'障碍'?"

他因此总结道,近两年来,简政放权、放管结合、转变政府职能的改革虽然取得了明显成效,但必须看到,现有成果与人民群众的期盼还有不小距离,需要进一步深化改革。

李克强总理讲的第三个故事,发生在这次会议召开两星期前的福建考察期间。当时,李克强总理在厦门主持召开部分台资企业负责人座谈会,一位台商代表告诉李克强总理,他在大陆经商最大的困难,不是优惠政策不够,而是知识产权得不到足够的保护。

"研究出来一个东西,马上就有人模仿,打官司、找政府,没人给解决!"在5月6日的常务会议上,李克强总理说,"我们现在的确存在这样的问题:政府一些'该管的事'没有管到位,但对一些'不该管的事',手却'伸得特别长'!"

李克强总理说,当前,社会上下已形成一个共识:理清政府和市场的界限是经济体制改革的关键,简政放权是"牵一发而动全身"的改革。同时,民众也对政府提出了更高的"监管"和"服务"要求。

"民之所望、施政所向,对老百姓负责的事情,就是政府应当履行的职责!"李克强总理掷地有声地说。

如何优化地方政府的职能,使其在经济调节、市场监管、社会管理、公共服务的职能履行中发挥重要作用?我们不妨探索从目前的职能式组织架构,转变为流程式组织架构。

#### 4.4.5.1 五种不同类型的组织结构

根据组织结构中权责关系的不同,人们将组织结构划分为直线式、职能式、直线职能式、事业部制、矩阵式等类型。政府组织属于公共组织的范畴,以其公共性、社会性、服务型和非营利性等特性区别于以营利为目的的企业组织，人们对于组织结构设计方面的研究与实践最早开始于企业。为了便于读者的理解及后面的讨论，下面我们先以企业为例，为大家普及4种不同类型组织结构的概念和特点。

1. 直线式组织结构

直线式组织结构是最早被企业采用，也是最为简单的一种组织结构形式。其主要特点是：各级组织依层次由上级垂直领导与管辖，指挥和命令是从组织最高层到最低层按垂直方向自上而下地传达和贯彻；最高层集指挥权与管理职能于一身，对下级负有全责，政出一门，如图4-10所示。

每一层级的平行单位各自分立，各自负责，无横向联系，纵向联系也只对上司负责，这种组织结构以权限清楚、职责明确、活动范围稳定、没有中间环节、关系简明、机构精简、节约高效见长。

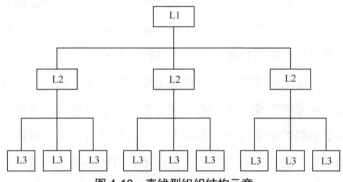

图 4-10　直线型组织结构示意

其缺点是：在任务分配和人事安排上缺乏分工与协作，因而难以胜任复杂的职能；组织结构刻板，缺乏弹性，不利于调动下级的积极性；权限高度集中，易于造成家长式管理作风，形成独断专行，长官意志；使组织成员产生自主危机，在心理上形成疏远感。

2. 职能式组织结构

由于管理事务的日益复杂，用直线式结构进行管理便会出现管理者负荷太重，力不从心的问题。于是，在管理者和执行者中间，便产生了一些职能机构要承担研究、设计、开发以及管理活动。在职能式结构中，按专业分工设置管理职能部门，各部门在其业务范围内有权向下级发布命令与指示，下级既要服从上级主管的指挥，又要听从上级职能部门的指挥，如图4-11所示。

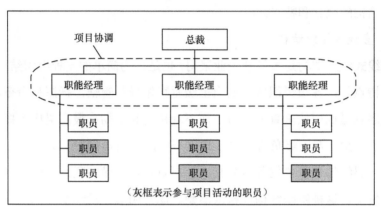

图4-11　职能式组织结构示意

职能式结构具有分职、专责的特点。其优点在于有利于发挥管理人员的特长，提高他们的专业能力；有利于将复杂工作简单化，提高工作效能；有利于强化专业管理，提高管理工作的计划性和预见性。

它适应社会生产技术复杂、管理分工细腻的要求。而且在心理上，职能式结构形成一种强调专业分工、强调规划的新型管理作风。其缺点是：多人领导，削弱了必要的集中统一；不利于划分各行政负责人和职能部门的职责权限；增加了管理层次，由于管理人员过多，有时影响工作效率；在心理上使组织成员产生某种轻视权威的心理。

3. 直线职能式组织结构

直线职能式组织结构是将直线式和职能式结构相结合。这种组织结构有两个显著的特点，一是按照组织的任务和管理职能划分部门，设立机构，实行专业分工，加强专业管理；二是这类结构将管理部门和管理人员分为两大类。一种是直线指挥机构和管理人员，另一种是职能机构和管理人员如图4-12所示。

直线职能式结构抛弃了职能式结构多人领导，指挥不一的缺点，保留了职能式结构管理分工和专业化的优点，又吸收了直线式结构集中统一指挥的优点，因而管理系统完善，隶属关系分明，权责清楚，是比较合理的组织结构形式。在现代社会，它有着较广泛的适应范围。

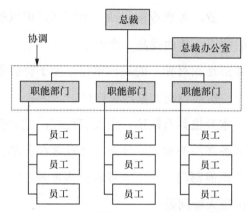

图 4-12　直线职能式组织结构示意

但是，这种形式的结构也有其自身的缺点，主要有两个方面。一是各职能部门之间横向联系较差，易于发生冲突和矛盾；二是由于各职能部门没有决策权和指挥权，事事要向直线管理部门和人员汇报请示。一方面压制了职能部门的积极性，另一方面使直线管理人员整天忙于日常事务而无暇顾及组织所面临的重大问题。为了弥补这些缺陷，一方面，可以设立委员会，由直线指挥部主持，召集各职能部门负责人参加、讨论组织的重大问题；另一方面，可以适当授予职能部门一定的权限，使其具有独立处理事务的权力和自由。

4. 事业部制组织结构

事业部式组织结构，又称分权式组织结构。它是为了适应现代社会组织规模日趋庞大、活动内容日益复杂、变化迅速，基层单位自主经营日益重要的形式而产生的。这种组织结构的最大特征在于分权化。它按照产品、地区、市场或顾客将组织划分为若干个相对独立的单位，称之为事业部。

这种组织结构的优点有如下四种。

第一，最高管理部门和管理者可以把主要精力放在研究、制定组织发展的战略方面，而不拘泥于对具体事务的管理。

第二，由于权力下放，各事业部能够独立自主地根据环境变化处理日常工作，从而使整个管理富于弹性，使组织工作更加具有灵活性和适应性，可以做到因地制宜、因时制宜。

第三，由于权力下放，各事业部门独立性较强，可以摆脱请示汇报、公文旅行、浪费时间的陋习，从而提高工作效率。

第四，由于事业部是相对独立的经营单位，便于将组织的经营状况同组织成员的收入相结合，从而调动大家的积极性。

同样，事业部制本身也具有缺陷，主要表现在：过分强调分权，削弱了组织的统一性；强调各部门的独立，缺乏整体观念和各部门之间的协作；各事业部都存在自己的职能部门，有可能导致机构重叠，管理人员增多，造成人浮于事，管理费用增大等问题。

### 4.4.5.2 流程型组织定义及特点

流程型组织（Process-Oriented Organization）是以系统、整合理论为指导，为了提高对顾客需求的反应速度与效率，降低产品或服务供应成本而建立的以业务流程为中心的组织。

流程型组织是实施流程管理的重要基础。对于流程型组织的界定，比较典型的定义方式有如下七种。

第一，流程型组织是关注组织内部的各种跨部门流程的执行情况和结果，以达到顾客满意的目的。这种定义主要是着眼于流程型组织的目的。

第二，流程型组织是根据业务有序活动的各个关键环节来配置相应人员并分配工作，通过人员之间的相互协作，将组织的投入转化为最终产出。这种定义着眼于流程型组织中成员之间的关系。

第三，流程型组织是一种扁平化的组织结构，打破了职能之间的隔阂，促成了信息流和物流等在水平方向和垂直方向的顺畅流动。这种定义主要着眼于流程型组织与"金字塔"式的传统组织形态的对比。

第四，流程型组织以组织的各种流程为基础来设置部门，决定人员分工，在此基础上建立和完善组织的各项职能。这一定义是从组织完善的角度来界定的。

第五，流程型组织是以流程为中心的组织，以区别于传统的职能组织。

第六，从业务流程需要出发，从根本上重新组织企业活动，并最终围绕流程重新设计其组织的结构，产生新型的以流程为中心的组织，即基于流程的组织。这一定义着重强调流程的重要性。

第七，基于流程的组织是以业务流程为主，以职能服务中心为辅助的一种扁平化的组织。这种定义主要着眼于流程型组织的设计原则。

通过对流程及流程管理概念的介绍，在分析、比较、研究流程型组织的特点、内容的基础上，可以对流程型组织做出以下界定：流程型组织是以系统、整合理论为指导，为了提高对顾客需求的反应速度与效率，降低对顾客的产品或服务供应成本建立的以业务流程为中心的组织。

以企业集团为例来看，基于流程的一般组织形态，如图4-13所示。

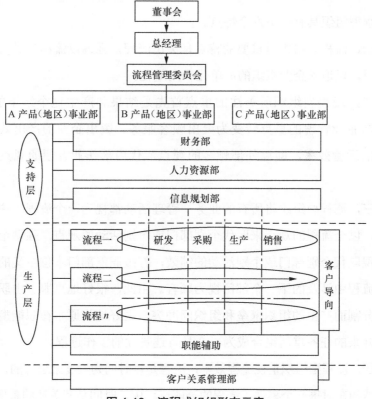

图4-13　流程式组织形态示意

对于一般的中小企业来说，组织管理体系应该围绕经营目标和业务内容，坚持简单、高效和实用的原则，并对有限的企业资源进行高效益的分配和使用。其组织形态可以看作一个大规模企业的事业部，只需将一些职能下调即可，如图4-14所示。

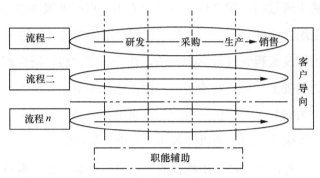

图4-14 小型流程型组织形态

流程型组织具有如下六个特点。

第一，流程型组织最重要的特点是突出流程，强调以流程为导向的组织模式重组，以追求企业组织的简单化和高效化。

第二，流程型组织所关注的重点首先是结果和产生这个结果的过程。这意味着企业管理的重点转变为突出顾客服务、突出企业的产出效果、突出企业的运营效率，即以外部顾客的观点取代内部作业方便的观点来设计任务。

第三，流程型组织将所有的业务、管理活动都视为一个流程，注重它的连续性，以全流程的观点来取代个别部门或个别活动的观点，强调全流程的绩效表现取代个别部门或个别活动的绩效，打破职能部门本位主义的思考方式，将流程中涉及的下一个部门视为顾客。由此，很好地克服了由职能组织部门化分割而产生的组织壁垒和组织间冲突，很好地将原本在职能型组织中被分割开来的任务重新组合成为一个具有连贯性的工作过程。

第四，流程型组织重视流程效率，流程是以时间为尺度来运行的，因此这种组织结构在对每一个事件、流程的分解过程中，时间是其关注的重要对象。

第五，流程型组织强调运用信息工具的重要性，以自动化、电子化来实现信息流动，提高工作效率。

第六，流程型组织强调重新思考流程的目的，使各流程的方向和经营策略方向更加密切配合，不致流于"依法行事"的僵化局面。

#### 4.4.5.3 流程型组织的组织要素

流程型组织是一个开放的系统，是在与环境不断相互作用中获得发展的，因而只有在开放系统的总模式下，才能很好地确定组织内外各变量之间的确切关系。同时由于各种因素之间作用关系的动态性，不可能存在普遍适用于所有环境的组织原则和管理方法，因此，企业作为一个系统，必须适应内外环境的变化。20世纪90年代，以"3C"为代表的变革改变了企业生存竞争的整体环境。技术与市场处于不断变化之中，市场竞争更加激烈，从产品导向到客户导向的转变、来自顾客的变化以及产品或服务的个性化、定制化要求等都对企业的生产和经营模式提出了挑战。此外，全球化、绿色制造、通信技术和网络的发展与普及、制造业向服务型转化等也成为推动管理变革的关键性力量。

首先，系统理论认为每一个子系统都具有自己的功能，系统的功能就是系统与外部反应所表现出来的能力，即将输入转化为输出的过程中表现出来。系统的功能并不是一成不变的，它会随着环境的变化而变化，因此系统强调企业对市场的适应能力。而20世纪90年代的环境变化必然要求企业对其内部的功能进行变革，特别是企业内部原材料输入转化为输出流程运营状况的改变。

其次，系统的运动总是指向一定的目标，所以作为一个整体的各个组成部分，即各个分系统的目标必须相互协调，并服务于系统的整体目标。而流程型组织的目标就是实现组织内外资源及能力的有效整合和集成，提高组织快速响应能力，提供有效的产品或服务，实现顾客成本优势。

最后，系统的功能是系统内部功能的外在表现，它是由企业内部的结构所决定的，系统的结构决定着系统的功能，结构的变化制约着系统整体的变化，系统同时又反作用于结构。因此结构的变化是组织变革必须考察的重要因素。

所以，基于系统的原则考察流程型组织的构架，应该涉及组织的目标构架、流程构架、结构构架、制度构架和文化构架，如图4-15所示。同时系统原则强调各构架之间存在相互影响、相互制约的关系。

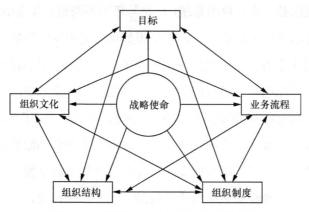

图4-15　流程式组织各要素之间的关系

传统的组织构成要素的研究仅仅把焦点放在组织结构上，而流程型组织要求在研究组织要素时，突破只对结构分析的局限，而要从流程型组织的目标、流程、结构、制度和文化等方面进行系统分析。

对各构架之间的关系，如图4-15所示。一方面，战略目标在组织变革中起着主导作用，例如，企业的使命和方向（战略目标）构成了一个组织生存和发展的基本前提。流程是将战略目标细分之后的分任务和相关因素连接在一起的过程，工作流程必须与战略目标相一致。组织结构是由组织的战略决定的，以流程为中心设立组织运作的载体。组织制度是保证组织有效运作的刚性约束，是组织目标实施的重要工具，它以正规化的、作为纲领的形式体现在组织的各项活动中，决定了流程和组织结构的实际效果。文化是一种精神氛围和人们做事的方式，以柔性的约束保证目标的实现。另一方面，各构成要素之间又相互制约、互为前提。

#### 4.4.5.4 基于流程的政府组织结构调整

20世纪90年代，美国的迈克尔·哈默（Michael Hammer）和詹姆斯·钱皮（James A.Champy）提出了流程再造（Business Process Reengineering，BPR）的概念，即对企业的流程进行根本性的再思考和彻底的再设计，从而使企业在成本、质量、服务和速度等方面获得显著的改善。

流程再造的核心是面向客户满意度的业务流程，而核心思想是要打破企业按职能设置部门的管理方式，代之以业务流程为中心，重新设计企业管理过程，从整体上确认组织的作业流程，追求全局最优，而不是个体最优。其步骤如图4-16所示。

图 4-16　以客户为中心的流程再造关键步骤

政府公共服务的属性在于公共性、普惠性和社会公平。公共服务的范围比较广泛，根据经济社会发展的水平高低和政府建设的能力大小而定，基本服务内容包括教育、卫生、文化等社会事业，也包括交通、通信等公共产品和公用设施建设，同时还包括解决人的生存、发展和维护社会稳定所需要的社会就业、社会分配、社会保障、社会福利、社会秩序等公共制度建设。因此政府的流程型再造与企业的流程型再造有相似之处，也有其独特性，主要表现在流程型政府的两大任务上。

1. 城市运营

城市运营是对"城市经营"概念的进一步升华。2002年前后，我国城市策划学者最早提出"城市运营"的概念，他们认为房地产开发到一定程度，仅依靠建楼盘很难保证开发的顺利进行。也有政府官员认为，房地产通过

20多年的发展使得房地产商已经完成了原始的资本积累，中国的城镇化发展已进入了一个以城市新城区开发建设推动城市群发展的新时代，需要城市开发商由以往的仅依靠开发地产和建商住楼为主向建设城市综合体转型，向城市运营转型。

而在新背景下，我们必须以更大的格局和视野来认识"城市运营"——它是为了适应市场经济高速发展的需要，充分运用市场机制，促进城市有形和无形资产可持续发展，并从中获得具有个性特色的最大化城市价值的过程。城市运营不是一种独立于规划、建设、管理之外的建设手段和程序，而是一种理念、思路和模式，它渗透、贯穿于城市规划、建设和管理的全过程。即以运营的思想规划城市，以运营的手段建设城市，以运营的方式管理城市。

具体而言，"城市运营"就是指政府和企业在充分认识城市资源的基础上，运用政策、市场和法律的手段对城市资源进行整合、优化、创新而取得城市资源的增值和城市发展收益最大化的过程。这是一种将企业经营理念引入城市管理体制的思路，通过对城市运营机制的再造，促使城市管理体制和经营机制更为灵活高效、富有创新力，最终提升城市综合竞争力。

### 链接：城市运营的主要目的

**经济效益**：城市的自然资源得到有效合理的开发，实现城市自然资源的增值，推动城市经济的发展，增强城市的市场竞争力。城市是现代经济、科技、信息和社会活动的主要载体，当代世界经济的竞争，主要体现在城市经济的竞争。经过30多年的改革开放和经济高速发展，我国已经实现了现代化"三步走"的前两步战略目标，总体上进入小康社会。进入21世纪，我们要实现现代化"三步走"的第三步发展战略目标，到21世纪中叶全面实现现代化，这还有很长的路要走。这就必须大力发展城市经济，使中国融入世界经济的主流。现阶段，我们通过转变经济发展方式，通过城市运营，调整我国现有的经济结构和产业结构，扩大内需，实现我国城市经济的新发展。

## 第四章 智慧城市建设的总体思路

**社会效益**：城市资源开发运营的成败取决于城市社会效益和公共效益的最大化，通过城市资源的优化整合、开发运营，解决城市不同群体的民生问题（例如当前城市居民存在的就业难、看病难、上学难、住房难、养老难的问题，解决进城农民就业、社保、住房等问题），实现学有所教、劳有所得、病有所医、老有所养、住有所居，让我们城市的居民生活得更有尊严，生活得更加幸福。通过对城市资源的优化组合，使城市广大市民能共享城市运营的成果。既为社会创造更多、更好的物质、精神财富，又为市民提供更多、更好的物质、精神享受。

**环境效益**：包括自然环境效益和人文环境效益。2008年开始的金融危机对我国的警示就是要转变经济发展方式，在城市自然和人文资源的开发运营中，我们一定要强调城市可持续发展的重要性，城市发展资源的开发既满足现代人的需求，又不损害满足我们下一代人需求的能力。换句话说，就是经济社会资源和环境保护要协调发展。城市政府和企业不能仅仅只追求当代一时的最大化绩效功利，还要谋求城市资源世世代代最大化绩效的永续共享，为后世、为子孙更多地谋福利，更好地造福利。所以，我们要合理开发城市的自然和人文资源，虽经营资产而不损消资产，在城市运营中重视文化的传承与创新，在传承中创新城市价值和理念。虽谋求现实发展而不牺牲未来发展，走可持续发展之路。坚决杜绝高能耗、高污染、高投入的城市发展方式，克服常建常毁、常拆常建的恶习流弊，全面减少和降低城市发展的战略性资源损耗，高品质、高品位地精心营建，使子孙后代能够很好地长期续享城市自然和人文资源积淀的发展空间。

所以，对于城市而言，城市资源不仅包括土地、山川、水系、植被、矿藏、物产、道路等自然资源，还包含涉及历史文化遗产、社会文化习俗、城市主流时尚、居民文化素质、精神面貌等人文资源。增强城市综合竞争能力，既有效增加城市的物质财富，又增加城市的精神内涵。通过有效的城市运营,把城市的自然资源和精神资源广泛地推向市场,使城市的综合竞争力得到提高,城市的财富得到增加,城市居民生活的质量和幸福感得到提升,这是城市运营问题的关键,也是城市运营的终极目标。

2. 城市营销

"城市营销"的概念最早来源于西方的"国家营销"理念。菲利普·科特勒在《国家营销》中指出,一个国家,也可以像一个企业那样用心经营。在他看来,国家其实是由消费者、制造商、供应商和分销商由实际行为结合而成的一个整体。

从"国家营销"衍生而来的"城市营销",发展到今天,已经具备比较明确的内涵。城市营销力求将城市视为一个企业,将具体城市的各种资源,以现代市场的营销手段,向目标受众宣传或"兜售"。这里的资源包括产品、企业、品牌、文化氛围、贸易环境、投资环境、人居环境乃至城市形象,等等。其营销市场既包括本地市场、国内市场以及海外市场,还囊括了互联网网络上的虚拟市场。

简而言之,"城市营销"就是指以城市在区域中的合理定位为前提,运用一系列市场营销的意识、机制和手段,对城市中的各种资源进行挖掘与整合,在充分发挥城市整体功能的基础上,通过城市品牌的树立,提升知名度和美誉度,提高城市综合竞争力,广泛吸引更多的可用社会资源,来推动城市良性发展。

我们可以通过了解美国城市(地区)营销实践的三个阶段发展来理解相关的理论研究历程,从而为我国所用,把中国的城市营销实践发展得更好,见表4-2。

表4-2 20世纪以来美国城市营销理论发展的三个阶段

| 序号 | 阶段 | 说明 |
| --- | --- | --- |
| 1 | 城市销售阶段(30~50年代) | "城市销售"以城市土地、风光、房屋以及相关产业,特别是制造业的销售为目的。如何通过地区销售手段,宣传本地形象以吸引更多的游客、移民等消费群体到本地居住和生活,同时吸引大量的资金到本地投资设厂,这是该阶段城市营销研究的核心内容 |

（续表）

| 序号 | 阶段 | 说明 |
| --- | --- | --- |
| 2 | 城市推销阶段（60～70年代） | "城市推销"重视城市更新改造、形象重塑以及特定领域目标营销。该阶段营销的目的主要是吸引投资商对城市（传统工业城市）的改造进行投资，并通过旅游和文化等相关领域的营销，赋予城市新的价值和文化内涵 |
| 3 | 城市营销阶段（80年代至今） | "城市营销"突出和强调城市营销的竞争因素、主客体界定、城市定位、城市形象品牌策略以及营销战略组合。该阶段的研究强调在彰显城市特色的前提下，将城市营销的思维深入到合理开发城市产品的途径层面。科特勒等人的论著构建了该阶段城市营销理论的概念体系和理论基础框架，成为这一阶段研究的杰出代表 |

#### 4.4.5.5 流程型地方政府与服务型政府建设的关系

行政流程的再造和流程型地方政府的建设，对于打造服务型的政府来说，是其中的核心与关键。

**1. 行政流程再造为地方服务型政府建设提供了理论基础**

20世纪80年代末，西方国家为解决政府财政危机、管理危机、信任危机、机构臃肿、效率低下等问题，进行了一系列改革，即新公共管理运动，其主要理论便是运用企业的理念进行政府的改革与再造，打造企业化政府、提高政府效率、转变政府职能。政府流程再造的理论虽然来源于企业的业务流程再造理论，但顺应了西方国家新公共管理改革的需要，为西方国家新公共管理改革提供了理论支撑。

与此同时，中国服务型政府建设也同期提上了议事日程。中国服务型政府建设与新公共管理改革有着惊人的契合。中国传统官僚制模式下的问题，在当前一些地方政府部门机构中并没有得到根本的改观，某些工作人员的效率不尽如人意。中西方官僚制的弊端惊人的相似，因此，中国政府提出要从管理型政府向服务型政府转变。

新公共管理理论中对政府与公民角色关系进行了重新认定，以人为本的服务理念、提高政府效率等激励措施对于改善政府形象、转变政府角色、推进政府民主化和法制化都起到了巨大的推动作用。这些措施与中国的服务型政府建设的目标是一致的，为服务型政府理论的产生和发展提供了基础。因此，西方的新公共管理理论为中国服务型政府建设提供了可借鉴的理论。

**2. 行政流程再造为地方服务型政府建设提供了运转动力**

中国地方政府部门责任不明确导致工作效率低，地方政府各部门往往只是对自己的上级负责，甚至出现部门组织之间的壁垒，而这与当前的服务型政府的建设是背道而驰的，也是当前地方服务型政府建设亟待解决的问题。地方政府获取信息困难也会导致低效率，地方政府各部门间信息失真、信息阻塞、信息获取成本高昂的问题仍然没有得到根本改观。针对这样一些问题，地方政府的行政流程再造可以起到推动行政改革的作用。

西方各国掀起的轰轰烈烈的新公共管理运动，对政府行政流程进行了全面的再造实践。行政流程再造这项改革运动的矛头明确地指向了危机的源头——官僚制，也可以说是针对官僚制而进行的一场政府流程的革新，就是要超越官僚制，转向以公共服务为目标的政府。

中国地方服务型政府是以公民为本位的政府，是以服务为核心的政府，是高效、便捷的政府，必须克服机构臃肿、效率低下等一系列弊病，为公民提供良好的服务。行政流程再造可以从源头上减少传统官僚制的上述弊病，为公众提供更为便捷的优质服务，因而，行政流程再造成为地方服务型政府建设的强大动力。

**3. 行政流程再造为地方服务型政府建设提供了战略目标**

由于公共服务的供给不能有效地满足公共服务的需求，或者说公共服务的供给小于公共服务的需求，导致政府寻租空间的存在，产生一系列问题。而要想扩大公共服务的供给，满足公共服务的需求，就有必要进行政府流程的再造，来重新建立公开、透明、高效的公共服务流程。

行政流程再造对其服务对象进行充分的关注，试图打破政府与公民的不对等关系，将公民视为与政府对等的主体，实行公民导向的政府服务，充分考虑公众的满意度,最大限度地满足公众的需求。行政流程再造基于对公民权利的关注,以"以人为本"为出发点,为公民打造便捷高效的服务流程。

地方服务型政府的理念也是为了将"公民追着政府跑"为"政府主动为公民服务",以一切方便人民群众为原则,通过规范政府的权力运行,实现公民利益的最大化,体现公民的意志,扩大公民参与权,提高公民的满意度。地方服务型政府工作的一切出发点和归宿都是以公民为本位、以服务为宗旨,这与行政流程再造为公民提供便捷、高效、满意的服务的目标是一致的,因此,行政流程再造成为地方服务型政府建设的重要战略目标。

让我们对于政府的行政流程再造、流程型政府,以及智慧民生的未来拭目以待!

## 4.5 智慧城市建设的评价指标

通过第三章国外智慧城市的16个经典案例,以及对智慧城市未来的畅想,让人大开眼界。时下中国政府也高度重视智慧城市建设,在《国家新型城镇化规划(2014—2020)》中拿出专门一章来阐述智慧城市,这标志着智慧城市已经上升为国家级战略规划,成为新型城镇化的必由之路。

截至2015年10月底,我国已有超过373个市、县(区)纳入住房和城乡建设部、科技部批复的智慧城市试点名单,覆盖东、中、西部各个地区,建设规模与速度都相当可观,潜力和未来空间超乎想象。

可见在当前,建设、运营智慧城市已成为世界城市发展的大趋势,智慧城市建设已成燎原之势。在华夏大地遍地开花的智慧城市当中,未来建设的美好图景就摆在眼前。但是,到底如何来看待智慧城市,智慧城市是如何形成的,它对我们的生活究竟将产生哪些方面的影响,我们又该如何来评价一个城市是否智慧呢,我们现在通过本节来进行介绍和分析。

### 4.5.1 智慧城市评价指标的构建原则

智慧城市评价指标的构建应该遵循以下原则：全面综合与重点突出、动态性与可比性、与基本现代化指标相衔接、实用性与可操作性、权威性和可得性。

（1）全面综合与重点突出

① 全面综合：智慧城市评价指标体系所涉及的内容非常广泛，除了目前智慧城市评价体系中侧重的智能、感知、无线、光速、物联等现代信息和智能技术的发展和应用外，还囊括了经济社会发展、自然资源和宜居环境、人才创新以及政府效能等，充分体现了全面、协调、智慧的理念。因此，智慧城市评价指标体系的设计要按照"综合"的要求，从不同侧面，全面反映所评价对象，还需要将评价对象的各个方面综合起来作为一个整体来认识。指标体系中包含多个指标，各个指标所提供的信息量不同，其所占的权重也不同，权重的确定要遵循合理性原则，尽量减少人为因素，使之更加客观公正、科学合理。

② 重点突出：在全面协调的基础上，智慧城市评价指标体系要突出重点，强化体现有代表性、有鲜明智慧城市特色的指标，弱化普通的、一般性指标。对各个指标，可以通过权重的变化，体现智慧城市发展的不同目标和要求。

（2）动态性与可比性

① 动态性：目前国内智慧城市建设正在起步阶段，随着智慧城市建设进程的加快，城市发展可能出现新的变化，也会面临许多新问题，除一级指标外，评价指标体系中的二级和三级指标都有可能进行调整。因此，评价指标体系设计完成后不可能一成不变，而是要随着评价对象属性的变化而及时做出调整：一方面要根据智慧城市理念的不断升华及实际需要，淘汰某些过时的指标；另一方面又要根据智慧城市的新发展适时选择、增添

## 第四章 智慧城市建设的总体思路

一些新的指标。

② 可比性：首先，评价对象之间应具有同类属性，属性不同的对象不能放在一起评价；其次，评价对象的各评价指标的数据信息必须是可比的，其数据的来源、计算方法或统计口径必须一致。最后，智慧城市评价指标体系要综合考虑指标的绝对水平和变化水平，因此，不仅要有绝对量指标而且要有变化率指标，绝对水平指标展示这个城市的智慧化发展阶段，而变化水平指标反映了该城市智慧化的发展、进步速度，以及反映该城市政府和社会在智慧城市发展方面所做出的努力。

（3）与基本现代化指标相衔接

率先基本实现现代化与构建智慧城市之间是一个互为依赖又相互独立的关系。智慧城市应该服务于和支撑基本现代化，没有一定的经济发展和人民生活水平作保证，智慧城市就成了空谈。同时，智慧城市又是对数字城市、城市信息化更高层次的诠释，表现内容更广泛。

（4）实用性与可操作性

① 实用性强：实用性与智慧城市评价指标的选择有关，选择的指标数量少则无法全面、充分地反映城市智慧化水平的客观情况，选择指标数量多则会导致统计和评价成本过高。尽量选择信息含量高的指标，以最少的指标反映最多的实际状况，尽量在评价指标体系设计上做到"评价全面、指标简单"，从而能将全面性和实用性很好地结合起来。

② 易操作性：智慧城市评价指标应该是实用的指标，需要很强的可操作性，要求数据和信息来源简单、方法直观和计算快捷。应该根据不同指标的重要程度，分配给每个指标不同的权重，然后根据统计数据，计算出智慧城市的综合评价指数或综合评价值。

（5）权威性和可得性

设计智慧城市评价指标体系要选取具有权威性和可得性的由权威统计部门的指标数据。

## 4.5.2 智慧城市评价指标的几个维度

### 4.5.2.1 城市信息化视角

指数测评法是 1956 年日本电信与经济研究所提出的信息化测评体系，这是一套测评社会信息化水平的方法。但鉴于早期的测评法的局限性日渐明显，日本学者在 20 世纪 80 年代又提出了新的信息化指数，特别是添加了各产业信息装备率的一组指标，用以体现信息技术及信息部门在信息化过程中对国民经济中各产业的影响力。这种方法是从邮电、新闻出版社、电信等行业媒体中挑选出与信息主体水平、信息消费指数、信息装备等密切相关的 11 项指标，从而构建用于评价社会信息化水平的体系。

美国经济学家马克·尤里·波拉特（Marc U.Porat）在 1977 年出版了九卷本《信息经济》（*The Information Economy*），成为世界各国对信息经济学的研究以及对信息经济测度的典范之一。在第一卷中，波拉特系统地论述了国家信息经济规模的两项主要测度指标。1981 年 OECD（经济合作与发展组织）成员国开始采用波拉特的理论和方法测算各国的信息经济规模和国民经济结构。1985 年年底，在联合国组织的"新型信息技术和发展"专题中，专门系统地介绍了波拉特的理论和方法。

波拉特范式主要是从经济角度考察社会信息化程度，根据信息产业增加值在国民生产总值中所占比率和信息劳动者在总劳动力中所占比率作为衡量信息化水平的具体指标。主要根据来自美国劳动统计局和美国经济分析局的数据库信息，计算出三个主要指标：信息劳动者占总就业人口的比重、信息产业产值占 GDP 的比重、信息产业增加值占 GDP 的比重。其核心是将信息部门从国民经济的各部门中逐一识别出来，然后以"产品或服务是否在市场上出售"为标准，将信息部门分为一级和二级信息部门。

波拉特范式从经济学角度，以经济统计语言开启了定量描述信息经济的先例，是迄今为止关于信息经济与信息产业分析和测量方面最权威的方法，具有很强的实用性和可操作性。其信息行业的识别、两级信息部门的划分与测度及其一整套测度理论和方法都具有独创性，国际影响力巨大。

但随着波拉特信息经济测度方法论的广泛应用，其缺陷亦越来越明显，人们开始发现它的一些不足之处。例如，对信息活动、信息职业和信息行业等内容的划分没有达成共识，测评方法和数据之间也缺乏合理性，影响结果的可比性；该方法对统计资料的要求较高，运算也比较复杂。因此，在运用波拉特方法测算当地信息经济规模时需要做一些变通或简化处理。

#### 4.5.2.2 绿色环境视角

2007年，维也纳科技大学针对欧洲70个中等规模的城市进行了调研及排名，并提出了"欧洲智慧城市评价体系"。他们认为，智慧城市应在智慧经济（Smart Economy）、智慧公众（Smart People）、智慧治理（Smart Governance）、智慧移动性（Smart Mobility）、智慧环境（Smart Environment）、智慧生活（Smart Living）这六大领域中具有前瞻性的优秀表现。

"欧洲智慧城市评价体系"从六大维度出发，构建了包含31项二级指标、74项三级指标的智慧城市评价体系，并对指标体系进行了标准化的转换与加总，目前这是世界公认的较为先进的智慧城市评价体系。

"欧洲智慧城市评价体系"涵盖了城市的方方面面，值得我们借鉴与参考。让我们认识到，"以人为本"是智慧城市的核心。但是，这个指标体系当中的软指标（难以量化）的比例过大。所以，在未来智慧城市的建设与规划中，我们需要充分吸收新一代信息技术变革的成果，并根据我国的实际国情，发展更多可以进行量化的硬性指标以便于中国智慧城市的评价。

#### 4.5.2.3 城市基础设施视角

为保障智慧城市的各项功能可以顺畅、安全、协同运作的运转，其相关基础设施要做到以下三点要求。

(1) 宽带网络覆盖水平提升

宽带网络覆盖水平是指各类有线和无线形式的宽带网络在城市中的覆盖比例，如家庭光纤可接入率、无线网络覆盖率、主要公共场所 WLAN 覆盖率、新一代广播电视网（NGB）覆盖率等。光纤接入是指局端与用户之间完全以光纤作为传输媒体。光纤接入覆盖率是反映城市基础网络设施发展水平的核心指标之一。无线网络覆盖是指通过各种无线传输技术实现的无线网络连接在城市区域的覆盖率。智慧城市的无线网络覆盖率应达到 95% 以上。主要公共场所 WLAN 覆盖率是指大专院校、交通枢纽、商业集中区、公共活动中心等场所的覆盖率。

(2) 宽带网络接入水平增强

宽带网络接入水平是指互联网宽带和无线宽带的接入率，如互联网宽带接入率、无线宽带接入率等。智慧城市的互联网宽带接入率应在 95% 以上。智慧城市的无线网络平均接入率应在 98% 以上。

(3) 基础设施投资建设水平提高

基础设施投资建设水平是指在智慧城市相关领域的投入和建设水平，如基础网络设施投资占社会固定资产总投资的比重、传感网络建设水平等。基础网络设施投资占社会固定资产总投资的比重是指城市基础网络设施投资的总量占社会固定资产总投资的比重。智慧城市年度基础网络设施投资占社会固定资产总投资的比重应达到 5% 以上。传感网络建设水平是指通过各种渠道（包括政府和社会）安装传感终端、建设传感网络方面的固定资产投资。

#### 4.5.2.4 城市人文环境视角

城市人文环境通过以下 5 项指标来衡量市民对智慧城市发展理念的认知、对基本科学技术（包括信息化技术）的掌握，以及市民生活的幸福程度等。

(1) 信息化水平总指数

信息化水平总指数是继国内生产总值（GDP）之后又一个反映信息时代

国家综合实力的重要指标，是通过将 5 个分类指数——基础设施建设指数、使用费率与负担能力指数、知识与应用能力指数、使用与普及程度指数、环境与应用效果指数进行综合测算得出来的。

（2）市民收入水平

市民收入水平是衡量城市居民富裕程度的指标。智慧城市的月人均可支配收入应达到或超过中等以上发展国家水平（50000 元人民币）。

（3）市民文化科学素养

市民文化科学素养是衡量市民文化总体水平，以及基本科学文化知识在市民中的普及度。包括：①大专及以上学历占总人口比重，用于衡量城市居民文化水平，是反映居民文化素质的重要指标，智慧城市的大专及以上学历占总人口比重应达到 30% 以上；②城市公众科学素养达标率，用于衡量城市居民对基本科学科普知识的了解程度，智慧城市的公众科学素养达标率应达到 20% 以上。

（4）市民信息化宣传培训水平

市民信息化宣传培训水平是指市民接受各种形式的信息化宣传培训的水平。包括每年进行智慧城市宣传培训人员占总人口的比例。这是保障城市居民不断更新信息化知识、提升对智慧设施和系统认知及信息化使用程度的重要指标。智慧城市的年宣传培训人员占总人口比例应达到 8% 以上。

（5）市民生活网络化水平

市民生活网络化水平是指通过应用各种智慧化的应用系统、技术和产品，实现智慧化的生活的目标。其中包括：①市民上网率，指经常上网的市民在总体中所占的比例，智慧城市市民上网率应达到 60% 以上；②移动互联网使用比例，指移动终端用户中使用移动终端上网的比例，智慧城市的移动互联网使用比例应达到 70% 以上；③家庭网购比例，指经常进行网络购物的家庭的比例，智慧城市家庭网购比例应达到 60% 以上。

# 4.6 中国智慧城市未来五年发展趋势

以 2016 年为起点，到 2020 年，五年的时间，中国智慧城市会以什么样的趋势发展，我们从以下六个维度做了趋势判断。

**趋势一　ICT 及互联网企业将争相布局智慧城市建设**

ICT 及互联网企业将会以行业应用和云计算为切入点，通过开放的合作模式推动智慧城市的建设。同时，国家层面将通过财政改革、购买服务和政府引导等多种模式推动企业参与智慧城市的发展。目前，中国智慧城市建设呈现合作大于竞争的特点。智慧城市的建设是一个庞大的工程，涉及多个层面，需要各类厂商共同合作，通过建设的模式创新促进生态系统的衍变，做好智慧城市。智慧城市的建设正在从单纯提供解决方案式的项目建设向提供附加值更高的后期运营转型，而这种转变恰恰是 ICT 及互联网企业进场的好时机。

**趋势二　以 PPP 模式为基础，政企协同为主，渐渐替代政府投资为主**

在智慧城市建设中，政府若既抓管理又管运营，极易出现城市发展的财政不足、可持续发展能力低下、管理效率滞后等诸多问题。而借助民间资本的力量将市场机制和经营理念引入城市管理，则可既拓展城市管理的综合资源，又提升城市管理的能力和质量。事实证明，政企协同比政府投资为主的方式更有利于智慧城市建设实施，从 2015 年开始，国家发改委、财政部推动 PPP 项目，这种趋势在智慧城市建设中将更加显著。

**趋势三　智慧管网、智慧交通、智慧医疗、智慧教育、智慧环保等关系到民生服务的应用将成为政府推动智慧城市的着力点**

随着"幸福城市""宜居城市"的概念提出，国内诸多城市已经开始从多维度考虑城市未来发展及治理，因此构建新的城市核心竞争力，已变得非常迫切，智慧城市作为城市可持续发展模式的新思维，日益成为城市治理者关注的焦点。如何打造"低碳、安全、便利、友好"新兴城市，未来五年，必须启动"智慧管网""智慧交通""智慧医疗""智慧教育""智慧环保"等涉及建设民生服务的应用,因此这些应用将成为智慧城市的投资热点及着力点,单是"城市综合管廊+智慧管网"的投入,就需要上万亿元,整体智慧城市的投入是更需要海量资金。

**趋势四 "智慧家居""智慧社区"及"智慧园区"将成为智慧城市入口的争夺点**

随着智慧城市的推广以及新一代技术的普及,"智慧家居""智慧社区"及"智慧园区"的项目必将迎来新一轮的快速发展。"智慧家居""智慧社区"及"智慧园区"入口的争夺,将会随着模式创新、技术推广和数据沉淀而日趋激烈。"智慧家居""智慧社区"及"智慧园区"作为智慧城市的重要入口,是距离市民及企业最近的智慧城市应用。

**趋势五 基于云计算的大数据发掘将提升智慧城市体验**

随着云技术的逐步成熟,各地的智慧城市数据中心建设均加入了云计算的概念,通过数据中心的云化建设,更大化地提升数据中心海量数据的支撑能力。除此之外,一些智慧城市产业链成员,如华为、中兴、IBM、银江股份等企业均开始在大数据方面加大投资,同时也将智慧城市平台作为大数据获取的来源。在2015年智慧城市平台建设中,通过大数据发掘等方式实现智慧城市体验提升和商业变现的成功案例明显增多。随着政企合作模式在全国范围的推广应用,带动了政府大数据资源的共享和利用。智慧城市中的"智慧"结晶离不开大数据的"瞻前顾后",即总结过去和预测趋势的能力。大数据分析有助于城市运行体征的监测,助推城市管理和服务优化。

**趋势六 信息安全将成智慧城市建设的战略重点**

在智慧城市的建设过程中,信息安全是智慧城市建设的重中之重。2016年,智慧城市的建设将更加关注信息安全。政府方面应该着力将基础设施分级分类,继续深化在网络基础设施及信息资源方面的安全防护;企业方面应该加强产业合作,形成合力,推动中国安全信息产业的发展。解决信息安全问题,首先要提高全社会的网络安全意识;其次要不断完善网

络信息安全立法；再次要建立全方位的安全防御体系，要对信息系统进行严格的安全域划分，对不同的安全域实施不同的安全策略，对智慧城市应用实施多级安全防护，实现智慧城市信息系统的深度防御；最后要加强城市信息安全监管。

第四次工业革命正在向我们走近，推动生产力及生产方式悄然发生变化，我们正在感受这变化带来的速度，政府、企业、市民都在努力适应新形势下的新变化。未来，我相信，智慧城市必将重构基于城市的新经济发展模式和新生活模式，我们期待这一天早日到来！

# 第五章　智慧城市如何有效落地

伴随着全球信息技术的变革和知识经济的发展，智慧城市早已不是一个"新概念"，而是成为产业发展、经济变革的正行"风口"。2016年是中国智慧城市建设黄金期的开端。

但需要正视的问题是，伴随着智慧城市建设的"高歌猛进"，其"弊病层现"的问题也逐渐突出。希望通过本章节简明实效的智慧城市成功实施"四要素"及商业模式的"五要素"中的运营方式介绍，给读者带来思考和启示。

## 5.1 智慧城市建设：落地成功四要素

智慧城市是城市信息化的高阶形态，是包含全新要素和内容的城镇化发展模式，属于国家战略层级的城市发展规划。各省市级政府作为国家政策的承接与执行机构，自然而然地发起各项智慧城市的构建工作。任何一种新事物的发展必有与之匹配的意识形态升级。相应地，由于智慧城市是传统城市形态的"智慧"升级，其推进过程需要有与之对接的"智慧"机制保驾护航。智慧城市建设的根本目标是使城市中的人有更低碳、更安全、更便捷、更幸福的体验。优质的用户体验是整个智慧城市模式循环运转的基础，因其可以通过商业运作保障整个模式的资金投入产出闭环。人、机制、体验及商业模式共同搭建了智慧城市落地的生态圈，至此，智慧城市借助第四次工业革命的信息技术与智慧商业模式的有机融合，实现战略落地。具体内容如图 5-1 所示。

图 5-1　智慧城市成功落地四要素

人——智慧城市的管理者及推行者（政府）；机制——保证智慧城市成功实施的组织；体验——享受智慧城市服务的客户感觉；商业模式——持续有效地运营智慧城市各项业务的模式。

智慧城市建设关系到城市发展的方方面面，其成功建设涉及基础设施、标准制定、资金筹措、人才培养等内容，作为一个庞大的系统工程，其主要的推动力量主要来自政府。政府可以通过整合各类资源实现智慧城市建设的各类要素的有机统一，从而建成高效、惠民的智慧城市。这里所说的政府主导是以智慧城市的公益性而言，是从宏观布局的角度来看，当然，就智慧城市产业化的部分，仍应由市场来作为主力，政府"搭台"，企业"唱戏"。企业作为智慧城市建设的具体落实者,其出发点是优化资源配置,落脚点是赢得市场空间,由此可见,对于智慧城市的建设来说,商业模式十分重要,成熟的商业模式能够挖掘巨大的市场价值,能够吸引更多资金、引进更多优秀人才,最终为用户提供人性、便利、舒适的智慧城市产品或者服务。不过,智慧城市从政府主导到市场化运作,最终需要用户的认可,整个流程需要有完整的、规范的、统一的流程机制作为保障。接下来我们详细分析智慧城市建设中四个要素各自所承担的角色。

### 5.1.1 政府机构是主导

任何一个机制要运作起来,离不开"人"的作用。在智慧城市体系中,只有政府作为主导最合适。

(1) 政府是发起者

城市智慧水平发展较高的国家或地区多数是政府发起智慧城市建设,比如日本与韩国。日本采用先发展信息技术再应用到智慧城市建设的途径,2000年,由IT战略本部(隶属首相府邸)提出"e-Japan"战略,借此步入智慧发展之路;"e-Japan"战略目标实现之后,2004年,日本总务省提出"u-Japan"构想,并被日本内阁确认为国家重点发展项目。韩国信通部推出IT839战略,积极响应国家的"u-Korea"战略。两国"u"战略的施行都建立在夯实整个信息产业硬件的基础上,但智慧城市建设不是简单的技术转变,而包含着众多公共设施、公关体系的升级与改造,其规模巨大,牵涉广泛。所以,智慧城市建设必然需要在政府的首肯与支持下才能深入发展。从实际的情况看,智慧城市最初从国外引入国内,即使有所发展也是局域的,只有当国家将其纳为"十三五"规划,并出台《关于促进智慧城市健康发展的指导意见》之后,各类智慧城市参与者才积极涌入。

（2）政府是规划者

智慧城市着眼于长期的城市化进程，以点带面，逐步惠及城市中的多数人，其根本落脚点是公益。政府的职责重点之一是保障社会发展，对人民负责。因此，只有政府作为智慧城市的规划者才能兼顾各个领域，社会才更加有章可循、循序渐进。

（3）政府是资源集合中心

如果将智慧城市建设比喻成一台戏剧，那么政府担任的是导演与制片人的职务，负责规划和整合资源；企业则是演员，负责落实具体工作。随着智慧城市的建设，政府不断开放数据资源和政策资源，并整合产业资源，为城市公共服务部门和开发机构建设更有效率的基础设施和服务，提供全新的方法和思路，并且为数字社会创新发展的战略提供良好的成长环境。数据资源是智慧城市建设的根基，政策资源是保障智慧城市建设的通行证，而产业资源是智慧城市建设的助燃剂。通过产业资源集合再规划可以满足基本的民生和产业需求，所以根基、通行证和助燃剂缺一不可。而能将这些资源整合到一起，进行统一调配，占据宏观指挥权的只能是政府机构。

政府在智慧城市建设中的主导作用需要政府工作人员通过逐步在建设中渗透与发挥，而能否将其主导作用充分发挥，要看政府是否有意愿以及是否有能力全力支持。

### 5.1.1.1　领导支持及团队

政府是智慧城市建设的牵头人，政府领导在政府机构中掌握首要话语权。所以，智慧城市建设的推行中，城市的治理者、执行力及推动方法是智慧城市成功的关键。而领导推动过程中，支持有两层含义，一是思想上的支持，二是行为上的支持。

（1）思想支持

领导的思想支持首先是指按照国家总体目标，结合当地实际情况，进行智慧城市建设的规划并制订任务书，同时全员普及智慧城市思想及理念，让政府各阶层的领导及职员了解智慧城市基础知识，并在思想层面就达成的目标形成共识，最终推动智慧城市项目落地。在落地的过程中，从财力、物力对项目组全力支持；其次是指政府组织各类型的智慧城市资料进行宣传，包括面向市民及企业的宣传。

（2）行为支持

政府在行为上支持智慧城市建设主要包括以下两个方面：一是成立智慧城市工作组；二是培养、招纳具备智慧城市建设能力的工作人员，从而推动智慧城市理性前行。

纵观智慧城市发展水平较高的英国、美国、韩国、日本等国，都设立了相关标准化委员会，专门负责智慧城市工作的研究与推进。比如，韩国有政府部门唯一授权的智慧城市协会——U-City，协会全权负责对外宣传韩国智慧城市建设的理念，拓展国际间智慧城市的合作，并协助韩国政府完成智慧城市技术标准的设定和相关政策的推行，同时也为各地智慧城市负责机构定期培训。美国则是在政府的基础上给予大型企业如 GE、IBM 极大的协助，进而推动智慧城市发展的权利。

我国智慧城市的发展正处于探索期。目前，已经推行智慧城市的政府会设立独立的智慧城市研究领导小组，由市委书记或市长牵头，负责总体规划，并根据上级对智慧城市建设的政策要求，结合当地基础设施建设、社会发展情况，规划本地智慧城市建设的目标；秘书长担任组长，根据政府提出的智慧城市建设目标，结合实际情况制定适合当地的智慧城市建设具体落地方案，协调各项资源，推动工作落实；其下分设组员，分别负责政策解读、调研、智慧技术研发、外联资源、宣传等工作，整个工作小组采用项目制管理，而非传统的职能制，以提高工作效率，共同协调、保障智慧城市的基本支持工作，如图 5-2 所示。

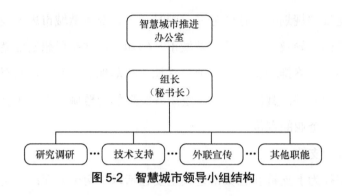

图 5-2 智慧城市领导小组结构

#### 5.1.1.2 智慧城市人才建设

智慧城市的发展带动了智慧教育、智慧医疗、智慧家居、智慧金融等一系列新兴产业，催生了国内劳动力市场对熟悉掌握营销、物流管理、电子科学、计算机、测控、信息与通信工程、自动化和管理专业领域的复合型专业人才的需求。

我国智慧城市的建设面临核心技术、信息安全、标准规范、体制机制等方面的制约，特别是专业技术人才、管理人才、营销人才的缺乏严重制约了我国智慧城市的建设和发展。近几年以物联网、云计算为代表的新兴信息技术发展迅猛，技术创新和知识创新成为智慧城市建设的重要推动力，高层次人才已是一个城市智慧化发展的关键因素。

（1）智慧城市人才现状

智慧城市建设具有涵盖面广、技术要求高、实用性强的特点，无论是智慧城市相关的服务领域，还是相关的产业，都需要高素质、强能力、高层次的复合型人才。与智慧城市建设的目标相比，我国智慧城市人才队伍建设还存在着较大的不足，具体问题如下。①高层次创新性人才缺乏。高端芯片、软件及电子设备等核心技术研发方面高层次人才匮乏。云计算、物联网等新兴领域前沿技术、应用和标准的研究尚未形成比较优势。更加缺乏能够领军世界的创新型人才。②技术型专业人才不足。目前普遍缺乏既懂企业经营管理又掌握智慧城市专业知识，还能带领团队跻身世界前列的优秀企业家和高水平经营管理人才。③专业高技能人才结构不合理。"十二五"初期我国信息产业人才资源总量达到1050万人，总量与"十一五"初期相比有较大增长，但人才结构配比并不合理，大学本科及以上从业人员的比重只达到26.2%，难以满足新一代移动通信、下一代互联网、物联网、大数据等新兴产业发展的需要。④人才发展环境不够理想，统计发现，目前造成研发人才流失的重要原因是项目资金不足、激励政策缺失。

（2）智慧城市建设对人才需求的趋势

当前是我国智慧城市建设的关键时期，顺利实现智慧城市建设和发展目标，人才是关键。

结合智慧城市发展对人才的要求，我国今后在物联网应用、信息产品设计、大数据挖掘和商务智能、电子商务、云计算与云服务、高端服务外包、行业信息化应用、信息安全等领域的人才需求量旺盛。

（3）智慧城市人才需求

按照智慧城市建设各流程的设置，智慧城市人才需求分为两大类，一类是推动者层面，如图5-3所示。另一类是应用者层面，如图5-4所示。推动者层面主要是培养政府工作人员对智慧城市相关的理解力、决策力、技术力等能力，保障对智慧城市建设的推动工作。应用者层面主要培养与智能城市建设直接相关的专业性人才，比如技术、管理、设计等人才，以保障智慧城市建设的施行。

图 5-3　推动者层面人才需求

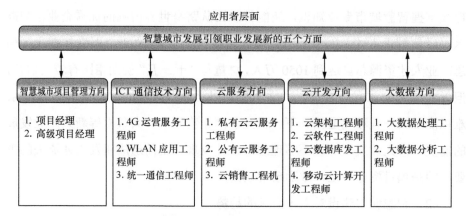

图 5-4 应用者层面人才需求

(4) 智慧城市人才发展措施

加强智慧城市高层次人才队伍的建设,在保障现有人才的基础上,加大力度与引进国际性创新技术人才、构建合理的人才培养与发展机制迫在眉睫。①首先,着力于海外人才。党的"十八大"明确提出,要充分开发利用国际、国内人才资源,积极引进和用好海外人才。各地政府为了创建智慧城市,加快推进产业升级,纷纷制定了关于引进海外高层次人才的政策。如南京市"321"人才计划就明确指出在国外著名高校、科研院所担任相当于副教授及以上职务的专家学者可直接进入综合评审。吸引海外人才的措施主要包括:提高待遇与生活环境品质,主动吸引海外人才;完善吸引国际人才政策,制订和实施吸引国际人才的具体规划;建立海外人才库作为智慧城市建设人才的信息储备库,随时锁定目标开展引进工作;以研究机构、跨国公司、社团为载体,提高国际化人才聚集的比例,加快人才流动和创意传播。②建立人才培养体系。培养与发展,利用各种信息传播平台和各类教育培训机构,对智慧城市从业人员实行有计划有体系的再教育,同时加强国际化教育合作,促进校企联合,依托高校院所、园区、企业和社会办学机构,联合建立各类智慧人才教育培训基地,创新培养机制,制定和落实培养措施。同时注重培养人才的实践力,通过实地项目输送人才，或者到优秀的项目参观、学习，参与其中，在实践中得以提升。组织开展多层次的"智慧城市"人才培训，抓好各级领导、机关干部和企业家的培训，深入学习国内外"智慧城市"建设的先进理念和经验，以尽快适应智慧城市建设的要求。③营造智慧人文环境。努力提高全民信息化，努力创造条件让城乡居民智慧意识差距缩小，同时加强对信息弱化地带人群的教育和培训，增加其接触技术、获取技术信息的可能性，主动探索低信息支配人群的需求，创造适合他们的培训方式，使其尽快适应信息技术化发展。逐步在社区和农村建立免费的信息服务站等公共设施，提供电子政务、教育培训、医疗保健等方面的信息服务。同时，充分利用线上线下的媒体平台，广泛宣传智慧城市建设的重要意义和作用，鼓励各单位开展信息技术教育和培训，普及计算机、网络应用和信息化知识，形成有信息化氛围、有硬件设施可用、有技术支持使用的智慧城市。

（5）智慧城市人才考核

在国家层面，智慧城市人才考核工作已经启动。由工业和信息化部全国通信及信息社会运维考试管理中心授权的"全国智慧城市专项人才考试认证管理中心"，负责全国范围内智慧城市专项人才的培养、考试认证，是工业和信息化部唯一指定的智慧城市人才培养和培训机构。中心同时负责教师团队整合、课程设置、人员考核、信息备案与专业人员输送。随着国家智慧城市考核机制的完善，各城市也应该着手建立相关配套机制，完善智慧城市人才的考核，提高人才建设的成效。

## 5.1.2 流程机制是保障

人才是智慧城市建设的基础，但只有人才并不能使智慧城市理性推进，因此必须将实施的智慧城市的业务流程化，才能解决问题的根本。所以说，IT 只是工具，而梳理跨局委办的业务流程，才是落地智慧城市业务的关键。

#### 5.1.2.1 传统政府组织

目前中国政府的组织结构基本是按照图 5-5 所示的这种模式运行的职能型组织。各部门因不同的职能划分，专职处理某一个领域的事务。下级部门听从上级组织的指挥。

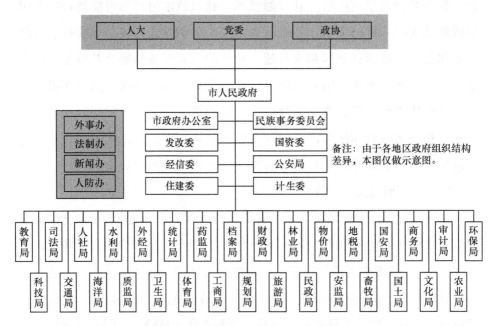

**图 5-5 中国典型地市级政府组织模式**

（1）传统职能型政府组织的优点

首先，职能型政府组织权责明确、机制简单。各个职能部门都因特定的职责建立，有利于提高内部专业化水平，便于集中精力解决问题。

其次，权力集中，便于统一管理。从基层到顶层，下级部门服从上级部门的命令，完成上级部门下达的任务，并对上级部门负责，减少各环节中的管理成本。

（2）传统职能型政府组织的缺点

但是，这种职能化的组织有其天然弊端，不能适应智慧城市建设的要求。这种政府组织结构过分强调了合理的分工、层级节制的权力体系、严格依照规章办事的运转机制、管理的非人格化,它与工业社会前期的社会发展相适应,在当时发挥了重要的管理功能。但是随着社会的不断发展,政府组织的膨胀、政府管理范围的扩大、社会对政府管理要求的提高,使传统的政府组织体系显得日益僵化,各种弊端日益明显。其缺点主要体现在以下方面。

首先,容易形成官僚主义、形式主义作风。层级节制的权力体系限制了下级部门的工作积极性,导致一方面工作缺乏创造性,另一方面又由其工作的稳定性,使公务员团队有少干事、少犯错误的倾向比较多,在工作中精益求精的动力不强。

其次,部门间横向协调困难,社会效率低下。最明显的缺陷是,职能型组织使各个部门的横向联系薄弱并导致各个职能部门的成员注重部门目标而不是整体目标,组织协调非常困难,合作难以有效实现,整体功能得不到发挥,甚至影响工作效率。

再次,公共财政压力巨大。随着政府规模的不断膨胀、政府管理范围的不断扩大,政府的财政支出占整个国民生产总值的比重越来越大。但是政府的财政收入总是有限的,当代政府除自身运转所需要的庞大开支外,还需要提供更多的公共物品,预算赤字无法遏制,财政压力不断增大。

最后,在政府职能组织里,基于系统化的管理手段和管理方法相对落后。智慧城市是建立在互联网系统下的新型城市模式,与之匹配的管理模式、机制等都需要与时俱进。管理手段和方法的落后直接导致了政府管理目标难以实现,政府价值标准出现偏差,也不利于促进智慧城市的发展。

### 5.1.2.2 流程化政府构建逻辑

流程化组织建设,在第四章的4.5节中已有较详细的论述,可以用这样一段话精准地指出流程化组织的本质。"先找到问题,然后找到根本原因,再找到解决措施,最后把问题处理完毕。"核心就是:"还原这件事情的本质"。循此道理:"流程的核心是要反映业务的本质。"建设流程化组织是为了更好地服务于组织的工作目标,而与智慧城市匹配的组织目标即适应智慧城市的发展,所以不难看出,流程化组织建立的逻辑也是符合智慧城市建设的逻辑。

智慧城市的目标是建立"低碳、安全、便利、友好"的城市环境,为决策、民生及产业三个方面提供服务。下面我们介绍流程化政府的构建工作。

(1)政府的客户

从政府现有职能以及服务对象上,可以将政府客户分为两大类:个人客户(与民生服务相关)和产业客户(与产业服务相关),如图5-6所示。民生服务是以谋求社会效应为目的,具有规模大、投资金额多、受益面宽、服务年限长、影响深远等特点的服务项目。产业服务是指具有不同分工的、由各个相关行业所组成的业态总称,尽管二者的经营方式、经营形态、企业模式和流通环节有所不同,但是,它们的经营对象和经营范围都是围绕着共同产品而展开的,并且可以在构成业态的各个行业内部完成各自的循环。

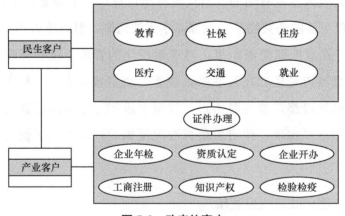

图5-6 政府的客户

(2) 政府改造的目标

为适应智慧城市的发展，政府改革的终极目标就是建立服务型政府组织，以人民群众的需求为核心，对人民群众负责，所以在建立组织过程中也要满足人民群众的需求。从老百姓的角度评价一个好的政府组织，要满足以下三个要求。第一是"廉"，所有的事情，都有流程可依。第二是"能"，以客户为中心，有能力承担所背负的管理职能。第三是"亲"，处处为服务的对象着想，做到体贴为民。

反映到具体的组织建设中，服务型流程政府要达到以下 5 点要求：①在政府行政程序上建设阳光型政府，坚持政务公开透明。②在政府行政功能上，建设服务型政府；服务型政府的理念要成为政府工作的宗旨，寓管理于服务中，为企业发展创造一个良好的、公平的竞争环境，为公民提供完善的公共服务平台。③在政府行政机制上，建设创新型政府；创新型政府既要提高政府的活力和效率，也要适应政治、经济全球化的发展趋势，更是解决国内经济发展的具体问题。④在政府行政技术上，建设电子型政府；电子政府是信息化时代的产物，也是建设公共政府体制的重要基础，可以为老百姓提供更广泛、更便捷的信息和服务，降低行政成本，提高政府服务效率，规范政府行为方式，改变政府与企业、公民之间的信息不对称，做到信息透明化、公共化。⑤在政府行政规则上，依法行政，建设法治型政府；政府的一切权力来自人民、源自法授。行政过程在法律和人民的密切监督之下。这要求政府必须依法行政、依法管理经济与社会事务，提高行政效率。

(3) 政府流程组织建设逻辑

政府流程化改造的终极目标是服务人民，完成流程化建设需要改造组织结构的流程，改进工作方法。为了与智慧城市对接，最终改造后的流程政府要融入智慧城市信息系统，智慧城市的建设逻辑，应基于客户的需求，构建服务于客户的流程。业务流程如图 5-7 所示。

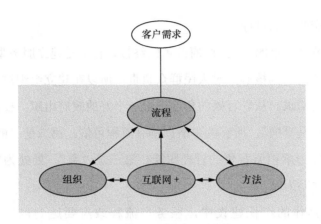

图 5-7　智慧城市业务流程优化示意

① 组织与流程

政府是先有组织后有流程。常规下是组织决定流程，但是如果将以"人"为中心的管理模式，切换到以"流程"为中心的管理模式，则流程将决定组织，进而带来"以客户为中心"的组织管理理念。

② 方法与流程

将工作方法融入到流程中，使正确的服务方法通过流程来约束工作行为，明确权责，将工作人员放在流程中，上一环的工作效果直接作用于下一流程，以此督促工作人员进行学习，保证在工作过程中一次性把事情做正确。

③ 流程政府融入到智慧城市信息系统，最终形成政府的"互联网+"

只有将流程、组织、方法有机地融入智慧城市信息系统，才能更好地规范工作人员的行为，提高服务效率，形成服务型政府，也只有服务型政府才能适应智慧城市的要求。

#### 5.1.2.3　政府流程化模式

市政府依旧是总领导，正如第四章提到的，政府职责可以归纳为城市运营和城市营销。但是与传统的政府不同，流程化的政府组织，吸纳了市场化的特征，整个流程化的重要转变是从以政府为核心转换为以"顾客需求"为核心。政府的顾客包括产业客户和民生客户，所以其业务线也划分为民生事务线和产业事务线。其组织结构是根据流程确定的，政府组织根据流程打破跨部门之间的门槛，为跨部门的的交流与合作制造机会。在城市运营中，根据民生客户的民生需求，基础部门组成一站式的服务中心，集中解决民生问题，免去了传统的"1事$n$部门"的冗余流程，提高工作效率与顾客体验。在产业需求上，根据产业所处行业的不同划分不同的事务处理流程部门，专事专处理，同样可以提高效率和内部专业性。而城市营销包括对内、对外的招商工作，所以设置国内招商部及国外招商部负责营销工作。具体组织结构如图5-8所示。

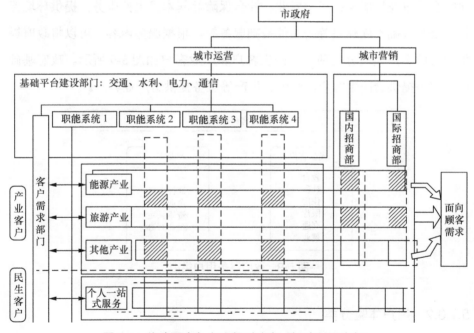

图5-8　构建强竞争力流程型政府（打破职能壁垒）

### 5.1.3 用户体验是根本

用户体验是用户在使用产品、接受服务时所产生的认知或情感,并对产品或服务的印象及评价。这种印象或评价会影响用户对政府、对智慧城市的态度以及后续的行为。

#### 5.1.3.1 用户类型

政府为社会提供诸多范围的服务,按照提供服务的性质及领域,包括提供保证公民生产、经营、生活安全的安全性服务;提供教育、医疗、公共文化等公共事业性服务;提供就业、社会保障等基本民生性服务;提供环境保护、公共基础设施建设等公益性基础服务等。根据服务内容,可以将政府提供服务的客户类型分为两类:民生客户和产业客户如图5-9所示。政府基础民生服务提供给民生客户,经营、生产等服务提供给产业客户。

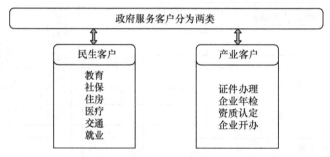

图5-9 政府服务用户类型

#### 5.1.3.2 用户体验分类

根据伯恩德·H·施密特《体验式营销》一书中对体验的不同分类,智慧城市用户体验类型也可以划分为以下5类。

(1) 知觉体验

知觉体验即感官体验,将视觉、听觉、触觉、味觉与嗅觉等知觉器官应用在体验营销上。这是基本层面的体验，大众感受和接受因为智慧城市带来的变化。因此，无论是智慧城市建设的基础设施再造还是新型办公的工作人员，都应该尽量给用户留下"有用""直觉""极致"的认知或情感体验。

（2）思维体验

思维体验即以创意的方式引起消费者的惊奇、兴趣、对问题进行集中或分散的思考，为消费者创造认知和解决问题的体验。智慧城市本质上是城市的智慧解决方案，因其建设借助于信息技术，所以用户可能会从"互联网+"意识到智慧城市的变化。作为为用户及城市提供新的解决方案的改变，智慧城市建设除了保障基本功能外，还要尝试以创新的形式提供基本功能，以此提高用户新奇的体验感知。

（3）行为体验

行为体验是指通过增加消费者的身体体验，指出他们做事的替代方法、替代的生活形态与互动，丰富消费者的生活，从而使消费者被激发或自发地改变生活形态。行为体验是智慧城市建设本身的特色，城市智慧化的一个重要特征就是"便利性"，由此提升和渗透到用户生活、工作的各个方面，所以智慧城市自身就是一个全新的行为体验体。

（4）情感体验

情感体验即体现消费者内在的感情与情绪，使消费者在消费中感受到各种情感，如亲情、友情和爱情等。智慧城市建设的目标之一是"友好性"，即民众与政府之间、用户与企业之间、用户与设备之间以及用户与用户之间的友好关系。所以，智慧城市不是冷冰冰的钢铁森林，在智慧城市建设中，无论从思想还是硬件建设上，都要体现"友好"的人性气息。

（5）相关体验

相关体验即以通过实践自我改进的个人渴望，使别人对自己产生好感。它使用户和一个较广泛的社会系统产生关联，从而建立对某种事物的偏好。智慧城市建设是一个体系的概念，是城市民生与产业各个方面的智慧化，而不是仅仅局部的智能化，所以智慧城市建设过程中要注意系统性。

综上所述，智慧城市建设过程中，应该充分考虑用户的这 5 种体验方式，将其融入到建设中，满足用户体验才能保障智慧城市真正惠民。

### 5.1.3.3 信息交互设计对提升体验的意义

智慧城市建设包括城市整体环境（经济结构、文化等）的宏观层建设和城市居民的微观层建设。宏观层与微观层不是割裂开的，宏观层是微观层的保障，微观层是宏观层的基础。它既保障了智慧城市微观层用户的体验，也可以更好地建设宏观城市。智慧城市的用户对智慧城市的体验最基本、最直观的是通过与信息交互过程中智慧化的感受。从目前建设的状况来看，由于信息化统筹能力的不足，导致现在的智慧城市建设中，出现诸如信息孤岛、数据分散等明显缺乏整体规划又浪费资源的缺陷。为了打好智慧城市建设的基础，信息交互体验的设计是必不可少的。

（1）重视"顶层设计"，保障"自上而下"设计基础

智慧城市建设是基于城市的全局化的统筹，是从战略层面观察各个部分之间的逻辑关系。与一般的全局化统筹不同的是，信息交互顶层设计更关注信息资源和基础设施体系结构的技术性，所以应该分析所在城市的信息化水平，利用 4G、光纤宽带、云平台等信息技术，有计划、有步骤地进行产业及民生的改造。

（2）专注交互设计，引领智慧发展

信息顶层设计是信息设计的基础，而交互设计是信息设计的具体实施，也决定未来智慧城市发展的方向。

美国学者西多夫曾指出，信息交互设计是由信息设计、交互设计和感知设计这三个设计方向交叉组成的，是一个统一领域的设计理论。信息交互设计有两个目标：一是将各种新的信息技术运用到设计中的功能目标；二是提高用户感受，提高用户使用体验的非功能目标。交互设计的优秀程度通常与顾客感知有正向相关关系。因此，信息交互设计的本质是一种面向用户的服务型设计。从用户需求出发、自下而上式的信息交互设计是建设智慧城市的必需。根据不同居民的需求

差异,所处城市环境的差异,通过智慧城市作为"人—城交互"的界面,为智慧城市居民提供服务性体验,引导他们以新的方式去工作、生活、娱乐,最终达成"低碳、安全、便利、友好"的智慧城市体验。同时用户体验决定信息交互的寿命,好的体验会促成用户忠诚,从而保障智慧城市顺畅运作,差的交互设计则会直接导致智慧城市轰塌。

#### 5.1.3.4 智慧城市中的信息交互设计

智慧城市建设的中心是数据,通过将各种数据、信息整合以后,协调再输出,共同构建智慧城市的信息交互系统。智慧城市信息构架共包括5层,由内向外依次是半导体(芯片)层、感知(终端)层、网络(管道)层、云(平台)层、应用(服务)层,如图5-10所示。每层包含丰富的内容,并具有独特属性,每两层之间相互联系、相互支撑。

图 5-10 智慧城市信息架构分层

(1)半导体(芯片)层

半导体材料是常温下介于导体和绝缘体中间状态的材料,是构成电路的主要材料。而芯片又称为集成电路，在电子学中是一种把电路（主要包括半导体设备，也包括被动组件等）小型化的方式，并通常制造在半导体晶圆表面上。电流在芯片上传递，可以形成多种信息。芯片是构成各种操作终端的小组件，是信息交互设计最基本的单位，它的发展也带动移动终端的发展。比如，只使用基带芯片可以制成功能手机（只用来打电话、发短信），同时基带芯片模式也决定了移动终端支持何种网络制式。基带芯片再加上协处理器加速单元，就可以增加多媒体功能，随着芯片市场的发展，采用应用处理器 AP 和基带处理器 CP 则可以构建智能手机。高通、NEC、华为、SAMSUNG、Intel、ADM 均是芯片材料制造商，可以参与信息交互设计的基本层建设。

（2）感知（终端）层

感知层之于物联网就像皮肤之于人，它包括二维码标签和识读器、RFID 标签和读写器、摄像头、GPS、传感器、M2M 终端、传感器网关等。感知层主要实现信息的获取与采集，其通过智能化的用户操作终端、物联网输入设备对自然的、社会的、文化的、经济的、科技的各类信息进行全面采集。这种采集方式可以是通过新增的如高分辨率摄像头为代表的城市公共信息采集设备，也可能是普通市民手持的智能手机等信息设备，然后通过 RFID、条码、工业现场总线、蓝牙、红外等短距离传输技术传递数据。传感器技术、射频识别（RFID）技术、微机电系统（MEMS）以及 GPS 技术是感知层的关键技术。其中传感器与计算机技术与通信技术并称为信息技术三大支柱，从仿生学角度来看，如果把计算机比作"大脑"，则传感器类似人体的"感觉器官"，并且传感器的功能与品质决定了传感系统获取信息的数量与质量。射频识别技术，是一种无线通信技术，不具备数据采集功能，但是可以通过无线信号识别身份及属性，并读写相关数据。严格来讲，它属于物联网的信息采集层技术。微机电系统（MEMS）是通过利用大规模集成电路制造工艺，经过一系列加工形成的微型机电系统，它的存在提高了传感器节点的智能化、小型化。GPS 系统又称全球定位系统，是物联网延伸到移动物体信息采集的重要技术，对物流智能化、交通智能化等领域产生了重大影响。我们熟悉的手机、平板电脑、PC、机顶盒等都属于感知层移动设备，它们是实现城市智能化的用户入口。

（3）网络（管道）层

网络层提供路由和寻址功能，使两终端系统能够互连且决定最佳路径，并具有一定的拥塞控制和流量控制的能力。网络层的目的是实现两个端系统之间的数据透明传送，具体功能包括寻址和路由选择、连接的建立、保持和终止等。它提供的服务使传输层不需要了解网络中的数据传输和交换技术就可以实现信息的传输，通过海量的节点和各种基础网络的结合，实现前端至系统端信息的无障碍传输。网络层面主要由通信网络、互联网和物联网三个网络构成，其中通信网络包含有线和无线等各种采用不同技术的通信网络，不同的网络间协同工作，高效、准确、安全地传输各种数据。

（4）云（平台）层

云（平台）层的主要任务是进行信息处理。平台层以云计算存储中心为核心，感知层获取的信息在这里汇集，云平台通过各种内在模型进行信息计算与处理分析，并通过调用相关的结果形成有价值的参考信息。感知层从居民个人移动设备及社会公共设备上提取智慧城市的各种信息，作为智慧城市"大脑"的云层对信息进行存储和智能处理。它的主要构成部分包括公共综合应用平台、为政府服务的应用系统、为行业应用服务的系统以及为公众服务的信息平台等。

（5）应用（服务）层

应用层直接和应用程序接口并提供常见的网络应用服务，是开放系统的最高层，直接为应用进程提供服务。其作用是在实现多个系统应用进程相互通信的同时，完成一系列业务处理所需的服务。其服务元素分为两类：公共应用服务元素和特定应用服务元素，解决消费者应用市场、企业应用市场以及政府应用市场三个市场的信息需求与解决方案需求。在这一层里，用户与信息进行交互，产业组织提取需要的数据，是居民体验智慧城市应用的界面。每一个城市居民或产业组织可以由应用层实现信息的查询及上传，反馈信息则通过交互层面传回用户。应用层的具体应用表现形式可以是公共服务台、告示牌等公共设施，也可以是智能手机、平板电脑等个人信息终端。应用（服务）层是人们进行智慧城市各项信息服务应用的媒介。应用（服务）层及其平台不仅包括各种移动化的信息化智能终端，而且还包括对传统的各种公共设施进行信息化改造与升级，成为信息化的信息广播服务装置以及各种互联状态的信息终端。

## 5.1.4 商业模式是内驱

泰莫斯定义商业模式是指一个完整的产品、服务和信息流体系，包括每一个参与者和其在其中起到的作用，以及每一个参与者的潜在利益和相应的收益来源和方式，构成赚钱的这些服务和产品的整个体系称之为商业模式。从定义可以看出，商业模式存在的本质是盈利。智慧城市建设的出发点是惠民及提升城市运营水平，但是要保障智慧城市商业模式螺旋向上发展，必须有足够的资金在智慧城市系统里循环流动，所以智慧城市良好的商业模式，就是参与各方都能获利，为服务对象提高了生活品质及工作效率，幸福指数有明显改善，提供的服务的运营机构获得了利润，政府获得了口碑，三方皆赢！

### 5.1.4.1 智慧城市商业模式概述

智慧城市建设不仅是城市发展的契机，更是给予各个行业及企业一个更大的发展平台，但是因为智慧城市是一个"大蛋糕"，牵一发动全身的战略规模使得很多企业由于资金、技术等原因并没有能力单独承担起某一方向的发展任务，在这种背景下，一种能够平衡企业与政府困境，同时又可以保障智慧城市模式平稳运行的商业模式亟待推出。

在此，了解现行商业模式以及智慧城市发展需求的基础上，如图5-11所示。

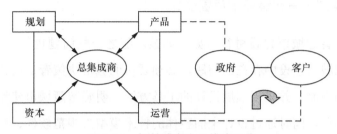

图 5-11　智慧城市商业模式示意

智慧城市的商业模式是集成创新模式,任何单一要素都无法落地。其核心依旧是顾客需求——智慧城市用户的需求不仅包含城市用户显现出的民生及产业需求,还需要结合对客户的意见调查,了解客户的隐性需求,因此,客户需求是成功建设智慧城市的根本。现阶段,完全自主开发,能提供全部所有智慧城市的产品解决方案的企业还没有。所以,未来承担智慧城市各子项功能布署,其核心一定是整合规划、资本、技术或规模优势的企业担任总集成商,负责智慧城市运营,先与政府合作,再制订可落地的智慧城市建设的战略规划及推进计划。总集成商在与政府达成基本共识基础上,再根据用户或政府需求,联合各企业、资本方,形成整合方案,建立运营公司。运营公司的运营机制设立,可以由集成商与政府通过双方协商沟通,形成以 PPP 模式为基础的 BOT、BOO 模式,或其他模式,结合运营模式,政府会进行反复审核研讨,如果集成商的规划符合智慧城市发展战略,并符合落地的可操作性,开始组建运营公司。运营公司的费用获取,有两个方向,一是从政府客户获取,根据运营公司与政府协议要求,并通过人大审核,每年由财政资金转移支付运营公司;二是从民生客户获取,随着运营的逐渐开展,在实施的早期,可将部分智慧应用向用户开放,让客户参与体验,逐步形成习惯,当用户为其使用的产品或服务愿意支付费用时,闭环的运营系统便形成了,用户的支付资金也将推动智慧城市体系螺旋平稳运行,最终商业模式初步形成。现阶段面向民生的智慧城市很多业务,商业模式还处于探索期,形成还需要时间,但是智慧城市能否良性发展,商业模式是关键。

### 5.1.4.2 规划——智慧城市顶层设计

目前，智慧城市建设进行得如火如荼，随之一些问题也开始露出端倪。要解决智慧城市建设中存在的问题，必须要协助城市决策者认清智慧城市的发展理念和内涵，并采用顶层设计的工具方法，明确智慧城市建设的关键方向与关键环节，同时通过设计全面整体的技术模型来规范软件、接口、体系标准等关键要素，克服各自为政、信息孤岛等城市信息化建设的老问题，降低智慧城市建设的风险。

（1）智慧城市建设，赢在顶层设计

"顶层设计"这个词最早用于工程技术行业，本义是统筹考虑项目各层次和各要素，统揽全局、追根溯源，在最高层次上寻求解决之道。这一工程学概念被西方国家广泛应用于军事与社会管理领域，是政府统筹内外政策和制定国家发展战略的重要思维方法。

经过三十年的改革开放，"顶层设计"在中共中央"十二五"规划的建议中首次出现，也进入了中央经济工作会议，并逐步成为一个被各行各业广泛使用的名词。

从城市运维与发展的角度来看，智慧城市是综合城市发展规划、城市运行管理、城市经济社会发展、新一代信息技术应用等为一体的城市发展新模式，是促进城市科学发展、跨越发展、和谐发展的必然选择，是提升现代城市综合竞争力和国际影响力的战略制高点。以"统揽全局"的顶层视角来考量，建设智慧城市，是城市化发展的必然要求，也是调整产业结构，改造提升传统产业，提升战略性新兴产业比重的需要。

纵观全球，智慧城市的建设已经成为城市之间竞争的基础要件之一，是证明一个城市信息化的"名片"，是保持城市竞争力的重要手段。在我国，很多城市都在进行着智慧城市的实践。然而，现有的许多智慧城市，都只是在城市内建设某些智慧应用，如"智慧教育""智慧交通"等，或者只在市内实现局部的"智慧园区""智慧社区"等，这些应用只是一个个的信息孤岛，不能实现数据共享或应用穿透，距离全方位的智慧城市还有一段距离。所以智慧城市推进需要一个整体性的顶层设计来指导。

（2）智慧城市的顶层设计推进思路

① 体制机制架构是根本保障

完善的管理体制是保障智慧城市快速、优质发展的前提，中国的现实状况须设立或组建统一的智慧城市主管部门，形成统筹智慧城市中的人、财、物、事的管理体制。同时在机制设计方面形成完整的运转架构，赛迪顾问提出了四层两翼的架构，即建立决策机构、协调机构、管理机构和执行机构的四层架构，并且设立审计监察机构和由外部专家组成的决策咨询机构。明确各方机构的工作职能和衔接关系，既保障顶层设计的全局性又能够形成对设计落地的支撑。

② 业务架构是基本出发点

业务架构是为适应信息化发展趋势，以全面支撑政府职能履行为目标，对智慧城市的业务功能进行规划和设计的基础架构。智慧城市顶层设计必须以业务需求为导向。政府业务线的概念将打破以具体部门职能为边界的现状，从服务社会公众的视角重新梳理业务，以适应城市管理、经济发展、社会民生和公共服务的变化。

业务架构的最大特点是在描述政务业务时，以政务业务或具体的服务为中心进行职能梳理，而不涉及具体执行业务的部门机构，从而有利于疏理部门之间的合作关系，尤其是在实施信息化时，具有相同或相似业务的不同部门可以彼此构建集成化的信息平台，减少重复投资，增加信息沟通的机会和能力，优化业务服务过程。只有建立起基于业务的架构设计，才能在实现部门内部以及部门之间的协同。

③ 绩效架构是检验标准

绩效架构是一套绩效评估的标准框架，能够帮助政务部门根据评估标准合理高效地开展智慧城市建设。智慧城市顶层设计必须以政府效能提升为目标和标准。由于建设服务型政府是智慧城市建设的基本目标，所以要围绕以公众、企业等服务对象为中心，关注用户收益、拓宽服务范围、提高服务质量，实现服务的及时性、响应性和可访问性等绩效的改进。

绩效架构可以确保各政务部门从战略高度上更好地管理业务，因此，电子政务绩效架构的测量结果基本是由业务参考模型驱动的，是与智慧城市参考模型的业务域和业务线相对应的。智慧城市业务域是为了确定政府活动的目的，而绩效评估最主要的作用是用来测评这些活动的目标实现度，以及所产生的延伸效应。绩效架构的几个评估维度主要包括信息化基础、组织提升、公共效益和公众满意4个维度。

④ 信息架构是资源基础

政务部门业务运作状况是通过信息系统中的信息和数据反映出来的，因此，信息架构是用于描述支持业务流程运行中信息与数据交换共享的数据标准，提供了信息标准化描述和组织的模型。智慧城市顶层设计必须以资源共享为基础。在执行层面以信息资源共享交换体系和资源目录体系为指引，实现信息资源的共享与复用。信息架构主要包括：信息分类；与业务架构相结合的信息内容和信息流；数据的采集、存储、转换、发布和传输；数据库的设计和使用等内容。

⑤ 技术架构是实现手段

从国内外相关理论和实践来看，智慧城市的顶层设计都是以业务为重点，从对政府各种行政业务的清晰划分和定义出发，进而延伸到服务分解、技术重用、数据共享、绩效考评等各个层次。技术架构是一个底层架构，定义如何建立一个IT运行环境来支持上层的信息架构，从而确保业务的正常开展。技术架构包含了各种通用应用组件、应用系统、技术平台、各种基础设施和技术标准等。电子政务顶层设计需要加大对新技术的吸收，特别是要将云计算、物联网、3G技术融合进技术架构中，充分发挥其在集约建设、提升业务效能和公共服务水平等方面的优势。

⑥ "十三五"时期智慧城市发展规划需要新思路

## 链接:"十三五"期间国家智慧城市规划(目标及指标)

| 序号 | 文件 | 目标 |
|---|---|---|
| 1 | 《国务院关于大力推进信息化发展和切实保障信息安全的若干意见》 | 重点领域信息化水平明显提高。信息化和工业化融合不断深入,农业、农村信息化有力支撑现代农业发展,文化、教育、医疗卫生、社会保障等重点领域信息化水平明显提高;电子政务和电子商务快速发展,到"十二五"末,国家电子政务网络基本建成,信息共享和业务协同框架基本建立;全国电子商务交易额超过 18 万亿元,网络零售额占社会消费品零售总额的比重超过 9%。<br>下一代信息基础设施初步建成。到"十二五"末,全国固定宽带接入用户超过 2.5 亿户,互联网国际出口带宽达到每秒 6500 吉比特(Gbit),第三代移动通信技术(3G)网络覆盖城乡,国际互联网协议第 6 版(IPv6)实现规模商用。<br>信息产业转型升级取得突破。集成电路、系统软件、关键元器件等领域取得一批重大创新成果,软件业占信息产业收入比重进一步提高。国家信息安全保障体系基本形成。重要信息系统和基础信息网络安全防护能力明显增强,信息化装备的安全可控水平明显提高,信息安全等级保护等基础性工作明显加强 |
| 2 | 《国家新型城镇化规划(2014—2020 年)》 | 统筹城市发展的物质资源、信息资源和智力资源利用。<br>推动物联网、云计算、大数据等新一代信息技术创新应用。<br>实现以上两者与城市经济社会发展深度融合 |
| 3 | 国家部委《关于促进智慧城市健康发展的指导意见》 | 到 2020 年,建成一批特色鲜明的智慧城市,聚集和辐射带动作用大幅增强,综合竞争优势明显提高,在保障和改善民生服务、创新社会管理、维护网络安全等方面取得显著成效。公共服务便捷化。在教育文化、医疗卫生、计划生育、劳动就业、社会保障、住房保障、环境保护、交通出行、防灾减灾、检验检测等公共服务领域,基本建成覆盖城乡居民、农民工及其随迁家属的信息服务体系,公众获取基本公共服务更加方便、及时、高效。<br>城市管理精细化。市政管理、人口管理、交通管理、公共安全、应急管理、社会诚信、市场监管、检验检疫、食品药品安全、饮用水安全等社会管理领域的信息化体系基本形成,统筹数字化城市管理信息系统、城市地理空间信息及建(构)筑物数据库等资源,实现城市规划和城市基础设施管理的数字化、精准化水平大幅提升,推动政府行政效能和城市管理水平大幅提升。<br>生活环境宜居化。居民生活数字化水平显著提高,水、大气、噪声、土壤和自然植被环境智能监测体系和污染物排放、能源消耗在线防控体系基本建成,促进城市人居环境得到改善。基础设施智能化。宽带、融合、安全、泛在的下一代信息基础设施基本建成。电力、燃气、交通、水务、物流等公用基础设施的智能化水平大幅提升,运行管理实现精准化、协同化、一体化。工业化与信息化深度融合,信息服务业加快发展。<br>网络安全长效化。城市网络安全保障体系和管理制度基本建立,基础网络和要害信息系统安全可控,重要信息资源安全得到切实保障,居民、企业和政府的信息得到有效保护 |

**宏观战略：**我国"十三五"期间智慧城市的建设首先需要紧紧围绕"一带一路"、长江经济带、京津冀协同发展等国家重大战略以及国家新型城镇化规划等的重要部署开展。国家重大战略提出了对不同城市在实施重大战略过程中的城市功能定位，这些城市功能定位影响着城市的基础设施建设、网络平台建设、产业发展转型等方方面面，各个城市在开展"十三五"智慧城市建设中，要找准城市在国家重大战略部署中的定位，依据功能定位开展城市各方面的信息化建设，支撑各类战略更好地实施。

**网络通信设施：**我国"十三五"期间智慧城市的建设需要加快宽带泛在网络通信基础设施建设。智慧城市构建的是一个泛在接入、高速互联、实时感知、广泛连接的城市运行综合生态系统，这就需要构建高速、宽带、泛在的通信网络支撑。宽带网络是战略性公共基础设施，发展宽带网络具有很大的溢出效应，我国网络通信基础设施建设普遍跟不上应用快速发展的需求，制约着我国信息化的快速发展，甚至拖缓了经济发展方式的转变进程。近两年来，国家大力鼓励社会资本进入宽带基础设施建设市场，在光纤入户、宽带运营等方面出台了一系列鼓励政策，尤其是李克强总理多次在公开场合呼吁要加快网络通信基础设施建设和提速降费来刺激消费，可以说制约宽带网络发展的一些体制机制性障碍正在一步步被破除。"十三五"期间，智慧城市网络通信设施建设将进入一个应用需求驱动、政府政策拉动、社会资本撬动的蓬勃发展期。

**应用基础设施：**我国"十三五"期间智慧城市的建设需要加快云计算、物联网、大数据等一些公共支撑型应用平台建设。近两年来云计算、物联网、大数据等领域的技术逐渐成熟，在智慧城市建设过程中应用越来越广，技术应用的社会认可度和接受度越来越高，经济和社会效益日渐凸显，极大地提高了智慧城市信息基础设施建设的集约性、监测感知的实时性和管理服务的精准性。"十二五"时期是云计算、物联网、大数据等新技术的社会导入期，该类技术创新中的大量关键产业和基础设施在金融资本推动下已经基本形成，"十三五"时期将是此类技术的展开期，云计算、物联网、大数据等技术革命的变革潜力将会扩散到整个经济社会，整个社会对云计算、物联网、大数据等技术应用的公共服务需求将更为强烈，如同对用水、用电需求一样，因此迫切需要加快云计算、物联网、大数据等一些公共支撑型应用平台的建设。

**传统基础设施**：我国"十三五"期间智慧城市的建设需要加强已有基础设施的"水泥＋数字"化改造。经过前些年大规模的基础设施的投资建设，大部分城市在房屋建设、商场楼宇、公路铁路等基础设施方面出现了严重的饱和现象，但是后期水泥式投资的驱动力严重不足。其次，经济社会对基础设施的服务要求越来越高，但这些设施智能化水平不足，服务能力提升受限，因此，推动此类基础设施的智能化改造、提升基础设施的服务能力是"十三五"期间基础设施建设的重点任务，"智慧楼宇""智慧社区""智慧商圈""智慧交通""智能电网"等基础建设将成为下一阶段智慧城市基础设施建设的重点。

**民生信息服务**：我国"十三五"期间智慧城市的建设需要加强与互联网企业在民生信息服务方面的战略合作。目前在国家"互联网＋"战略的影响下，许多城市都纷纷与大型互联网企业签订了战略合作协议，希望利用互联网企业的资源整合能力和变革创新能力来推进智慧城市建设。"互联网＋"战略为互联网企业参与各地智慧城市建设开启了大门，"十三五"期间互联网企业将会成为智慧城市建设的重要参与者。因此，"十三五"智慧城市建设要更加充分利用互联网企业庞大的用户群体和强大的资源整合能力优势，乘"互联网＋"势而为，突破长期以来困扰民生服务信息共享的部门体制机制障碍，加强为民信息服务的用户端整合，扩大政府民生信息服务的受众群体，推进民生信息服务人人通，推动政府民生信息服务网络化、移动化和便捷化。

**社会管理信息化建设**：我国"十三五"期间智慧城市的建设要适应社会管理从集中管控向分布式社会治理这个趋势的转变，因此需要充分加强移动互联网、物联网、大数据等新技术的融合应用来提高整个城市的社会综合治理能力、分布式治理能力和自组织式治理能力。提高政府各部门的协同治理能力、预警预判能力,以及社会分布式治理能力和自组织式治理能力将成为智慧城市社会管理信息服务建设的重点,加强新技术的融合应用将成为根本途径。

**电子政务建设方面**:我国"十三五"期间智慧城市的建设需要紧紧围绕"加大简政放权力度、提高政府行政效能、减少对微观领域干预"三大核心思想,加快推进电子政务建设。"十三五"期间智慧城市电子政务建设要服务于整个宏观经济的发展,要更好地适应经济新常态,更好地激发大众创业、万众创新的活力。

**公共服务项目建设**:我国"十三五"期间智慧城市的建设需要加快在公共事业和公共服务领域项目建设上推行政府和社会资本合作(PPP)模式。《国务院关于创新重点领域投融资机制鼓励社会投资的指导意见》(国发〔2014〕60号)、《国家发展改革委关于开展政府和社会资本合作的指导意见》(发改投资〔2014〕2724号)、《国务院办公厅转发财政部发展改革委人民银行关于在公共服务领域推广政府和社会资本合作模式指导意见的通知》(国办发〔2015〕42号)等三个文件为社会资本参与公共服务领域项目建设奠定了坚实的政策基础。因此,"十三五"期间,充分利用政府和社会的合作模式将会成为智慧城市政府公共服务项目建设的主要方式,尤其在供气、供电、供水、供热、污水及垃圾处理等市政设施,公路、铁路、机场、城市轨道交通等交通设施,医疗、旅游、教育培训、健康养老等公共服务项目,以及水利、资源环境和生态保护等项目领域的PPP合作模式将会被广泛推广应用。

**网络安全保障**:我国"十三五"期间智慧城市的建设需要适应网络安全发展的新形势,构建立体式和全方位的网络安全保障体系。"十三五"期间智慧城市的建设所面临的网络安全问题不仅有来自原有安全问题的延续,更多的将来自移动互联网、云计算、物联网、大数据等新技术应用引发的新的安全问题挑战。安全问题将不再局限在PC终端,而会向工业控制、"智能家居""智能交通"等实体经济社会领域全面延伸。因此,"十三五"期间,智慧城市网络安全保障体系建设将变得更加紧迫和重要,及时建立新技术领域的网络安全保障体系和新应用领域的网络安全体系将成为"十三五"智慧城市网络安全保障体系建设的重点。

### 5.1.4.3 技术——智慧城市实施产品

智慧城市通过充分运用物联网、云计算、大数据等新技术,形成多领域的产品解决方案。智慧城市的产品需求包括民生类产品、产业类产品及政府服务类产品三大类。其产品提供是按照行业提供分类,目前智慧城市产品主要涵盖 38 个行业实践,具体如图 5-12 所示。

| | | | |
|---|---|---|---|
| (1) 智慧交通实践 | (11) 智慧金融实践 | (21) 智慧机场实践 | (31) 智慧航空实践 |
| (2) 智慧医疗实践 | (12) 智慧旅游实践 | (22) 智慧管网实践 | (32) 智慧影院实践 |
| (3) 智慧社区实践 | (13) 智慧工业实践 | (23) 智慧燃气实践 | (33) 智慧警务实践 |
| (4) 智慧农业实践 | (14) 智慧照明实践 | (24) 智慧水利实践 | (34) 智慧工商实践 |
| (5) 智慧楼宇实践 | (15) 智慧文化实践 | (25) 智慧税务实践 | (35) 智慧安监实践 |
| (6) 智慧教育实践 | (16) 智慧电网实践 | (26) 智慧园区实践 | (36) 智慧港口实践 |
| (7) 智慧政务实践 | (17) 智慧水务实践 | (27) 智慧畜牧实践 | (37) 智慧消防实践 |
| (8) 智慧环保实践 | (18) 智慧能源实践 | (28) 智慧物流实践 | (38) 智慧餐饮实践 |
| (9) 智慧家居实践 | (19) 智慧城管实践 | (29) 智慧油田实践 | |
| (10) 智慧养老实践 | (20) 智慧铁路实践 | (30) 智慧酒店实践 | |

图 5-12 智慧城市主要 38 个行业实践

### 5.1.4.4 集成——智慧城市整体解决方案

智慧城市由于涉及的系统规模大,且由多个子系统构成,因此需要大系统集成,如图 5-13 所示。在大系统集成基础上,也需要子系统集成,子系统有些功能模块是自主开发,有些外购功能模块来自其他合作伙伴,这对于系统集成商有了较多的要求,为此在第六章对于中兴网信各系统集成案例做了详细的介绍。

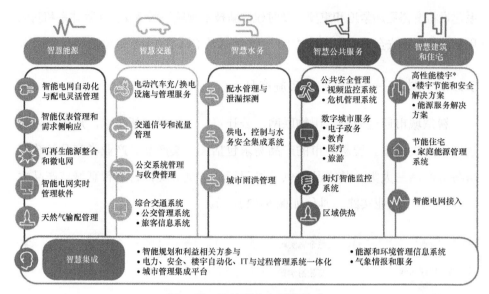

图 5-13 智慧城市大系统集成

### 5.1.4.5 资本——智慧城市四种融资方式

资本是智慧城市实施成功的关键要素,也是智慧城市的血液。智慧城市可借鉴的融资方式有以下四类。

（1）债权融资模式

债权融资模式里面包括 6 种,国内银行贷款、国外银行贷款、发行债权融资、民间借贷融资、信用担保融资、金融租赁融资。

（2）股权融资模式

包括股权出让融资、增资扩股融资、产权交易融资、杠杆收购融资、风险投资融资、投资银行融资、国内上市融资、境外上市融资、买壳上市融资。

（3）内部融资和贸易融资的模式

包括留存盈余融资、资产管理融资、票据贴现融资、资产典当融资、商业信用融资、国际贸易融资、补偿贸易融资。

（4）项目融资和政策融资模式

包括 6 种模式，项目包装融资、高新技术融资、BOT 项目融资、IFC 国际融资、专项资金融资、产业政策融资。

#### 5.1.4.5.1 债券融资五种模式

债券融资是企业通过借钱获得资金的方式，企业按约定提供本息，属于直接融资的方式。债券融资具有成本低、风险小的优势，同时债券具有不错的财务杠杆作用，可以获取更多收益。但是债券融资无固定到期日，需定期支付；随着财务杠杆的上升，债券筹资成本也不断上升，加大了财务风险，可能导致公司破产和最后清算；抵押和担保时的限制性条款，从一定程度上影响了公司进一步的筹资能力。

（1）银行贷款

国内银行贷款是指银行将一定额度的资金以一定的利率，贷发给资金需求者，并约定期限，付利还本的一种经济行为。国内银行贷款具有手续简单、融资速度快、成本低、按期付利、到期还本的特点。随着贷款条件下放以及利率下调，一般的企业均可以通过国内银行贷款的方式筹集到资金。贷款的方式有信用贷款、担保贷款、抵押贷款。

（2）发行债券融资

发行债券融资是企业按照法定程序，向社会发行债券获取资金的行为。

（3）民间借贷融资

民间借贷是指公民之间、公民与法人之间、公民与其他组织之间的借贷。民间借贷是一种直接融资渠道和投资渠道，是民间金融的一种形式。

（4）信用担保融资

信用担保融资是介于商业银行与企业之间，以信誉证明和资产责任保证结合在一起的融资模式，主要由第三方融资机构提供，是一种民间有息贷款。

（5）金融租赁融资

金融租赁融资是指出租人按照承租人的要求占有固定资产，并以承租人支付的租金为前提，将一个时期的固定资产的占有、使用、收益权让渡给承租人。

5.1.4.5.2 股权融资模式

股权融资是股东拿出部分企业所有权，引进新股东，获得资金的融资方式。股权融资具有长期性、不可逆性、无负担性的特点，不需要还息，既可以用来增加运营资金，又可以用于企业的投资活动，因此，用途较广。按照融资渠道划分为两类：公开市场发售和私募发售。

（1）股权出让融资

股权出让融资是企业转让企业的部分股权，引入新的合作者，以融到企业运营所需要的资金。

（2）增资扩股融资

增资扩股融资是指企业向社会募集股份、发行股票、新股东投资入股或原股东增加投资扩大股权，从而增加企业的资本金。

（3）产权交易融资

产权交易融资是指企业的资产以商品的形式，作价交易的一种融资模式。有整体的产权交易，有部分的产权交易。

（4）杠杆收购融资

杠杆收购融资简称杠杆融资，有时候也称作"杠杆收购贷款"。它是以企业兼并为活动背景的，指某一企业拟收购其他企业进行结构调整和资产重组时，以被收购的企业的资产或股权作为抵押投资，来增加收购企业的财务杠杆力度，进行收购兼并的一种融资模式。

（5）引进风险投资

风险投资泛指一切具有高风险，高潜在收益的投资，是由职业金融家投入到新兴的、迅速发展的、具有巨大竞争潜力的企业中的一种权益资本。

（6）投资银行投资

投资银行投资是指投资银行将符合法规、可动用的资金，以股本及其他形式，投入于企业的投资。投资银行经营直接金融业务，主要从事证券发行、承销、交易、企业重组、兼并与收购、投资分析、风险投资、项目融资等业务。

## 第五章 智慧城市如何有效落地

### (7) 国内上市融资

国内上市融资是指企业根据国家《公司法》及《证券法》要求的条件，经过中国证监会批准上市发行股票的一种融资模式。一旦上市，企业可以获得资本、扩大经营、改善管理。国内可以在上交所、深交所上市。上市条件要求股本超过 3000 万，公开发行股份达到总股数 25% 以上，最近三年无重大违法行为即可。

### (8) 境外上市融资

境外上市融资是指企业根据国家的有关法规法律政策，在境外资本市场上市融资的融资模式。境外上市融资的条件因不同地区而有所不同，但是总体来看要求要比国内上市要求高，同时带来的效益可能更高。目前我们国家鼓励具备条件的企业到境外去上市。中国企业可选择的境外市场有香港交易所主板和创业板、新加坡交易所、美国纽约交易所和纳斯达克股票市场、伦敦交易所股票市场和德国法兰克福交易所股票市场。

### (9) 买壳上市融资

买壳上市又称"逆向收购"，是指非上市公司购买一家上市公司一定比例的股权来取得上市的地位，然后注入自己有关业务及资产，实现间接上市的目的。

#### 5.1.4.5.3 内部融资和贸易融资

内部融资是将"自身储蓄"（留存收益与折旧）转化为投资的过程；贸易融资是指银行对进口商或出口商提供的与进出口贸易结算相关的短期融资或信用便利。

### (1) 留存结余融资

留存结余融资是指企业收益缴纳所得税后形成的、其所有权属于股东的未分派的利润，又投入于本企业的一种内部的融资模式。股东股利分配的分类，一个是按股利支付、比例高低分类。

### (2) 资产管理融资

资产管理融资是指企业通过对资产进行科学有效的管理，节省企业在资产上的资金占用，增强资金流转率的一种变相融资模式。资产管理融资有这样几种方法：第一是应收账款抵押贷款，通过应收贷款作为抵押取得贷款；第二是存货质押担保贷款。存货担保融资是通过仓储货物进行质押贷款；第三是应收账款代理；最后是国际保理业务。

（3）票据贴现融资

票据贴现融资是指票据持有人在需要资金时，将商业票据转让给银行，银行按票面金额，扣除贴现利息后，将余额支付给票据持有人的一项银行业务。

（4）资产典当融资

资产典当融资是指融资方用抵押或质押的方式，利用典当资产从典当行获得贷款，并在约定期限内支付当利和当金，赎回典当资产的融资方式。这种方式审核迅速、条件较低，并且对融资起点要求低，应用范围很广。

（5）商业信用融资

商业信用融资是指双方在商品交易时以商业信用作为抵押进行的暂时性融资方式，常用的是延期付款，或者延期交货的形式。它具有筹资便利、成本低及限制条件少的优势，但是同时也存在诸如期限较短、筹资数额有限的问题。常见的商业信用融资包括应付账款融资、商业票据融资和预收货款融资三种。

（6）国际贸易融资

国际贸易融资是发生在国际贸易结算过程中各国政府为支持本国企业进行进口贸易，而由政府机构、银行等金融机构或进出口商之间提供的资金。主要形式有国际贸易短期融资和国际贸易长期融资两种模式。

（7）补偿贸易融资

补偿贸易融资是指国外向国内公司从提供机器设备、技术、培训人员等相关服务等作为投资，待该项目生产经营后，国内公司以该项目的产品或以商定的方法予以偿还的一种融资模式。补偿贸易融资是一种投资与贸易相结合的经济活动。其主要形式包括直接补偿产品、其他补偿产品（如原材料等）和综合补偿。

5.1.4.5.4 项目融资和政策融资六种模式

（1）项目包装融资

项目包装融资是指对要融资的项目，根据市场运行规律，经过周密的构思和策划，进行包装和运作的融资模式。项目包装融资的特点，要有创意性、独特性、包装性、科学性，还必须有可行性。项目包装的核心是可行性，因此项目包装的策划运作要根据项目特征预测市场前景、考虑成本收益，制作风格独特、切实可行的商业计划书。

（2）高新技术融资

高新技术融资是指运用高新技术成果进行产业化的融资模式。高新技术融资的来源：一是国家科技型中小企业技术创新基金，二是民间资本，三是国际机构的资本。国家科技部专门有一个国家科技型中小企业技术创新基金的管理机构，推动科技型中小企业技术创新，为高新技术成果产业化提供资金支持，这个创新基金支持方式分三种，无偿资助、贷款贴息、以资本金（股本金）方式投入。

（3）BOT 项目融资

BOT 是英文的缩写，即"建设—经营—转让"。实质上是基础设施投资、建设和经营的一种方式，以政府和私人机构之间达成协议为前提，由政府向私人机构颁布特许，允许其在一定时期内筹集资金建设某一基础设施并管理和经营该设施及其相应的产品与服务的间接融资方式。

（4）IFC 国际投资

IFC 是国际金融公司的简称，IFC 是世界银行集团之一，它既是世界银行的附属机构，又是独立的国际金融机构。IFC 在中国贷款投资的重点是非国有企业、金融保险企业、基础设施、社会服务以及环境企业，特别是中国西部与内陆区域为投资重点。

（5）专项资金投资

所谓专项资金，是指国家或有关部门向企业拨发的具有专门指定用途或特殊用途的资金。

（6）产业政策投资

产业政策投资是指政府为了优化产业结构、促进高新技术成果产业化而提供的政策性的支持投资。产业政策投资的种类有财政补贴、贴息贷款、优惠贷款、税收优惠和政府采购5种。

资本对于智慧城市建设的重要性，不言而喻，结合上述介绍的四大类融资模式，为了让读者更便于了解当下资本在智慧城市的实际应用情况，结合三个应用案例供读者参考分享。

## 【案例一　面向智慧城市跨境融资（租赁）方案】

### 1. 实施背景

由于在上海，深圳前海蛇口、珠海横琴自贸区的金融创新要求，新修订的外汇政策为融资租赁业务的发展提供了新的机遇，具体表现在以下几个方面：一是对于融资租赁类公司开展对外融资租赁业务实行事后登记，由所在地外汇局办理，取消了事前审批的限制；二是融资租赁类公司可直接到所在地银行开立境外放款专用账户，用于保留对外融资租赁的租金收入，账户内外汇收入结汇可直接经银行审核后办理，大大便利了跨境融资租赁业务的开展；三是融资租赁类公司开展对外融资租赁业务，不受现行境内企业境外放款额度限制，为跨境融资租赁带来了巨大机会。

### 2. 海外资金入境应用方案

该业务是指海外资金通过外资（合资）融资租赁公司入境，专项应用于"智慧城市"试点或申请地区的融资租赁资产，以帮助发行人实现低成本融资目的一整套综合融资方案。

1) 初步方案模式

海外资金融资入境总流程，如图5-14所示。

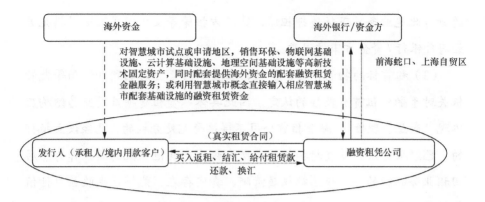

图 5-14  海外资金融资入境总流程

2）发行人（承租人/境内用款客户）准入标准

发行人（承租人/境内用款客户）须为"智慧城市"试点或申请地区的大型国有企业或者城投公司。原则上发行人主体评级需为 AA 以上。经海外银行/资金方对发行人还款能力、借款用途和抵质押担保综合审查后，还需提供抵质押或第三方担保等风险缓释条件为融资租赁服务安排反担保措施，并明确海外银行/资金方认可的资金用途。

3）融资租赁公司须符合条件

（1）成立时间超过 3 年的租赁公司；

（2）实缴资本 ≥ 3 亿元人民币；

（3）公司治理结构完善，运营正常，资信良好，符合商务部对融资租赁行业监管要求；具备独立的风险管理和内控机构，能够按照融资租赁的要求完成融资租赁项目的尽职调查和内部审批。

4）融资租赁项目要求

（1）融资租赁项目资金最终用途视同海外资金入境的用途，由海外银行/资金方在审批融资租赁合同时进行审查。如在核定发行人融资方案时尚不能确定用款项目的，应由海外银行境内分支机构或其关联性融资租赁公司对项下融资租赁用款项目进行审查审批，明确用途。

（2）发行人（承租人/境内用款客户）需提供海外银行/资金方认可

的针对此笔业务项下抵质押担保、第三方担保等反担保风险缓释措施并经海外银行/资金方审核同意。

（3）租赁标的物的性质、价值、租金等因素会影响到外管局等监管机关对于融资租赁有效性的认定。因此具体融资租赁项目的交易结构应体现"商业合理性"。融资租赁公司不得接受无处分权的、已经设立抵押的、已经被司法机关查封扣押的或所有权存在其他瑕疵的财产作为售后回租业务的标的物。应选择权属清晰、真实存在、能够产生收益且估值能够覆盖贷款本息的"智慧城市"概念下租赁物。避免没有真实明确的租赁物；或售后回租合同中，对租赁物低值高卖，租赁物上设有权利负担，致使出租人无法取得所有权，或无法实现租赁物的担保功能；出租人没有完成取得租赁物所有权的相关手续等情形发生。

（4）原则上要求发行人（承租人/境内用款客户）须在托管银行缴存不低于保函项下融资租赁总金额 $n\%$（需海外银行进一步明确保证金比例）的保证金，进行锁汇，用于弥补汇率、利率以及其他可能的风险。

（5）融资租赁公司在接受海外资金的同时，需要承诺向智慧城市建设方推荐中国智慧城市研究院的智慧城市总体解决方案，并接受中国智慧城市研究院所推荐公司的产品作为当地智慧城市建设落地应用方案。

5）资金封闭管理要求

为保证资金封闭运作，海外银行/资金方、发行人（承租人/境内用款客户）和融资租赁公司须签署《三方协议》，对外债资金的收款和使用、用款客户应付租赁款监管和外债偿还、汇率风险承担等进行约定：

（1）本方案下外债资金使用监控。融资租赁公司在境内托管银行开立外债专户作为境外机构发放外债的唯一收款账户。对收入外债专户的资金，获得外管局审批同意后办理结汇（外币贷款）。

对售后回租项目，海外银行/资金方须监控融资租赁公司直接将款项划付给发行人（承租人/境内用款客户），同时还需监控售后回租款项的使用符合向海外银行/资金方申报和经审批的用途。

（2）融资租赁回款监控。融资租赁公司还款资金来源于发行人（承租人/境内用款客户）缴纳的分期租赁款，但由于租赁业务为分期支付，融资性保函项下外债借款往往为一次性还款，两者存在期限错配导致的挪用租赁还款风险。此外，融资租赁公司还可能因为经营不善或者涉及诉讼等因素导致融资租赁还款被冻扣、扣划导致到期无法还款，须采取以下措施对融资租赁款进行监管：

① 融资租赁公司须在境内托管银行开立监管账户（原则上应为保证金账户）作为租赁款唯一收款专户。境内发行人（承租人/境内用款客户）承诺将按照租金支付计划将租赁款按时付至银行监管账户，由银行对资金进行监控，专项用于融资租赁公司到期偿还外债，不得允许他用。监管账户不得开通网银和电子银行转账等支付功能。

② 为有效对抗第三人，融资租赁公司须与海外银行境内分支机构签订应收账款质押合同，将其对融资租赁项目的"应收租赁款"作为反担保条件质押给海外银行/资金方，并通过人行征信中心办理质押登记。

3. 实施好处

（1）相对于国内的高利率的资本，可利用境外低廉的资本，快速推动智慧城市中项目的设备采购落地，进行部署。

（2）为推动智慧城市建设解决了部分资金难题。

（3）解决企业融资难的困局。

## 【案例二　智慧城市地理信息产业基金设立】

1. 实施背景

中国地理信息产业在宏观经济下行压力影响下仍保持了持续增长，2015年总产值预计将达到3600亿元人民币，增长率约22%，四维公司提供的服务是城市级智慧时空地理信息大数据产业云平台，对资金的需求量很大。如果从一个省域开始高分辨率影像获取（航拍），所需资金动以亿计，很难通过公司自有资金封闭运作，必须借助融资，才能得以完成。还有可能的 PPP 项目，也必须通过融资实现，基于资本的困境，必须借助资本手段，推动多项目全国快速落地，在此基础上成立了"四维地理信息产业基金"。

2. 应用方案

地理信息产业基金设立流程，如图 5-15 所示

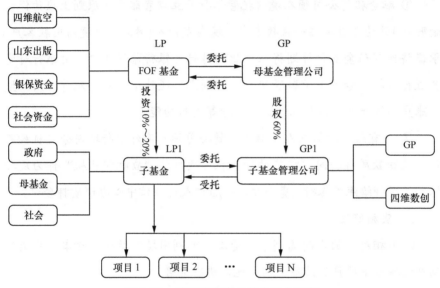

图 5-15 地理信息产业基金设立流程

3. 实施好处

（1）成立地理信息产业基金，按照上市公司标准，配合和支持四维数创在全国构建全时空城市级地理信息大数据供应体系和数据仓库，建设具备高时间分比率和高空间分比率的大数据产业云平台。

（2）通过资金上支持，使四维数创在全国各行政区域平台落实 PPP 模式运营的公司的步伐大大加快。

（3）以产业基金引导社会资本更多地投入到地理信息产业，推动地理信息产业快速发展，进一步打造智慧城市架构的核心大数据云平台，更好地促使政府向服务型政府转变。

## 【案例三　智慧管网 PPP 基金融资方案】

### 1. 实施背景

随着全国诸多城市启动综合管廊的建设，内部管线铺设示意如图 5-16 所示，政府难以融资造价 12000 万/公里的管廊建设资金，施工单位也难以垫资，更难有措施保证回款的及时到位。如何保证智慧管网建设两个的方面，减半造价，降低造价到 4000 万～6000 万元/公里；加倍回报，将总利润空间回报加倍到年化 10%～20%。只有符合这两条，才能解决智慧管廊的融资问题，既让政府接受每年财政的负担，也让社会资金源源不断投资政府管廊中。

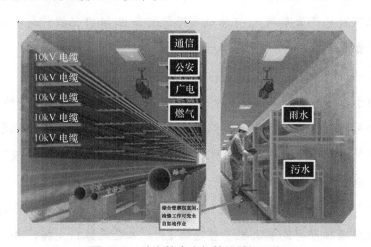

图 5-16　综合管廊内部管线铺设示意

### 2. 应用方案

| 基金名称 | 国达 PPP 全生态产业基金 |
|---|---|
| 募集规模 | 总规模 600 亿元，每期 200 亿元 |
| 普通级 LP | 50 亿元（人民币） |
| 优先级 LP | 150 亿元（人民币）GP 提供 1000 亿资产池，完全覆盖风险 |
| 公司名称 | ×××股权投资管理基金有限公司（普通合伙人承担无限连带责任） |
| 投资方向 | 发改委 PPP 项目库、住建部智慧城市项目库 |
| 投资人数 | 有限合伙人（数量 20～50 人） |
| 存续期 | 5（3 年投资期，2 年退出期）视项目情况可延长（最多 2 年） |
| 认购额度 | 1 亿～10 亿元，5000 万元以上，以整数累计。 |

通过募集的普通级LP次级资金，给予优先级LP资金固定收益7%～10%的回报，实现资金杠杆。以目前政府基金结构的设计，内部政策增信等强度，募集发行将简单（年化为5%～7%）。

优先级LP的募集对象除机构投资者外，还应包括PPP产业生态链群和智慧城市项目有战略投资意识的企业，依托国家级产业联盟，这类企业成为基金的优先级LP，会对促进生态圈起到叠加和共赢等作用。

地方政府得以用3倍以上的杠杆完成了对当地智慧城市建设的投资引导。大型央企国企得以3倍以上的杠杆完成了对智慧城市某些领域或行业上下游的产业布局。智慧城市银行配套的4400亿授信得以找到落地的、资本金充足的优质项目和主体。

3. 实施好处

由于采用"基金＋银行＋中央财政扶持"搭建三驾金融马车的模式，基金公司可以通过国企股东来参股地方银行，不仅获得国务院混合所有制改革的红利，还在放大中央财政的资金杠杆力量后，带给一般管廊企业难以期盼投资银行等宝贵机会。

（1）管廊企业不仅可以有10%～18%年回报，还可以推荐的符合国家扶持项目可得到本次投资普通级LP资本金的银行支持，并通过投委会的协助，较容易取得5%～7%的低息。

（2）本次参股的银行资金，管廊企业间接拥有未来就有3～5倍增值和明年开始的股改上市的机会。

（3）对于次级LP投资者而言，可充分享受到优先级固定回报以外的超额收益，以所投项目预期收益20%～30%的标准下，在风险可控的条件下投资回报相当可观。

### 5.1.4.6 运营——智慧城市闭环营运系统

理想的智慧城市营运系统是闭环的，不但考虑投出，还要有产出。政府将城市运营的权限下放给运营商，运营商调查政府和城市居民用户的需求，通过市场化方式提供符合其需求的运营产品与服务。更重要的是城市居民使用运营商提供的产品及服务，并在后期支付一定的费用，从而保障政府、运营商、用户之间能够顺畅运行，实现闭环螺旋向上的发展趋势。智慧城市运营在智慧城市建设中占据重要位置，它直接接触终端用户，决定了智慧城市建设是否被用户感知、满意。

## 5.2 智慧城市运营与推进

### 5.2.1 以"互联网+"为核心的运营体系

智慧城市的目标是为城市居民提供更便捷的生活服务，智慧城市建设中，要实现更广域的互联互通，"互联网+"模式是趋势。

#### 5.2.1.1 智慧城市运营体系概述

智慧城市运营体系以"互联网+"为核心理念，通过适合当地智慧城市发展的运营模式向上对接政府规划，向下满足用户体验需求，如图 5-17 所示。根据智慧城市政府建设的新机制及顶层设计，确定运营推进流程，并根据此流程，设计智慧城市工作组织，匹配合适的专业人才，结合各流程的不同目标以及用户的需求确定各个环节的运营推进方法，保障运营质量和实施进度，同时要兼顾投资成本，保障运营收益，才能确保智慧城市建设的有效推进。

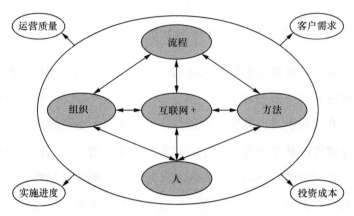

图 5-17 智慧城市运营体系示意

### 5.2.1.2 智慧城市组织机构与流程

智慧城市运营工作流程需要把握两个方面，第一是其工作流程的设置要与政府工作机制、流程匹配；第二是其工作流程要科学，运用项目管理的方法来设计流程。这要求运营人员必须对整个过程进行系统分析，统筹兼顾，才能使项目实施时间表很好地链接、平衡和发展。在多种分析和编制时间表的方法中，最简便和常用的是条线图，或称甘特图。它把项目实施分成不同的时间段中的活动，并表明每项活动时间，具体步骤如下。

（1）计划者确定实施中各项任务的逻辑顺序

计划者不需要对每一项任务的准确时间花太多的精力，又使各项任务的先后顺序显而易见，如详细工程设计有必要把建筑和安装放在优先位置；公司组织必须在确定人员的配置前完成。

（2）计划者分析具体的任务如何完成

经过分析可以确定，哪些任务可以进一步分解为次级任务。如详细设计是由建筑设计师和工程师共同完成。同样，次级任务要做出适当的时间安排，以反映各项任务之间的相互依赖关系。分析人员将首先分析每一次级任务的内容。这样就可以确定完成每一次级任务需要的时间。

### (3) 分析人员建立实施时间表

表中提出项目的实施开始时间和持续时间,明确每一项活动和任务在整个实施计划中的位置和时间。对每一项任务的说明应包括以下内容:要进行的工作、需要的资源、完成任务需要的时间、任务的责任、任务所需投入的信息、要产生的结果、与其他活动的相互联系。在有些项目中,需要明确项目包括的任务和次级任务之间的相互关系,这就要运用网络计划方法,如关键路线网路(Critical Path Net,CPN)程序。还可以将计算机应用在有大量任务的项目上,从而可以迅速地做出许多计划方案,并且可以不断调整项目的关键路线网络。

#### 5.2.1.3 运营效果评估

中国科学院院士周成虎先生在"2014广州—中国智慧城市创新大会"上提出智慧城市必须从七个维度、两个体系、三个时期来理解。七个维度即城市布局与规划、信息基础设施、绿色低碳经济、公共管理和服务、市民民生与福祉、城市人文科学素养、环境管理与生态保护。两个指标体系即一级为纲,体现体系维度;二级为目的,体现内容。三个时期:2015年是智慧城市示范运行大约三年,可以把2015年作为基础,2020年作为中期行动期,2030年作为中远期目标。使用这一套体系可以指引智慧城市的发展,同时也可以作为评估智慧城市工作效果的指标。同样,智慧城市运营作为智慧城市建设的重要组成部分,保障运营效果才能为智慧城市建设打下基础,对智慧城市运营的评估指标主要有四个:客户需求、运营质量、实施进度、成本控制。

### (1) 客户需求

马斯洛的需求层次理论也可以被用来评估消费者需求的满意层次,如图5-18所示。智慧城市建设中,评估消费者需求满意程度可以从马斯洛角度切入。但是"最新的马斯洛需求层次"的最底层是随时随地保障可以连接到Wi-Fi,即智慧城市建设最基本是信息技术的提升。可以看出,智慧城市建设要满足用户需求必须先提高"智能化"基础设施水平,在"硬件"满足之后再通过交互设计提升体验，追求"软件"层面的消费者需求满意度。

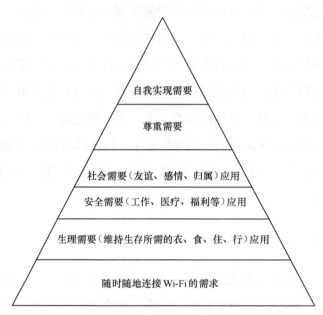

图 5-18　马斯洛需求层次及新需求类型

（2）运营质量

智慧城市的运营质量直接关系着服务提供的质量及效率，进而影响智慧城市建设的效果。对运营质量的把控至关重要，运营质量的评估指标与运营要素直接对应。

是否具有统一、联动的信息化平台：统一的信息化平台能够直接对接各个领域、各个部门的实时数据，把握城市的实时运行。

是否具有集中、共享、透明的数据资源：共享数据可以促使数据在需求部门间流转，避免分割僵化，形成壁垒，从而降低部门的运作效率，严重影响服务质量。

是否具有职能化的数据分析与趋势预测系统：数据分析系统帮助智慧城市体系将城市的实时数据运用起来，指导后续服务的提供，从而给用户提供惊喜、贴心的体验，提高满意度。

各部门间是否可以快速协作，工作流程是否与政府、用户匹配：跨部门协作快速应对突发事件既可以提高用户体验，又能有效降低成本。

（3）实施进度与成本控制

实施进度的把握按照工作流程进行匹配，按照项目管理中时间—任务分配的方法进行即可，项目实施的各项活动所需的时间可分别依据项目实施时间表确定，设定专人进行监督、督促，保障工作进度。

### 5.2.2 智慧城市运营模式

智慧城市建设从规划到现在的逐步实施，其中包括很多项目的运营。目前存在国内政府完全出资，由政府出资、运营商负责建设，企业建设以及BOT模式等几种模式，对于具体的项目可能会不一样。

#### 5.2.2.1 政府独资（官办官营）

（1）模式介绍

政府独自投资建设和运营，政府负责宽带、无线网等公共基础设施的投资、建设、维护和运营，部分设施免费提供给用户使用，部分设施收取用户相应的费用。

（2）优缺点

政府独资的优势是政府对项目有绝对的控制权和支配权；但是同时存在很大的风险，政府需承担自建成本、维护成本、运营成本等，造成巨大的财政压力；可能面临庞杂的后期维护问题，对政府的运营能力、建设能力、管理能力要求较高。

（3）盈利来源

以美国得克萨斯州为例，市政府将网络容量的40%用于市政服务的自动化服务，将网络容量的60%出租给ISP，用于建设独立于民用的政务专用

网络或公共服务。

(4) 案例

美国得克萨斯州的 Corpus Christi 市，由政府独自投资 710 万美元建设无线网络服务，提供基于无线网络的各种应用。这些是建立在得克萨斯州政法具有空闲的建设资金，并且具有较强的建设、运营能力。但是，即使如此，网络运营不久，政府就发现这种模式并不像想象中那么简单，因此将网络转售给 EarthLink 公司，由后者进行商业运营。

#### 5.2.2.2 官管民营

(1) 模式介绍

官管民营的模式是指智慧城市系统由政府和企业共同投资，其中政府主导，拥有所有权，进行部分投资，然后通过招标等形式委托一家或多家专业的企业负责投资建设、运营、维护，对整个运营过程政府予以适当监督。

(2) 优劣势

其优势是比起独资建设政府降低了财政压力，而运营商运用其专业技术、运营经验等降低运营风险与难度；其劣势是共同投资，运营商运营时可能在使用网络资源上产生纠纷，同时运营商对运营系统的规划受政府限制，资源利用率可能有所降低。

(3) 盈利模式

政府给予运营商一定的补贴，然后将绝大部分服务以免费的形式提供给城市用户，一小部分以广告、增值服务等形式收取费用，用以盈利。

(4) 案例

2009 年 8 月，深圳市政府与广东电信、广东移动、广东联通共同举行战略合作协议签约仪式，共同出资全力建设"数字深圳"，提出了创新型城市建设、通信基础设施建设、TD 建设运营、电子政务提升、移动电子商务普及、企业信息化升级、数字深圳建设、深港合作、深莞惠通信一体化、服务大运会"十大工程"。

### 5.2.2.3 官办民营

（1）模式介绍

官办民营模式就是政府出资，委托运营商或机构利用其技术、市场、专业优势负责建设与运营的模式。

（2）优劣势

优势是政府对整个运营体系具有绝对控制权，运营商或机构对整个系统设计、产品建设有较大自主权，其中数据资源可以为企业所用，创造利益；但是政府财务压力巨大，后期维护中权责不明的问题也很突出。

（3）盈利来源

清楚地划分商业业务和公共服务的界限，特定信息（与公共服务相关）和特定地点（如机场等公共场所）等公共服务免费，政府购买服务；商业服务费用，通过广告等增值服务获得收入来源。

（4）案例

"新加坡智慧国2015"项目，采用政府为主导，各产业角色配合的模式。因为政府性质的特点决定了它并不擅长于商业运作项目，所以不可能事无巨细地深入到每个具体环节。新加坡政府为"智慧国2015"计划总共投资了40多亿新元，主要用于建立通信基础设施，仅在新一代全国宽带网络（NBN）项目上，新加坡政府的拨款总额就达到10亿新元，解决了通信基础设施建设所需的资金问题。同时新加坡政府将产业链划分为无源基础设施建筑商、有源设备运营商、零售服务提供商三个层面，放手各产业运营商负责建设、运营。综上所述，新加坡智慧城市建设平稳地进行，并且位列国际城市智慧化水平的前列。

### 5.2.2.4 联合建设

（1）模式介绍

联合建设运营模式是指由整个运营项目上涉及的产业企业（如运营商、

终端提供商、应用开发商等）的两家及以上联合建设、运营智慧城市项目的模式。

（2）优劣势

优势是各产业企业合作扬长避短，同时风险共担；劣势是不同企业的合作方式会影响后期权责分配，协调成本提升。

（3）盈利来源

与运营商独资模式一样，政府需要购买运营商在公共服务领域的服务支持，而其他城市用户则需自己支付使用服务的费用。

#### 5.2.2.5 联合公司化

（1）模式介绍

联合公司化运营与联合建设运营类似，是各产业企业联合成立一个公司及系列子公司，分别负责投资、建设、管理运营等。其特点是进行公司化管理，各产业企业按合同进行新公司的组建。

（2）优劣势

优势是联合提高了综合能力、专业化程度，利于产业运作；不足是提高了建设成本，同时协同成本高。

（3）盈利来源

政府补贴、政府购买公共服务费用及城市用户购买服务费用。

（4）案例

杭州一卡通。

## 5.3 基于 PPP 管理模式的智慧城市建设

根据住房和城乡建设部及科技部发布的最新名单，截至目前，我国智慧城市试点已接近 300 个。但智慧城市从提出以来就一直存在建设模式、资金投入、运营方式三大难点。由于政务、产业、民生这三大热点领域都需要一套庞大的系统和建设规模，因此对资金的需求量极为庞大。随着经济增速放缓、财政收入下降，地方政府已经无法独立承担此类项目的正常开展。探索 PPP（公私合营）模式，引入社会资本承担设计、建设、运营、维护基础设施的大部分工作，通过使用者付费和必要的政府付费获得投资回报，成为新时期智慧城市建设的必然选择。下面我们将对 PPP 模式进行介绍。

### 5.3.1 PPP 模式概述

#### 5.3.1.1 PPP 模式内涵

PPP（Public，Private，Partnership）模式是指政府与私人组织之间，为了合作建设城市基础设施项目，或是为了提供某种公共物品和服务，以特许权协议为基础，并通过签署合同来明确双方的权利和义务，最终使合作各方达到比预期单独行动更为有利的结果。

PPP 模式的内涵主要包括以下 4 个方面。

（1）PPP 模式是一种新型的项目融资与运营模式

项目 PPP 融资是以项目为主体的融资活动，是项目融资的一种实现形式，主要根据项目的预期收益、资产以及政府扶持措施的力度而不是项目投资人或发起人的资信来安排融资。项目经营的直接收益和通过政府扶持所转化的效益是偿还贷款的资金来源，项目公司的资产和政府给予的有限承诺是贷款的安全保障。

（2）PPP 融资模式可使社会资本更多地参与到项目中，以提高效率，降低风险

这种模式弥补了现行模式的缺陷。政府与民营企业以特许权协议为基础进行全程的合作，双方共同对项目运行的整个周期负责。PPP 模式使企

业在项目初期就可以参与到公共设施的可行性研究、设计等工作中。一方面，企业可以借助其先进的技术、管理经验提高项目研究的准确性与项目建设的效率；另一方面，参与到前期评估可以增加企业对项目的了解与控制，帮助企业在日后运营中规避风险，较好地保障国家与民营企业各方的利益。这对缩短项目建设周期、降低项目运作成本甚至资产负债率都有值得肯定的现实意义。

（3）PPP模式可以在一定程度上保证社会资本"有利可图"

私营部门的投资目标是寻求既能够还贷又有投资回报的项目，没有利益的项目是难以吸引民营企业的。智慧城市建设是个长期项目，在开始很长一段时间内，企业难以收获来自用户的利益，但是在PPP模式中，政府通过给予私营企业以政策扶持，如税收优惠、贷款担保，给予民营企业沿线土地优先开发权等，协助民营企业前期顺利运作，从而很好地调动民营资本投入到智慧城市的建设中。

（4）PPP模式可以有效降低政府建设初期的财务压力和投资风险，并提高基础设施的服务质量

在PPP模式中，政府部门财力问题，使得在很多情况下是民营企业负责对外融资。民营企业的融资能力更高，既可以获得更多的投资，又可以将一部分风险转移给民营企业，从而减轻政府的风险。同时，政府监督职责在PPP模式中得以发挥，并适度参与民营企业对智慧城市的建设运营，从而更好地为社会和公众提供服务，双方也可以形成互利的长期合作。

### 5.3.1.2 PPP模式优缺点

（1）PPP模式的优点

① 减缓政府部门财政压力与管理成本

智慧城市建设项目中很多是福利项目，项目周期长、耗资巨大，政府部门难以在短期内获得如此巨大的资金以及后续不断的运营资金，但是PPP模式可以通过借助企业及社会资本的力量缓解此处压力。

② 节约时间，提高工作效率

政府部门借助企业的专业技能、人力资源、管理经验等，缩短项目建设周期，使项目早日服务于公众；同时，其运用先进的管理方法提高管理、运作效率。

③ 提升基础设施建设和服务水平

在 PPP 模式下，政府的职责更专注在监督和约束上，这可以更好地约束企业项目建设水平及服务行为；企业的专业技术水平可以推动其更加努力地提高基础设施的建设和服务水平，从而获得更多的投资回报。

(2) PPP 模式的缺点

① 易产生纠纷，协调成本高

PPP 模式中涉及公共部门、项目承担商、咨询部门等组织，合作过程中不可避免地会在权责上出现分歧，并且 PPP 模式还没有完整的法律配套体系，缺乏足够的法律、法规支持，使得运作中许多依据无章可循。PPP 在利益分配、风险承担方面也容易产生很多纠纷，如果参与 PPP 项目的企业得不到有效约束，那么容易在项目设计、融资、运营、管理和维护等各阶段出现问题，发生公共产权纠纷。如果纠纷得不到调解，必然会影响项目进度甚至项目效果，所以需要更多的精力进行协调合作。

② 无参照，易出错

我国 PPP 模式正处于探索期，没有一个标准的应用程序作为参照，这使得新上手的 PPP 项目在实践操作过程中难免会走一些前人走过的弯路；并且，从已运行的项目来看，因没有操作方面的指导，有些操作程序较乱，操作不规范的情况也屡有发生。

③ 风险识别难，风险分担机制要求高

风险的识别需要大量的数据和资料，并需要对大量的信息资料进行系统的分析和研究，而收集的资料是有限的，难保不出错。同时，如果没有一个好的、平衡的风险分担机制，那么日后会导致项目成本的提高，并且会使合作的一方或各方都难以继续并发挥他们各自的潜力。

④ 投资人选择难度大

投资人的选择本身就是一件复杂、充满很大不确定性的工作，由于政府对投资人招商不熟悉，缺乏有效的投资人选择机制和经验，再加上政府普遍缺乏聘请顾问的意识，在引进投资人的过程中，往往对投资人的诚信、实力、资质、经验等方面考察不充分。如果政府一旦选择了这类不良的投资商，那么他们事后违约的风险也会逐渐加大。

## 5.3.2 PPP模式发展现状及发展空间

### 5.3.2.1 PPP项目发展现状

截至2015年10月底，根据不完全统计，各地推出的鼓励社会资本参与的项目已达1500个，总投资额超过2.7万亿元。项目涵盖市政公用设施、交通基础设施、能源、水利、教育、医疗卫生、文化、体育、养老养生等多个领域，可见，在政府层面这对PPP还是很积极的。

已签约PPP项目约70个，总投资金额超过3500亿元，其中轨道交通、污水处理、公路建设、园区类项目签约最多。从这两组数字来看，公布的和签约的项目，差异还是比较大的，签约落地的项目还不是太多。

### 5.3.2.2 PPP项目发展空间

2015年4月，财政部公布了《政府和社会资本合作项目财政承受能力论证指引》，里面规定每一年度的全部PPP项目需要从预算中安排的支出占一般公共预算支出比例应当不超过10%。我们大致测算一下，2016年，地方政府公共预算支出有14.6万亿，按照10%有1.46万亿可以作为PPP的财政补贴，考虑到PPP项目的商业设施也有收入，这1.46万亿每年可以撬动二三万亿的投资，所以说空间还是很大的。

## 5.3.3 PPP 运作方式分类

由于世界各国意识形态不同，且处于 PPP 发展的不同阶段，因此各国对同一操作的术语叫法不同，或者对同一个术语的理解也不尽相同。但是，通过比较众多 PPP 实践项目，PPP 大致可以分为外包、特许经营和私有化三大类，如图 5-19 所示。在具体的操作方法上，哪些常见的方式属于 PPP 模式呢？财政部文件里的 PPP 包括：委托运营（O&M）、管理合同（MC）、建设—运营—移交（BOT）、建设—拥有—运营（BOO）、转让—运营—移交（TOT）、改建—运营—移交（ROT）、建设—移交—运营（BTO）；而在发改委的文件里 PPP 包括 BOT、BOOT、BOO，BT 不在其列，可以推测，PPP 模式从政策意图上看，非常重视运营（Operate）。

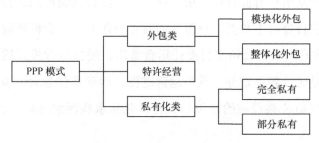

图 5-19　PPP 模式分类示意

### 5.3.3.1　外包类

外包类 PPP 项目包括模块化外包和整体化外包。

（1）模块化外包

模块化外包 PPP 项目一般是由政府投资，私人部门承包整个项目中的一项或几项职能，例如只负责工程建设，或者受政府之托代为管理维护设施或提供部分公共服务，并通过政府付费实现收益。在模块化外包类 PPP 项目中，

私人部门承担的风险相对较小。模块化外包模式适合于简单的辅助性工作或事务,这些事务既需要专业性又便于效果检查,最好可以通过公开竞标的方式进行外包,使政府方获得更优的合同条件;合同期通常在5年以下。对在营项目还可以采用管理竞争的方式让现有的公共机构与民营机构开展竞争。

其优点是政府拥有项目的所有权,并获益于民营方的专业技能,可以在降低政府的财政压力的同时保证更好的服务;但是对于公共服务性要求较高的外包项目,政府不得不加大监管力度,一旦民营部门毁约,那么再进行服务的成本则很大,项目实施转让他手,存在着削弱所有者控制的可能及降低了对公众需求变化反应力的可能。

(2)整体化外包

整体化外包模式常见的形式是委托运营(Operations & Maintenance,O&M)。

委托运营是指政府拥有资产所有权,但是将公共资产的运营维护委托给项目公司,项目公司不负责用户服务的政企合作方式。合同期限一般不超过8年,期间政府向项目公司支付委托运营费用。委托运营模式适合于物理外围及责任边界比较容易划分、重视运营过程、运营责任重大的项目。这种形式适用于大多数公共设施的建设和运营,包括水和污水处理厂、垃圾处理、体育场馆等。

O&M的优点是转移了项目的设计、建造及运营风险,政府可以专注于其核心监督职责;同时提高了建设效率、管理效益及项目运营与维护的质量;推动机构创新以提高资金的价值及收益。但同时政府对设施运营的控制权降低,要求政府按照合同进行更密切的监督;建设与规划要求可能出现冲突,需较长时间适应双方的合作沟通;民营企业在某些方面的融资能力不如政府;如运营者运营不利,公共部门需重新介入项目运营,增加了成本。

#### 5.3.3.2 特许经营类

特许经营项目需要企业参与部分或全部投资,企业通过特许经营权的方式获得项目经营权,根据项目的实际收益情况,公共部门可能会向特许经营公司收取一定的特许经营费或给予一定的补偿,项目的资产最终归公共部门保留,即合同结束后要求企业将项目的使用权或所有权移交给公共部门。常见的 PPP 特许经营模式包括 BOOT/BOT、TOT、ROT。

(1) 建设—(拥有)—运营—移交

建设—(拥有)—运营—移交 [Build—(own)—Operate—Transfer,BOOT/BOT] 是指政府以特许权的方式将公共资产项目委托给项目公司,双方签订合同,项目公司负责设计、融资、建造、运营、维护及提供服务,合同期满后,项目公司无偿地将项目移交给政府的运作方式。合同期限一般为 20～30 年。

BOOT/BOT 模式适合于有收费机制的新建设施,譬如水厂、污水处理厂等终端处理设施,是最为常见的公私合营的投融资模式。尽管如此,政府对 BOT 项目仍有特许协议下的监管权利和战略上的最终控制。

BOOT/BOT 的优点包括缓解政府的财政压力、降低投资风险;企业为盈利提高管理效率,进而增加项目运作效益;企业专业技能及先进管理促使很多政府目前无力推动的项目提前完工,满足社会与公众需求;同时这种模式带动了企业的发展,为公众提供了很多就业机会。其缺点主要包括程序复杂、合同文件繁多;投资额巨大、收益具有不确定性;特许权到期后,如果政府在运营及管理方面与企业差异较大,可能造成转交后项目停滞。

(2) 转让—运营—移交

转让—运营—移交(Transfer-Operate-Transfer,TOT)是指政府将公共资产的所有权有偿转让给项目公司,项目公司负责运营、维护和提供服务,合同期满后资产及其所有权转移给政府的项目运作方式。合同期一般为 20～30 年。

TOT 模式适合于大部分公共基础设施建设,尤其是有收费补偿机制的基础设施,政府部门希望通过经营权转让套现。在国内实践中,移交给民营机构的仅为经营权以及包含资产所有权的两种交易条件都出现过。前一种交易非常类似于政府一次性收回几十年设施租金,因此被称为POT(收购—运营—移交)可能更准确;若不为融资,可以采用LOT(租赁—运营—移交)的模式引入民营机构,政府仍可获定期租金收入。

其优点包括,如果与私人合作者的契约得到良好的履行的话,政府能够对标准和绩效进行一定的控制,而且不承担所有经营的成本;企业运作提高了建设、运营成本与效果。但是在当私人合作者破产或者经营绩效不佳的情况下,要替代其存在增加成本与难度等问题;公共部门的工作人员也可能因为暂时的民营化而失业,在民营化的过程中也可能出现其他问题。

(3)改建—运营—移交

改建—运营—移交(Rehabilitate-Operate-Transfer,ROT)是指政府在TOT模式的基础上,增加改扩建内容的项目运作方式,合同期限一般为20~30年。

ROT模式适合于大多数需要扩建/改建的公共设施和公共娱乐设施,若设计得好,可以是一种非常贴近项目实际情况的投融资模式。

其优点包括降低政府的融资成本,提高政府采购的弹性化;解决了政府缺乏扩建工程资金的问题,同时又将原有设施的运营管理结合起来,能够利用民营部门的经验,提高建设速度和效率。但是由于以后设施的更新不包含在契约中,这便为以后设施的建设和运营带来困难;变更契约可能增加成本和费用,因此政府需要比较复杂的契约管理程序。

(4)建设—移交—运营

建设—移交—运营(Build-Transfer-Operate,BTO)是指民营机构为基础设施融资并负责其建设,完工后即将设施所有权(注意实体资产仍由民营机构占有)移交给政府方;随后政府方再授予该民营机构长期经营该设施的权利,使其通过向用户收费,收回投资并获得合理回报。

BTO模式适合于有收费权的新建设施,譬如水厂、污水处理厂等终端处理设施,政府希望在运营期内保持对设施的所有权控制。事实上,国内操作的相当部分名为BOT的项目,若严格从合同条件界定,更接近于BTO模式,因为其特许协议中规定政府对项目资产和土地使用等拥有所有权。

其优点包括，政府能够借助民企的建设、运营经验降低成本；同时政府有较大的监督权，如果民企对服务水准和绩效达不到政府标准，政府可以终止契约；与 BOT 模式相比，这种模式可以避免法律、管制和民事责任问题。但是，如果出现破产和绩效的欺诈问题，政府要替代企业合作者或者终止协议，会遇到一些困难和麻烦；由于民间资本的逐利性较强，政府的购买成本也相对较高，因此，对于解决财政困难所发挥的作用也是有限的。

### 5.3.3.3 私有化类

私有 PPP 项目则需要私人部门负责项目的投资，在政府的监管下，通过向用户收费收回投资，实现利润。其包括完全私有化和部分私有化两类。私有化类 PPP 项目的所有权永久归私人拥有，并且不具备有限追索的特性，因此私人部门在这类 PPP 项目中承担的风险最大。

（1）完全私有化

建设—拥有—运营（Build-Own-Operate，BOO）模式与 BOT 模式类似，但是项目公司在合作期满后不需要将项目移交给政府，而是由项目公司拥有资产所有权，但是在项目合同中会注明保证公益性的约束条款。

BOO 模式适合于收益不高、运营成本相对较大、项目规模相对较小、对公共利益影响也不大、需要给投资人提供更多财务激励的新建项目。与此同时，要求政府对这些设施的运营服务质量易于监管，且监管成本合理、稳妥可靠。

其优点包括政府不参与融投资，降低投资风险，同时政府通过征收所得税和财产税增加收入；企业可以从政府获得更多的政策支持；企业具有公共设施建设的自主权，受政府管制较小。但是 BOO 模式依旧存在很多问题，比如企业可能不愿建设或者经营具有公共利益性质的设施或者服务；政府缺乏有效的管制服务价格的机制；企业项目缺乏竞争，所以政府有必要对经营活动制定必要的法规和规则。

（2）部分私有化

管理合同（Management Contract，MC）是指政府保留资产所有权，通过签订管理合同将公共资产的运营、维护和用户服务授权给项目公司负责运作的方式。合同期限一般不超过3年，期间政府向项目公司支付管理费用。管理合同是转让—运营—移交（TOT）模式的过渡方式，适用于政府需要保持一定控制的项目。

其优点是双方都有得到和增加收入的机会，设施建设和经营的效率也能够得到提高。但是政府可能事实上丧失设施的实际控制权；存在着评估资产价值的困难。

目前PPP模式已经不新鲜，在很多智慧城市项目中，政府市政建设中引进社会资本的常用模式见表5-1。

表5-1　PPP模式中引入社会资本方式

| 项目 | 新建 | 在建 | 已建 |
| --- | --- | --- | --- |
| 轨道交通 | 管理合同（MC） | 股权融资或股权融资+O&M | 融资租赁、资产证券化、股权转让 |
| 综合交通枢纽 | 交通枢纽和经营性开发项目一体化捆绑建设 | | |
| 污水处理 | 建设—经营—移交（BOT）模式 | 委托运营或移交—经营—移交（TOT） | 委托运营或移交—经营—移交（TOT） |
| 固废处置 | 公共私营合作制（PPP）、股权合作等 | 移交—经营—移交（TOT）模式 | 移交—经营—移交（TOT）模式 |
| 镇域供热 | 建设—经营—移交（BOT） | | |

### 5.3.4　PPP项目适用性

特定项目是否适用PPP模式通常可从以下几个维度来研判。

#### 5.3.4.1　私有化类大部分公共产品或公共服务领域项目

具体包括基础设施类（如市政道路、高速公路、电厂）、市政公用类（如自来水厂及配套管网、固废处理和收运设施）以及社会事业类（如文化体育场馆、医疗和教育服务设施）。公共产品或公共服务设施具有自然垄断的经济属性,这决定了在特定服务范围内由一家主体统一负责项目的运营是最有效率的。作为公共利益的代表和直接责任主体,政府或其下属单位责无旁贷地承担起公共产品和公共服务的提供任务。随着城镇化的不断发展,用户对公用产品和服务需求的数量和质量要求越来越高,政府直接提供越来越力不从心(面临资金、技术、管理上的瓶颈),经尝试,发现合格的私人主体也能承担公共产品和公共服务的提供任务,而且更有效率。于是,公共部门与私人部门通过合作提供公共产品和服务渐成趋势,这大致就是PPP模式的由来。

#### 5.3.4.2 合作期限相对较长

这个期限最好包括从项目前期准备到后期运营的全过程,其中运营期在3年以上。通过项目全过程的参与,社会投资人可以增加其对项目的全面了解,更有效地识别和管控项目风险;对于政府而言,则能更好地掌握建设运营成本信息,主动采取针对性的监管措施,在保障项目公司获得基本收益的同时又不至于获取暴利。对于短期(不含建设期,3年以内)一次性完成的公共服务项目,不宜采取PPP方式,如果需要,可以改用政府采购服务的方式实施,并签订短期服务合同。

#### 5.3.4.3 项目具有一定的专业要求,且存在足够多的潜在社会合作主体

PPP项目的基本特征之一就是,要通过政府与社会资本合作取得"1+1>2"的效果,双方要优势互补,其中社会资本的相对优势主要体现在资本、技术、管理等方面,而且往往体现为综合优势。如果项目内容属于简单辅助性内容(如环卫保洁),或者虽然专业性较强但内容单一且已相对标准化(如工程设计或工程建设),则直接采取传统方式或通过政府采购方式实施可能更有效率。另外,潜在竞争者数量足够多才可能给社会合作主体带来必要的竞争压力,否则限制激励约束机制作用的发挥,会使政府在合作中处于相对被动的地位。

#### 5.3.4.4 综合评价 PPP 项目的交易成本

PPP 项目往往交易结构复杂、实施周期较长，在项目前期准备及实施过程中将会耗费大量的人力、财力等资源，交易成本不容忽视。目前，国际上流行的评价方法是物有所值论证（Value for Money，VFM），具体评价过程包括定性评价、定量评价和补充评价，评价结果主要包括以 PPP 模式实施的成本较政府以传统方式实施的成本是否更经济，在各个备选 PPP 实施方案中哪个是成本最低的。目前，我国在 PPP 项目的筛选和评价上，更多的还是依赖于定性的分析判断，缺少类似的定量或系统性分析评价。

#### 5.3.4.5 PPP 项目不限于收费机制完善的项目

实际上，PPP 项目的收费机制包括三类，如图 5-20 所示：一是完全依靠项目用户付费（如供水、燃气项目）；二是完全由政府支付服务费用（如市政道路、排水管网、生态环境治理项目）；三是部分来自项目用户付费并由政府提供缺口补贴，以保障项目的财务可行性（如污水处理项目、垃圾处理项目）。

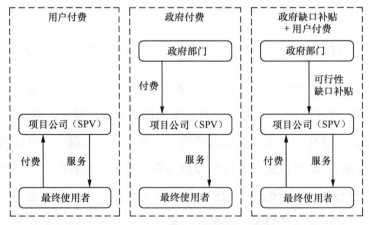

图 5-20 PPP 项目收费机制分类

前文所述的优先在已建立用户收费机制的领域推行 PPP，只是现阶段政府在债务压力较大的情势下所采取的次优选择，并不意味着只有收费机制完善的公共项目才适用 PPP 模式。相反，从提高公共服务效率的角度来看，那些收费机制建设比较困难或滞后的领域（因此对社会专业主体缺乏吸引力），是最需要推行 PPP 模式的（也更具试点示范效应），比如污水收集管网设施、市政道路等，在传统 BT 或 EPC 模式下，重建设、轻运营易导致设施建成后不能发挥应有的功效，甚至出现豆腐渣工程。而在 PPP 模式下，项目主体需要统筹考虑项目全寿命周期的成本，因此有效避免了前后脱节的问题，从而保障项目设施的可用性和运行绩效达标。

从融资的角度来看，收费机制不完善的项目也可以应用 PPP 模式，虽不能从总量上降低政府支出（算上回报还有所增加），但通过分期支付的方式可以平滑当期的财政支出压力。

## 5.3.5 PPP 模式存在的风险

### 5.3.5.1 政策风险

很多关于 PPP 失败的案例，矛头齐刷刷地指向了政府。案例很多，青岛威立雅污水处理项目中，当地政府在签约后又单方面要求重新谈判以降低承诺价格；长春汇津污水处理厂项目，政府废止了最初制定的管理办法，导致实施机构拖欠合作公司污水处理费，最终导致项目失败。政府缺乏经验，违反财政补贴机制和项目唯一性的承诺，往往造成社会资本无法收回投资本金或取得合理的利润，这就是政策风险。

其实，企业在和政府签订合同后，故意拖延工期，建设质量不达标，或者签约后又要求提高投资预算的，也不在少数，所以需要更客观地看待问题。

#### 5.3.5.2 项目建设风险

项目建设不能按时或者按照质量要求完成施工，金融机构在对项目方融资时可以将建设施工方的资质要求列入合同条款，要求选择具有较强实力的工程施工企业参与项目建设，通过合同约定或者购买保险，由建设公司或者保险公司承担项目建设延期、不合格等引起的损失。

#### 5.3.5.3 项目经营管理风险

在实际运营过程中，由于基础设施项目的经营状况或服务提供过程中受各种因素的影响，项目盈利能力往往达不到预期水平而造成较大的运营风险。

金融机构要进行详尽的尽职调查，寻找具有良好口碑的合作方，对项目的运营及未来现金流收入进行财务分析和测算，确保可行性缺口补助和政府付费项目纳入政府的全口径预算管理。

#### 5.3.5.4 增信措施落实风险

PPP 项目融资中可能涉及房地产抵押、信用保证、股权质押、应收账款质押等多种增信方式，实际操作中可能存在增信方式不能落实的风险。尤其对于非上市公司，股权质押和基础设施收益权应收账款质押等一些需要政府登记的增信方式，各地在执行中的口径尺度会有很大差异，因此在融资协议签订之前就要对不同地区的抵押登记政策进行了解。

#### 5.3.5.5 财政可承受能力风险

根据最新颁布的《政府和社会资本合作项目财政承受能力论证指引》，地方政府每一年度全部 PPP 项目需要从预算中安排的支出，占一般公共预算支出比例应当不超过 10%。金融机构需要密切关注特定地区的财政收入状况、PPP 项目目录，并密切跟踪各级财政部门（或 PPP 中心）定期公布的项目运营情况，确保所参与项目涉及的地区政府整体 PPP 支出控制在一定比率之内。

### 5.3.5.6 信用风险、财务风险

对于这两个风险，应对方式是加强尽调，要求增信。

### 5.3.5.7 国有股权转让的法律风险

在部分项目中，金融企业以向项目公司增资扩股或购买原有股权的方式取得项目公司的股权，合同约定期限到期时，国有股东或国有资产监督管理部门通过回购方式受让项目公司股权。根据相关法律，相关国有股的转让需要通过资产评估，并在产权交易场所公开进行交易，因此该类操作具有一定的法律风险。金融企业在项目开始之初就必须考虑国有股权转让的程序问题。

## 5.3.6 PPP 成功的关键要素

PPP 成功的关键点，简单讲包括四个层面：合同计划层面，明确各自权利义务关系；机构组织层面，明确所有利益相关者的职责和关系；管理领导层面，通过股权结构，强化、明确管理模式，创新领导职能；考核控制层面，衡量实际绩效，进行绩效对标，及时管理和纠正。其中最关键的点在于项目层面的把握，具体的把握点如下。

（1）适用性的把握

预期可以获取 VFM，在确保投资业务的长期稳定性以及项目的可持续经营性的同时，能从节约的投资成本中获取预期的 VFM；因此，PPP 较多地适合运用在耗资较大、建设周期较长的大型基础设施和大的公益性项目上。

（2）完备的项目投融资方案

制定出一个让各投融资方都接受的、合理的项目投融资方案，这样才能

保证在金融市场融到足够的资金运作项目。同时，一个完备的投融资方案可以平衡好公共和私人各方的利益，确保公共部门和民营部门日后能从做大的馅饼中得到更多的回报。

（3）政府部门的有力支持

PPP 模式是提供公共设施或服务的一种比较有效的方式，但并不是对政府有效治理和决策的替代。在任何情况下，政府均应从保护和促进公共利益的立场出发，负责项目的总体策划，组织招标，理顺各参与机构之间的权限和关系，降低项目总体风险等。

（4）健全的法律法规制度

PPP 项目的运作需要在法律层面上，对政府部门与企业部门在项目中需要承担的责任、义务和风险进行明确界定，保护双方利益。在 PPP 模式下，项目设计、融资、运营、管理和维护等各个阶段都可以采纳公共民营合作，通过完善的法律法规对参与双方进行有效约束，最大限度地发挥优势和弥补不足。

（5）专业化机构和人才的支持

PPP 模式的运作广泛采用项目特许经营权的方式，进行结构融资，这需要比较复杂的法律、金融和财务等方面的专业知识。一方面，要求政策制定参与方制定规范化、标准化的 PPP 交易流程，对项目的运作提供技术指导和相关政策支持；另一方面，需要专业化的中介机构提供具体专业化的服务。

## 5.3.7　PPP 模式实施要点

对于以 PPP 模式实施的项目，在操作中需注意以下要点。

（1）交易结构设计

所谓交易结构，是对项目的投资回报机制、各主体之间权责和风险分配、监管机制安排的综合反映。图 5-21 所示的就是一个典型的污水 BOT 项目的交易结构图，通过该图，我们大致就可以了解一个污水 BOT 项目的实施过程，以及各个阶段相关主体所扮演的角色及相互关系。针对特定项目，在设计交易结构时需要综合考虑项目投资规模、项目内容范围、计划实施进度、收费机制、资产权属、政府监管体系等，因此一般很难将一个项目的交易结构直接套用到另一个项目上。

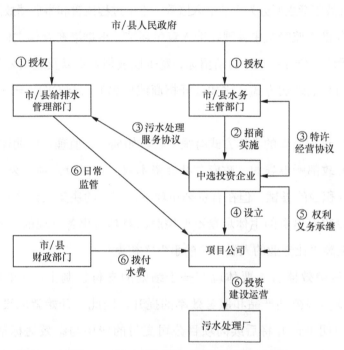

**图 5-21　污水处理厂 BOT 项目交易结构示意**

（2）基本收益保障和风险的最优分配

对于社会投资人而言，首先，其要保证项目财务的可持续性。为此，相关人员需要通过对项目现金流进行预测和测算分析，以判断项目自身的收入能否覆盖所有的支出并实现基本的回报要求，否则就需要通过政府补贴或捆绑其他权益的方式使项目现金流达到预期水平。其次，其需要按照"最优风险分配原则"对项目风险在各相关主体间进行分配，最理想的结果是项目公司能获得可预期的相对稳定的现金流。所谓最优风险分配原则是指，由

最有能力控制该风险的一方承担该风险,同时确保该方享有与所担风险相对等的收益。合理的风险分担,对于专业的社会投资人而言,其实就是一套行之有效的激励机制,通过发挥其专业优势对风险进行有效管控,从而获得与风险水平相匹配的收益。

（3）政府有效监管

政府有效监管主要分为事前准入监管、事中过程监管和事后绩效监管三类。

① 事前准入监管集中体现在准入竞争环节。根据潜在合作主体的数量等因素,灵活选择公开招标、邀请招标、竞争性谈判方式以及遵循公开、公平、公正原则的其他采购方式（比如公开招商或比选）,谨慎采取一对一谈判方式。

② 事中过程监管的具体方式有很多种,如抽查、监理、中期评估等,不再赘述。财政部所倡导的、政府与社会资本双方合资设立项目公司的做法,不失为一种积极的尝试。但在合资公司项下,双方的决策权划分是关键,笔者以为代表政府出资的主体尽量不要控股,对具体事务管理的介入要适度,否则可能偏离"让专业的人做专业的事"之初衷。

③ 事后绩效监管主要体现在基于绩效的支付机制上。PPP 项目的最终目的是要实现公共产品和服务效率的提升,因此一开始就应设置详细的项目产出说明书,并将后续向项目公司支付的费用与绩效达标情况挂钩,从而保障项目的可实施性和质量。除了设置罚则,也可以设置适度的奖励机制。

（4）良好的制度环境

以上几点基本着眼于项目层面,但其实制度环境则是 PPP 项目持续健康发展的土壤,虽然构建的过程会相对漫长。这些制度保障条件包括但不限于,PPP 法律体系的完善,PPP 管理机构的设立和能力建设,与法律配套的条例、指南、示范合同的制定,政府契约精神和诚信体系的构建,建立与 PPP 项目全生命周期相适应的财政预算管理体制等。

## 5.3.8 PPP 法制体系建设遵循四原则

在构建 PPP 法律和制度体系时,应至少遵循以下四个原则。

(1) 强调物有所值 (Value for Money)

一个基础设施项目是否要采用 PPP 模式,一定要进行评估比较,保证应用 PPP 模式后比传统的政府投资模式有改进,包括风险的转移、服务水平和效率的提高等,既要保证投资者可以获得一定利润以吸引社会资本,又要保障政府和社会公众的利益,以承担社会责任;既要考虑基础设施对经济发展和生活水平提高的重要性,又要考虑项目的可持续性(如果项目自身收益不足,需要政府的资金支持或补贴,要考虑政府的财政实力)。千万不要为了应用 PPP 模式而应用 PPP 模式,千万不要为了建设基础设施而不考虑可持续性。

(2) 重视政企合作

PPP 项目涉及两大核心参与主体,分别是政府(一般是地方政府)和企业(可以是国企、民企或外企)。政府应对公众负责,企业则应分担原本由地方政府承担的部分或全部责任与风险。双方在合作过程中各尽所能,各取所需,实现既充分发挥企业的技术和管理经验,提高效率,又有效控制政府的财政风险,有力保障社会公众的利益。因此,良好的合作关系是 PPP 模式应用成功的首要前提。为了确保合作关系的顺利,在进行法律和制度体系设计时,应特别重视政企的合作关系,以及要对各类企业一视同仁,不因企业性质而歧视或优惠,建立一元化市场。

(3) 重视顶层和框架设计

PPP 项目的特许经营协议/合同长达数年、十几年甚至数十年,地方政府可能换届多次,因此,只有从国家层面完善法律和制度体系才能给企业,特别是私营企业更强的信心,更好地保证企业的权益,才能更有效地吸引社会投资参与。前面所述我国应用 PPP 中所出现的一些问题，特别是出现一些法律障碍（如现有法律的模糊或空缺地带以及不同法规政策之间的冲突）和一些地方政府不守合同或扯皮的现象，其原因之一就是缺乏国家层面的 PPP 法律和制度体系。另外，由于 PPP 模式多运用于大型项目，建设周期长，使用时间久，涉及的利益主体多元化，没有国家层面的法律和制度，很容易出现各种纠纷且难以有效解决。

（4）强调动态公平分担风险

成功应用 PPP 模式的基础工作是正确识别和动态公平分担项目风险（含分享收益），并通过特许权协议/合同落实，各个风险应由具有最佳管控能力和管控成本最低的参与方分别承担。对政府而言，应用 PPP 模式并不是把所有风险都转移给企业，要考虑效率，因为企业对其没有管控能力的风险会要高价，甚至不参与项目；对企业而言，也不能把承担更多风险作为获得更多回报的机会，要考虑自身风险管控力与承受力。而且，因为特许期长，让政府或企业任何一方独立去预测和承担特许期内的风险是不现实的，必须建立重新谈判触发机制和谈判原则，或建立动态调节（如调整价格或特许期等）机制，以实现项目参与各方长期的动态公平。因此，在进行 PPP 法律和制度体系设计时，要明确政府和企业各自应承担的责任和义务，既要充分保障企业的合法权益，增强投资者的长期信心，也要提高效率，保障政府和社会公众的利益。

# 03

## 第三篇
## 案 例 篇

第六章　智慧城市解决方案

# 第六章　智慧城市解决方案

"智慧城市"是城市发展进程的又一里程碑式战略，其发展无疑会带动整个社会更上一层。也因此，日本、韩国、美国、瑞典、新加坡等国家以及中国台湾地区纷纷投入智慧城市建设中。而近年来发展势头正盛的中国当然不会错过这一城市发展的契机。

智慧城市的发展也成为企业发展的新平台，许多企业纷纷试水智慧城市建设。然而，中国地大物博，每个省份、每个城市有其独特的气质和特点，所以，智慧城市的建设是在总体"母版"的基础上创造个性化"子版"的过程，同样的智慧目标，不同的智慧模式。因此，智慧城市建设对投身建设企业的要求颇高，其综合能力、资金雄厚度、经验丰富度、管理水平、辐射规模等都在考虑范围中。

纵观中国智慧城市建设项目，中兴网信无疑走在前列，其智慧脚步遍及古巴、巴西、英国、重庆、宁波、天津、秦皇岛、济宁、宁夏等地，积攒了一定经验，在本章借助中兴的智慧案例向大家介绍智慧城市常见的PPP模式、BOO模式和BOT模式。

# 第六章 智慧城市解决方案

## 6.1 中兴网信公司概况

深圳中兴网信科技有限公司（简称中兴网信）于 2009 年成立于深圳，是由中国上市通信设备制造商和领先的通信解决方案提供商——中兴通讯股份有限公司（SZ：000063，HK：0763）投资控股的软件企业。其前身是中兴通讯 ICT 产品线，主营业务是根据政府、企业用户的信息服务需求，提供可运营的信息化解决方案和产品，是新型信息化解决方案提供商。

其产品包括统一通信产品、数据中心产品、安全产品、企业应用产品、教育产品、医疗产品等九大产品系列，如中兴智慧学习运用领先的云技术和模块化设计的思想，立足学习发展理念和技术前沿，提供基于包括平台、技术、咨询、课程、运营的整套方案，为企业、机构、院校员工及师生的自主学习和社区学习、组织学习、知识管理、文化建设提供全面的解决方案。

"诚信是经营之基石，创新是发展之源泉，共赢是奋斗之目标。"中兴网信的企业文化秉承"诚信、创新、共赢"的核心价值观，即"诚信经营、创新发展、共赢未来"。公司的愿景是数据驱动智慧产业，以科技创新为手段，数据为驱动的差异化价值定位。使命是让生活更智慧，以推动智慧产业发展为己任，服务社会、回报社会，以"美好生活和高效管理"为最终目标，建设世界领先的"互联网+"平台和数据运营体系，以用户为中心，以诚信凝聚人心，以信誉树立品牌，以客户信赖赢得市场，成为客户值得信赖的智慧产业建设和服务的伙伴。

目前，中兴网信智慧城市解决方案已经在湖南衡阳市、河北秦皇岛市、天津武清区、湖北黄冈市、浙江宁波市、重庆合川市、江苏南通市、广东佛山和中山市、山西运城市、广西梧州市、山东济宁市、河南洛阳市等国内多个城市得到广泛的应用，内容涵盖智慧交通、平安城市、智能城管、智慧医疗、智慧旅游、智慧园区等诸多行业领域，可为客户量身打造基于先进技术和合适的解决方案，切实帮助客户真正解决问题，提高效率。

## 6.2 智慧城市方案简介

### 6.2.1 前言

国家明确指出要推动"信息化和工业化深度融合"，要形成"工业化和城镇化良性互动"，要促进工业化、信息化、城镇化、农业现代化同步发展。这既是提高经济效率的必由之路，也是提高经济和城市核心竞争力的重要手段。城市智慧化已成为继工业化、信息化、城镇化之后的"第四次浪潮"。目前，从国际智慧城市建设进度来看，韩国、日本先后推出u-Korea、u-Japan的国家战略规划，新加坡提出了2015年建成"智慧国"计划，中国台湾地区提出了建设"智慧台湾"的发展战略。从国内智慧城市建设进度来看，截至2012年年底，我国47个副省级城市以及省会城市以上的地区，有28家提出了智慧城市的发展战略，全国已经有182个城市提出在"十二五"期间将智慧城市作为加快经济发展转型的战略导向，在建智慧城市已经达到69个。

2010年，IBM正式提出了"智慧的城市"愿景，从技术发展的视角，智慧城市建设要求通过以移动技术为代表的物联网、云计算、大数据等新一代信息技术应用，充分运用信息和通信技术手段感测、分析、整合城市运行核心系统的各项关键信息，从而对包括民生、环保、公共安全、城市服务、工商业活动在内的各种需求做出智能的响应，坚持以人为本，实现经济、社会、环境的全面可持续发展，为人类创造更美好的城市生活。在智慧城市建设过程中，中兴网信把人、自然和社会、政府作为一个统一和谐的整体，从城市管理、民生服务和产业推动这三个维度进行统筹考虑。

## 6.2.2 智慧城市方案综述

在智慧城市建设进程中,"智慧"主要体现在4个方面。

(1)通过信息化顶层设计,梳理、归类相关内容,结合城市规划,进行集约化、系统化设计,全局规划城市信息化。

(2)通过城市运营中心实现城市大脑功能,实现资源集约,打通部门壁垒,实现信息和数据的共享和流动,对各类相关数据和信息进行聚类、关联、深入挖掘、多维度融合,服务于城市运行的相关参与者。

(3)通过行业信息化方案,加工利用所获取的信息,影响城市运行相关参与者的意识和活动,促进城市运行要素与参与者的和谐高效运行,形成闭环控制,达成城市运行最佳状态。

(4)通过专业化的运营,在保障政府数据安全的前提下,通过分析和开放,服务于企业和市民,并通过数据运营实现增值,实现信息惠民。

具体来说,中兴网信智慧城市解决方案将通过以下几大应用体系帮助政府实行对城市的方便、快捷、准确地管理,服务于企业和市民,实现信息惠民,并实现城市的可持续发展。

- 咨询规划:在"智绘城市,美丽中国"的总体愿景下以及当前的城市发展基础之上,依托基于创新发展驱动的规划设计理论和 ICT 核心能力,基于"四规合一"的智慧城市顶层设计理念,立足城市现状,突出城市特色,从战略管理、空间建设、经济发展和技术保障4个维度出发进行总体规划及设计,统筹优化资源配置,协调经济、社会、资源、环境、民生等多领域发展,保障智慧城市健康和可持续发展。
- 基础设施:通过电子政务网络、无线政务专网、云 Wi-Fi 网络构建城市基础高速有线、无线接入,服务政务办公、移动管理、市民接入,通过城市级的大数据中心集约资源、按需分配,减少重复投资,并通过数据中心实现数据汇聚和共享。

- 城市运营中心：通过数据交换共享平台、城市基础数据库、大数据分析平台、能力支撑平台、信息服务门户、运营管理门户打破部门数据壁垒，汇聚城市基础、准确、全面、权威的数据，通过数据分析和挖掘，发现数据价值服务于政府和市民，以信息门户和市民 APP 搭建政府和市民沟通的桥梁，让市民参与城市管理和建设，实现信息惠民；通过运营管理门户实现城市运行状态的统一试图，全面掌握城市动态，支撑管理决策，并实现后续的数据运营。

- 行业方案：通过各专项行业应用，服务于专业部门并统一接入城市运营中心，实现业务流程互联互通，资源共享，统一分析和决策。

- 维稳定：通过应急指挥、平安城市、数字城管、智慧政务等子系统的应用，城市管理者要对城市经济运行数据、治安和警力情况做到心中有数；能根据基础信息，提前规划和部署相关资源，从而在面临极端气候灾害、突发公共事件和特大自然灾害时高效应对，维护城市安全和稳定。

- 保民生：通过智慧教育、智慧医疗、智慧交通、智慧社区、市民卡等子系统的应用，将能全面提升民众的生活体验，让民众安居乐业。

- 促发展：通过智慧旅游、智慧园区、智慧物流、智慧环保、企业互联促进城市资源的合理分配，促进城市经济发展向信息产业的转型，催生和带动新的智慧城市产业链，保证城市经济的可持续发展。

- 信息安全：智慧城市信息安全保障体系，重点是建设"一个中心，三个能力"，即以智慧城市信息安全管理中心为核心，构建技术防御能力、安全管理能力及安全运维能力，全面覆盖物理层风险、感知终端的风险、网络传输的风险、数据风险、应用风险以及管理运维的风险，保障智慧城市的信息安全。

- 融资运营：利用中兴通讯融资平台，与地方政府以 PPP 模式合资成立智慧城市项目公司,统筹智慧城市的建设和专业运营,实现政府购买服务、经济结构转型、城市持续发展,并实现数据运营。

## 6.2.3 中兴网信智慧城市方案整体构架

中兴网信对于智慧城市建设的理念是"智慧城市的核心是借助信息技术,把已有的各种生产要素优化组合,以更加精细和动态的方式管理生产和生活,形成技术集成、综合应用、高端发展的集约、智能、绿色、低碳的城市",即智慧城市具有信息(Information)、智能(Intelligent)、创新(Innovation)、市民与城市互动(I with City)的"4I"特征,如图 6-1 所示。

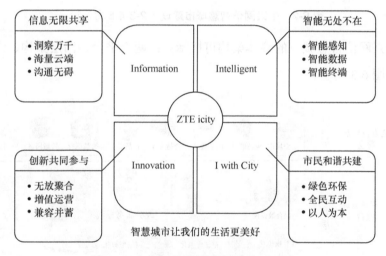

图 6-1 中兴网信智慧城市的"4I"特征

中兴网信在智慧城市 V2.0 时代提出了智慧城市建设 1-2-3-4-5 方法论,如图 6-2 所示。成功的智慧城市建设,必须要遵从一个统一规划(广义智慧城市顶层设计规划)、基于两大核心平台(共享服务云平台、大数据服务平台)、确保三类措施保障(商业模式保障、协同制度保障、信息安全保障)、围绕四个实施重点(协同共享、惠及民生、产业带动、数据运营)、最终实现五个智慧体验(基础设施云端化、社会治理精细化、城市生活便捷化、政务服务透明化、产业发展智能化)。

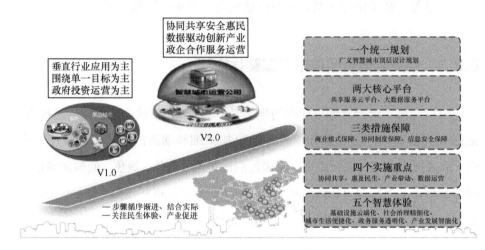

图 6-2 中兴网信智慧城市建设 1-2-3-4-5 方法论

中兴网信智慧城市的整体架构可概括为:两个平台、四层架构、六大体系,如图 6-3 所示。

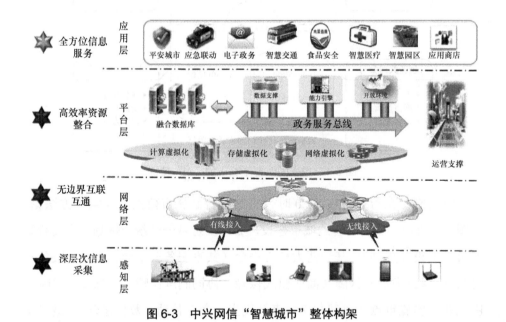

图 6-3 中兴网信"智慧城市"整体构架

#### 6.2.3.1 两大平台

中兴网信的两大核心平台是指城市数据中心和应用开发平台。

**城市数据中心** 作为城市的大脑，其重要性不言而喻。它采用最新的共享服务云计算平台架构搭建城市数据中心，将海量的计算任务分布在由大量计算机构成的资源池上，使各种应用系统能按需获取计算力、存储空间和各种服务；消除地域的限制，实现资源共享和调度，降低了总所有成本（TCO），增强运维能力，提高信息安全管控能力，用户直接通过互联网来获取相应服务，就像水、电一样，打开阀门，即开即用，按照需要、随时随地把服务提供给用户，用户获取服务更加便捷。如中兴网信建设的教育资源管理共享云平台，利用云计算技术，为各级、各类学校和教育行政部门提供教育管理基础数据和业务管理服务，为公众提供公共教育信息和教育管理信息服务，为学生、教师、企业等提供学习、交流的"教、学、研"一体化资源服务平台，实现教育资源的全面共享，满足不同用户个性化需求。典型案例是黄冈市联合中兴网信打造的"湖北黄冈教育谷"，以教育资源管理共享云平台为基础，搭建了个人专属学习空间，并开发了大量的在线培训课程资源，建立了统一规范的黄冈智慧教育标准体系和健全的黄冈智慧教育服务保证体系，提高教学效率并激发学生学习的主动性，实现了黄冈市优质教育资源的共享。

**应用开发平台** 在当今社会海量信息数据的现状下，大数据这一新一代信息技术应运而生。应用开发平台是基于云计算技术，具备能力融合、接入灵活、开发简单、管理规范、部署高效等特性的开放架构，平台要具有灵活的可扩展性，同时具备定制开发和第三方集成能力。比如目前各部门有些软件基于Windows，有些基于Linux，有些是基于Sun，有些基于IBM等，后期扩容只能各自扩容，无法实现资源共享，造成投资浪费，有了应用开发平台后，底层可屏蔽各子业务系统的硬件差异，实现软硬件资源共享，上层可为各部门子业务系统提供统一接口，实现各部门子系统的统一接入及对接，而且基于统一接口，增加新的应用开发简单、接入灵活。

#### 6.2.3.2 四层构架

智慧城市的核心内涵是利用信息通信技术,使得城市的基础设施(譬如公路、桥梁、园区等)、有限的资源(土地、矿藏、人才等)能够得到更加有效、合理的利用,使得城市管理能够上升到一个跨区域、跨行业的整体城市视角的高度,从而提高城市居民的民生水平,创造更健康的经济产业结构,促进城市的可持续发展。智慧城市建设的理念可以用一种拟人化的方式映射为包含四个层次的构架。

第一层是架构体系的首要环节——**感知层**,为智慧城市的运行提供信息采集、处理等基础功能,是决定智慧城市建设成败的关键环节,主要由遍布城市各个角落的终端设备组成,比如摄像头、传感器、信号指示灯等,用于收集城市海量的信息,实现对城市中人及物各方面信息的全面感知,就如同遍布人体的血管,收集全身的代谢物质。

第二层是架构体系的中间环节——**网络层**,主要由城市的各种基础网络如互联网、物联网、通信网组成,传递和存储城市的各类信息,如同遍布人体的神经系统,周围神经系统将感觉传递给中枢神经系统。按照智慧城市的特征与发展目标,网络层具有泛在化的能力,通过构建无处不在的网络,为智慧城市运营提供随时随地的服务,支撑智慧城市的高效运行。

第三层是**平台层**,负责分析处理感知层和网络层收集到的海量信息,并做出行动指示,就如同人体的大脑,是人体的最高指挥中心,掌控人身体的各个器官做出反应。智慧城市建设中的平台层部署在云计算中心,通过数据共享服务平台整合各类业务系统信息,支撑现有业务的对接、迁移,以及新业务的快速落地实现。

第四层是**行为层**,是智慧城市建设与运营的核心,对应城市建设中的各类应用系统,主要进行数据处理、信息集成、服务发现及服务呈现等功能,它是智慧城市所必须实现的城市功能保障,主要是维护城市安定、保障民生、促进经济增长,相当于人体的四肢,接收大脑下发的行动指令,做出相应的行为。

在智慧城市的整体架构中，各层间消除了"自立为营""数据孤岛"等问题，紧密结合，互相协作，递进支撑，共同构成了智慧的架构体系，实现数据信息的上传下达、无缝对接，各层内部在单领域视角中可作为封闭系统使用，同时在城市整体视角中，也可作为数据和服务的提供者，被其他业务系统调用。

### 6.2.3.3 六大体系

智慧城市建设方面的应用主要体现在基础设施、资源、城市管理、经济、民生和安全六大体系，即基于两个平台之上，提供服务于六大体系的多种应用如图 6-4 所示。

| 民生 | | 经济 | 安全 |
|---|---|---|---|
| • 车联网<br>• ETC<br>• 车辆安防<br>• 市民卡<br>• 智能公交<br>• 智能出租<br>• 远程教育<br>• 校园安防 | • 数字图书馆<br>• 教育基础网络<br>• 教育云平台<br>• 远程医疗<br>• 院前急救<br>• 医药物流<br>• 智能家居<br>• 健康监护 | • 数字矿山<br>• 数字油田<br>• 油气管道<br>• 企业信息化<br>• 智慧旅游<br>• 电子商务<br>• 轻型营业部<br>• 智慧物流 | • 食品溯源<br>• 城市安全网<br>• 平安城市 |

| 城市管理 | | |
|---|---|---|
| • 智慧城市综合信息平台<br>• 城市辅助决策系统 | • 城市仪表盘<br>• 应急联动 | • 数字城管<br>• 电子政务 |

| 基础设施 | | 资源 |
|---|---|---|
| • 智慧园区<br>• 智慧小区<br>• 智慧建筑<br>• 智能输变电<br>• 运营商网络<br>• 无线物联专网<br>• 电子政务专网<br>• 卡口 | • 道路监控<br>• 交通信号灯<br>• 交通诱导<br>• 智慧环保<br>• 智能抄表<br>• 电子警察<br>• 垃圾处理<br>• 电子车牌 | • 城市网络化管理<br>• 水质监测<br>• 水污染治理<br>• 人力资源系统<br>• 人口信息数据库 |

图 6-4 智慧城市建设六大体系应用

**基础设施** 基础设施是智慧城市生存发展的基石，主要包括三个方面：第一，信息基础设施，包括运营商网络、无线物联网、电子政务专网等；第二，信息共享基础设施，包括云计算平台、信息安全服务平台等；第三，经过智能改造的传统基础设施，例如对于道路、桥梁、车站、收费处等设施的智能化建设，改善道路监控、交通信号灯、电子车牌等交通装置，实现智慧园区、智慧交通、智慧轨道。

**自然及社会资源** 资源是新型城市建设的物质基础，在智慧城市建设中，对于资源方面的开发利用主要是通过物联网、平台化建设的，实现城市网格化管理，实时监测居民用水水质，并科学治理各类污染；同时建立人口信息数据库，整体掌握城市人口的基数及动态。

**城市管理** 社会管理是职能部门对城市运行的直接操作，是政府的重要工作和职责，智慧城市通过建设综合公共信息平台及城市辅助决策系统，收集城市的海量信息，支持城市建设的正常运行，实现公共信息与数据共享。如通过建立城市仪表盘、数字城管、电子政务等智能化装备，有效避免城市信息化建设过程中出现的重复投资、资源浪费等问题。

**经济** 经济发展是城市发展的目标之一，智慧城市作为信息化与城镇化融合发展的结晶，充分利用新一代信息技术，打造智能化的城市系统，改变传统的经济发展方式，如建立数字矿山、数字油田、智能管网、电子商务、智慧物流等可持续发展的新型经济体，促进经济新发展。

**社会民生** 民生所涉及的内容非常广泛，涵盖城市居民的医、食、住、行、育、乐等各个方面，与人们的生活息息相关。智慧民生是智慧城市建设中需要重点解决的问题，直接影响到智慧城市建设的效果，建设内容主要包括智慧社会保障、智慧医疗卫生、智慧教育、智慧安居、智慧社区服务及其他民生公益服务等方面，如智能公交、智能出租、ETC、远程教育、数字图书馆、远程医疗、智能家居等，让民生建设成果惠及民众，使生活更加便利、品质更高。

**智慧安全** 智慧安全是以互联网、物联网为基础,通过建立城市安全网,全面感知城市的安全信息,建立统一的公共安全系统及应急处理机制,统一调度,统一指挥,从传统的公共场所、要害部门、行业用户、企业用户等,逐步扩大到应急管理、环境安全、食品安全、信息安全、社会家居安全等领域,实现平安城市的愿景。

## 6.3 智慧城市系统应用场景

2014年8月国务院发布《关于促进智慧城市健康发展的指导意见》,意味着智慧城市建设上升到国家战略高度。智慧城市是高度信息化和全面网络化的城市,能够对在其内的人员、机器、设备和基础设施实施精确的管理和控制。在此基础上,人们可以以更加精细和动态的方式管理生产和生活,达到"智慧"的状态,提高资源利用率和生产力水平,改善人和自然间的关系。

智慧城市是涉及城市各领域的全新发展模式,其建设和发展必将经历一个长期的过程,涉及智慧基础设施、智慧民生、社会管理、智慧产业等智慧城市建设的诸多领域。目前复杂的智慧城市产品经营团队主要聚焦于国内综合性智慧城市建设和运营项目、平台类建设项目。智慧城市解决方案作为基准方案根据需要与各子方案结合配套使用,各详细的分行业方案将支撑各自的具体应用场景。

### 6.3.1 平台先行之城市运营中心

城市运营中心作为智慧城市的基础平台,通过统一云计算数据中心实现资源集中,大数据分析平台实现数据价值挖掘、能力引擎,政务服务总线实现流程集中,信息服务门户和运营管理门户实现呈现集中。

典型应用场景包括：部委数据共享、城市基础数据库、数据分析和挖掘、信息门户、管理门户、统一视图。

### 6.3.2　维稳定之应急指挥

城市应急指挥联动系统建设的核心是达成"普通事件专业处置，重大事件协同指挥，横向纵向网格状立体联动"的总体目标。整个立体化应急联动体系由两大体系组成：一个是立足于日常接警的应急指挥战术体系，另一个是立足于协调指挥和应急指挥决策分析的战略体系。

典型应用场景包括：统一接警、事前预案、报警联动、GIS 可视化管理、媒体及媒体集中控制。

### 6.3.3　维稳定之平安城市

为了打击高科技犯罪，同时利用高科技打击违法犯罪，"平安城市"的建设迫在眉睫。作为"平安城市"的基础保障，社会公共安全体系的构筑必须以科技为支撑，通过更先进的信息化技术，实现从以人力为主体的"人防"向以科技为主体的"技防"的转变，做到"人防"和"技防"相结合。"平安城市"解决方案的主要功能模块包括卡口管理、雷达测速、电子警察、安全视频监控、事故应急处理等。系统具有整体化、实战化、智能化、多级化、规范化 5 个特点。

典型应用场景包括：重点场所的视频监控、视频分析、多级联动等。

### 6.3.4　维稳定之数字城管

数字化城市管理就是指用信息化手段和移动通信技术手段来处理、分析和管理整个城市的所有城管事件信息,促进城市管理的现代化、信息化。

典型应用场景包括:监督和管理分离、跨部门或地域间数据共享、地理信息编码化、区域评价体系改善效率、协同办公、业务上报受理。

### 6.3.5 维稳定之智慧政务

在智慧城市的规划建设中,"智慧政府"无疑是其中的一个重点领域。而电子政务是"智慧政府"的最直观体现。随着信息通信技术的高速发展,政府面临电子化、信息化、网络化的压力。而电子政务的典型应用场景包括G2G(政府对政府)、G2B(政府对企业)、G2C(政府对民众)和G2E(政府对公务员)4个方面,让传统政府向廉洁、勤政、务实和高效政府转变,开展对企业和公众的高效服务,并协同企事业单位高质量、及时地处理日常管理和应急管理事务。

典型应用场景包括:电子政务内外网、无线政务专网、电子政务云平台、政务中心、网上审批、市民信息服务门户等。

### 6.3.6 促发展之智慧园区

智慧园区是数字园区基础之上的园区信息化的3.0,是通过利用新一代信息技术来改变政府、企业和公众之间的交互方式,提高交互效率、灵活性和响应速度,实现更加智能运作的园区。因此,智慧园区是园区信息化发展的必然趋势。智慧园区中具有丰富多彩的业务应用,如融合通信云服务、虚拟桌面云、eTrip商旅云、财务共享SSC、立体GIS系统、智能一卡通、智能巡更、楼宇自动化、绿色数据中心、智能停车场等。

典型应用场景包括:园区基准网络、数据中心、云桌面、云主机、云盘、园区信息化服务、企业信息化服务。

### 6.3.7 促发展之智慧交通

智慧交通系统是指将电子、信息、通信、控制、车辆、机械等技术全面融合,并应用于交通领域,改善目前日趋饱和的交通状况,最大限度地发挥交通的效能。

中兴网信城市道路交通整体解决方案通过综合交通管控平台将城市交通基础信息数据库和交通指挥中心等系统有机地结合为一个整体,并与城市物流信息平台、交通政务平台及其他城市公用信息平台接口,从而充分发挥系统的整体效益。

典型应用场景包括交通管理、违章抓拍、路面车速、车辆缉查等;运输管理,智能公交、电子站牌等;平台服务、交通综合管控、交通综合信息服务等。

### 6.3.8 促发展之智慧物流

智慧物流是将物联网、传感网与现有的互联网整合起来,经过精细、动态、科学、快速的管理,改善传统物流的缺陷,实现现代物流的自动化、可控化、可视化、网络化,从而提高资源利用率和生产力水平,应对日益增长的物流压力。基于云计算的智慧物流物联网系统包括物流数据中心、支撑应用、核心应用、物流门户应用 4 个层面。

- 物流数据中心:由仓储管理数据库、运输管理数据库、电子商务数据库、金融保险数据库、智能交通数据库、资质认证数据库、统计分析数据库等构成。
- 支撑应用:包括身份资质审核、资产管理等子系统。
- 核心应用:包括公路货运子系统、仓储信息子系统、电子商务子系统和智慧物流综合平台。

- 物流门户应用：包括相关政策法规、信息交通平台、用户管理等。

以上 4 个层面通过互联网、电信网和物联网彼此联系起来，通过信息化管理以及物流网络优化、运输优化和库存优化，提高物流行业资源利用率，降低物流成本，并助力打造绿色物流产业。

典型应用场景包括：物流公共信息服务、物流资源共享与交易、物流企业云服务、跨境电商公共服务、货物运输科技治超综合管理。

## 6.3.9 促发展之智慧环保

智慧环境是智慧城市建设的重要保障，包括生态保护、资源利用及软环境建设。其可以加强生态环境保护，促进绿色低碳生活环境建设，提高资源利用率。中兴网信基于云计算的智慧环保物联网系统包含污染源监控、水质监测、空气监测、生态监测等智能环保信息采集网络和信息平台，适用于环境业务效能提升、热点环境问题监测、综合性环境问题监测三种场景。

- 环境业务效能提升：环境监测在线数据及时性、稳定性、可靠性得到提升；环境监控变革，包括在线数据、视频数据、过程工况数据、留样系统；数据集中、共享，业务灵活扩展。
- 热点环境问题监测：污染源重金属监测、危险移动源监测、流域水质监测、环境空气质量监测、机动车尾气监测等。
- 综合性环境问题监测：整个流域的水质监测、分析、报警、预警；区域的空气监测、综合评价、预测、预警；区域内的环境质量立体评价和分析。

典型应用场景包括：空气、水质、噪声、尾气、土壤等环境因子的监测和分析，提供决策支撑。

### 6.3.10 促发展之企业互联

以云计算、大数据技术为支撑,以企业服务为抓手,通过企业互联方案,实现园区内企业信息共享、互联互通,解决中小企业的资金、管理、营销等问题,极大地优化了园区内中小企业的经营能力,拉动产值,最终促进产业转型。

典型应用场景包括:业务数据采集、企业征信、企业互动、金融服务、移动化转换引擎、企业云业务。

### 6.3.11 保民生之智慧教育

智慧教育是通过信息技术促进优质教育资源的共享,降低学习门槛,实现随时随地的全民学习和终身教育,促进教育水平的发展。中兴网信智慧教育解决方案建设教育云平台,可促进教育信息化,通过电子书包、数字图书馆等促进教育方式的多样化,通过远程教育、网络大学实现优质教育资源的共享,降低学校/企业教育和培训成本,提高教学的便捷性,通过平安校园、家校通保障校园安全,监管从家里到学校的安全信息,建设和谐校园。通过教育网络、互动社区、校园通信实现校校通、班班通、人人通,实现校园互动,提供知识服务,在管理咨询、中兴认证、仿真软件方面为高校/企业提供咨询与培训服务,实现从基础教育、高等教育、职业教育向全民学习、终身教育的学习型社会的全面发展。

典型应用场景包括:校园信息化、三通两平台、在线教育/远程教育/互动教育、家校通/教育安全、书香城市/阅读基地。

### 6.3.12 保民生之智慧医疗

智慧医疗主要通过打造健康档案区域医疗信息平台,利用最先进的物联网技术，实现患者与医疗机构、医务人员、医疗设备之间的互动，主要包括国家、省、市级的医疗信息平台、医疗物流信息化、远程医疗三个部分，实现医疗信息化。如建立以 RFID 为基础的药品物流信息化系统，便于医院对所有药品进行进出库管理、过期管理、调配管理；整合各个医院的医疗资源（设备资源、专家资源），实现病人的远程专家会诊。

典型应用场景包括：区域医疗信息共享与交换、基层医疗机构信息化、食品药品监管和追溯、个人健康管理与服务、医院就诊流程移动化、网上在线问诊等。

### 6.3.13 保民生之智慧旅游

智慧旅游是指将物联网、云计算、通信网络、高性能信息处理、智能数据挖掘等现代信息技术应用于游客感知、行业管理、产业发展等方面，使旅游物理资源和信息资源得到高度系统化整合和深度开发，是服务于游客、旅游企业和政府管理部门、面向未来的全新旅游管理形态。中兴网信智慧旅游应用场景包括景区综合安防、景区游客流量管理、车辆及停车场管理、业务统计分析、旅游电子商务、广告营销推荐、资讯发布、数据挖掘等。

典型应用场景包括游客服务，如旅游资讯、在线预订、手机导览等；旅游监管，如客源分析、客流控制、安全监控等；企业营销，如诚信联盟、在线营销、资源整合等。

### 6.3.14 保民生之智慧社区

智慧社区支撑政府基层组织更准确地获取社区居民的基本数据，支持居民一站式获取公共服务，提升社会保障水平，为网格化社区管理提供支撑，探索新的社会治理和管理型模式。智慧社区为周边居民提供政府主导的各类保障性和商业性的服务，促进周边商业的融合，提升服务水平，扩大就业，促进经济发展。

典型应用场景包括：社区网格化管理、社区实时准确的数据管理、政务一站式服务、社区居民服务、周边商业融合。

### 6.3.15 保民生之市民卡

市民卡是由地方政府联合市民卡运营公司发放给市民用于办理个人相关社会事务和享受政府公共服务的实名制 IC 卡，具有电子凭证、信息存储、信息查询、小额支付等功能。市民卡的主要功能是身份认证和支付。

典型应用场景包括：政府公共服务，如社保、医保、公积金等；公用事业应用，如水电气缴费、图书馆借阅等；商业服务，如商超、便利店支付等；金融服务，如存取款、转账、理财等。

## 6.4 智慧城市应用实例

### 6.4.1 合川模式（BOO 模式）

#### 6.4.1.1 构建合川区智慧城市

随着城市基础设施的不断完善和新技术、新产业、新商业模式的不断涌现，重庆合川区面临着从以郊区经济为主的区域向主城区发展的机遇，但同时面临着区域内同质化的竞争。因此，合川区智慧城市建设在方向选择上既要承接国家总体部署，又要兼顾合川区的区域发展目标，使智慧化建设成果能够为区域发展提供直接支撑。

重庆市合川区产业发展急需借助智慧城市建设实现传统产业提档升级

和新兴产业培育。根据合川区 2014 年财政报告、合川区自然环境和国土面积、重庆市委对合川区的战略定位，合川区未来的经济发展将还是以工业和产业为主，工业园区、镇域工业新落户项目 65 个、新开工 62 个、新建成投产 64 个，全区完成工业总产值 807 亿元。围绕做增量、优结构、促集群、增效益，编制完善装备制造、材料、生物制药、电子信息、农产品加工等产业规划，引导产业提档升级。各产业需要用信息化技术和新的思维模式来提升原有支柱产业的效能，同时积极发展新兴产业，提高公共财政收入。利用智慧城市的发展契机，构建与智慧城市有关的工业园区，促进合川区产业转型。

#### 6.4.1.2 项目分析

1. 顶层设计

智慧合川顶层设计结合合川区自身的优势与需求，以"发展、集约、融合、创新"为内涵，以提升城市创新能力，推进变革为目标，围绕"以智慧产业加速经济转型升级为特征的创新合川、以高效城市运行为特征的魅力合川、具有高水平城市公共服务的幸福合川"的建设目标，全新设计"以保障机制为基础、投融资和运营模式为支撑、信息化技术体系为引擎"的建设模式，打造"信息资源整合智能化、城市管理集约协同化、公共服务便捷高效化、产业增长绿色低碳化"的特色新合川。以全新的视角、体系化的建设思路全面规划，在建设运营模式、公共事业、产业发展等方面与国内先进理念嫁接，走可持续发展之路。

以平台聚合资源，以资源优化服务，构建一内、一外两个核心服务能力。

对内，依托现有的统一 OA 系统，加强信息共享与决策的协同，实现政府信息的纵横贯通。在此基础上，通过未来的合川区公共信息平台，落实国家信息惠民战略，从以便捷管理为目标，转变为以便捷市民为目标，重点打造社区一站式受理的合川区新型民生服务模式。

对外，充分利用现有土地资源，积极引入生产型服务企业，以数字房地产支撑水泥房地产，尤其加大以互联网服务为代表的现代服务型企业的引进力度，加大中小企业金融扶持力度，积极推动中小企业金融服务与信息技术的嫁接。

顶层设计、基础设计、应用设计相结合；对上、对内、对外连通相结合；政府与社会相结合；大数据和小数据相结合。总体规划涵盖政务、医疗、教育、食药、城管、交通、安保、社区、环保、旅游、电商、物流等近20多个专业领域。本着先进行基础应用建设，而后逐步深化与拓展的原则，建设一期主要包括统一基础设施及智慧政务、智慧教育、智慧卫生、智能交通、智慧旅游、智慧园区六大基础应用，如图6-5所示。

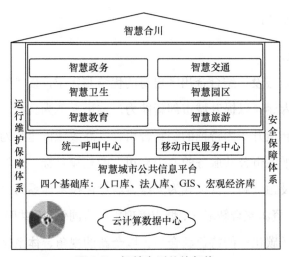

图 6-5 智慧合川总体架构

**2. 系统子模块构成及应用场景**

（1）基础设施类建设项目

智慧合川的基础设施类建设包括智慧城市数据中心建设、智慧城市数据中心—公共数据库建设、智慧城市公共信息服务平台建设、智慧城市信息安全建设、智慧城市云服务中心建设五大重点建设项目，其中城市数据平台的建设是核心项目，如图6-6所示。

# 第六章 智慧城市解决方案

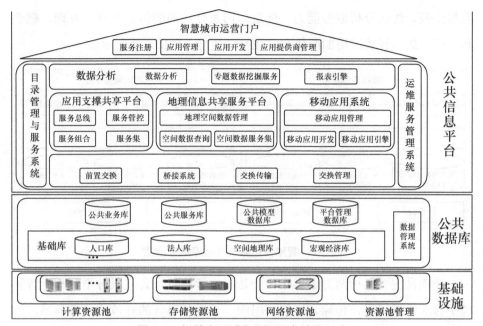

图 6-6 智慧合川城市数据平台结构示意

各重点工程项目的任务情况如下。

**智慧城市数据中心建设**：以合川区智慧城市的应用发展需求为导向，在合川区范围内选址，按照国家 A 级信息系统机房设计标准建设"云计算数据中心"，为"智慧合川"信息化系统提供共享的基础运行环境。

采用新一代绿色、低碳数据模块化数据中心技术。相对传统数据中心可以节省 30% 以上制冷能耗。模块化数据中心还具有一体化、模块化、易扩展的特点，可快速响应动态业务的需求，减少建设成本，节省项目建设时间和减少设备维护工作量。在合川建设一个模块化的数据中心运行环境，搭建优良的数据中心外部运行环境，内部的 IT 资源，如服务器、存储器等设备，可以根据初期的业务需求，按需配置，随着智慧城市应用环境和数据量的提升，再进行灵活的扩容。

**智慧城市数据中心—公共数据库建设**：建设城市数据中心能够整合城市资源，提升数据内容和数据服务能力建设，支持并打造开放共享的公共服务支撑平台，支持智慧信息共享与应用系统集成，全面提高各个系统间的基础数据交换、优化分析服务能力，促进部门及行业间的信息互联、互通、融合和共享，加速智慧应用的孵化和区域推广速度，如图6-7所示。

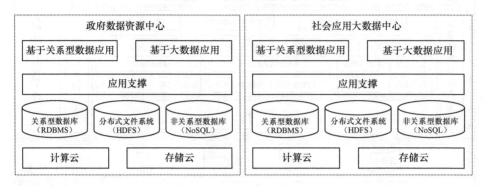

**图6-7　智慧合川城市数据库结构示意**

该项目主要包括两方面工作：一是制定智慧城市公共服务平台与运营管理平台的数据采集、传输、运算、组织、使用和服务的开放式标准体系，推进现有各信息系统向智慧化演变、过渡和融合；二是重点利用一批城市公共基础数据库（包括劳动力资源库、企业法人库、宏观经济库、城市空间信息库和建筑物基础数据库等），并以公共基础数据库为基础，全面整合民政、医疗、教育、食品、药品、公安、旅游、城建、文化等多个部门的信息资源，建设城市综合性数据库；建立元数据库和交换数据库，加强城市数据交换中心建设；加强支持数据综合分析和展现的数据仓库建设。

**智慧城市公共信息服务平台**：合川智慧城市公共信息服务平台是整合政府、市场、企业等多方面资源构建的一个统一、开放、跨平台、系统层次清晰的、服务社会大众的本地信息资源聚集中心和交换平台。公共信息服务平台向用户提供应用的快速交付能力、业务的柔性适应能力；通过统一定义智慧合川数据标准化体系和数据集中交换标准，形成数据集成、数据组织和内容服务能力集成等应用的系统多层次集成能力；通过系统数据优化分析，构建基于数据库之上、以可视化的城市数据图表等形式为决策者提供的决策支持能力；通过对城市数据中心等系统资源的虚拟管理，以按需动态分配资源等方式提高系统资源的利用率；通过集中计算资源、集中存储资源，形成统一资源规划集中管理模式，以远程管理、远程监控等方式统一智慧城市硬件运营维护；通过存储整合、集中备份和系统容灾，运用数据迁移等多种整合、统一存储平台的过程，实现智慧城市各类数据统一的存储备份；通过应用、能力、硬件的系统可扩展性设计，为智慧城市平台的分期建设、可持续发展提供平滑的演进能力，如图 6-8 所示。

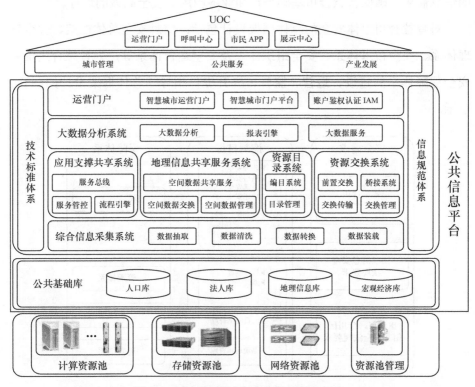

图 6-8　合川智慧城市公共信息服务平台

**智慧城市信息安全**：智慧合川信息安全建设，按照国家网络安全与信息化建设的总体要求，认真贯彻国家八部委《关于促进智慧城市健康发展的指导意见》和重庆市政府《社会公共信息资源整合与应用实施方案》的要求，严格落实非涉密信息系统信息安全等级保护的规定，坚持主动防御与综合防范并举，坚持科学管理与技术保障并重，夯实信息安全基础设施，落实信息安全检查和严格等级保护制度，建立健全网络信任体系和信息安全保障体系，以保障智慧合川一个平台和九大业务应用为重点，保障全平台、全网络、全应用的安全为关键，保障自然人信息数据库、法人信息数据库、地理空间信息数据库安全为核心，加快建立完善安全技术体系、信息分级分类管理模式、信息安全管理体系，从物理、网络、主机、应用、数据和安全管理等层面构建安全技术体系，在保障信息安全和公民个人隐私的前提下满足群众多元化的信息需求，确保智慧合川基础平台和业务应用的安全高效的运行。

对智慧合川整体安全的总体框架设计包括：信息安全总体框架、安全管理体系、安全技术体系、安全组织体系及安全运营体系等，为智慧合川信息安全保障体系的建设、运营、监督、提升提供指导。总体框架设计如图6-9所示。

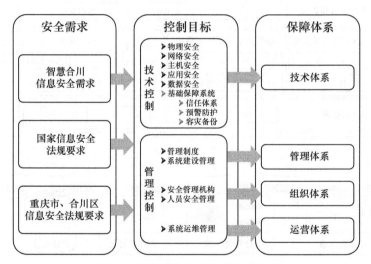

图6-9 智慧合川信息安全结构示意

根据智慧合川的安全需求，依据国家、重庆市、合川区相关信息安全法规，形成智慧合川的信息安全保障纲领性安全控制目标。这些控制目标融合了国家、重庆市、合川区信息安全法规的要求，在等保三级的基础上进行扩充和完善。

在明确智慧合川信息安全控制目标的基础上，根据各控制域中的具体控制内容，分别设计出智慧合川的技术体系、管理体系、组织体系及运营体系，用于指导各体系的建设和管理落实。信息安全总体体系的主要输出成果见表 6-1。

表 6-1 信息安全总体体系的主要输出成果

| 名称 | 描述 |
| --- | --- |
| 智慧合川安全建设规范 | 本规范包含智慧合川信息安全总体框架及建设路径，以及对智慧合川基础网络环境、各分项系统建设的信息安全要求和规范，是智慧合川信息安全工作的纲领性文件 |
| 智慧合川信息安全管理体系 | 设计智慧合川安全管理体系架构，并形成统一的信息安全管理规范和要求，指导智慧合川各分项系统的信息安全管理工作 |
| 智慧合川信息安全技术体系 | 设计智慧合川安全技术体系架构，并形成统一的信息安全技术规范和要求，指导智慧合川各分项系统的信息安全技术体系建设工作 |
| 智慧合川信息安全组织体系 | 设计智慧合川安全组织体系架构，并形成统一的信息安全组织及责任目标和要求。指导智慧合川各分项建设责任单位信息安全组织建设，以及安全责任的落实工作 |
| 智慧合川信息安全运营落实体系 | 设计智慧合川安全运营落实体系架构，并形成统一的信息安全运营落实规范和要求。指导智慧合川数据中心及各分项系统安全日常运营和维护工作，信息安全法规落实工作 |

智慧城市云服务中心：合川智慧城市云服务中心面向全区及周边毗邻地区提供数据处理、数据存储、灾备等计算机服务。云计算服务中心将服务器硬件进行整合，借助于云计算平台的虚拟化基础架构，进行统一有效的资源切割、资源调配和资源整合，按照应用需求来合理分配计算、存储资源，最优化效能比例。其可以为社会提供云平台支撑和专业领域云服务，作为城市数据中心的同城异地灾备中心，提供数据灾备、存储、云空间租赁、数据处理、业务支撑和信息服务能力。

合川云计算服务中心将立足合川，辐射周边，为政府、企业等群体提供计算及存储服务，可以避免重复投入，降低用户的建设成本和运维成本；可以实现信息共享、资源最大化应用，可以节省区域的能耗，推动区域经济更快发展。

（2）智慧建设与宜居类项目

智慧合川建设与宜居类项目主要包括智能交通、智慧教育服务平台、智慧卫生服务平台三个项目，各重点工程项目任务情况如下。

① 智能交通

合川智能交通综合管理平台如图 6-10 所示。

- 智能交通指挥调度中心：以合川籍运营客车、客渡船的 GPS 卫星定位系统为依托，构建城市公共交通智能调度系统，结合公交 IC 卡刷卡数据对城市公交线路、运行轨迹、出行人流量分布、出行高峰等相关数据进行采集和分析，为行业管理决策分析提供数据支撑。交通指挥中心由 GIS 可视化系统、视频监控系统和统一接处警调度系统构成，实现城市道路交通状况实时监控、交通事件的快速发现和响应以及各部门间交通信息的有效互通和利用。

- 运营车辆质量信誉考核系统：结合车载 GPS 卫星定位和视频监控设备，开发合川交通手机 APP 应用软件，添加 96096 交通服务热线手机端口，让公众可以实时对运营车辆的运行轨迹和司机行为态度进行数据采集和录音、摄像，并上传至 96096 数据中心，也可以进行事后评价、投诉等，为交通行业管理和行政执法提供依据。

- 交通综合信息发布系统：结合合川交通手机 APP 软件，整合长途汽车、公交、出租 GPS 数据、铁路、民航、水运等相关资源，建设虚拟电子站牌，方便公众查询班次信息、公交线路及换乘、等待时长、票务信息等出行信息，适时发布交通行业相关的动态信息等。合作开发联网售票系统，结合货运车辆 GPS 数据添加物流信息数据，开发电商物流平台等。

- 智能交通电子站牌服务平台：车辆上的车载终端，通过 GPS 卫星定位，采集车辆的实时定位数据、车辆进出站数据、定位时间等实时信息，通过无线网络传送至公交后台通信服务器的数据库。

- 完善行业执法系统：交通管理执法系统具有语音通信、传真收发、数据传输、图像采集与传输等多种功能，可通过无线通信网（2G、3G）、卫星实现多手段通信，同时兼容卫星通信便携站、地面宽带等多种通信方式，实现远程审批、现场打印等功能。

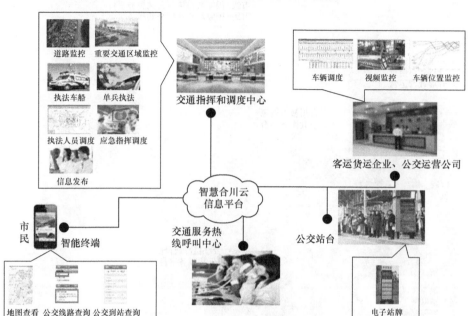

图 6-10　合川智能交通综合管理平台功能示意

② 智慧教育

合川智慧教育系统如图 6-11 所示。

智慧教育工程依托现有教育信息化成果，提升教育信息化水平。加快教育信息基础设施建设，加快建设网络视频会议系统、网络阅卷系统、教学录播系统、网络教研平台和校园电视台，加强中小学数字图书馆和虚拟实验室建设。加快推进教育装备标准化建设，完善功能室、实验室、图书馆、教学一体机、多媒体教学、中心机房、教育云课堂等设施设备，提高设施设备的使用效率。加强优质教育资源开发与应用，引进区外优质数字化教学资源，开发网络学习课程，促进优质教育资源普及共享。强化信息技术应用，提高教师应用信息技术的水平，提高教学效果。鼓励学生利用信息手段主动学习、自主学习，增强运用信息技术分析解决问题的能力。通过网上阅卷系统阅卷，为全面的考试数据分析和评价提供必要的数据；对重要考试，可通过多人阅卷，实现公平公正；学生考试资料自动生成电子文档，考试结果可快速生成、发布。

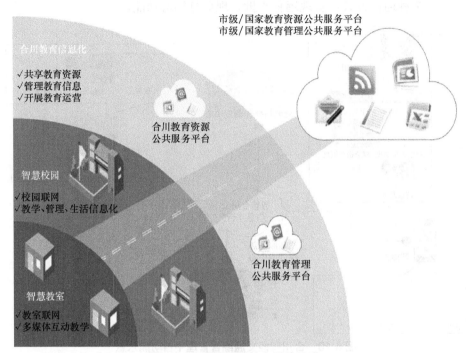

图 6-11 合川智慧教育系统示意

③ 智慧卫生

合川智慧卫生系统如图 6-12 所示。

建设合川区区域医疗卫生平台：通过信息技术手段的应用，提升基本公共卫生服务的水平。建立覆盖全区的电子病历和健康档案，力争到 2020 年，在现有基础上完善全区的电子病历和健康档案，覆盖率达到 95% 以上。依据大数据对合川区健康、疾病的特征分析，构建适合合川区的大病防治、慢性病预防系统，支持全区医疗机构间的电子病历互转。通过信息化手段，加强社区医疗卫生服务创新，利用信息化管理系统建设和智能健康等信息终端，广泛收集全区健康、医疗方面的数据。基于大数据智能分析技术，提供能满足儿童、妇女、老人等各类人群健康保健的增值信息服务。

加快推进区域内的医疗卫生机构信息化：充分利用区公共信息平台的资源，整合卫生服务资源，推进疾控中心、急救中心、血液中心、妇幼保健机构、卫生监督机构、传染病及精神病防治机构等单位的信息化建设，完成区域医疗平台慢性病管理系统、急救系统、采供血系统、妇幼保健系统、卫生监督系统、应急指挥系统等的软件开发建设。建立涵盖健康档案数据库、电子病历索引库、业务数据库群和综合统计分析决策支持数据仓库的合川区卫生信息资源库，推进健康档案与电子病历基础数据的资源共享。

建立健全社区卫生服务网络：逐步建立健全以社区卫生服务中心和社区卫生服务站为主体，以诊所、医务所（室）、护理院等其他基层医疗机构为补充的社区卫生服务网络。

图 6-12 合川智慧卫生系统示意

合川智慧卫生项目涉及辖区内所有计生、卫生机构，包括各级医院、社区卫生服务站、社区卫生服务中心、乡镇卫生院、村卫生室、妇幼保健院、疾控中心等各种不同业务条线的机构。为更好地实现资源整合及数据交互，将依据各机构的业务特性及所属管辖区域，选择不同的方式进行连接。在整合数据之后，构建基础资源数据库及平台，实现基于平台的六大类业务应用。同时实现合川区区域卫生信息平台与智慧城市云平台之间的数据共享及交换。

（3）智慧管理与服务类项目

智慧政务服务平台：利用物联网、云计算、3G/4G 移动互联网、大数据挖掘等新一代信息技术，实现城市管理和服务的创新。重点建设内容包括智慧政务支撑组件、政务管理云服务（含合川区协同办公平台、网络舆情监控管理系统、基于 GIS 的网格化社会管理平台、合川区智慧政务决策大数据支撑平台等）、公共云服务（含行政审批和服务"一张网"、政务公共门户资源整合等），如图 6-13 所示。

智慧政务支撑组件：智慧政务支撑组件是按照《电子政务应用服务标准规范》建设的面向合川区智慧政务的基础支撑，可为将来合川区各类电子政务系统提供标准统一的组织身份认证、单点登录、权限管理、数字签名服务、工作流引擎、自定义表单、邮件服务等基础服务。可有效避免基础服务的重复建设、资源浪费等问题，并且对基础政务信息资源进行更进一步的规范和利用，有效支撑合川区电子政务的统一规划和管理。

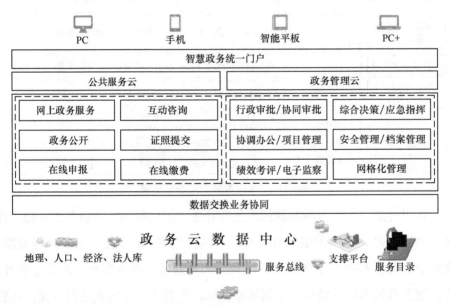

图 6-13　合川智慧政务系统示意

政务管理云服务：政务管理云服务以合川区的政府内部管理和服务应用发展需求为导向，通过建设、整合各类政务应用系统，主要包括组织机构和人员管理系统、行政档案管理系统、临聘人员管理系统、政务督办系统、人大建议和政协提案办理系统、政府信息公开系统、市场监管信息平台、网络舆情监控平台、网格化社会管理平台、政府绩效评估系统、综合电子监察平台等政务应用系统等，为合川区各业务单位提供各类政务管理和信息化服务。

公共云服务：实现行政审批和服务"一张网"，即公共云服务以合川区行政审批和服务"一张网"为中心，按照统一的数据标准、业务标准将全区所有的审批与服务职能部门的行政审批服务进行整合、管理，最终实现公众和企业通过"一张网"可以了解、咨询、办理、查询全区所有行政审批和服务业务；通过行政审批和服务"一张网"，全区各级政府和职能单位可以分级、规范管理和审批服务事项的要素、材料、流程和申请表格，进行行政审批和服务业务办理，将合川区行政审批和服务"一张网"逐步延伸至镇街、村居；创新服务渠道和服务模式，包括应用电子证照、审批与服务便民自助平台、综合窗口受理、村居通办、镇街通办、区级通办、实名认证、移动审批、视频联审以及各类 APP 服务等。

公共门户资源整合：按照"统筹建设、资源共享"的思路，通过组织实施合川区政务公共门户整合，实现全区统一的信息发布、集中的信息存储备份、专业的系统管理维护，实现全区各级政务网站群的统一管理、规范建设、服务整合、共同支撑、站群联动；整合各类信息资源，建设辐射全区、服务广大民众的政府门户第一平台，将合川区政务公共门户网站群打造成为合川区继电视、广播、报刊之后的第四大重要媒体。以为民服务为核心，通过提供政务公开、在线办事、政民互动、网上招商引资等多种服务，打造高效、透明、服务和民主的政府；逐步实现政务信息的共享、协同机制，有效地提高电子政务的应用水平。

（4）智慧产业与经济类项目

智慧合川智慧产业与经济类项目主要包括智慧旅游建设项目和智慧园区建设项目两个项目，各重点工程项目的任务情况如下。

智慧旅游：根据《重庆市人民政府办公厅关于印发重庆市智慧旅游建设实施方案的通知》（渝府发〔2015〕45号）文件精神，以《国务院关于促进旅游业改革发展的若干意见》(国发〔2014〕31号)、《国家旅游局关于促进智慧旅游发展的指导意见》(旅发〔2015〕10号)和《重庆市旅游业发展"十二五"规划》为指导,以"智慧管理、智慧营销、智慧服务、智慧体验"四大平台建设为重点,不断提升智慧旅游服务水平,构建符合重庆旅游发展需求,促进旅游业持续、健康、有序发展的智慧旅游服务体系。为更好地实现合川"休闲度假地、主城后花园"的目标,围绕旅游管理、旅游营销、旅游服务三大体系,合川旅游局和中兴网信公司一起规划建设"旅游新规划,智慧新合川",全力打造合川"智慧旅游"项目,如图6-14所示。

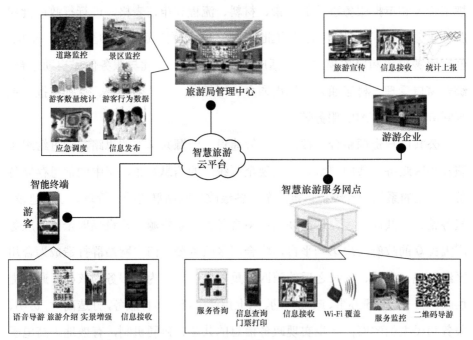

图6-14 合川智慧旅游系统示意

智慧园区:大力推进园区信息化建设,稳步提升合川区园区的核心竞争力,扩大园区的影响力,增强园区招商引资的能力,响应国家"大众创业、万众创新"等政策,建立众创服务平台来吸引创业、创新者,推动合川区的产业转型升级,促进区域的经济发展。通过创新的运营管理模式,为园区企业和创业、创新者提供更强有力的信息化支撑,在促进他们发展的同时为园区提供新的盈利增长点，从而推动园区的长期可持续发展，如图 6-15 所示。

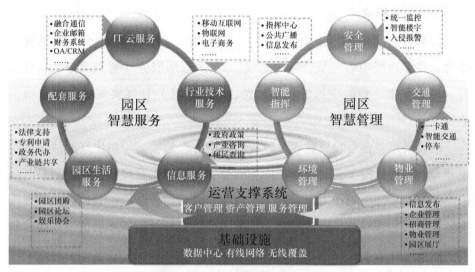

图 6-15　合川智慧园区功能示意

园区运营支撑平台：采用开放式架构设计，支持智慧园区服务灵活接入，形成园区对外服务的统一平台。为整个智慧园区提供权限、日志、报表、策略、版本、故障和性能等多方面的标准化功能，为上层服务系统开发与运行提供标准化的后台支持。为整个智慧园区提供强大的服务运营管理能力，整合园区各方面信息资源，提升园区的综合管理及服务能力。

园区企业服务：建设产业链交易平台、企业共享服务平台、商旅系统、企业协同办公等，为企业提供全方位的服务，帮助企业解决建设及发展过程中的难题，降低企业运营的成本及风险；以信息化手段加强产业关联度，推动产业集群化发展。

园区管理服务：建设物业管理系统、楼宇智能化集成系统、安防监控中心、一卡通系统、环境监测系统等，有助于进一步提升园区内部的管理能力，增强园区在推动企业创新上的服务能力，建成智慧园区物联网、传感网的系统性基础设施和应用设施，实现园区内部智能化管理。

园区生活服务：建设园区论坛、园区团购、园区 E 问等，完善各项生活

基础配套设施及服务，促进园区生产、生活协调发展，实现园区产业与城镇发展相结合，使经济发展、社会事务、个人生活达到和谐统一。

（5）资本模式

智慧合川围绕五大应用平台（云计算中心、公共信息平台、信息安全平台、移动市民中心、统一呼叫热线）、六大应用服务（智慧政务、智慧教育、智慧卫生、智能交通、智慧旅游、智慧园区）开展实施合川智慧城市建设项目。

项目采用"企业投资建设、政府购买服务"的模式，由中兴网信先行投资建设，政府以每年支付服务费的方式分五年偿还企业投资款及其利息。政府偿还资金来源于三个方面：政府网络租赁费节约的金额；其他区县与合川区共同使用智慧城市技术平台所应承担的硬件设施建设成本；重庆中兴网信提供服务产生的税金收入。

（6）商业模式

根据合川的财政实际情况和合川区与中兴网信所签协议，所有系统将以"中兴网信投资、政府购买服务"的BOO方式实现。由中兴网信投资并承担整个项目的设计、建设、运行、维护、培训等工作，硬件设备及软件系统的产权归属中兴网信，而合川区政府各部门负责宏观协调、创建环境、提出需求，政府部门每年向中兴网信支付租赁费获得硬件设备和软件系统的使用权。同时，引入第三方监理机构对整个项目的建设和服务提供监督评价。

### 6.4.1.3 项目总结

"智慧合川"是一项惠及合川区民众的惠民工程，充分契合国家的信息消费和信息惠民服务的创新理念和发展趋势，打造高效、服务型的智慧政府。通过统一基础设施建设，我们可以打通各业务单位的数据共享壁垒，实现数据共享服务，减少政府各业务单位重复投资建设的情况。

智慧政务网格化系统安装调试完成并且投入使用，已经录入160多万条数据；将全区"人、事、地、情、物"组织全部纳入网格中进行管理，可实时动态地掌握民情，矛盾纠纷解决在基层，信息一次采集、多次利用，事件调解流转、考评监督、多部门协同处理，主动提供服务，提高政府公信力，网格化指挥大厅为领导提供了高效、准确的数据分析。

智慧卫生通过建设以电子病历和健康档案为核心的区域卫生信息平台，实现了资源共享，改善了传统的医疗卫生服务模式和服务流程。社区中心和医院之间的双向转诊和双向配合的远程医疗模式，引导居民小病到社区，大病到医院的就诊观念，解决"看病贵，看病难"的民生问题。

智慧教育，教育资源公共服务平台创造了无所不在的学习环境，提供丰富多样的教育资源和个性化的学习支持，使所有学习者都能随时、随地、随需地开展学习。

智能交通，通过合川区智能交通统一管理平台的建设可实现对执法车、船和客车进行GPS定位并有运行轨迹的记录和显示，能通过3G网络把执法车、船和客车上的摄像头图像传输到指挥中心大屏上显示，便于统一指挥调度，能对数据进行前端存储并带有断电记忆功能，对客车实现超出规定线路报警、超速记录、疲劳驾驶告警，大大提升了客车运行的安全管理。合川区96096交通服务热线投入运行，每月平均话务量10000个左右，大大提升了对市民的服务能力。

合川移动市民中心目前已经开发了安卓版本和iOS（苹果）版本并且共对20个功能模块进行建设：药店、ATM、快递、酒店、银行、超市、美食（以上不在配置内）、框架模块、用户模块、消息模块、接口模块、新闻、随手拍、办事大厅、我要提问、路况、违章、违停随手拍、旅游投诉、公厕分布，成为了智慧合川应用的重要窗口。

在智慧合川一期建设的基础上，二期将持续建设、试点运营，规划范围包括智慧市政、智慧社区、智慧旅游、智慧农业。三期建设将优化建设、规模运营，涵盖面将更加广泛，内容更加丰富，应用更加深入，以达到全面智慧。

## 6.4.2 秦皇岛模式

### 6.4.2.1 项目背景

2013年，国家住建部首批公布了90个智慧城市试点城市，秦皇岛成为智慧城市试点城市。中兴网信助力秦皇岛市委、市政府打造"宜居、宜业、宜游，富庶、文明、和谐"的幸福城市。2012年8月12日，中兴网信"智慧城市"秦皇岛北方基地项目正式签约，标志着中兴网信携手秦皇岛市政府和人民开始了智慧城市领域的探索。项目采用"企业投资建设、政府购买服务"的合作模式，计划在三年之内，由中兴网信投资10亿元，分三期建设"秦皇岛智慧城市"。

中兴网信在秦皇岛智慧城市项目建设中，通过调研秦皇岛在民生服务、政务管理、产业推动等方面的需求，融合管控、感知、民生、服务、经营五大系统，构架智慧城市系统，以云平台为资源共享中心，整合信息孤岛，分析大数据，支撑基础数据库应用，分三期建设宜居、宜业、宜游的第三代城市典范。

中兴网信以秦皇岛智慧城市项目的建设为契机和起点，致力于把秦皇岛智慧城市项目打造成为国内外智慧城市建设领域的标杆和业内的典范，同时，在秦皇岛成立智慧城市北方基地，承载整个北方区域的智慧城市建设工作。

### 6.4.2.2 项目分析

1. 顶层设计

（1）项目规划

秦皇岛智慧城市建设项目包括集约建设智慧城市基础设施项目、智慧城市示范项目、智慧城市产业园区项目、华北智慧城市建设项目四大重点项目，如图6-16所示。

## 第六章 智慧城市解决方案

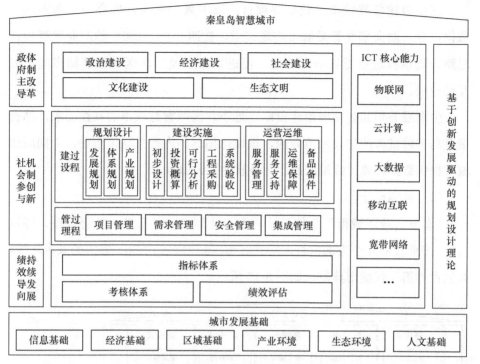

图6-16 秦皇岛智慧城市顶层设计架构

集约建设智慧城市基础设施项目：以云数据中心、城市公共数据库、城市公共信息平台为基础，实现秦皇岛在政务管理、民生保障、产业促进方面的互联互通、资源共享、大数据分析的需求。智慧城市云数据中心是秦皇岛智慧城市的核心和基础，承载智慧城市信息共享平台、智慧城市服务门户、城市基础数据库等多项应用。

统筹实施智慧城市示范项目：构建遍布全市的泛在感知、数据分析、智能服务、城市应用，充分利用本地的教育、文化、旅游、产业资源，将秦皇岛打造成国内智慧城市的特色范例，树立"智慧城市"的创新建设模式。

协同运营智慧城市产业园区项目：以产业聚集为核心、以技术创新为驱动、以产业规模最大化为导向，将秦皇岛产业园区建设成为具有资源聚集、企业孵化、技术渗透、示范带动、外围辐射等功能的智慧园区。

逐步构建智慧城市产业集群项目：以中兴为龙头，聚合秦皇岛本地信息化产业，面向华北智慧城市市场需求，按照"1+5+100"的产业集群构建思路，逐步打造智慧城市产业链，促进本市以及华北区域智慧城市建设的互动应用。

全面服务华北智慧城市建设：立足华北区域智慧城市的共性需求，结合秦皇岛智慧城市的建设示范效应，规模化拓展国内智慧城市市场，面向周边城市提供数据计算、终端产品、业务软件等云服务。

（2）总体设计

"秦皇岛智慧城市"总体设计方案将计划从公共服务、社会管理、环境支持、产业发展4个方面来打造智慧城市，打造宜居、宜业、宜游的城市环境，共创世界第三代城市典范，如图6-17所示。

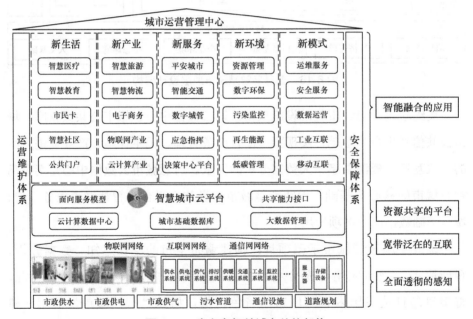

图6-17　秦皇岛智慧城市总体架构

"秦皇岛智慧城市"总体设计方案将分成三期建设。

第一期以社会管理和民生服务为主题：重点建设智慧城市云平台、平安城市、智能交通、智慧医疗、智慧旅游，从加强城市管理和服务民生的角度实现资源整合和智能管理。

第二期以公众服务、产业发展为主题：重点建设智慧社区、公共信息服务、市民一卡通等涉及信息惠民和信息消费的领域。

第三期以环境支持为主题：发展绿色能源、环境监控、节能减排，通过完善环境基础设施的建设，持续推动城市的智慧化发展，实现富庶、文明、和谐的城市目标。

2. 系统子模块构成及应用场景

（1）云平台

智慧秦皇岛云平台建设内容包括以下几个方面，如图6-18所示。

数据中心：通过建设5000万TPMC的计算资源池、400TB的存储资源池、万兆带宽的网络资源池，对各业务产生的大数据进行整合、分析和应用，促进全市不同部门、不同层次之间的信息共享、交流和综合，承载智慧秦皇岛的信息共享平台、门户网站、城市基础数据库和手机APP等多项应用，对全市视频、交通等信息进行整体的综合分析和挖掘，为管理决策和资源优化分配提供支持。

超高分融合应用系统：基于云平台中目前汇集的数据和接入的应用系统，超高分可视化应用将由平安城市业务管控基础信息展现、智能交通业务管控基础信息展现、智慧旅游业务管控基础信息展现、智慧医疗业务管控基础信息展现等子项组成。一方面体现云平台中汇集的数据价值，另一方面示范基于云平台的智慧可视化应用。高分数据融合应用、智慧城市门户、智慧城市APP从各个方面发布共享数据，实现政务管理、信息惠民、企业支撑。

展示的数据如下。

平安城市：监控摄像、将要建设的GIS系统。

智能交通：监控摄像、流量信息、红绿灯状态、交通拥堵信息（红黄绿三色表示）。

智慧旅游：入园信息（仅进园人数）、监控视频。

智慧医疗：预约挂号数量、个人诊疗信息、医疗信息。

智慧城市基础库：智慧城市处理器、数据交换共享平台用于数据抽取、挖掘、分析、整理、交换、共享发布，大数据分析。地理信息空间库、人口库、法人库、宏观经济库，为城市各业务系统提供数据支撑。

图6-18　智慧秦皇岛云平台架构示意

（2）平安城市

智慧秦皇岛平安城市建设内容包括以下几个方面。

高清点位扩充：新建高清视频监控点位1806个，使全市高清视频监控点位达到2774个，视频监控覆盖率由原来的30%提高到71%，实现了主城区视屏监控系统高清化，由"看得见"转向"看得清"。通过逐步扩大监控点的建设，使秦皇岛建成为全方位、多角度、深层次的监控网体系。

监控平台建设、改造：在秦皇岛市原有基础上建设、改造升级8个一二级平台，新建、改建67个三级平台，全市一二级平台覆盖率由30%提升至100%，三级平台覆盖率由9%提升至80%。建立科技防范信息化系统，加强对人、地、物、事、组织等信息的采集，实现实时更新、动态管理。加强对各类信息的综合分析，强化信息服务实战的功能。

高标准搭建传输网络：租用1865条传输线路，其中监控点位采用

10Mbit/s 视频专网，派出所与县区之间采用 500Mbit/s 视频专网，县区局与市局之间全部铺设裸纤，使网络传输畅通无阻，实现了市局至派出所三级视频监控平台的全部联网互通，操控运行完整流畅。实现纵向贯通、横向集成、跨县区、跨部门互联互通，信息共享。

建设视频侦查实验室：在全省率先建成了达到公安部二级标准的视频侦查实验室；有序推进科技防范社会化运营服务工作，加强对社会报警和视屏资源的管理；提高社会治安科技防范效能和快速反应能力，在处置突发事件时能及时、准确地提供远程服务。

（3）智能交通

智能交通通过人、车、路的和谐、密切配合，缓解交通压力，减少交通事故，降低能源消耗，减轻环境污染，建立一个智能化、安全、便捷、高速、环保、舒适的综合交通运输系统。智能交通建设内容包括以下几个方面。

交通信号控制系统：更换 103 处信号机，基本实现了三个区的主次干道及主要警卫路线上信号控制的智能化。

流量采集及事件检测系统：安装 256 套系统，交通流采集分析区域覆盖了北戴河核心区及海港区主次干路。

交通诱导系统：建设交通诱导屏 15 套，覆盖了两区外围主要交通流入口和商业核心区。

违法抓拍系统：建设 15 套系统，覆盖了北戴河与海港区 50% 的单行和禁停路段。

智能卡口系统：已建设青龙、卢龙共 12 个方向的智能卡口设备，弥补了全市省界、市界的卡口漏洞，全市各主要路口电警卡口覆盖率达到 100%。

高点监控系统：建设安装了 10 套高点高清视频监控点位，主要集中在北戴河外围及核心区的交通集散地。

流动测速设备：已采购流动测速设备 14 套，并全部投入使用。

交通综合指挥平台系统：目前已完成了与市局 PGIS 系统的对接，整合上述各子系统的诸多功能，充分发挥了由数据采集、智能分析、科技研判到均衡路网交通的作用。

（4）智慧医疗

应用场景：智慧医疗应用场景包括"一卡、一网、一中心、三个平台、九大业务系统"五个体系，如图6-19所示。

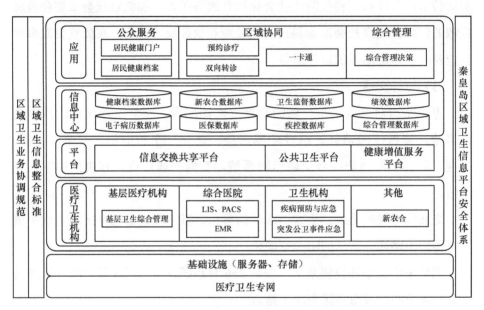

图6-19　智慧秦皇岛智慧医疗应用场景

一卡：依托市民卡介质，建立市民健康一卡通系统，实现市民医疗卫生健康一卡通。

一网：升级改造现有网络体系，建立完善的"市—县/区—社区卫生服务中心/乡镇卫生院三级网络"。

一中心：建立秦皇岛市卫生数据中心。

三个平台：建立市信息共享与交换平台，市信息共享与交换平台实现市内7个区县（海港区、北戴河区、山海关区三个市辖区和抚宁县、昌黎县、卢龙县、青龙满族自治县四个县）医院、基层卫生服务机构的数据共享与交换。建立公共卫生平台，实现各公共卫生管理系统的协同联动、流程优化。

建立增值服务平台，实现基于居民健康档案数据库的第三方增值应用的接入，完善并丰富医疗健康服务体系。

九大业务系统：即居民健康档案管理系统、基层卫生综合管理系统、区域妇幼保健信息系统、双向转诊系统、预约诊疗系统、突发公共卫生事件应急指挥系统、疾病预防与应急处理系统、居民健康服务门户、居民健康卡一卡通。

（5）智慧旅游

秦皇岛的旅游资源具有多样性、集中性、质优性、独有性的特点。半径50千米范围内，集中了山、海、关、城、湖、温泉、湿地等类型丰富的旅游资源。162.7千米的优质海岸线，滩缓水清、沙软潮平。223.1千米的古长城横亘全境、绵延入海。秦皇岛拥有国家级风景名胜区（北戴河）、国家级历史文化名城（山海关）、国家级地质公园（柳江）、国家级海洋自然保护区（黄金海岸）、国家级森林公园（北戴河海滨、长寿山）。山海关老龙头、北戴河海滨双双入选"中国旅游胜地40佳"。

继秦皇岛市被纳入国家现代服务业改革试点、国家旅游综合改革试点、国家公共文化服务体系创建及创新城市试点后，于2012年12月，又被国家旅游局纳入全国33个"国家智慧旅游试点城市"。秦皇岛市"十二五"规划提出，今后五年内将利用网络技术，整合相关资源，推进城市管理系统化、智能化。对全市的智慧旅游发展建设提出了明确要求。

智慧旅游全面提升城市旅游行业的综合竞争力，服务于三大对象（政府、游客、企业），专注吃、住、行、游、购、娱、教、管、研九大领域，实现"景城一体"的全市域旅游。其主要建设"139"旅游服务体系，即1个平台、3个硬件系统、9个软件系统，具体包括旅游服务信息平台，多媒体信息查询与发布、旅游咨询中心监控、Wi-Fi热点覆盖3个硬件系统和旅游电子商务平台。秦皇岛旅游官网、秦皇岛电子政务网、电子商务网（B2B）、游客智能手机APP、知识库系统、智慧旅游能力集成、诚信联盟商家、梦想任务、互动娱乐、空位管理等10个软件系统，如图6-20所示。

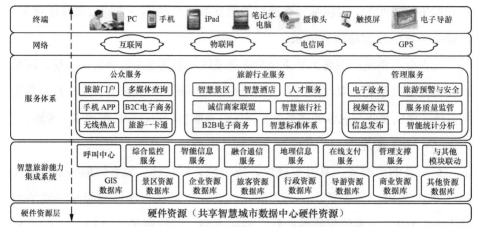

图 6-20　智慧秦皇岛智慧旅游总体规划示意

### 3. 资本模式

秦皇岛智慧城市建设项目的资金来源，根据总体规划，2013～2018 年期间"智慧秦皇岛"建设项目分三个阶段进行，政府投资、国家扶植资金以及社会投资总额估算为 10 亿元。政府财政以服务费方式分十年返回，资金来源为交警罚没出一部分、省市信息化建设资金出一部分，财政补贴一部分。

### 4. 商业模式

秦皇岛智慧城市是一项复杂的系统工程，覆盖面广、资金投入大，具有创新驱动和可持续发展的特征。传统以政府投入为主、单个项目运作的投资和建设模式已经难以适应发展需求。需要秉承可持续发展和信息安全的原则，倡导市场化运作，在模式选择上，需要根据投资主体、运营主体和收益模式三方面要素考虑，并同时从投资规模、可经营性、保密性、运营成本、管控难度等进行多方考虑。

在秦皇岛智慧城市项目中，中兴网信按照 BOT 方式，自行融资并承担了整个项目的建设工作，完成了秦皇岛市政府的信息化建设，并在一段时间内负责整个系统的运营维护工作，向政府提供优质的信息服务，帮助政府提升自身业务的信息化升级。而通过向政府定期收取服务费，以及通过对已经建成系统的商业化运营，中兴网信将在项目完成后的几年内收回项目投资。

对于政府而言，通过采用 BOT 模式，将原本很大金额的一次性投资项目变成了多年、多次分期支付的方式，降低了当地政府的财政压力。而对于企业而言，有政府的服务费作为投资保障，有效降低了项目风险；而通过对项目中部分子系统的商业化运营，既拓宽了市场，又实现了项目的增值，从而打造了政府与企业共赢的局面。

### 6.4.2.3 项目总结

1. 项目效果

目前以社会管理和民生服务为主题的一期项目包括智慧城市云平台和四大核心应用系统——平安城市、智能交通、智慧医疗、智慧旅游，已经建设完成并陆续投入使用。"秦皇岛智慧城市"项目的建成为做好城市安全保障、交通流量管控、医疗卫生服务、旅游服务质量等方面的工作提供了有效的技术保障。

在国家住建部首批公布的 193 个智慧城市试点城市中，秦皇岛是最早采用"总体规划、统一建设"并最早初现成效的城市，项目建设得到国家发改委、工信部、住建部、科技部、旅游总局等部委的高度关注。秦皇岛智慧城市一期项目的成功上线引起了国家和省内外领导的关注，一年来有 50 多批次、300 多人次国家和省内外领导，参观视察秦皇岛智慧城市项目。省内外领导对秦皇岛市采取"企业投资建设、政府购买服务"的建设模式给予认可，对秦皇岛智慧城市建设给予了积极评价。

来自四川、上海、湖南、辽宁、广东、广西、河北等地的几十个城市的专家相继到秦皇岛参观、学习、考察智慧城市的建设经验和建设模式，对于秦皇岛的形象宣传起到了非常积极的作用，同时促进了中兴网信针对北方地区的智慧城市项目的拓展，目前基于中兴通讯的营销平台，中兴网信秦皇岛公司已经与大连、承德、迁安、济宁、南通等城市达成了智慧城市项目的合作意向。

随着智慧秦皇岛的建设，秦皇岛相继成功申报了国家智慧城市试点、信息惠民试点、信息消费试点、智慧旅游试点。在 2013 年 11 月 17 日举行的"中国智慧城市发展高峰论坛"上，秦皇岛市荣获唯一的"2013 创新型智慧城市"荣誉称号。

2. 未来发展规划

按照顶层设计规划和整体规划的思路，并结合一期建设经验，中兴网信秦皇岛智慧城市二期项目将以"深化民生服务、落实信息惠民政策、探索新型城镇化道路"为主导思想继续落地。目前，已经有多个市属部门向智慧城市领导小组办公室提出了业务建设需求，其中智慧社区、智慧安监、智慧环保等项目已启动了前期工作。

中兴网信智慧城市北方基地一期建设竣工，并于 2015 年 6 月全面投入使用。根据基地规划，二期为小型多栋研发办公楼，其作为秦皇岛智慧产业孵化中心，聚焦智慧城市产业，打造智慧产业集群；三期办公及研发中心设置两栋小高层，放置于基地北侧，紧邻城市主干道，最大化展示企业形象，丰富城市天际线。目前，二期已启动前期工作。

### 6.4.3 济宁模式

#### 6.4.3.1 项目背景

济宁是著名的"孔孟之乡、运河之都、文化名城"，位于山东省西南部，地处鲁苏豫皖四省结合部。现辖 11 个县市区、1 个国家高新技术开发区和 1 个省级旅游度假区，总人口 847 万，总面积 1.1 万平方公里。济宁是"中国优秀旅游城市""全国科技进步先进市""全国卫生城市""全国社会治安综合治理优秀市""全国双拥模范城"。

近年来，济宁信息化建设加快推进，在全省处于领先水平，但在机制保障、建设运营模式、人才体系建设等方面仍存在一系列问题，如信息孤岛、重复建设及资源浪费等现象还比较突出，公众对智慧城市建设认知度及应用感知度还不强，新兴产业集聚发展及对传统产业的带动作用还不明显等。随着区域一体化的快速发展，济宁又面临着周边城市的强势竞争，在人才、资金引进及资源聚集等方面面临的挑战不断增大。市委市政府把握城市发展潮流，做出了"智慧济宁"的重大决策，通过"智慧济宁"建设激发城市的创新能力，推动政府向服务型转变，提高城市精细化管理水平，打造为民、便民实事工程，提升高科技产业发展，全面提升济宁的城市竞争力和吸引力，打造蕴涵儒家文化、饱含产业气息、富有人文关怀、具有强大竞争力和吸引力的"仁爱之城""繁荣之城""和谐之城"。

在加快转变经济发展方式的时代语境下，济宁以信息产业作为突破口，力争以这一产业的快速突破来引领济宁由资源型城市向信息化、创新型城市迈进。中兴智慧城市，便在这样的发展大环境下进入了济宁顶层设计者的视野，加入到济宁打造经济升级版的征程中。

"依靠创新驱动是济宁发展的必由之路，是突破信息产业面临的历史性机遇。奋力推进创新型城市建设，全力打造IT产业'新硅谷'，为打造鲁西科学发展高地、建设淮海经济区中心城市注入强大动力！"2014年，济宁市委市政府在信息产业发展大会上的讲话，彰显了济宁再次探索经济转型之路的决心和勇气。

#### 6.4.3.2 项目分析

1. 顶层设计

智慧济宁建设重点实施"1418 计划"，即"一个公共服务平台、四大任务、十八大工程"建设，如图 6-21 所示，创新城市管理模式，提高城市运行效率，改善城市公共服务水平，全面推进信息化与新型工业化、城镇化、农业现代化同步发展，提升城市综合竞争力，加快实现"孔孟之乡、运河之都、文化济宁"现代化城市的战略目标。

一个公共服务平台：建设城市统一的公共服务平台（智慧城市云平台），达到数据的互联互通及资源共享。

四大任务：信息基础设施完善、社会管理加强、产业转型发展、公共服务提升。

十八大工程：建立涵盖智慧政务、智慧城管、地下管网、智慧医疗、智慧教育、智慧旅游、智慧工商、智慧环保、智慧交通、智慧社区、食药监管、食品溯源、智慧安监、智慧农业、智慧矿山、智慧物流、公共区域免费网络覆盖、市民卡等十八大工程在内的智慧应用。

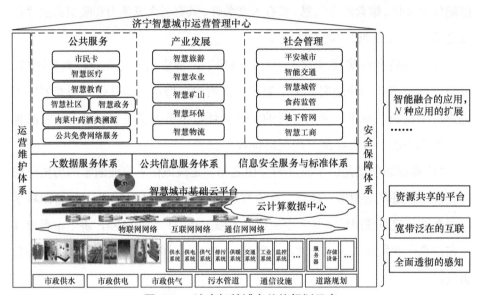

图 6-21　济宁智慧城市总体规划示意

2. 系统子模块构成及应用场景

2014 年 6 月 25 日，济宁市人民政府与中兴在济南签订了战略合作框架协议，正式拉开了建设智慧济宁的大幕。经过两个多月的全面调研，10 月 19 日，《智慧济宁顶层设计》的"1418"工程，将面向信息基础设施、社会管理、公共服务、产业发展四大核心任务，建立起一个公共服务平台，力争短时间内实现全市统一的数据互联互通和资源共享；同时，建立涵盖智慧政务、智慧城管、智慧医疗、智慧教育、智慧旅游、公共区域免费网络覆盖等十八大工程在内的智慧应用。一期项目建设优先建设"115"工程。

智慧政务：以服务大厅、软硬件环境为基础，以广电网、电信网和互联网乃至"物联网"为信息纽带,以数据共享交换平台为核心,以云技术等新技术为支撑,建立面向社会公众、企事业单位的多渠道、全方位的服务型应用服务新体系。构建"一个云数据中心,两类云服务,三级服务体系,四种服务渠道,$N$ 类业务系统"为一体的全方位先进的政务管理服务体系,如图 6-22 所示。

基础资源融合、数据融合、业务融合、架构融合、服务渠道多元化

图 6-22　智慧济宁政务管理服务体系示意

一个云数据中心:依托于智慧城市云平台构建统一的数据中心,基于云计算模式进行部署和统一运营,实现行政服务中心硬件、软件、数据的资源统筹、系统集成、数据与信息的共享交换,打造高效、协同、安全的基础资源支撑平台;实现相关政务资源、数据信息的集中存储、计算、分析利用;打造具有开放能力的支撑平台;整合相关政务资源,打造成政府各职能部门业务统计、报表分析、决策支撑的政务大数据分析平台;实现数据信息的集中存储、集中安全管控、集中运营和维护。

两类云服务:全面构建公共云服务和管理云服务。其中公共服务将面向全社会提供各类政府公共服务,如办事指南、政务公开、政务热线、网上行政服务、自助终端服务、互动交流、咨询投诉、资料下载、业务查询、在线申报、在线缴费等,即充分整合政府对外提供的公共服务资源。管理云服务主要包括政府部门内部办公系统、各职能部门业务系统、行政审批协同系统、电子监察系统、电子档案管理系统等。

三级服务体系:构建从市、县区、乡镇甚至到社区的多级服务体系,实现相关行政审批业务办理过程的制度、标准、考核、流程、数据等的统一,从而达到集中建设、分级管理、多级联动、档案共享、市民就近办理、远程办理、全市通办、统一收费等目标。

四种服务渠道：支持互联网、电话热线、自助终端、移动客户端等渠道获取相关行政服务和政务资源。

N类业务系统：通过统一规划，逐步推进智慧行政服务中心应用支撑系统的建设，主要包括网上办事大厅、协同审批系统、通用审批系统、电子监察系统、便民服务自助终端、政务APP、电子档案管理系统、电子签章、行政服务中心辅助系统等。

智慧城管：按照济宁市"智慧城市"建设的总体要求，结合城市职能设置，济宁市智慧城管的建设将全面应用智慧信息技术，以下一代创新为理念，以有效支撑一线巡查监察、领导智慧决策和社会公众服务为引领，以信息化标准体系、安全体系和运维体系为保障，构建立体、全面的城市环境秩序和执法资源感知平台，打造智能高效的网络平台、信息资源规划和开发利用平台及应用支撑平台，整合现有城管业务综合应用平台，建立"支撑一线、精细管理、智能决策、敏捷反应、全民参与"的智慧城管建设体系，如图6-23所示。

图6-23 济宁智慧城管综合管理系统示意

全面增强城市环境秩序的感知和处置能力，科学推进城管执法的精细管理，有效支撑城管领导的决策指挥，有力提升城管公众服务水平，持续推进城管执法工作的精细化、智能化、社会化，大力提升城管的社会服务管理创新能力，实现从"数字城管"到"智慧城管"的迈进，有力推动"智慧济宁"的建设。

根据"智慧城管"建设的总体目标，"智慧济宁"建设的主要任务包括一级监督决策平台、二级管理平台、三级应用平台，应用平台共分智慧办公、智慧执法、智慧规划、智慧市政、智慧环卫、智慧园林六大体系共 19 个应用子模块。

智慧医疗：济宁市智慧医疗项目应当采用自顶向下的建设模式，依照国际、国内相关标准，利用移动互联网、物联网、云计算、大数据等相关的先进技术，构建济宁市智慧医疗项目的基本框架，如图 6-24 所示，即优先建设济宁市智慧医疗专网、济宁市市级卫计委区域信息平台及下属各区县级卫计委区域信息平台，实现辖区内所有医疗卫生机构业务系统之间的数据共享和交换，搭建居民健康档案库、电子病历库及人口健康信息库等基础资源库，实现业务数据的统一存储及管理。利用这些数据开展相关的医疗卫生服务，加强区域协同，提升服务及管理质量。

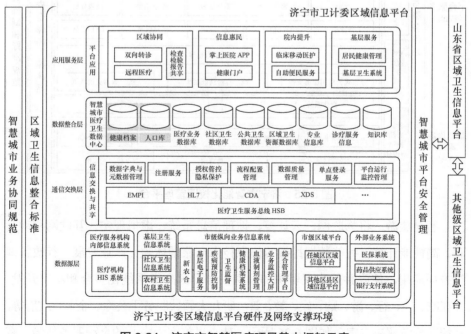

图 6-24　济宁市智慧医疗项目基本框架示意

智慧教育：构建一个基础教育的智能化校园管理平台，以优质教育资源共建共享和应用、资源整合为中心，融入到教学、学习、管理等工作领域，如图 6-25 所示。通过名师讲堂、在线录播、互动教学等方式，将无数资深名师倾力打造的，涵盖初中、高中各学科知识的典型和专题型视频课程和题库资源，做成大数据资料在课堂投影播放。课下学生在 PC 端、手机端均可回看。同时学生可以通过网络提交作业，大数据后台进行成绩分析、统计。

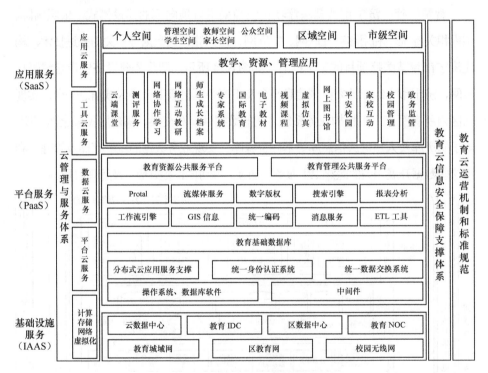

图 6-25　济宁市智能化校园管理平台

智慧旅游：将物联网、云计算、地理信息系统、虚拟现实、互联网移动互联、高性能计算、智能数据挖掘等信息技术在旅游体验、产业发展、行政管理等方面应用，使旅游的物理资源和信息资源得到高度系统化整合和深度开发，并在吃、住、行、游、购、娱、教、管、研九大领域服务于公众、企业、政府等，其智慧旅游解决方案；如图 6-26 所示。建立以旅客为中心的全程服务体验，有效提升旅客满意度、景区旅游形象、旅行服务品质，从而提升城市的综合竞争力、公共服务能力和服务形象，为城市和所属区域的发展创造巨大的社会效益和经济效益。

从游客出发，通过信息技术提升旅游体验和旅游品质。游客在旅游信息获取、旅游计划决策、旅游产品预订支付、享受旅游和回顾评价旅游的整个过程中都能感受到智慧旅游带来的全新服务体验。

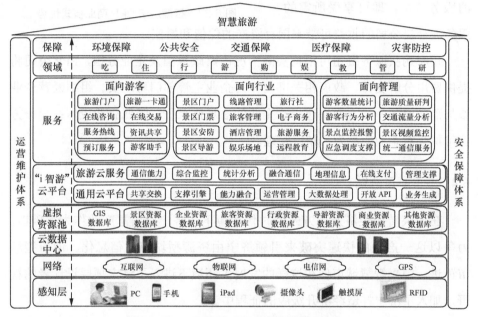

图 6-26　济宁市智慧旅游系统架构示意

智慧济宁一期工程将于 2015 年年底建设完成。二期项目已规划，涵盖面将更加广泛、内容更加丰富、应用更加深入，以达到全面智慧的目标。

3. 资本模式

智慧济宁的资金全部来源于中兴网信与济宁市政府成立的合资公司，包括整个项目的设计、建设、运行、维护、培训等工作。政府每年支付一定的服务费用，即可享受所需的服务。

4. 商业模式

智慧济宁采用 PPP 模式运营，不同于以往政府全额投资的模式，而是政府和标杆企业作为投资主体，在建设期内共同承担项目的资本支出，减轻了政府的初期投资负担，如图6-27所示。在项目运营期间，合资公司负责项目的运营管理，政府只需每年支付一定的服务费用，即可享受所需的服务。合资公司的收益可带来国有资产的保值和增值。

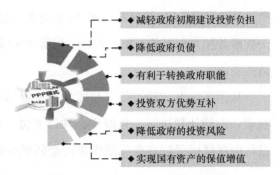

图 6-27　智慧济宁 PPP 商业模式优势

政府购买服务费用可根据实际情况由财政承担及企业分担，PPP 公司将提供费用分解支撑。政府相关部门作为企业主管部门可动员、组织经营企业参与购买服务，一方面快速提高企业的信息化水平，降低企业成本；另一方面可加强对企业的高效、精确管理。

#### 6.4.3.3　项目总结

在加快转变经济发展方式的时代环境下，济宁以信息产业作为突破口，力争以这一产业的快速突破来引领济宁由资源型城市向信息化、创新型城市迈进。中兴智慧城市便在这样的发展大环境下进入了济宁顶层设计者的视野，加入了济宁打造经济升级版的征程中。

智慧济宁建设实现资源整合、共建共享，能够大幅缩减行政成本，减小财政压力，提升社会效益。其基本消除了重复建设、资源浪费现象，基础设施利用率由现在的30%提高到90%以上，信息系统建设周期缩短60%，年可降低信息化财政支出20%以上，政务部门间主要业务信息共享率达到85%（符合山东省电子政务集约化发展指导意见规划）以上。此外，智慧济宁的建设对于整合部门资源、构建智慧城市云平台以及提升重点产业方面大有裨益。

整合部门资源：按照"总体规划、分布实施、整合资源、重点突破、协同创新、实现共赢"的原则，在统一平台的框架下进行高度整合，打破"信息孤岛"，集中搭建一个覆盖全市的统一平台。依托平台建立全市统一的智慧城市运营中心，对全市的政府、交通、城管、医疗、教育、旅游、食药监、环保、产业、公众服务等系统的建设进行有效规范。

构建智慧城市云平台：建立城市政务数据、人口数据、企业数据、地理环境、基础设施等相关数据，坚持资源共享、业务联动的原则，搭建统一的基础平台，建立规范的信息化建设标准、安全保障、服务运维体系，以支持跨部门业务协同为目的，实现部门间横向按需信息交换与共享，满足济宁各级业务单位、企业、市民之间的信息共享需要。

社会管理、公共服务：通过智慧城管应用达到城市精细化管理，通过智慧政务、智慧医疗、智慧教育等应用提升公共服务能力，全面提升民众的生活体验。将建立起跨部门、跨地区的公共信息服务体系，利用信息技术，创新发展城市教育、就业、社保、养老、医疗和文化等服务模式。进一步加强政务协同，深度开展政民互动，在市场监管、环境保护、应急保障、治安防控、公共安全等社会治理领域，实现社会治理的精细化。

重点产业提升：通过智慧旅游的应用，促进城市经济发展向信息产业的转型，催生和带动新的智慧城市产业链健康、高效发展。

以建设智慧济宁为契机，中兴网信力求在济宁城区西部打造一颗科技新星——山东中兴智慧城市产业园。按照"1+5+100"的产业集群构建思路，在园区逐步打造智慧城市产业链，建设云计算、物联网、移动互联网及产品等产业集群。

# 参考文献

[1] 中央编译局.马克思恩格斯全集：第二卷 [M].北京：人民出版社，2005.

[2] Paul E. Ceuzzi.现代计算史 [M]. MIT Press, 1998.

[3] 行龙.近代中国城市化特征 [J].清史研究，1999，（4）.

[4] 王心馨.第四次工业革命：机器在思考 [N].东方早报，2014-09-17.

[5] 赵洋.工业革命新转机：以人力为主导的自愿生产 [N].中国网，2015-01-04.

[6] 田园城市 [EB/OL].

[7] 张晓婷.城市美化运动的措施及影响 [A].中国优秀硕士学位论文全文数据库.

[8] 中国城市研究院.2013中国城市发展报告（中文简报）[R].

[9] 维克托·迈尔—舍恩伯格，肯尼斯·库克耶.大数据时代：生活、工作与思维的大变革 [M].杭州：浙江人民出版社，2013.

[10] 胡虎.十八大报告19处表述与信息化相关信息化纳入全面建成小康社会目标 [J].人民邮电报，2012-11-14.

[11] 刘君华.智能传感器系统 [M].西安：西安电子科技大学出版社，2010.

[12] 中国电信智慧城市研究组.智慧城市之路 [M].北京：电子工业出版社.

[13] 大数据分析的五个基本方面 [EB/OL].

[14] 大数据发展必须面临的八个趋势 [EB/OL].

[15] 走进智慧城市：斯德哥尔摩电脑控制垃圾处理 [N].人民网—人民日报，2013-03-13.

[16] 丹·塞诺（Dan Senor），索尔·辛格.创业的国度：以色列经济奇迹

的启示 [M] 王跃红，韩君宜．北京：中信出版社，2010.

[17] 杨琳．诗意的智慧之都——维也纳 [J]．中国信息界，2013年，（9）．

[18] 微头条．世界各大智慧城市谁最"装" [EB/OL]．

[19] 梁霓霓，徐天童．巴黎市有意发展智能化公交亭 [N]．新华网．

[20] 潘永花．数据开放与政府治理创新 [J]．大数据，2015，（2）．

[21] 智慧伦敦或将成为未来智慧城市的范本 [EB/OL]．

[22] 徐静，边婷婷．城市信息化国际比较研究——以纽约、东京、香港为例 [J]．国际城市规划，2014年，（5）．

[23] 从德国案例分析：国外智慧城市建设特色 [EB/OL]．

[24] 国际智慧城市建设的案例分析：巴塞罗那 [EB/OL]．

[25] 欧洲10个最智慧的城市大观 [EB/OL]．

[26] 瑞闻．首尔经验：智慧城市建设要以人为本 [J]．公关世界，2014，（2）．

[27] 杨海峰．新加坡描绘"智慧国2015"大蓝图 [J]．通信世界，2006，（24）．

[28] 以色列智慧城市技术值得我国借鉴和引进 [EB/OL]．

[29] 未来智慧城市的畅想 [EB/OL]．

[30] 单志广．我国智慧城市发展面临的挑战 [N]．经济日报．2015-10-29.

[31] 陆文军．中国"智慧城市"建设面临四大挑战 [N]．新华网．2012-10-29.

[32] 互联网+智慧城市建设热潮背后面临挑战 [N]．人民政协报．2015-07-14.

[33] 国研．我国智慧城市建设存在三大通病 [N]．人民邮电报．2015-06-15.

[34] 李军治．智慧民生—智慧城市建设的真正核心 [EB/OL]．

[35] 客户是企业"中心"，让营销围绕客户转 [EB/OL]．

[36] 张成福．变革时代的中国政府改革与创新 [J]．中国人民大学学报，2008，（5）．

[37] 许正．向服务转型的八种创新模式 [EB/OL]．

[38] 张劲松，朱勃勃．流程再造：地方服务型政府构建的路径 [J]．领导科学．2013，(08)．

[39] 流程型组织．流程型组织．

[40] 汪平. 转变政府职能海外镜鉴之二：发达国家如何打造服务型政府 [EB/OL]. 新华网，2015-06-17.

[41] 于涛，张京祥. 城市营销的发展历程、研究进展及思考 [J]. 城市问题，2007，（9）.

[42] 仇保兴. 中国智慧城市发展研究报告（2012—2013 年度）[M]. 北京：中国建筑工业出版社，2013.

[43] 田刚. 互联网+加剧"智慧城市"入口争夺，BAT 再次上演三国杀观点.

[44] 咸皓文. 中国企业学习 IBM：做大象还是大笨象 [J]. 互联网周刊（北京）2011-06-10.

[45] 王宇露. 从制造商到服务商：IBM 的成功战略转型 [J]. 中国市场 2005.28.

[46] 高春利. 从卖产品到卖服务的转型 [J]. 今日财富·理论. 2012,（7）.

[47] 谢鹏. 转变政府职能海外镜鉴之一：如何处理好政府与市场关系 [EB/OL]. 新华网. 2015-06-17.

[48] 闫永奇. 我国政府管理中竞争机制运用研究 [D]. 郑州大学学位论文. 2004.

[49] 熊曦. 区域产业品牌形成机理及其培育策略研究 [D]. 中南大学学位论文. 2013.

[50] 陈锡进. 改进治理方式重塑政府职能——基于南京市构建服务型工商管理机制的研究 [D]. 南京师范大学学位论文. 2013.

[51] 吴标兵. 智慧城市发展模式：一个综合逻辑架构 [J]. 科技进步与对策. 2013.

[52] 夏凌云. FEA 在电子政务绩效预算中的应用研究 [D]. 同济大学学位论文. 2007.

[53] 王铁军. 中国中小企业融资 28 种模式 [M]. 北京：中国金融出版社出版. 2004(10).

[54] 陈柳钦. PPP：新型公司合作融资模式 [J]. 建筑经济. 2005.

[55] 杜莹冰. 新时期我国 PPP 融资模式问题研究 [J]. 行政事业资产与财务.

2014.

[56] 文昌. 解析市场化十模式 [J]. 新经济导刊. 2008.

[57] 孙彬彬. 金融机构参与 PPP 项目风险应对 [J]. 大众理财顾问. 2015.

[58] 赵银科. PPP 模式在中国运用中的法律风险 [J]. 审计与理财,2015.

[59] 上海探索 PPP 模式建设智慧城市.

[60] 蓝煜昕. 地方政府机构改革轨迹、阶段性特征及其下一步 [J]. 改革,2013,(9).

# 后 记

我们编辑团队在编写本书的过程中，查阅了国内外大量的有关智慧城市的资料，力求尽可能地呈现当今智慧城市的理论与实践发展现状，但未免还会有遗漏之处，望读者见谅，多提宝贵意见！

随着智慧城市突飞猛进的发展，再过两三年，智慧城市规划、技术、资本、集成、运营的商业模式，都会与时俱进，发生改变，产生新的形态，因此本书所写的内容将随着智慧城市的发展而不断演进，紧跟智慧城市的发展前沿。同时，我们编辑团队会及时了解智慧城市理论及实践的最新动态，适当地对本书中存在的问题进行修订。由于本书的内容涉及多项国家的产业政策相关内容，而智慧城市的发展又与国家宏观政策紧密相关，为了与国家颁布智慧城市产业政策的速度保持同步，书中对政策内容都作了摘引，但受篇幅限制，引用时只是部分提及。为了让读者更全面地了解国家智慧城市及相关产业的发展方向，我们编辑团队整理了智慧城市、云计算、物联网、大数据、PPP相关国家及部委近三年的完整产业政策，并通过附录的方式，供读者查阅。由于手机浏览上网已成为大众上网的主要模式，我们也把所有文件，生成了二维码，通过二维码，读者就可以上网浏览该文件，希望我们这个小小的创意，能为您的工作及学习带来便利！

欢迎大家阅读并与我们研讨交流。如有纰漏，请不吝指正。

国际智慧城市研究院院长<br>
2016年5月

# 致读者

  国际智慧城市研究院编辑部已于2016年开始启动各分册的编写工作。由于《智慧城市实践》系列丛书已列入国家"十三五"重点图书、音像、电子出版物出版规划,为了更好地保证丛书理论与实践并重,并能为智慧城市建设提供有见地的方案,现面向全国征集案例。

  每本分册有6个案例名额,机会有限,衷心希望各企业踊跃提供实操案例。您的参与将推动中国智慧城市建设向前迈进一大步。

# 改版前言

国际图书馆协会联合会（国际图联）于2001年开始连续每年5月1日在世界范围内举办"阅读星期一"活动，旨在提倡阅读的人文关怀，促进图书馆事业的发展，把读书的乐趣带给每一位读者。

本书根据新的形势需要，对第一版进行了全面的修订和更新，力求内容更加丰富、更加贴近读者的实际需求。